U0514836

宋至清贵州西北部地区的
制度、开发与认同

从
"异域"

到

『旧疆』

温春来

著

社会科学文献出版社
SOCIAL SCIENCES ACADEMIC PRESS (CHINA)

· 目 录 ·

导　论

一　关于传统中国社会的整合问题

近年来，随着 Fredric Barth、本尼迪克特·安德森（Benedict Anderson）等关于族群、民族的理论被引入中国史研究，一些学者开始反思从血统、语言、文化等"客观"标准分析中华民族（或中国国族）形成的局限。在他们看来，并不存在一个在历史长河中延续的国族实体，[1] 人们先被灌输一套虚构的国族认同后，才会相信他们自己属于一个统一的"国族"群体。清末民初，梁启超、康有为、章太炎等人为了政治需要，通过重新诠释黄帝、郑成功、文天祥等一系列历史或传说中的人物，建构了一部前所未有的"民族历史"，为"四万万"人民建构了同源同祖的集体记忆，并将本来表达"忠节"等意涵的英雄（如岳飞）诠释为寄托"民族魂"的英雄，从而也就建构起了中国的国族。[2]

民族国家是随着西方资本主义的兴起而产生的历史现象，上述研究说明，同世界其他地区一样，中国的国族具有经由"想象"而形成的特点。但这些研究在很大程度上仍给人以隔靴搔痒之感，因为它们未能回答：如果说中国国族仅仅是一种近代建构的话，为什么在中国可以成功建构出一个横跨近千万平方千米、覆盖数亿人口的国族共同体？为什么梁启超等人振臂一呼，应者便"闻风景从"，在数十年间就成功建构起了一个庞大的中华民族？联系到"二战"后在非洲等地区建立的新兴民族国家内部族群之间未能和平共处，以致内战持续不断的例子，这些问题的重要性便不言而喻了。

依笔者浅见，国族建构论的缺失可能在于对传统的过度割裂。

1　费孝通的论述或许可视为有关中华民族实体论的一种极富启发性和解释力的经典表述："中华民族作为一个自觉的民族实体，是近百年来中国和西方列强对抗中出现的，但作为一个自在的民族实体则是几千年的历史过程中形成的。……在相当早的时期，距今 3000 年前，在黄河中游出现了一个由若干民族集团汇集和逐步融合的核心，被称为华夏，像滚雪球一般地越滚越大，把周围的异族吸收进入了这个核心。它在拥有黄河和长江中下游的东亚平原之后，被其他民族称为汉族。汉族继续不断吸收其他民族的成分而日益壮大，并且渗入其他民族的聚居区，构成着凝聚和联系作用的网络，奠定了以这个疆域内许多民族联合成不可分割的统一体的基础，成为一个自在的民族实体，经过民族自觉而称为中华民族。"参见费孝通《中华民族多元一体格局》，中央民族大学出版社，1999，第 3~4 页。

2　参见沈松侨《我以我血荐轩辕——黄帝神话与晚清的国族建构》，《台湾社会研究季刊》第 28 期，1997；《振大汉之先声——民族英雄系谱与晚清的国族想象》，《中央研究院近代史研究所集刊》第 33 期，2000。中华民族（中国国族）形成的问题只是本研究的切入点，而非本书的主题。在我看来，"中国国族实体论"与"中国国族建构论"之间是一种学术范式（Paradigm）的转换，二者之间具有不可兼容性，它们在深刻性方面可能有所不同，但并不意味着哪一种更具有解释力。

近来已有学者在赞同中国国族与民族经由近代想象而形成观点的同时，指出必须要注意"创造"与"想象"之前的历史事实与相关历史记忆基础，以及各种社会权力关系和资源分享、竞争背景。[1] 本书则强调，早在国族主义兴起之前，中国社会、政治、文化、认同、经济等方面已经具有高度整合的一面，[2] 没有这个深刻的历史根源，能够在短时间内建构并成功维持一个庞大的国族是难以想象的。美国的中国学权威费正清在《剑桥中华人民共和国史》中或多或少触及中国的这一特质：

> 欧洲和南、北美洲的民族全加起来，一般地说不会多于中国人。甚至是否有比中国更多的民族也是问题。在人数和多民族方面，欧洲人和中国人很可以相比，同样是人数众多，民族复杂。可是在他们今天的政治生活中，在欧洲和南北美洲生活的约 10 亿欧洲人分成约 50 个独立的主权国，而 10 亿多的中国人只生活在一个国家中。人们一旦看到 1 和 50 的差别，就不能忽视。
>
> 以上对事实的简单陈述间接地表明，我们的民族主义和民

1　王明珂：《羌在汉藏之间——一个华夏边缘的历史人类学研究》，联经出版事业股份有限公司，2003，第 xii-xiii、xvi-xxiii、367~390 页。

2　笔者此处强调的"整合"，是指传统中国在很大程度上并非一个离散的社会，尽管不同人群间差异极大，但却并非一袋装在麻袋里面的马铃薯。政治体制的大一统、以儒家思想为基础的意识形态对不同人群的规范等自不待言，即便在乡村地区、少数民族地区以及许多边缘化的人群中，都往往可以发现朝廷制度与王朝意识形态的存在与影响，以及人们对这些制度与意识形态的认同——尽管这些认同往往也呈现出"地方性"色彩。正如有学者所指出的："中国传统社会的一个重要特点是具有极大差异的'地方社会'长期拥有共同的'文化'，加上城乡之间并不像中世纪的欧洲那样，存在着功能与文化上的隔离和对立，而是表现为所谓'城乡连续体'（urban-rural continuum）。"参见刘志伟、陈春声《历史学本位的传统中国乡村社会研究》，《中国历史学年鉴 1997》，三联书店，1998。"在（地方志等）最'地方'的文本中，处处见到'国家'的存在。"参见程美宝《地域文化与国家认同：晚清以来"广东文化"观的形成》，三联书店，2006，第 317 页。而施坚雅（William Skinner）的研究亦表明了传统中国的市场在区域整合方面的意义。

族－国家等字眼当用于中国时，只会使我们误入歧途。要了解中国，不能仅仅靠移植西方的名词。它是一个不同的生命。它的政治只能从其内部进行演变性的了解。[1]

传统中国社会高度整合的情形及其内在机制，是国际汉学的基本问题之一，中国的不少学者也为此殚精竭虑，正如耶鲁大学萧凤霞（Hellen Siu）教授所云：

> 一个最能激发人类学家和历史学家的兴趣的课题是：像中国这样庞大的政治实体，不论在帝国时期还是在现代，有那么大的地区文化差异，又经过那么繁复的兴衰周期，它是怎样维系着人民共同的想象的呢？[2]

在过往的研究中，许多人类学家借用 Redfield 提出的"大传统"与"小传统"的概念架构，"找到了他们研究的焦点"，即把载于历史文献的复杂文化机制视为大传统，将其归于汉学的研究范围，人类学则退居于研究乡民与村落的小传统。[3]这种二分法忽略了传统中国社会整合性的一面，其缺陷是显而易见的。[4]

为了更好解释中国社会的统一性与差异性，1965 年，英国人类学家华德英（Barbara E. Ward）通过对香港水上居民的研究，提出了动态的、多重叠合的"认知模型"（Conscious Model）。按她的描

1　麦克法夸尔、费正清编《剑桥中华人民共和国史：革命的中国的兴起（1949~1965 年）》，谢亮生等译，中国社会科学出版社，1990，第14~15 页。

2　萧凤霞：《廿载华南研究之旅》，《清华社会学评论》2001年第1 期。

3　参见王崧兴《汉学与人类学：以家族与聚落型态之研究为例》，转引自华德英《从人类学看香港社会——华德英教授论文集》，冯承聪编译，大学出版印务公司，1985，第223 页。

4　前面对"整合"的描述，足以说明大小传统是相互渗透的一体两面，并非二元对立。大小传统的概念只具有分析性工具的意义，绝非传统中国社会的现实本身。下文的论述将更充分地证明这一点。

述，每个中国人的头脑里都有三类"认知模型"，一是"自制模型"
（Homemade Model），即人们对自己所属群体的社会及文化制度的
构想；一是"内部观察者模型"（Internal Observer's Model），即针
对其他中国社群的社会文化秩序的构想。显然，因为自然与社会环
境的差异，"自制模型"是千差万别的，并且对其他社群的构想与当
事人的自我认知之间也往往存在着差异。但这些变异并不妨碍中国
社会的统一性以及对中国人身份的认同，因为中国人的心中还存在
着一个"意识形态模型"（Ideological Model），这是对传统文人制度
的构想。由于科举制度，中国的文人长期研习居于正统地位的儒家
思想，很自然形成了对理想社会制度的相同认知，凭借政治等方面
的强势，文人的模型对其他模型有着规范作用，它提供了评估何谓
中国方式的标准。该模型所强调的内容，各"自制模型"均较为遵
守；而它不涉及的方面，各"自制模型"均有根据实际生活情况进
行发挥的自由。[1] 华德英对中国文化和社会的统一性、延续性以及变
异性的解释，不仅超越了大、小传统的二分法，也超越了当时影响
颇大的功能论架构。差不多同时，施坚雅参照中心地学说，发展出
市场等级以及区域划分的模型，从经济联系的角度对传统中国的整
合问题提出解释。[2]

　　上述研究大致从结构与共时态的方面展开论述。那么，大一统

1　参见 Barbara E. Ward, "Varieties of the Conscious Model," "Sociological Self-awareness: Some Use
　　of the Conscious Model," "Sociological Self-awareness: Some Use of the Conscious Models," in
　　Through Other Eyes: An Anthropologist's View of Hong Kong (Hong Kong: the Chinese University Press,
　　1989). 文人官僚对传统中国社会的整合作用同样被其他学者注意到，参见金观涛《在历史的
　　表象背后》，四川人民出版社，1983，第 14~17 页。

2　参见施坚雅《中国农村的市场和社会结构》，王庆成等译，中国社会科学出版社，1998；施坚
　　雅《中国封建社会晚期城市研究：施坚雅模式》，王旭译，吉林教育出版社，1991。不像有的
　　汉学家表现得那么直接，但施坚雅的论著仍然表明他想探究一个主要由农民构成的似乎应该
　　是松散的社会，是如何聚合在一起并长期保持稳定性的，他发现了市场在整合中国这类农耕
　　社会中的重要作用。在《中国农村的市场和社会结构》之"序"中，他指出："在（中国）这
　　类重要的复杂社会中，市场结构必然会形成地方性的社会组织，并为使大量农民社区结合成
　　单一的社会体系，即完整的社会，提供一种重要模式。"

中国的制度、文化与礼仪是怎样在具体的时空领域推行开来的呢？不同的地域社会，是在何时、以何种方式表达自己对国家的认同并维持这种认同的呢？1970 年代，李国祁发表《清季台湾的政治及近代化——开山抚番与建省（1875~1894）》和《清代台湾社会的转型》两篇论文，提出并阐述了"内地化"理论，认为自 19 世纪以来，随着番民的汉化、宗族的发展、神祇信仰的统一、人口流动所导致的居民融合、行政体制的完善、文教的推广等一系列"内地化"运动，台湾逐渐由"移垦社会"变成与中国内地各省完全相同的社会。这一理论涉及汉人、高山族、平埔人等多种族群，这些族群内部关系复杂，其文化和社会组织的变迁呈现多样面相，相互间的互动更是千姿百态，因此，一些学者认为"内地化"理论失之松懈。[3] 除此之外，对土著民在历史变迁中所起作用的忽略可能是一个更大的缺陷。

　　其实，传统中国社会所具有的整合性，其主要表现之一就是，地区组织与国家制度、地方认同与国家认同之间成为相互交织渗透的一体两面。正如有学者指出的，在明清时期，不论是士大夫文化，还是宗族和社区组织，抑或是民间宗教，都在合法化国家权威和个人与国家的关系中定位，士大夫的价值观渗透到日常生活，成为国家构成不可或缺的部分。经过一千多年的发展，国家既是行政组织的机器，更是文化理念。[4]

　　以民间宗教为例，许多学者发现，乡村社会中的信仰同朝廷的制度与礼仪有着非常密切的关系，其间有两种情况特别值得注意，

1　《中华文化复兴月刊》1975 年第 12 期。

2　《中华学报》1978 年第 3 期。

3　参见陈其南《土著化与内地化：论清代台湾汉人社会的发展模式》，中国海洋发展史论文集编辑委员会主编《中国海洋发展史论文集》第 1 辑，中研院中山人文社会科学研究所，1995。

4　Helen F.Siu, "Recycling Tradition: Culture, History, and Political Economy in the Chrysanthemum Festivals of South China," *Comparative Studies in Society and History* 32: 4 (1990), pp.765-794；萧凤霞：《传统的循环与再生——小榄菊花会的文化、历史与政治经济》，香港《历史人类学学刊》2003 年第 1 期；萧凤霞：《文化活动与区域社会经济的发展：关于中山小榄菊花会的考察》，《中国社会经济史研究》1990 年第 4 期。

一种是官府通过列入王朝祀典或加封赐匾等方式，将民间神吸收改造为官府认可的神明；另一种情况是民间将王朝祀典或官府提倡的神明接受过来，并改造成为民间神。[1] 前者如天后，天后最初只是福建莆田湄洲的一个普通地方神祇，但自北宋到清中叶，她不断得到朝廷的敕封和提升，成为中国南部沿海极其显赫的神灵。在这种使神明标准化（Standardizing the Gods）的过程中，国家以一种微妙的方式介入了地方，民间信仰由此呈现出国家和地方社会之间交叉重叠的文化意义。[2] 而珠江三角洲民间社会崇拜的北帝，则属于后一种情况。"北帝崇拜在珠江三角洲地区传布，并形成为一种地方传统的过程，一方面是珠江三角洲的地域社会在文化上进一步整合到大传统之中的过程，另一方面又是标准化的神明信仰地方化过程。"[3] 但是，正如并非所有的地方神都能获得王朝的认同，[4] 王朝祀典中的庙宇也并不总是能够成功地完成民间化，陈春声所描述的潮州樟林地方的乡民对官方神庙和地方神庙的不同心理体验（"份"的微妙感觉）以及两种庙宇的不同命运对此是一个很好的说明，不过，"传统的政治力量消退以后'官方庙宇'的衰落，并不意味着'国家'的观念在乡民的信仰意识中无关紧要。实际上华南乡村社庙的出现，正是明王朝在乡村地区推行里甲制度，在里甲中建立'社祭'制度变化的结果，理想化的'国家'的'原形'，始终存在于中国老百姓的集体无意识之中"。[5]

1 刘志伟：《神明的正统性与地方化——关于珠江三角洲北帝崇拜的一个解释》，《中山大学史学集刊》第2辑，广东人民出版社，1994。

2 James Waston, "Standardizing the Gods: The Promotion of T'ien Hou (Empress of Heaven) along South China Coast, 960-1960," in David Johnson, Andrew J. Nathan, and Evelyn S. Rawski, eds., *Popular Culture in Late Imperial China*, Berkeley: University of California Press, 1985, pp. 292-324.

3 刘志伟：《神明的正统性与地方化——关于珠江三角洲北帝崇拜的一个解释》，《中山大学史学集刊》第2辑，第123页。

4 我们在官方文献中常常能够看到的所谓"淫祠"即可证明这一点。

5 参见陈春声《信仰空间与社区历史的演变——以樟林的神庙系统为例》，《清史研究》1999年第2期。

　　科大卫（David Faure）与刘志伟对宗族的思考从另一个角度向我们展示了国家的制度和礼仪在区域社会推行与表达的历史。他们认为宗族不仅仅是一种血缘、亲属制度，更是一种用礼与法的语言来表达的秩序和规范。明代以前是僧、道和巫觋在珠江三角洲的乡村中有着广泛和深刻影响的时代，但自北宋以来士大夫们已经开始积极运用理学所规范的礼教去改造地方的风俗，向佛、道、巫的正统挑战，虽然他们没有真正取代以神祇为中心的地方组织，但却在乡村礼仪方面取得了成功，而地方亦需要做出改变来应付明朝廷的赋役制度，并借此表达有利于获取更多资源的文化与身份认同，国家与社会的这种互动与妥协形成了华南地区常见的所谓宗族组织，这一深刻的变迁意味着地方认同与国家象征的结合，边缘地区由此得以归入国家"礼教"的秩序中。[1]科大卫等学者还主张"视区域为一种有意识的历史建构"（region is seen as a conscious historical construct），[2]这种文化认同的视角以及对历时性的关注，超越了囿于具体地域的观念，发展了施坚雅的区域理论，并从方法论的层面指明了区域研究的意义。

　　既有的研究成果启发笔者意识到：第一，大一统中国并非一个先验的、不言自明的存在，不同的地域有着在不同的语境中与国家发生关系并整合进国家的历史，因而也就呈现出不同的"地方性特色"，这个特色亦可视为"国家"在不同地方的不同表达，不能用任何二元对立的概念来把握。对传统中国社会统一性与多样性的特

1　参见科大卫、刘志伟《宗族与地方社会的国家认同》，《历史研究》2000 年第 3 期；科大卫《国家与礼仪：宋至清中叶珠江三角洲地方社会的国家认同》，《中山大学学报》1999 年第 5 期；科大卫《明嘉靖初年广东提学魏校毁"淫祠"之前因后果及其对珠江三角洲的影响》，周天游编《地域社会与传统中国》，西北大学出版社，1995；David Faure, "The Lineage as a Cultural Invention: The Case of the Pearl River Delta," *Modern China* 15: 1 (1989), pp.4–36; David Faure, "The Lineage as Business Company: Patronage Versus Law in the Development of Chinese Business," in R.A.Brown, ed., *Chinese Business Enterprise*, vol. 1, London & New York: Routledge, 1996, pp.82–121.

2　Helen Siu and David Faure, *Down to Earth: The Territorial Bond in South China* (Stanford: Stanford University Press, 1995).

质及其形成过程的理解，应建立在对这些特色的深入探讨之上。第二，典章制度在理解传统中国社会的整合性方面具有极其重要的意义。[1] 上述研究表明，民间信仰、宗族的背后牵涉朝廷的祭祀、赋役等制度，从不同角度表达了地方与国家的复杂关系。笔者近年来在广东、福建、江西、贵州、河北、河南、山西等地走马观花的田野考察中亦深切体会到，对历代王朝的基层行政、祭祀、赋役、科举等制度的了解是看懂传统乡村社会的必要条件，[2] 对此一无所知，将导致田野工作失之肤浅，甚至近于观光旅游而远离初衷——如果预设的目标是进行具有历史深度的田野考察的话。第三，制度演变与文化认同间有着密切的互动关系，而不同人群对朝廷制度与意识形态的带有"地方性"色彩的认同，正是传统中国大一统结构形成并长期延续的关键，也是近代建构与"想象"中华民族的基础与根源。第四，具有鲜明问题意识并能够观照到大历史的区域性研究，可以深刻地揭示出传统中国社会的特质。

受此启发，本书拟以制度变迁为主线，兼顾经济开发与文化及身份认同，描述贵州西北部地区（黔西北）整合进传统中国大一统结构并对此结构形成较高认同的历史过程，并试图分析这一过程所蕴含着的理论意义。在前人的研究基础之上，黔西北历史的意义不在于能为既有观点提供一个新个案，它可能代表了中央王朝有效拓展统治范围、建立统治秩序的另一种模式。

首先，最根本的一点是，在中央王朝真正深入经营之前，黔

1　典章制度在理解中国传统乡村社会方面的重要性其实已被学者明确指出，参见刘志伟、陈春声《历史学本位的传统中国乡村社会研究》，《中国历史学年鉴 1997》。

2　特别是宋（包括辽、金）至清时期王朝的典章制度尤为重要。当然，不同的地域对此的要求是不一样的，例如，华北地区很早就纳入王朝秩序，并且经历过不同的国家传统（既有汉人王朝，也有游牧民族入主中原建立的国家），在这些地区进行田野考察时往往感到需要熟悉自唐、宋（包括辽、金）至清的相关典章制度。而珠江三角洲一带虽然表面上在秦汉时期就纳入王朝秩序，但王朝真正能够控制的地区其实是相当有限的，自明代起王朝的力量才逐渐深入，因此在珠三角乡村考察所得到的印象是，似乎了解明、清王朝的相关典章制度就大致可以了。

西北的彝族已经建立并维持了具有深远历史根源的、别具一格的类似于国家的政权组织，而上述研究所关注的福建、广东、台湾等许多地区的原住民并没有自己的政权，这些地区普遍存在的大量祠堂与庙宇，在黔西北则并不多见。其次，因为史料缺载或毁灭的缘故，我们甚至已不大清楚王朝渗透以及汉人大规模移入之前，闽、粤等地自身的社会结构与传统。但在黔西北地区，彝族至少在宋代已有较为成熟的文字，掌握着文字的布摩与慕史[1]用吟诵或著述的方式传扬祖先的伟业，赞颂他们创下的美好制度，以张扬本族与本"国"的威荣（ꀕ ꇜ），[2]留下了大量以本族文字书写的文献，内容涉及天文、地理、历史、神话、宗教、文学、文艺批评、哲学观念、政治权力等，提供了与汉文文献不同的关于本地历史的解释。此外，较之中国大部分地区，中央王朝对黔西北的开发相对较晚，因此相关汉文史料亦相对容易留存，且许多往昔的传统、礼俗尚能被今日的研究者亲身观察与体验。黔西北的这些特点使得以下几种研究构想有实现的可能：

第一，重构黔西北社会自身的制度与传统，进而考察中央王朝

---

[1] 本书第一章将探讨布摩与慕史在传统彝族社会中所扮演的角色。

[2] ꀕ，一般汉译作"威"，在彝书中是一个频频出现的词语，有威力、权威、威势的意思，常常用来形容宇宙、祖先、英雄人物、政权、制度等，如《彝族源流》第5~8卷（贵州民族出版社，1991）谈到天地产生时云："阴阳相配合，苍苍的天影，茫茫的地影，铺盖六威荣。苍天接云端，在天道之上，产生了君道；地度数对天，下产生王道。以威荣经天，以威荣昔地。"（第6页）出于对本族类的热爱与自豪，彝族知识分子常常在字里行间张扬着本族的彝威（ꊒ ꀕ），当彝制崩溃，汉礼盛行之时，彝族知识分子表达了对彝族权威消解的感慨，对彝族传统湮没的担忧。《水西地理城池考》云："彝威、彝荣，不可丢下；汉威和汉荣，也不可要。彝威与彝荣，只能从根上去找，不能只招折枝叶。从头找到脚，彝威是存在的，汉荣也是不朽哩！有文化的人，管理土地，有不朽的威荣，嘴里虽是不说，心里却都是想着：天地保佑他，巩固他的威荣，百姓永远拥护着君长，功名不失，江山依旧。……对祖宗，须敬供，只是想这样的事业：今后彝威和彝荣，不可丢下它。"括号内是彝文，括号前是该彝文的音译或意译，下同。又，由于彝文没有经过统一与规范，同一字在不同的使用者、书籍中常常有不同的写法，异体字众多成为彝文的一个重要特点，如表达族类自称的"娄"，就有ꇜ、ꇐ、ꄉ等写法。笔者力图在本书中避免使用较多异体字，如出现同一字有不同写法的情况，系因为引自不同的书，为了保持引文完整而又不能妄加统一所致。

的典章制度在一个有自己政权、文字、礼仪以及政治法律传统的非汉族社会中推行与表达的过程，从而揭示王朝、周边族类两者的制度与传统怎样互动与交织，将一个具有相对独立性的区域真正整合进中国大一统的秩序中。[1]

第二，通过丰富的汉、彝史籍比较，结合田野调查，提供一个可深入揭示中央王朝和周边族类最初接触情形的个案。

第三，因为黔西北区域固有传统的有迹可寻，并且当地的族类有自己的形诸文字的历史表达，使现代的研究者有可能超越中国历史研究中"一点四方"的思考模式，[2]以所研究的区域为中心来进行探讨，特别是尽量从原住民的角度去理解历史的情景。

本书通过叙述宋至清黔西北的历史演变，实现以上三个研究构想，并利用"异域""羁縻""新疆""旧疆"等一套传统中国自身的话语，概括黔西北这样一个具有某种典型性的非汉族社会，在制度、经济、文化、认同等方面逐渐与内地紧密整合在一起的复杂历程。依本研究的视角，黔西北的所谓"典型性"主要体现在当地族类建立政权的传统以及这一传统的演变、消亡在文献中有迹可循，从中揭示出来的"从'异域'到'旧疆'"的模式，对于理解大一统中国在南方边远地区的拓展有着特别的意义。[3]

笔者注意到，近年来西方也有不少学者关注中国中央王朝对

1　笔者的这一思路受到科大卫的启发，他在《告别华南研究》(华南研究会编《学步与超越》，文化创造出版社，2004)声称："(我们)需要跑到云南和贵州，看看在历史上出现过不同国家模式(我是指南诏和大理)的地区如何把不同国家的传统放进地方文化。"

2　"一点四方"是一些所谓"西南学"学派的学者提出的概念，"一点"指中央，"四方"指周边地区，传统中国史研究把四方作为中央的附庸，这个学派声称要坚持"西南"中心取向，摆脱"一点四方"的思考模式。参见蓝勇《历史时期西南经济开发与生态环境》一书的总序，云南教育出版社，1992。

3　北方和南方少数民族迥然不相同，北方(包括西藏)少数民族通常都有着自己的文字(南方少数民族有文字者则比较少)，并且常常能够建立地域辽阔的强大政权，在与中原王朝的关系方面，北方与南方少数民族是大不一样的(仅仅从前者常常能对中原王朝形成巨大威胁甚至入主中原就能直观体会到这种差异)，因此黔西北个案的意义只能体现在理解南方少数民族特别是西南少数民族历史方面。

西南地区的经营，其中有些学者的视角与本书主题有较多关联，较具代表性者有何罗娜（Laura Hostetler）等，她的《清朝殖民大业》一书把清王朝置于17~18世纪世界史的背景中，认为清王朝也像当时的西方列强一样积极开辟殖民地，其殖民方略包括领土扩张、汉人移民以及对贵州等地区的政治控制与经济剥削等。与西方相似，清王朝为此引入了先进的地图学知识与制图方法，并且民族学（Ethnography）也不断发展，例如描述土著人群的著作与画册数量增多，刻画也越来越细致。[1]何罗娜的论述或有新颖之处，但笔者以为，若要把中国类比于西方列强，就必须考虑如下问题：为什么西方列强所经营的殖民地纷纷独立，而中国西南地区却与国家有着高度的认同与整合？

换句话讲，何罗娜的类比与论述在打开一个新视角的同时，可能模糊了明清中国自身的特点，这些特点与西南地区长期的历史发展、中央王朝的复杂经营策略以及当地族类自身的传统与能动性等密切相关。对西南中国的历史稍加留意即可发现，清代西南地区的经营方略与自唐迄明的西南边政间的连续性与继承性相当强，很多边政思想、政策甚至还可以上溯到更久远的历史。因此，笔者认为，与其以西方历史为标准，脱离中国具体的历史语境，从复杂的清代边政体系中剥离出一二要素，在空间上将这些要素与同样从西方历史中剥离出来的一二要素进行附会比较，从而得出二者如何相似的结论，不如在时间的维度上发掘、揭示传统中国边政自身的特色。笔者并不反对比较研究，但一项比较研究的学理根据之一应该是对被比较对象的全面把握，而不是根据需要任意剥取一二要素。否则，关公比秦琼，孙行者比胡适之，牵强附会，无所不可比。

---

[1] Laura Hostetler, *Qing Colonial Enterprise: Ethnography and Cartography in Early Modern China* (Chicago: The University of Chicago Press, 2001).

关于彝族、黔西北以及西南地区的历史，已有很多杰出的学者做过相当精深的研究，笔者从这些成果中获益匪浅。但因为视角差异，本书在问题意识方面并未与之形成对话，因此在导论部分略过这些论著。对它们的引证或讨论，请参见正文的相应部分。

二　区域社会史与历史人类学研究的旨趣

本研究是在区域社会史的视角中展开的。区域史研究的最大困难在于：如何在充分展现地方性特色的同时，能对理解大历史有所启示，以免流于"鸡零狗碎"之嫌。笔者十分怀疑所谓解剖麻雀一类的说法——历史学与自然科学不能简单类比。中国太大而需要分区研究，也不可以作为区域史研究存在的充分条件，因为区域是一个动态的历史建构，不能用自然或行政的线条来界定。历史是研究"时间中的人"的学问，在社会史的层面上，可以把区域理解为一个与人的思想和活动有关的分析工具。[1]因此，区域的范围是随着人的活动以及研究者的主题而变化的，小至一村大至数国都可视为一个区域，不存在所谓"跨区域"的问题。区域史与地方史的真正区别在于能否贯穿历史学乃至其他学科所关注的问题，以及能否将所研究区域放进大历史的脉络中。有鉴于此，本书将围绕大一统中国的特质与形成问题，在元明清中央王朝开拓西南地区的宏观背景中叙述黔西北的故事，并希冀能够反思、回应土司制度等王朝边政研究中的若干重要议题。

在具体方法上，本书将呈现以下几个特色：结合少数民族社会

1　参见刘志伟《区域研究的人文主义取向》，即姜伯勤《石濂大汕与澳门禅史》一书序言，学林出版社，1999；陈春声《从地方史到区域史——关于潮学研究课题与方法的思考》，《潮学研究》第11辑，汕头大学出版社，2004；程美宝《地域文化与国家认同：晚清以来"广东文化"观的形成》，三联书店，2006；黄国信《区与界：清代湘粤赣界邻地区食盐专卖研究》，三联书店，2006。

的传统分析中央王朝的制度规定及其实践，注重古人自己的历史表达，文献分析与田野工作相结合。

土司制度在明代涉及滇、黔、蜀、两粤、陕西、湖广七个省，入清后更延及陇、青、藏等地。[1] 许多研究把该制度笼统地作为一个整体来把握，在涵盖广阔地域的材料中摘取二三论据来说明其内容，由此"归纳"出该制度的若干特点，这种研究取向固然在"宏观上"勾勒出了土司制度的框架，却未能揭示出不同土司地区在政治、社会、经济、文化等方面的巨大差异。事实上，中央王朝对不同的土司区域所采取的政策很不相同，即便同样的政策，在不同的时期和不同的地域实施，亦会呈现出不同的面相和影响。有鉴于此，笔者将尽可能关注"蛮夷"社会固有的制度与文化，在特定的地域社会的场景中，通过具体的人的活动和事件的发展来展现制度性变迁，探讨制度变化与人的行动的相互关系。对前人忽略或论证失当之处，亦尽力考辨明白。

时空差异在研究者与研究对象之间造成了疏离与隔膜，今人对古人的理解与诠释往往自觉不自觉地带上理论与现实的影子，笔者当然不会去奢望复原所谓"真实"的历史，只求做到少一点理论演绎的误导，少一点以今律古式的评判，少一点缺乏实证的大胆推测，尽量在具体的历史语境中对各种文献材料及田野资料进行比勘、考辨和分析。与此目标相应，本书极其重视彝、汉文献中那些精炼且概括力极强的词和短语，诸如"族类""异域""新疆""旧疆""额以赋役""羁縻""彝威""彝荣"等等，尽管它们缺乏现代学术概念的精确性，但却更能贴近古人的心态、观念以及对世界的认知方式与原则。事实上，笔者对一些制度、事件、礼俗、文化认同等的考察，正是围绕着对这些词语的解读展开的。较之于民族国家、族群等产生于西方学术语境中的概念，上述源于中国本土的词

1　参见龚荫《中国土司制度》，云南民族出版社，1992，第57~58、112~114页。

汇，若能被置于较长时期的地域社会的历史演变中加以理解，对建立有助于理解中国社会的方法体系和学术范畴，或许会有所启示。

笔者从来认为，考据、编年与时间性是历史学的根本，是历史学能够作为一门学科存在的前提。但这并不意味着史学工作者应该在其他人文学科与社会科学面前故步自封，或只能皓首穷经于书斋与图书馆。自 1999 年攻读博士学位以来，笔者常常游历于黔西北的千山万水间，走村串寨，访察古迹，搜寻文献，体验风俗民情，倾听村民们对家乡历史的解读，并向彝文专家、世袭布摩、乡村耆老们请教彝文、彝礼以及地方掌故。[1] 有必要指出，田野的意义绝不仅仅在于弥补历史文献的不足，对一位有心的研究者，田野往往能呈现出另一个层面的历史——普通百姓眼中的历史。这种历史在一个仅习惯于解读文献的史学工作者看来可能失于雅驯，细小琐碎，甚至荒诞不经，但它却是乡民们心态的真实表达，是他们诠释过去与现实的方式，就此角度看，这与文献所呈现出来的历史有着异曲同工之处，并无高下优劣之别。不过，本书的主要目的不是去展示这种历史，[2] 田野工作对笔者的最大价值在于它常常引导出新思路。在田野经历的刺激下，过去自己无动于衷、难以理解甚至误读的不少文献材料似乎都有了新的意义，许多只言片语、蛛丝马迹的记载，其实都蕴含着区域社会发展轨迹的信息。

在我看来，上述研究取向是区域社会史题中应有之义，无须再贴上任何时髦的标签。然而笔者的学术背景以及对田野工作的重视，可能会令读者把本书归入历史人类学作品之列，因此似有必要略做交待。过去三十多年来，广东、福建等地的一些史学工

1　笔者调查的地区、单位主要有：毕节地区彝文翻译组、赫章县民族宗教事务局、威宁县民族事务局、大方县普底彝族白族苗族乡、毕节市清水镇、赫章县妈姑镇、兴发苗族彝族回族乡、雉街彝族苗族乡、珠市彝族乡、古达苗族彝族乡等，这些县、乡、镇全部位于贵州省毕节地区。

2　注意发掘这类历史，并将这类历史与文献中所揭示出来的历史进行比较的较为成功的例子，可参见王明珂《羌在汉藏之间——一个华夏边缘的历史人类学研究》，第 137~296 页。

作者，在与海内外的历史学者、人类学者的长期合作中所形成的研究风格，被视为中国历史人类学的主要代表之一。然而根据笔者的理解，如果说这种研究风格可以用"历史人类学"名之的话，那么它并不同于西方学术界任何历史学家或人类学家所定义的"历史人类学"，[1]它是根植于中国既有的学术传统（主要是以梁方仲与傅衣凌为代表的中国社会经济史传统），同时又积极与国际学术界对话而形成的研究取向。在我看来，它主要有如下特点：第一，鉴于国家制度与国家观念在传统中国社会中的广泛而深刻的影响，必须重视对典章制度（尤其是关于赋役、祭祀、基层行政、科举、学校等方面）的了解与研究，这也是理解传统乡村社会的基本前提。然而，制度史研究并不只意味着考辨条文，还要去考察其具体的实践过程与场景。第二，积极收集整理族谱、契约、碑刻、宗教科仪书、账本、书信等民间文书和地方文献，力图建立并发展起有自己特色的民间与地方文献的解读方法和分析工具。第三，强调走向田野，在历史现场解读文献。相对于只在书斋或图书馆苦读，这种方式可达致对历史的更亲切认知，并有可能体验到历史在当代的延续与影响，从中激发出不一样的思考。此外，在阅读中遇到的困惑之处，如果联系田野场景并辅以实地调查和访谈，或可收到解惑之效。第四，在搜集、解读文献时强调不破坏文献本身的系统与脉络，并初步就此发展出了一套方法。[2]

1　同几乎所有在国际上有影响的人文社会科学研究流派、风格与方法一样，"历史人类学"主要是西方学者所提出来并予以实践的，但西方学者对何谓"历史人类学"的见解并不一致，大致上可分为从历史学的角度予以说明者和从人类学的角度来说明者两大类，而每一大类内部又存在不同的看法。笔者与黄国信、吴滔合作撰写的《历史人类学与近代区域史研究》(《近代史研究》2006 年第 5 期）一文对这些问题略有涉及，可参考。

2　这一点可以从中山大学历史人类学中心对贵州清水江流域文献的搜集整理中体现出来。该中心并非简单到当地收购文献，而是同当地档案馆等单位的工作人员合作，为他们提供资金与设备援助，并培训、指导他们进行搜集工作，要求搜集上来的每一件契约、族谱、碑刻等文献，都必须严格登记是在某县、某镇（乡）、某村、某户家庭（某处）搜集的，然后原件留在档案馆，该中心只需要复印件。这样，文献的脉络就基本被保存下来了，因为地点、人物清楚，研究者既容易了解文献之间的关联，也有足够的线索回到文献产生的现场，进行田野体验与调查。

第五，对一个村落的历史与现实的仔细考察、体验与研究，可以深切感知一个具体的社会是怎样组织、延续与变迁的，这样的经验与感觉对研究历史是弥足珍贵的——即便研究者的兴趣是一个很大的地域甚至是整个中国。第六，对文献、口碑、仪式等各种文本，不但重视它们表达了什么，更重视它们为何如此表达，强调对历史当事人自己的认知与表达应持一种尊重的态度并尽量去理解，而非用他者的视角对之分类、评判、肢解与归纳。第七，不同类型的文献、口述资料、仪式活动等表达了不同层面、不同角度但并非全然无关的历史，应同时注重这些不同的历史表达，并将之整合在一起，以呈现更富整体感与立体性的历史。第八，要有深刻的问题意识，在坚持历史学本位的同时，保持开放的心态与其他人文学科与社会科学对话。建立从中国社会自身出发的方法体系和学术范畴，是一个长远但却必须去追求的目标。[1]

有必要指出，这种"历史人类学"并不意味着一项研究必须以村落（或某个小的社区）为基础或至少要有村落的个案，也不意味着有族谱、碑刻、契约等民间文献，以及存在着较多的祠堂、庙宇等是选择研究区域的必要条件。[2]黔西北正好是缺乏这类东西的地区，而且本研究也基本不涉及具体的村落，但这并未给我带来任何困惑。因为在我看来，历史学研究的是人类群体（社会）或社会意义上的个人（在此意义上我们可以说并不存在纯粹的个人英雄史），

---

1 以上总结只是我的个人解读，并未征求过被总结的学者们的意见，对他们的误解误读之处概由笔者负责。从对赋役等制度的重视、积极搜集民间文书、实地调查、与其他社会科学的对话、对乡村社会的关注等方面，显然可看出梁方仲与傅衣凌的风格与影响。

2 笔者所描述的这种"历史人类学"，被有的朋友以略带戏谑的口吻简化为"进村找庙""进庙看碑"，一些朋友甚至不无困惑地对我表示自己研究的地方没有庙宇和祠堂，或者庙宇和祠堂里面没有碑刻，找不到族谱等，不知该怎么办。其实，如果说庙宇、祠堂及碑刻、族谱等民间文献在这种"历史人类学"中显得重要，只是因为：第一，这种"历史人类学"的研究取向最初是在闽、粤二省进行实践的，闽粤地区恰好有许多庙宇、祠堂和民间文献；第二，在训练学生方面，存在这类东西的地区能够让学生在短时间内体会到上述研究取向；第三，对历史研究而言，选择有较多文献的地区做研究比较容易上手，也更具可操作性。

在闽、粤等地区，祠堂和庙宇正好是群体活动的主要场所，是村落等社区得以组织、运转的枢纽，其重要性由此可见。然而研究者的目标应该是发现这类枢纽，而不是刻意去寻找祠堂和庙宇，如一味固执于后者，有时难免发现研究无法开展，或即便可以开展，也可能会掉入闽粤地区的模式而掩盖了所研究地域自身的特色。此外，虽然在田野中发现、搜集到民间文献是令研究者欣喜若狂的事情（文献毕竟是史学的根本），但正如前文所指出的，田野工作尚有其他方面的意义。笔者通过本研究得到的经验是，在这种缺乏民间文献的地区，可以先通过阅读图书馆中的相关史料，了解该地区历史的大致轮廓，再进行访谈、实地体验等田野工作，田野考察与文献阅读的工作反复进行几次，必然收获良多。当然，民间文献的缺乏，从材料上否定了对一个较小的社区（如村落）开展史学研究的可能性，本书所研究的主要地域几近于半个贵州省的面积，相应的田野工作也就采用在一个较大的地域内走马观花、多点开展的方式进行。

其实，对像我这样的年轻人而言，初涉学海之际不去进行村落的研究也许是一个正确的选择，否则，以我的懒惰和愚陋，可能会忽略对大的历史、大的制度方面的学习和了解——在我看来这是历史学中比较根本的东西。[1] 在内心深处，我宁愿视本书为一本在上述区域社会史或"历史人类学"风格影响下的政治史或制度史的著作。[2]

1　当然，即便我一开始就选择做村落的研究，我的教育背景肯定会让我充分意识到大历史与制度的重要性，但意识到是一回事，真正有相关的研究经历与体验又是另一回事。

2　说它是政治史，是因为本书研究的是两个彝族君长国的兴亡及其与中央王朝的关系。说它是制度史，是因为本书的主线是讨论彝族君长国的制度、土司制度及其他制度（如卫所制度、少数民族地区的赋役制度）之间的关系。此外，本书花大量篇幅所讨论的许多问题，如宋代西南地区多"国"林立的局面、贵阳设府、朱元璋与奢香的关系、奢安起兵反明、土司制度中文职与武职、清代贵州铅矿业等，都是或对全国有巨大影响，或备受时人与后来学者关注的比较大的历史事件或重要制度。

三　地域以及作为族类[1]标签的"夷"与"彝"

本书所讨论的黔西北区域，界邻川、滇两省，大致相当于清代大定府管辖的范围，包括今贵州省毕节市的全部以及六盘水市

---

[1] 本书使用"族类"，而不使用"族群""民族"等更为通行的现代概念，理由如下：首先，这是基于古代中国自身语境中的概念。族类、部族、部落等词常见于中国古代文献中，含义多样。《周礼·春官·钟师》："凡乐事，以钟鼓奏九夏。"郑玄注："以文王鹿鸣言之，则九夏皆诗篇名，颂之族类也。"《史记》卷 78《春申君列传》："人民不聊生，族类离散，流亡为仆妾者，盈满海内矣。"《汉书》卷 99 下《王莽传》："莽曰：'宗属为皇孙，爵为上公，知宽等叛逆族类，而与交通。'"《魏书》卷 58《杨播列传》："又此族类，衣毛食肉，乐冬便寒。南土湿热，往必将尽。"显然，在这些语境中，族类的意义并不相同。但文人、士大夫们很多时候用族类一词来指称在自己眼中具有风俗、文化、种族等差异的人群，这种用法在唐以后尤其普遍。《左传》："（成公四年）秋……史佚之志有之，曰：'非我族类，其心必异。'楚虽大，非吾族也。"《旧唐书》卷 55《李轨传》："凉州僻远，人物凋残，胜兵虽余十万，开地不过千里，既无险固，又接著戎，犹狄豺狼，非我族类，此而可久，实用为疑。"《明史》卷 320《朝鲜列传》："倭虽遁归，族类尚在。"嘉靖《贵州通志》卷 3："贵州土著蛮夷，族类实繁，风俗亦异。"部族、部落等词的含义与族类相似，限于篇幅，兹不述其用法沿革，仅举数例。《旧唐书》卷 195《回纥传》："自三代以前，两汉之后，西羌、北狄，互兴部族，其名不同，为患一也。"田雯《黔书》（丛书集成初编本）则辟有"苗蛮种类部落"节目，专门论述贵州境内的各种"苗蛮"。又，元人脱脱所著《西南彝论》（《古今图书集成》卷 1522）："黔州、涪州徼外，汉牂牁郡，西南诸蛮也。其俗椎髻左衽或编发，随畜牧迁徙无常，喜险阻，善战斗，部族共一姓，虽各有君长而风俗略同。"其次，上述族类等词语同学术界常用的"民族""族群"等概念虽然相似，但其实有着重大区别。族群（ethnic group）被认为是一个有着内部认同感的社会群体，许多人类学家还强调这个群体的成员们具有共同族源的信念。但传统文人、士大夫们从客位立场界定出来的各种族类，其内部是否具有这样的认同感我们已难以得知，所以，我们不能称这些人群为族群。最后，我们同样不能称这些人群为"民族"。西方学术与现实语境中产生的"民族"概念，往往被认为是一个想象出来的与主权要求相联系的共同体，或被视为可由一些标准加以辨识与确认的人们的共同体，认为这种共同体与资本主义的发展有着很紧密的关联则是两种观点的共同之处，"民族主义"的根本特点之一则被认为是要求"政治的单位和民族的单位应该是一致的"。（参见 Benedict Anderson, *Imagined Communities*, London and New York: Verso,1983；《马克思主义与民族问题》，《斯大林全集》第 2 卷，中共中央马克思恩格斯列宁斯大林著作编译局译，人民出版社，1953；埃里克·霍布斯鲍姆《民族与民族主义》，李金梅译，上海人民出版社，2000，第 5~13 页；厄内斯特·盖尔纳《民族与民族主义》，韩红译，中央编译出版社，2002，第 1~10 页）而中国当代的民族，显然不具备这种意义，中国的民族是 1949 年之后，政府参照、变通斯大林的民族标准，在深入调查的基础之上识别出来的。因此一些西方人类学家甚至认为中国的"民族"一词无法在英语中找到对应词语，应音译作"Minzu"（参见郝瑞《从"族群"到"民族"？——中国彝族的认同》《彝族史学史检讨》，均收入郝瑞《田野中的族群关系与民族认同——中国西南彝族社区考察研究》，广西人民出版社，2000）。中国传统文献中所记载的那些非汉人群（"族类"），既非资本主义工业化时代的产物，我们也不知道他们内部是否具有共同体的主位想象，他们更与政治单位缺乏对应关系，同时也并非使用一整套民族学分析工具和方法，并结合深入细致田野调查识别出来的群体。因此在任何学理意义上，都不能称这些人群为民族。

的一部分。该区域位于贵州省地势最高的黔西高原，崇山峻岭，峰峦起伏，地表崎岖破碎，海拔在 1300~2900 米之间，地势极为险要。境内虽有六冲河、三岔河等河流，但大都源自乱山丛中，地险水浅，难通舟楫。该区域气候高寒，山多田少，土壤贫瘠，清中叶以后玉米和马铃薯逐渐成为主要粮食作物，人口密集而又生活贫困。

历史上，黔西北的绝大部分地区曾分属于乌撒（ㄩ纱）与阿哲（ㄅ卉）两个彝族支系统治，形成了乌撒与阿哲两个部落君长国。[1]元王朝进军西南，乌撒、阿哲先后降附，元廷设置了乌撒、乌蒙宣慰司与八番顺元宣慰司管理今黔西北及其周边的一些地区。在当时的汉文献中，阿哲君长国通常被称为罗氏鬼国，其统治区域横跨乌江上游的鸭池河东西两岸，河西部分称亦奚不薛，又称水西（元代很少使用这一称谓，明代以后较为常用）。[2]

元明递嬗后，阿哲君长国首领霭翠于洪武五年（1372）归顺。明王朝仿元制，设贵州宣慰司，隶湖广，令霭翠等"世袭贵州宣慰使如故"，同年设贵州都司。九年后乌撒亦降附，明廷设乌撒土府，隶云南，寻改隶四川。永乐十一年（1413）贵州设省，贵州宣慰司改隶于黔。此外还于洪武十五年、十七年先后在黔西北设立了乌撒卫与毕节卫，分别隶于云南都司与贵州都司，永乐十一年后乌撒卫改隶贵州都司。

1　乌撒、阿哲均是彝族古代的著名首领，后被引申为支系名、地名与君长国的国名。
2　参见道光《大定府志》卷 45《旧事志一·纪年上》；卷 47《旧事志三·水西安氏本末上》。道光《贵阳府志》有过这样的解释："水西部，蛮语曰亦奚不薛。""亦奚，水也，不薛，西也。"此处的"蛮语"当不是指彝语，水西在彝语中称阿哲（ㄅ卉），且彝文是单音节文字，称水为ㄋ（音"夷"），西为ㄝ（音"说"），不管是从音上还是文法上看，亦奚不薛都不会是彝语"水西"的音译。有学者疑"亦奚不薛"系出自蒙古语（参见史继忠《明代水西的则溪制度》，贵州民院民族研究所印，1985，第 18 页），但查明代的外语字典《华夷译语》，蒙语"水"发音"兀孙"或"苏"，"西"音为"阿罗捏"或"克丁"，"亦奚不薛"似不大可能是蒙语"水西"之意。查《元史》可知，元初水西有一首领名亦奚不薛（《元史》卷 11："壬辰，亦奚不薛病，遣其从子入觐。帝曰：'亦奚不薛不禀命，辄以职授其从子，无人臣礼。'"），所以，亦奚不薛的地名有可能是因人名而转换过来的——正如乌撒、阿哲由人名变成了地名。

明代汉文献对阿哲部的称谓有较大变化，"罗氏鬼国""亦奚不薛"基本上被弃用，"水西"之称则频频出现，并且衍生出新的含义，大致指三个广狭不同的地域：（1）阿哲君长国的大本营在鸭池河以西，所以"水西"一词常泛指阿哲家的整个统治区域，包括水西与水外六目地，[1] 这种用法最常见，又由于阿哲的统治者们在明代兼用汉姓"安"，所以被称为水西安氏；（2）阿哲家统治的鸭池河以西的地方，不包括水外；（3）最狭义者指阿哲家统治的比喇地方，即今黔西县。

天启、崇祯间，水西、乌撒与四川南部的永宁奢氏土司联手反明，迨动乱平定，阿哲的水外地区被割归朝廷，设置了镇西、敷勇等军卫。清康熙三年（1664），吴三桂平定黔西北，改土归流，水西地区设置平远、大定、黔西三府，乌撒地区设置威宁府，随后又进行了一系列改编，降府为州，改卫为县，在黔西北设置大定府，下辖平远、黔西、威宁三州与毕节县、水城厅。民国初年改州、厅为县，其中平远改为织金县。1941 年前后，析黔西县北境置金沙县，大定县西南境置纳雍县，威宁县东境置赫章县。1954 年，定威宁为彝族、苗族、回族自治县。1958 年，大定县更名为大方县。1970 年，水城县被划出，并入六盘水地区（今六盘水市）。[2]

黔西北僻居天末，溪谷险阻，历来被视作夷蛮荒服之域。该地族类繁多，据汉文献的记载，有黑倮倮、白倮倮、仲家、花苗、蔡家、侬家、仡佬、六额子、羿子、里民子等，其中黑倮倮居统治地位。在 1950 年代进行的民族识别中，黑、白倮倮被划为彝族，

---

1 阿哲君长国在鸭池河东岸尚有一些土地，由六个土目治理，称为"水外六目地"，这些土地与宋氏土司的领地连为一片，通称水东，亦称水外。"水外六目地"大致相当于今天贵阳市辖下的清镇市、修文县以及安顺地区平坝、普定等区、县的大部分或一部分，在地域上虽不属于黔西北，但阿哲支系长期统治该地，因为讨论的需要，本书有时将涉及这些相关地区。

2 更详细的沿革情况，可参见贵州省地方志编纂委员会《贵州省志·地理志》上册，贵州人民出版社，1985，第 35~36、55、63~65、83~88、133~134 页。

其余则被定为苗族、白族、布依族、仡佬族等。明中期以前这些族类主要从事畜牧业，兼营农业。马是黔西北的重要畜产品，至迟在宋代便开始被用来同内地交换物品。农作物以荞麦为主。

黑倮倮（黑彝）统辖黔西北的历史相当久远，据说在三国时期便建立了国家。首领们把辖土划分成若干个"则溪"[1]，交给宗亲们管理，水西与水外共有13个则溪，乌撒有9个则溪。则溪的职能有二：一是管兵马，二是管粮草，是一种地缘关系与血缘关系相结合，军事组织与行政组织合而为一的制度。[2]

本书将以彝族为主要讨论对象，[3]揭示周边族类的制度与礼仪在因应王朝持续不断扩张中的演变。"彝"在古汉语中是一个颇具高贵色彩的词，除泛指各种青铜祭器外，还有"常道""常法"之意。[4]清代的官员与文人们常常用"彝"取代"夷"，泛指周边族类，[5]经过1950年代的民族识别以后，"彝"才成为固定的族称。这一族称涵盖了众多族类，这些族类大都共享着相同的族源故事，并呈现一些相似的风情与习俗，但他们的自称却多种多样，计有诺苏、诺苏濮、阿西濮、格濮、聂苏濮、罗武、倮倮、所都、撒苏、六米、堂郎让、希期、罗罗濮等上百种，[6]其中没有一种是"彝"或与之音近，

1　则溪，彝语，即仓库之意，因每个则溪都会建立仓库，因此得名，详后。

2　参见史继忠《明代水西的则溪制度》，第32～35页。

3　原因如下：第一，彝族是黔西北人口较多的少数民族之一；第二，彝族在黔西北长期处于统治地位，土司制度时期主要是他们同中央王朝以及汉人打交道；第三，元明以来关于"倮倮（彝族）"有大量的汉文献记载，并且他们自己也有文字，留下了浩如烟海的彝文典籍，而关于其他族类的文献则相对较少；第四，以彝族为中心已经可以回答笔者所关注的问题。

4　参见王国维《说彝》，《观堂集林》卷10，中华书局，1959；《辞源》（合订本），商务印书馆，1988，第573页。

5　例如明代首辅高拱记述安抚水西安氏土司经过的《靖夷纪事》，清代康熙笼春堂刻本就改作《靖彝纪事》。事实上，以"彝"代"夷"的情形是如此普遍，以至于乾隆皇帝谕令四库馆不得改书籍中的"夷"字作"彝"（参见《清史稿》卷482《刘逢禄传》），但在时人的各种公文和书籍中使用"彝"字似乎不在禁止之列。

6　关于这些称谓，可参见杨成志《中国西南民族中的罗罗族》，《地学杂志》1934年第1期（抽印本）；方国瑜《彝族史稿》，四川民族出版社，1984，第7页；自文清《彝族自称考释》，贵州彝学会编《贵州彝学》，民族出版社，2000。

显然，彝是一种他称。[1]

黔西北的彝族自称"娄素"（ꈌꌠ，亦有译为纳苏者）或"娄素濮"（ꈌꌠꁌ，亦有译为纳苏泼者），与凉山等地彝族的自称"诺苏""诺苏泼"的发音极为近似，因此有的学者认为"纳苏泼"（娄素濮）亦即"诺苏泼"，只是由于方言土语不同而稍有音变。[2] 这种理解值得商榷，"诺"意为"黑"或"主体"，"诺苏濮"之意为"主体的族群"或"尚黑之族"，[3]"娄素濮"的含义与此大相径庭，资深彝文专家、毕节地区彝文翻译组的王继超认为"娄素（濮）意为大地中心或世界中心的人，[4] 这是有相当见地的。"素（ꌠ）"和"濮（ꁌ）"都带有"人"之意，"娄（ꈌ）"则隐含着"中间"的意思，如ꈌꃈ可译作"中央"。黔西北彝文古籍同样表明，娄素认为自己是居住在大地中央的人，《彝族源流》云：

笃米的六子，如天上繁星，似地上茂草，遍布中央地。[5]

《支嘎阿鲁王》亦载：

（支嘎阿鲁）以星座，划天地界限，划内外界限，中间是

---

1 国内学术界一般认为彝族内部支系繁多，但自古以来就是统一的、具有内部认同感的范畴，而一些国外学者则对此提出异议，认为彝族是 1950 年代中国政府的民族识别工作所建构出来的一个范畴。参见郝瑞《从族群到民族？——中国彝族的认同》《彝族史学史检讨》，《田野中的族群关系与民族认同》。

2 参见易谋远《彝族史要》，社会科学文献出版社，2000，第 6 页。

3 参见易谋远《彝族史要》，第 6 页。

4 这是 2000 年 9 月笔者在毕节采访时，王先生亲口所述。

5 贵州省少数民族古籍整理领导小组、毕节地区民族事务委员会主编，毕节地区彝文翻译组翻译《彝族源流》第 13~16 卷，贵州民族出版社，1993，第 134 页。笃米的六子即今天所称的彝族六祖，娄素濮认为自己是六祖的子孙。其他彝书亦有类似记载："阿鲁到中央，走遍中央各处，笃慕（即笃米）的子孙，分六支人居住。"参见《西南彝志》第 11~12 卷，贵州民族出版社，2000，第 246 页。

彝家，四边外族人。[1]

　　与"娄"相对的词是"啥（ᴢᴅ）"，现在一般称汉族为"啥"，但世袭布摩、毕节地区彝文翻译组的王子国告诉我，"啥"在古彝文中是"由中央向外发展的人"之意，并没有那么鲜明的民族界限。王先生的观点其实是彝文专家们的共识，他们通常不把古籍中的"啥"理解为"汉"，而是翻译为"外（人、族）"。当然，娄素也往往强调自己神圣高贵的身份，《彝族创世志》云：

　　　　彝人（ꀀꅰ，即娄素）天之子，道与度来抚。[2]

　　就汉文献来看，包括黔西北娄素在内的许多彝族支系，在元明清时期都被称为"罗罗""倮倮""儸儸"等。[3]但民族调查的结果表明，仅有极少数的支系自称"罗罗"，因此有理由相信，对大多数支系来说，"罗罗"是局外人强加的他称。[4]当然也不排除另外一种可

1　贵州省民族事务委员会古籍办、贵州省毕节地区彝文翻译组编《支嘎阿鲁王》，贵州民族出版社，1994，第74页。支嘎阿鲁的事迹见于彝族典籍与口碑中，据说他是一位具有超凡能力的英雄，曾为天君调查天下各方部族、地理，定租赋，并镇压了各方为害人间的山精水怪。参见《西南彝志》第11~12卷，第217~313页。

2　陈朝贤、杨质昌主编，王秀平等翻译《彝族创世志》谱牒志一，四川民族出版社，1991，第98页。

3　原文一般写作"猓猓""猓玀""玀玀"等，带有侮辱性，本书改"猓"作"倮"，"玀"作"罗"，下同。因为士大夫们认为"玀玀""俗尚鬼"，故又称为"罗鬼"。清人田雯所著《黔书》卷1称："罗罗，本卢鹿，讹为今称……俗尚鬼，故又曰罗鬼。"一些学者认为，"倮倮"本系彝族的自称，有"龙和虎的民族"之意，他们所持据除了在很多彝语方言中"龙虎"发音与"罗罗"相近以及在彝族社会中广泛存在龙虎崇拜外，还有《山海经》《虎荟》等汉文献中"呼虎为罗罗"的记载。参见自文清《彝族自称考释》，《贵州彝学》，第236~245页。

4　这种称呼从小范围扩展到众多支系可能是外力作用的结果。考"罗罗"的名称最早见于元代，当时中央王朝大规模经营西南，与这些地区的族类逐渐展开较为广泛的接触，官员、文人开始用自己的标准与眼光去界定并命名这些族类，他们起初或许从自称"罗罗"（或与此音近的称呼）的人群那里获得这一称谓，并顺理成章地把风俗习惯与这些人群相似的族类呼为"罗罗"。

能，即"罗罗"曾经是一种广泛的自称，后来逐渐被许多彝族支系弃用。

"罗罗""倮倮"等称呼在日常生活中同样被频繁使用，成为最常见的他称之一。"娄素濮"等族类对此很不乐意，认为这是一种侮辱性称号。但是，在某些场合下又却不得不使用它来界定自己的身份，例如嘉庆年间大定府平远州发生了一桩命案，彝人陈阿佃赴京控告，其供词中称：

> 我系贵州平远州倮倮，年三十八岁，在本州向化里居住。我们土司头目安达屡次向众倮倮派敛银两……[1]

娄素濮对"罗罗"之称的厌恶与排斥是有相当理由的，早在明代，士大夫们就给罗罗一词披上了歧视性的色彩，写作"猓猓""猓猡""罗鬼"等，并常常加上"性类犬羊"之类的评价。[2]

和"罗罗"一样广为人知的称谓是"夷"，这是一种他称，却逐渐被遍布川、滇、黔等地的彝族支系认可和接受。至少在晚清时期，黔西北的娄素濮已被当地的汉人称为夷人或夷族，而且他们在汉语语境中也是如此称呼自己。文献的记载与此一致，始修

1　中国第一历史档案馆藏军机处录副奏折，缩微号：585—1084，嘉庆十三年闰五月二十九日宜兴、英和、多庆"谨奏为请旨事"。供词中的"倮倮"似乎并非做记录的胥吏擅自加上去的，因为如果陈阿佃不讲明自己的身份，京城的官员与胥吏是不会知道他是"倮倮"的。

2　"罗罗"的称谓在其他彝区同样不受欢迎，如昆明一带的原住民最恨人呼为"罗罗"。参见江应樑《西南边疆民族论丛》，珠海大学出版，1948，第 36 页。2008 年 1 月 25 日，笔者在四川雅安市内访问时年 95 岁的雷波彝族老人李仕安，他告诉我说彝族听到别人呼己为"倮"会引起纠纷的，不过他也说，有的彝区对此不那么敏感，像四川甘洛县土司岭光电就主张在汉语语境中自称"倮族"。岭光电 1943 年写了一本《倮情述论》，之后四川凉山一些彝人在用汉语书写时也接受了"倮族"这一称号。另一个不受欢迎的称呼是"蛮子"［晚清时期进入四川凉山等地的传教士英译为 Man-tsz，参见 Samuel Pollard, *Tight Corners in China: Missionary among the Miao in Southwest China* (2nd ed., London: Andrew Crombie, 1910), p. 59］。李仕安老人称，最侮辱的称号是把"蛮"和"倮"叠加起来，如果称彝人为"蛮倮倮"，那他一定要拔刀相向了。

于光绪三十二年（1906），定稿于民国 13 年（1924）的《威宁县志》云：

> （我邑）其他种族除汉族不计外，以苗民为最多，黑白夷次之，齐细眉次之，土老又次之，阿乌子不多，蛮子绝无。[1]

其他彝区亦有类似情形。1943 年，林耀华深入凉山考察，发现"罗罗"一词并不常用，边区汉人称"罗罗"为蛮子，"罗罗"谈话则自称"夷家"。[2]

如同"苗""蛮"等词一样，"夷"所指对象常常带有很大的模糊性和不确定性，在许多情况下只能理解为对非汉族类的泛称。[3] 这一泛称如何衍生出狭义的内涵以指称"罗罗"，目前尚难以回答。今天被划为彝族的众多支系，在古代的生活状况与思想意识等尚有待考察，可以想见的是，随着相互之间的争战、交往以及改土归流、民族识别等重大历史事件的冲击，他们的意识一定处在不断的演变之中。例如，Zo在古彝文中是指"由中央向外发展的人"，但现在已变成汉族的意思。有必要指出，视彝族为一在历史长河中延续实体之观点固然有可商榷之处，但笔者也很难同意彝族是中国政府经由民族识别建构出来的范畴的结论。[4] 当然，不能假定古人与今人有着相同的认同意识与族别观念，

1　民国《威宁县志》卷 17《杂事志·土司并苗蛮》。这里的"夷"显然是指娄素濮，直到现在，威宁的娄素濮（彝族）尚有黑、白的区分。

2　参见林耀华《凉山夷家》，商务印书馆，1947，第 1 页。"夷家"一词应是凉山"罗罗"讲汉语时的自称。民族调查表明，在彝语语境中，凉山彝族的自称是"诺苏"或"诺苏濮"。

3　甚至连"保保"一词都是如此，如洪武二十八年户部印印张永清云："云南、四川诸处边夷之地，民皆啰啰。"（《明太祖实录》卷 239，洪武二十八年六月壬申条）

4　参见温春来《族别界限与族类互变——黔西北彝族之族类界限观念考察》，香港《历史人类学学刊》2004 年第 1 期；《彝、汉文献中所见之彝族认同问题——兼与斯蒂文·郝瑞商榷》，《民族研究》2007 年第 5 期。

在很多情况下，将本书中使用的"彝"字或"彝族"一词，理解为黔西北的娄素濮，或许更为贴切。

四　彝文献的性质

在研究边远地区特别是南方民族地区的历史文化时，我们所能利用的文字材料往往只是官员与士大夫的一面之词。幸运的是，黔西北地区拥有极为丰富的地方文献，各种彝文历史、哲学、文学书籍以及族谱、契约、碑刻、歌谣等，同汉文材料（包括正史、实录、地方志、档案、族谱、私人著述等）一起为本书提供了一个较为坚实的资料基础。此外，1949 年以后大量的少数民族社会调查材料以及笔者本人的田野笔记，也是非常重要的资料。

现存彝文献大都是明清时期的作品，在川、滇、黔等省的彝族聚居地都有发现，其中黔西北是藏量最丰富的地区之一。因为各彝区的政治、社会经济与礼俗不尽相同，且文字有较大差异，加上彝文献的某些特点，所以在讨论黔西北的历史（特别是关于制度与礼俗方面）时，笔者一般只使用本地彝文材料，其他地区的彝书仅作参考。

除金石材料外，彝文献一般未标明作者及著作时间。并且在叙述的过程中，除极少数情况（往往是提到汉文史籍中都有记载的人物或事件时）出现干支纪年外，基本上也不说明人物的出生、活动时间或事件的发生年代。虽然其中涉及的许多人物出现在父子联名的谱系或女性谱系中，逻辑上似乎可以用"代数 × 每代平均时间（如 20 或 25 年）"的办法来确定年代，但在对谱系产生的时间及背景缺乏了解，又没有相关汉文献印证的情况下，用它们来建构彝族史（特别是远古史）的时间坐标必须慎重。[1] 用某个时期产生的文献

1　对彝书谱系与彝族远古史关系的论述，参见温春来《彝威与汉威——明清黔西北的土司制度与则溪制度》，中山大学博士学位论文，2002，第 221~227 页。

来揭示更早时期的历史，必须先要对其合理性进行说明。对这一基本的史学规范，彝文献并不能享受豁免权。此外，用对音的方法将彝书中的人物对应于汉文献中的人物时，同样必须审慎。目前，在彝文献的使用甚至翻译的过程中，上述两点并未得到应有的重视，使得相关研究结论虽然常有惊人之语，但却不能被学界普遍接受和认可。

彝文献大都用五言的形式写成，其中甚至还可看到口述传统的影子。许多叙述极为简略和隐晦，跳跃性较大，并且杂糅着神话与传说，只有充分掌握大量的彝、汉文材料，谙熟当地彝族的传统礼俗，才能真正理解其含义。本书一般不会单独利用彝书去考证、讨论具体的历史事件，但笔者始终认为，彝文献极大地扩展了研究者的视野，在很大程度上可以弥补汉文献的不足乃至纠正其错误，在了解黔西北的地方制度以及娄素濮的思想观念与礼俗方面，笔者从彝文献中受益匪浅。

五　本书基本框架

作为一本史学著作，本书基本按时间序列展开，同时也兼顾结构性与共时性的要素。导论部分在学理上阐明本研究的意义，并简明扼要地交代黔西北的地域、族类与材料。第一章论述中央王朝大举开拓西南地区之前，黔西北彝族政权的政治结构与行政区划。第二章分析从元到明初中央王朝建立并完善土司制度的过程，并探讨彝族自身的传统与制度对王朝开拓的制约作用以及土司制度的基本内容。第三章考察与土司制度有密切关联的其他边政措施，主要是卫所制度、流官制度与科举制度等。第四章探讨在中央王朝开拓日益深入的背景下，彝族制度与意识形态所发生的微妙变化。第三和第四章的内容大致可以理解为一个共时性的结构，它们虽然与第二章的大部分内容有着时间先后之分，但这三章之间逻辑方面的关联尤其值得注意。卫所、流官、教化是王朝控驭乃至逐渐削弱土司的重要制度性手段，彝族制在明代的嬗变与明王朝的这些边政措施息息相关。第五章论述彝族制度瓦解、新的统治秩序建立，也即黔西北进入王朝"版图"，成为王朝"新疆"的历史过程。第六章考察改土归流之后，以前在彝族政治结构中分享统治权力的土目与布摩两大阶层在新的政治、文化环境中的变化与延续。这一章表明，改土归流并不能一下子根除旧制度，新秩序是在与旧制度妥协与互动中建立起来的。第七章从康乾盛世的大背景中考察移民、矿业开发与精耕细作农业的发展，说明黔西北新疆在经济方面与内地紧密整合的过程。第八章揭示科举教化、文化交融在塑造新秩序时所起的重要作用，在此过程中，许多原住民为了因应改流后政治、经济与社会的变迁，主动调整自己的礼俗与文化身份，黔西北地区由此出现了一些势力强大的宗族，并流传着许多"彝变汉"的传说。第六至八章呈现改土归流后黔西北社会的主要变化及其从"新疆"演变为"旧疆"的历史过程。结语部分总结全书，指出在从"异域"演变到"旧疆"所呈现的地方逐渐整合进王朝国家的过程中，王朝、周边族类的制度与传统互动的一些值得注意的特点。

　　除导论与结语外，本书分为上、下两编，大致分别论述改土归流前后的黔西北社会。在形式上，两编具有一个共同之处，即先考察制度的建立及演变，然后再分别在上编第四章第三节、下编第八章分析黔西北社会对中央王朝的认同情形。讨论认同问题的篇幅差异的原因一方面固然是材料不同，但更重要的是改流前后地方社会的巨大变迁。这一变迁同时也导致了上、下两编的另一个更为重大的不同，即体现于移民、农业、矿业、交通等方面的区域开发，在上编仅在叙述卫所时略有涉及，而下编则用了整个一章的篇幅来讨论。

上　编

从"异域"到"羁縻"：宋至清初改土归流前的黔西北社会

第一章　王朝的"异域"：彝族君长国的制度与文明

第一节　多"国"林立的宋代西南地区

以通常所认定的中国疆域为标准，宋代中国无疑正处于复杂的分裂状态中。以宋王朝为中心，依照《宋史》中的观念，天下格局似可做如下简单划分：(1)路府州县区，为王朝直接统辖区域；(2)蛮夷区，包括两类区域，一是羁縻区，包括领于长江上游成都府路、夔州路、中游的荆湖路，珠江流域广南西路等路的几百个羁縻州、洞，其首领名义上效忠宋王朝，受宋王朝册封，实际上这些地区并不真正受王朝管辖，二是在广大西南地区的许多"蛮夷"，游离于羁縻制之外，与王朝之间甚至缺乏名义上的统属关系；(3)外国，既包括曾给北宋造成重大威胁的西夏，也包括大理、占城等较顺服的国家，还包括偶尔有联系的天竺等国，其实还应包括危及宋朝国祚的辽、金。因为元代统治者同时承认宋、辽、金的正统，因此辽、金另修正史，未入《宋史》。[1]

《宋史》在很大程度上反映的是元朝对前朝历史的认知，但其中基于王朝中心的世界观，无疑有着深远的历史传统。受这种传统影响的历史书写，周边族类与外国的形象，往往围绕朝贡、叛逆、征伐与奇风异俗来描述，用语极为简略。例如《宋史》中的蛮夷区，尤其是羁縻区之外的众多"蛮夷"，常常三言两语带过，一些有着较高文明程度的"蛮夷"及其所建立的政权，书中甚至连名字都未曾出现。关于它们，要么汉文献全无记载，要么只能在宋代极个别官员的笔记、文集、公文中寻觅到一些蛛丝马迹。因为文献的缺载、简略或语焉不详，现代人对宋代西南地区复杂政权格局的认识，简化成了大理国与宋王朝的对峙，其余非汉民族大致皆被视为文明程度较低的部落，而未以政权视之。当代一些西南民族史的研究者，已经描述了宋代西南地区少数民族政权的一些情况。[2]这些研究在揭示出被忽略的历史的同时，也存在着不少有待解决的问题。例如：第一，着力论述了少数民族政权的历史，却未去分析它们为何可以被称为政权。一些著作甚至把见诸史籍的各少数民族部落概称为少数民族政权，把独立与半独立、有文字与无文字、有复杂政治结构与政治结构尚不清楚的部落等同视之。[3]第二，一些论著使用的文献仅限于汉文而忽视了少数民族自己的历史表达，一些论著虽然使用了彝文材料，但却忽视了两个最基本的问题。首先，所用彝

1　参见《宋史》卷485~496之《外国传》《蛮夷传》。必须注意，《宋史》分"蛮夷""外国"，但有时却又忽略二者的界限，如"大理"入《外国传》，但卷496《蛮夷四》又称："黎州诸蛮凡十二种……曰大云南蛮、曰小云南蛮，即唐南诏，今名大理国，自有传。"

2　例如尤中所著《中国西南民族史》（云南人民出版社，1985）叙述了自杞国与罗殿国的历史（第196~206页），《贵州通史》第1卷（当代中国出版社，2003）在论述宋代时专辟了一章"地方民族政权"。

3　参见《贵州通史》第1卷，第422~426页。

文献基本上都是成书于清代，为何可以用清代的材料去说明宋代的历史？其次，在彝文献所述与汉文献所述的地名、人名能否对应都尚未证明的情况下，何以得知两种文献叙述的对象是同一的？这两个疑问关系到合理使用彝文献的前提，对其置之不理将导致整个研究建立在一个非常薄弱的基础之上。

本书无意全面梳理宋代西南地区诸少数民族的内部权力结构，仅拟将焦点集中在黔西北及其周边地区，以揭示宋代西南地区复杂的政治格局。

南宋乾道九年（1173），著名诗人范成大赴任广西经略安抚使，两年后，他就自己任上的所闻所见，写就《桂海虞衡志》，其中有云：

> 南方曰蛮。今郡县之外，羁縻州洞，虽故皆蛮地，犹近省，民供税役，故不以蛮命之，过羁縻，则谓之化外真蛮也。区落连亘，接于西戎，种类殊诡，不可胜记，今志其近桂林者。宜州有西南蕃、大小张、大小王、龙石、滕、谢诸蕃，地与牂牁接，人椎髻跣足，或着木履，衣青花斑布，以射猎仇杀为事。又南连邕州南江之外者，罗殿、自杞等以国名，罗孔、特磨、白衣、九道等以道名，[1]而峨州以西，别有酋长，无所统属者，苏绮、罗坐、夜面、计利、流求、万寿、多岭、阿误等蛮，谓之生蛮，酋自谓太保。大抵与山獠相似，但有首领耳。罗殿等处乃成聚落，亦有文书，公文称守罗殿国王。
>
> 押马者，称西南谢蕃知武州节度使都大照会罗殿国文字。[2]

---

1 《岭外代答》卷5《经略司买马》："产马之国曰大理、自杞、特磨、罗殿、毗那、罗孔、谢蕃、滕蕃等。"这里把特磨、罗孔等概以"国"名之，当系行文的方便。

2 范成大：《桂海虞衡志·志蛮》，转引自马端临《文献通考》卷328《四裔五》。现在通行的一些版本的《桂海虞衡志》之《志蛮》，缺漏甚多，学界通常认为元人马端临所著《文献通考》所引《桂海虞衡志·志蛮》，与原书的本来面目最近，成为现在学者们使用《桂海虞衡志》时的重要参考。

尽管在《宋史》中仅简单提到过两次，[1]但自杞是在西南地区有着相当影响的政权，一度率兵攻占过大理国的中心鄯阐府。[2]罗殿在《宋史》中亦只出现数次，并且其内部情形我们一无所知，而范成大则明白无误地告诉我们，罗殿有聚落，有自己的文字，有文书公文，首领称国王，而且是"化外真蛮"，宋王朝甚至不能在其地建立羁縻州县，连名义上的统治都不能维持，罗殿之为"国"可谓名副其实。总之，南宋西南地区的局势，是自杞、罗殿、大理等多"国"林立，而非人们通常所认为的那样只有一个大理国与宋王朝对峙。尚有其他宋人的记载显示西南地区的复杂局面，淳熙二年（1175）十月，广南西路经略安抚使张栻奏称：

> 本路备边之郡九，而邕管为最重。邕之所管辐员数千里，而左右两江为最重。自邕之西北有牂牁、大理、罗甸、自杞，而西南有白衣九道、安南诸国，皆其所当备者。[3]

广西桂林通判周去非云：

> 欲至罗殿国，亦自横山寨，……一程至阿姝蛮，一程至朱砂蛮，一程至顺唐府，二程至罗殿国矣。凡十九程。[4]

曾参与修纂宁宗、理宗两朝国史、实录的黄震亦云：

> 自羁縻州洞之外皆蛮也。其区连亘湖南，接于西戎，种

1　《宋史》卷198《兵十二》："（绍兴）三年，即邕州置司提举，市于罗殿、自杞、大理诸蛮……自杞诸蕃本自无马。"

2　关于自杞，可参见杨永明《滇东古长城是自杞国的杰作》，《学术探索》2002年第6期。

3　《宋史全文》卷26上《宋孝宗五》。

4　周去非：《岭外代答》卷3《外国门下》。

类不可胜计。溪洞外依山林而居，荒忽无常者为獠，无酋长版
籍，无年甲姓名……其南连邕州南江之外者皆成聚落，罗殿、
自杞以国名，罗孔、特磨、白衣九道等以道名，此诸蛮之外又
有大蛮落，西曰大理，东曰交趾，大理即南诏也。[1]

南宋淳熙年间官至丞相的周必大还提到了"罗鬼国"：

西南蕃、罗鬼国在真宗朝尝来鬻马，后为罗殿国所限。[2]

宋人简略的记载，隐约呈现出一个鲜为人知而又令人惊异的世
界。但范成大等人毕竟是正统儒家思想熏育出来的官员，加上他们
不可能深入宋王朝控制范围之外的地区进行调查，因此其描述离公
正、详尽的标准相去甚远。当我们把目光转向当地族类自己的历史
叙述，就会发现西南地区的局势比宋代官员的描述复杂得多。

根据彝文献，除乌撒与水西外，在黔西北周边地区尚林立着若
干个相似的政权，主要有：滇东北的阿芋陡家[3]、芒部家[4]、乌蒙家[5]、
古口勾家[6]；黔西南的阿外惹家[7]；黔中的播勒家[8]；川南的扯勒家[9]。同水
西、乌撒一样，统治这些地区的族类大都自元代起被纳入中央王朝
的土司制度中，并且一律被称为"罗罗"，[10]在民族识别运动中被定为

1　黄震：《黄氏日抄》卷 67。

2　周必大：《文忠集》卷 65《淮西帅高君神道碑》。

3　在今云南东川、会泽一带，明代在此建立东川军民土府。

4　在今云南镇雄一带，明代在此建立镇雄军民土府。

5　在今云南昭通一带，明代在此建立乌蒙军民土府。

6　即磨弥部，在今云南宣威一带，明代在此设立沾益土州。

7　即娄娄勾部，在今贵州黔西南州一带，明代在此先后设立普安安抚司、普安州。

8　在今贵州安顺一带，明代在此先后设立普定府、安顺州、安顺军民府。

9　在今四川古蔺一带，明代在此设立永宁宣抚司。

10　如朱元璋曾敕封征南将军傅友德等："东川、芒部诸夷，种类皆出于罗罗。"参见《明史》卷 311
　　《四川土司传一》。

彝族，而彝文献则表明他们都自称"娄"。[1]

古口勾部要人欧索父奕访问阿外惹部时曾与阿弥评点娄素君长国的胜地："我的阿弥呀，九十彝（娄）君长，都住好地方，且听我来说。"接着便讲到了永宁扯勒部的柏雅妥洪、水西阿哲家的洛博迤略、芒部家的葛底翁妥、乌撒部的笃烘洛曲、阿芋陡家的举娄侯吐启、古口勾家的直诺祝雅流域、播勒家的大革滴索、阿着仇家的阿着地以及阿外惹家的住所。显然，在欧索父奕与阿弥的眼中，整个滇东北、黔西北、黔中、黔西南、川南都是彝人（娄）的住地，君长都是彝（娄）君长，柏雅妥洪等地方则是彝（娄）家胜地的代表。[2]将几大君长国并列叙述的情况在其他彝书中亦时常出现。[3]

君长国的首领们相信，笃慕（亦称笃慕俄）是他们共同的远祖。当笃慕之时，发生了大洪水，人类遭到了灭顶之灾。笃慕得到天神的指引，避难于撮匹山，成为唯一的幸存者。洪水退后，笃慕俄来到贝谷楷嘎的歌场，同天君的三位女儿结为夫妇，生下了慕雅苦、慕雅且、慕雅热、慕雅卧、慕克克、慕齐齐等六个儿子，这就是彝族的六祖，彝族由此而分为武（𗏟）、乍（𗅡）、糯（𗥮）、恒（𗎚）、布（𗐠）、默（𖿢）六个支系。[4]他们辗转迁徙，分布于云、贵、川三省的许多地区。乌撒家是布祖慕克克后裔的一支，水西家的祖先则是默祖慕齐齐。六个支系先是与天上人通婚，后来天地亲路断绝，为了生存发展，经过商议，决定武系与乍系、糯系与恒系；

---

1 "娄"即"娄素"或"娄素濮"的简称，前者是书面语，后者是口语。前文已谈到黔西北彝族自称"娄素"，而彝文献表明其他君长国的族娄亦自称"娄"，如在流传于滇东北、黔西北一带的《彝族源流》中（第24~27卷，贵州民族出版社，1998），本书所列举的这些部落政权的君长都属"娄（彝）之君"（第272~297页）。

2 《彝族源流》第24~27卷，第268~297页。

3 参见《物始纪略》第2集，四川民族出版社，1991，第262~267页；《苏巨黎咪》，贵州民族出版社，1998，第70~78页。

4 有的彝书认为乍祖是慕雅苦，并且是长子，武祖是慕雅克（𗥤），系次子。参见《彝族源流》第17~20卷之《乍氏史略》与《武氏源流》，贵州民族出版社，1994。

布系与默系相互开亲。[1]

这个故事广泛流传于上述彝区，并且在当地的彝文古籍上有明确记载。当然，对洪水发生的原因、避难的地点等细节问题有多种说法，但这些并没有动摇同宗共祖的坚定信念。通过《彝族源流》《西南彝志》等彝书，我们可以拟出九大君长国的系谱：

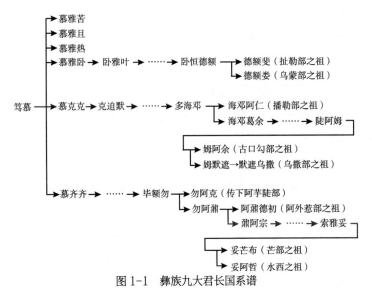

图 1-1 彝族九大君长国系谱

说明：彝族谱书往往并非单线系谱，出于简单与清楚的目的，本谱将省略不相关的代数与支系。彝书可相互印证，一些人名、地名的细微差异系由于滥用同音字、同意字或方言所致。

资料来源：《彝族源流》第 17~20 卷，第 150~154、305~341、365~369 页；《彝族源流》第 21~23 卷，贵州民族出版社，1997，第 193~199 页；《西南彝志》第 7~8 卷，贵州民族出版社，1994，第 7~89、265~269、270~312、361~386 页；《西南彝志》第 5~6 卷，第 302~310 页。此外还可参见《赊豆榷濮》等书。

---

1 参见《西南彝志》第 5~6 卷，贵州民族出版社，1992，第 74~115 页。还可参见《彝族源流》第 13~16 卷（贵州民族出版社，1993）、《赊豆榷濮》（云南民族出版社，1987）、《夷僰榷濮》（云南民族出版社，1986）、《笃慕源流》（《增订爨文丛刻》上册，四川民族出版社，1986）等，这些彝书所述六祖故事大同小异。

还有一些君长国，同样认同笃慕－六祖，但分支系谱没那么清楚，因此未列入上面的系谱图中。

甚至连明代开国皇帝朱元璋对这些君长国的情况都略有所知，洪武二十一年（1388）他谕称：

> 东川、芒部诸夷，种类虽异，而其始皆出于啰啰。厥后子姓蕃衍，各立疆场，乃异其名，曰东川、乌撒、乌蒙、芒部、禄肇、水西，无事则互起争端，有事则相为救援。[1]

彝、汉两种文献所叙述的西南地区政治格局有无关联呢？从人群与地理位置两个方面考察，二者之间是能够互证的。先看人群，范成大云：

> （罗殿、自杞等等）诸蛮之至邕管卖马者，风声气习，大抵略同。其人多深目、长身、黑面、白牙，以锦缠椎髻，短褐、徒跣、戴笠、荷毡珥、刷牙，金环约臂，背长刀，腰弩箭箙，腋下佩皮篚，胸至腰骈束麻索，以便乘马……性好洁，数人共饭，一样中置一匕，置杯水其傍。少长共匕而食，探匕于水，钞饭一哺许，抟之样，令圆净，始加之匕上，跃以入口，盖不欲污匕妨他人。……食盐、矾、胡椒，不食羴肉，食已必刷齿，故常皓然。[2]

明弘治《贵州图经新志》引旧志所载水西"罗罗"的风俗是：

---

1 《明太祖实录》卷 192，洪武二十一年七月丁酉条。除了具有种类相同的坚定信念外，九个君长国还世代联姻，形成了一个大婚姻圈。参见温春来《彝、汉文献所见之彝族认同问题》，《民族研究》2007 年第 5 期。

2 范成大：《桂海虞衡志·志蛮》，转引自马端临《文献通考》卷 328《四裔五》。

　　旧志曰：罗罗，即古乌蛮，亦有文字，类蒙古书。其人深日（"日"当为"目"之误——引者注）长身，亦黑面白齿，挽髻、短褐、徒跣、戴笠，荷毡珥，刷牙，金环绀臂，佩长刀箭籫，左肩佩一方皮，腰束韦索。性好洁，数人共饭，一盘中植一匕，复置盂水于傍，少长共匕而食。探匕于水，抄饭一哺许，拚之盘，令圆净，始加之匕上，跃以入口，盖不欲污匕妨他人食也，食已必漱口刷齿，故齿常皓然。[1]

　　明代贵州方志的作者在论述贵州"罗罗"的风俗时参照了《桂海虞衡志》，又根据明代的情形略加修改。可见，从体质特征与文化风俗方面两个方面判断，罗殿、自杞"诸蛮"与水西"罗罗"当系同一族类，因此宋人所述西南诸国与彝文献所载诸君长国间，在人群上似有相同的可能。下面再从地理位置考察之。

　　先谈自杞。按谭其骧主编之《中国历史地图集》，宋代自杞国的中心位置在今贵州黔西南州首府兴义，[2]而这里正是彝族君长国阿旺惹部的核心区域。据尤中的论述，自杞国的范围包括贵州省兴义县及其西部的云南罗平、师宗、弥勒、丘北等县，[3]亦有学者认为自杞尚包括了今广西西北部的一部分地区。[4]学界对自杞疆域认知的差异，当系所据时期不同所致，史载自杞"本小蛮"，后来在与南宋王朝的市马活动中逐渐壮大。[5]不管怎样，黔西南是自杞国的重要疆域是没有争议的。阿旺惹君长国与自杞国，或系同一国，或曾经有着隶属关系。

1　弘治《贵州图经新志》卷1《贵州宣慰司上》。

2　参见谭其骧主编《中国历史地图集》第6册，中国地图出版社，1982，第65~66页。

3　参见尤中《中国西南民族史》，第204页。

4　参见杨永明《滇东古长城是自杞国的杰作》，《学术探索》2002年第6期。

5　参见冈田宏二《中国华南民族社会史研究》，赵令志、李德龙译，民族出版社，2002，第231~235页。

罗殿国在何处？明代史料常称水西为罗殿（甸），水西君长亦常以罗殿（甸）国王自居。[1]虽然学界并不完全同意水西即罗甸，但罗甸国不在黔西北即在黔西北的周边地区，[2]不会超出上述几大彝族君长国的范围，这是可以肯定的。综合学者们对罗殿地域的研究，罗殿国最可能对应于水西君长国或播勒君长国。

除自杞与罗殿外，与范成大同时代，同样亲履广西的吴儆所著《竹洲集》中尚提到"阿者"国：

> 自邕北出功饶州、梵凤州，至横山，……渡都泥江、沿江而北，历罗幕州及诸山獠，至顺唐府、西南番、罗殿国、阿者国，皆汉西南夷故地。西与大理、自杞，东与黔南为邻，各有君长、姓氏，自言诸葛武侯所留戍卒后裔，有武侯碑在西南番境中。[3]

笔者怀疑这段引文中的"阿者"国即水西，因为水西的彝语名称为慕俄勾或阿哲，阿哲与阿者当系不同音译所致。[4]果真如此，宋代的罗殿国就不应当是水西君长国。当然也存在另一种可能，即阿者与罗殿分属两国的情形仅仅维持了一段时间，在此之前或之后其实是同一国。[5]

正因为水西在宋代建立了政权，而元人对此亦很了解，所以元人所修史料在提及宋末元初的水西时要称为"罗氏鬼国"了：

1　如明崇祯年间奢安之乱结束后，曾在水西搜出一颗罗甸国王大印。参见朱燮元《勘明水西各土遵照明旨分土授官以安地方事》，《朱少师奏疏钞》卷8。

2　参见方国瑜《彝族史稿》，第506~507页；《贵州通史》第1卷，当代中国出版社，第407~417页；王燕玉《辨罗殿国与罗氏鬼国》、史继忠《罗殿国非罗氏鬼国辨》，贵州民族学院民族研究所编《贵州彝族研究论文选编》，1985。

3　吴儆《竹洲集》卷10《邕州化外诸国土俗记》。

4　阿哲系水西的远祖，由人名而变成国名、部族名、地名。

5　尤中的研究可以作为这一推测的旁证，据其所述，罗殿国的地域时有变更，强盛时才占领了水西。

甲辰，罗氏鬼国遣报思、播言：大元兵屯大理国，取道西南，将大入边。[1]

（至元十六年十一月二十一日）遣千户张旺招罗氏国。[2]

甚至到了明代，还有官员与文人沿袭旧有的传统，称水西为国，如明人包汝楫云：

罗鬼国禾米佳过中国，……安酋（指水西安氏——引者注）国中甚富。[3]

必须再次申明的是，彝文献一般都未标明作者与写作时间，只能大致知道它们是明清时期的作品。本书在相关汉文献的印证下，敢大胆利用彝文献来证明宋代西南地区系多"国"林立，除了彝、汉两种文献所述的对象大致同一，且地理位置相符外，还基于以下考虑：（1）现存彝文献大都是明、清以来的抄本或石刻，但这并不意味着它们仅仅反映明、清时期的历史；（2）西南地区的许多少数民族具有建立政权的悠久传统，早在汉代，司马迁已注意到"西南夷君长以什数"；[4]（3）宋代黔西北及附近许多地区游离于羁縻制度之外，中央王朝甚至连名义上的统治都不能维持；（4）宋代文献表明黔西北或其周边地区有罗殿、自杞、阿者等国，元代文献也表明水西在宋末明初被称为国，而水西与其他彝族君长国在彝文献中是并立的，并且乌撒、水西、乌蒙、芒部、东川等在元代史料及《元史》中都有较多记载。[5]综上可知，即便当时并非恰好九大彝族君长

1　《宋史》卷44《理宗四》。

2　苏天爵：《国朝文类》卷41《经世大典序录·招捕》。

3　包汝楫：《南中纪闻》，丛书集成初编本。

4　《史记》卷116《西南夷列传》。

5　参见《元史》卷35《文宗纪四》；卷162《刘国杰传》。

国屹立在今天的川、滇、黔交界地区，但多个彝族君长国林立的局面是可以肯定的。

当然，今人不能纯粹以现代民族国家中"国"的意涵来理解宋代的西南地区。本书关注的是，回到传统中国正统的话语体系，这些大大小小的"国"该如何定位？

一个最简便的方法就是以天下观为核心，利用华夏－蛮夷、化内－化外等划分法，将这些"国"视为后者，与中原王朝相对。这类具有深远历史传统的认知方式，已被现代学者演绎成一套精致的理论，用以分析前近代以中国为中心的东亚世界体系。[1]

但这套理论在处理中央王朝与各"蛮夷"间亲疏各别的关系，以及前者对后者的强弱不同的影响力等问题方面，尚缺乏足够的解释力，也不能说明许多"蛮夷"与王朝关系逐渐变化的历史过程。为了揭示黔西北等地区从宋至清的历史演变，笔者将采用古文献中常出现的"异域""羁縻""新疆""旧疆"等四个词汇。

万历《贵州通志》云："黔于古始非异域也，入我版图，所从来远矣。"在这里，"异域"即意味着未入"版图"之地。必须注意的是，今日的"版图"一词着眼于地，即一个国家拥有主权的领土。但在古文献中，"版"指登记有户口的简册，"图"指舆图。[2]"版图"一词系土地与户口[3]并重，正如《清史稿》所云："国家抚有疆宇，谓之版图，版言乎其有民，图言乎其有地。"[4]事实上，在缺乏

1　参见何芳川《"华夷秩序"论》，《北京大学学报》（哲学社会科学版）1998年第6期；罗志田《先秦的五服制与古代的天下中国观》，《学人》第10辑，江苏文艺出版社，1996；葛兆光《从天下到万国：重理解明清思想史的背景》，《中国思想史》第2卷，复旦大学出版社，2001；何新华《"天下观"：一种建构世界秩序的区域性经验》，《二十一世纪》网络版2004年11月号。

2　参见《辞源》（合订本），商务印书馆，1988，第1069页。

3　户口可大致理解为官府能对之征赋派役的人口，即编户齐民，并非全部实际人口。

4　《清史稿》卷283《何国宗传》。

现代主权观念，以及国家之间不存在清晰疆界的情况下，古代"版图"的意涵可能更加侧重于人。[1]本书第五章将结合黔西北的例子对传统中国"版图"与"疆"的观念进行更详细的说明，此不赘述。

万历《贵州通志》声称贵州"始非异域"，将其进入"版图"的时间远溯自传说中的尧舜禹乃至高阳氏时期，实属一种对乡土的夸饰——这也是大多数地方志的共同特点。不过，"版图"之外与"异域"并不等同，中央王朝能够建立羁縻州县或土司制度的许多地区，尽管其田土、人口在官府的相关册籍上无载，但常常不被视为"异域"，而是被目为"羁縻"。只有在那些连名义上的统治都不能维持的地区，才通常以"异域"名之。[2]汉代李陵投降匈奴后，即在苏武面前自称"异域之人"；[3]金侵占宋王朝北方大片土地，宋朝皇陵未能南迁，因此宋高宗感慨"祖宗陵寝，久沦异域"；[4]而大理国也被宋朝皇帝目为"遐方异域"。[5]综上可知，将当时与大理国等并立的水西等彝族君长国定位为"异域"是符合历史实际的。如果站在中央王朝中心观的角度，考虑到以一元等级世界秩序为特征的"天

---

1 正如有学者指出的："对编户齐民控制，是每一个王朝建立正常的社会秩序，确立其统治的基础。因此，历代王朝都十分重视户籍的编制与使用。宋代以前，政府只编造户籍而没有地籍，土地赋税等都是在户籍中登记；宋代以后，虽有单行地籍的设立，但实际上，对于朝廷和地方政府来说，地籍的作用和意义，并不能与户籍相提并论。""在一条鞭法改革之后，地籍的作用提高了，户籍似乎失去了意义，清代甚至停止过户籍编造，……其实对于州县衙门来说，最重要的册籍仍然是户籍册，只是这时的户籍所登记的已经不是人口资料，而是纳税资料。"参见刘志伟《在国家与社会之间——明清广东里甲赋役制度研究》，中山大学出版社，1997，第2~3、14页。

2 在古汉语中，"异域"有时也有"异乡"之义，如《后汉书》卷43《隗嚣传》，方望在给隗嚣的信中云："异域之人，疵瑕未露，欲先从郭隗，想望乐毅。"唐代李贤的注解称："望，平陵人，以与嚣别郡，故言异域。"本书中的"异域"不取"异乡""别郡"之义。

3 《汉书》卷54《李广苏建传》。

4 《宋史》卷123《礼志第七十六》。

5 参见《宋史》卷488《外国四·大理》。

下"观念，将水西、乌撒等称为"王朝的异域"亦不为过。[1]

第二节 "勾"政权与"则溪"制度

本章第一节探讨了宋代西南地区多"国"林立的状况，本节将具体分析彝族君长国的制度。在彝语中，娄素君长国的政权称为"勾（𠂤）"，如乌撒称纪俄勾，水西称慕俄勾，播勒部称娄娄勾，磨弥部称古口勾等。[2]这种称谓含有某种神圣的意味，"勾"意译时又指白鹤，在彝书中频频出现，[3]被描绘为具有超凡能力的圣鸟。《西南彝志》云：

> 哎哺满十代，如白鹤在天。……白鹤栖十次，宇宙装饰十次，积累知识见闻。……梯阿武时代，如众多白鹤，一起往下

1　根据《史记》卷116《西南夷传》、《汉书》卷95《西南夷两粤朝鲜传》等史籍的记载，西汉王朝已在夜郎等西南地区置郡县，但夜郎国的中心区究竟在何处，其统治范围究竟有多大，至今仍然是一个待解之谜。此外，我们也不能武断地认为汉代西南地区的郡县与内地的郡县性质上相同，由于史料太过简略，我们实难了解汉王朝在西南地区的郡县机构真正能管辖地域有多广，真正能够控制的编户有多少。从夜郎国、滇国的首领被封王，以及他们经常能够召集当地人反叛的情况来看，"西南夷"的首领仍然有很大的势力，他们与王朝之间应是一种"羁縻"关系（关于"羁縻"的讨论详见本书第二章）。即便到了元、明甚至清代，尽管西南地区已经是流官机构遍布，王朝对地方已有相当强的控制力，但许多土著百姓仍然直接受少数民族首领管辖，并非向王朝输赋应役的编户齐民。从汉以后相当长的一段时期内，西南许多地区直接纳入了王朝"版图"，但包括黔西北在内的不少地区的与王朝的关系在很大程度上亦只能以"羁縻"视之，甚至较"羁縻"关系更为疏离。到宋代，王朝基本上放弃了对云南、黔西北等地的积极经营。明人谢肇淛所著《滇略》卷1《版图》载："宋建隆三年，王全斌既平蜀，欲乘胜进取（云南），为图上献，太祖鉴唐之祸，以玉斧画大渡以西曰：'此外非吾有也。'段氏遂得世其国。"除《滇略》外，宋太祖玉斧划河以示放弃云南等地的故事在清人冯甦所著《滇考》卷上、倪蜕所著《滇云历年传》卷5等许多史籍中都有记载。不管此故事是否真实，宋王朝的消极无疑是黔西北等地成为"异域"的重要原因。

2　参见《彝族源流》第21~23卷第109页之注释；阿沽社武《乌撒政权结构试析》，《贵州彝学》。

3　参见《彝族源流》第1~4卷第110~111页之注释，贵州民族出版社，1989。

降，进入知识宫，如众多锦帛，匹匹生美影。……高大白鹤，参加修天；花翅青鹃，参加补地。[1]

勾政权的最高统治者称"祖"（ꝷ，即"祖摩"，意译为"君"），其辅佐者有"摩"（ꔤ，意译为"臣"）、"布"（ꔤ，即"布摩"，意译为"师"，指祭师、经师），彝书中往往三者并称，学界对此已颇多阐述。在此要补充的是，在黔西北民间口耳相传的许多"曲谷"（ꔤ，即情歌）中尚保留着对君、臣、布政权的记忆，如《谷邛赖》称：

情郎和情妹，进入了歌场。君长居左，臣子居右，布摩居上位，男女情人居四周，反复排列位置，把爱根建立，把情根建立，男女情人居一处，有位置可寻，有秩序可依。[2]

我在威宁调查时，世袭布摩李幺宁告诉我，鹤（勾）、鹃、鹰分别象征君、臣、布，这可从文献中得到印证。《彝族源流》云："君声像鹤声，臣声像杜鹃，布摩鹰的声。"[3]《支嘎阿鲁王》亦载：

君像鹤一样高洁，臣像杜鹃般能言，布摩好比，凌空展翅的鹰。[4]

---

1 《西南彝志》第3~4卷，贵州民族出版社，1991，第73~74、84、133页。
2 《谷邛赖》，《曲谷精选》，贵州民族出版社，1996，第3~5页。类似的情歌尚有《陡朵》、《恒佑阿买》、《祖摩阿纪家》、《才尼》、《诃合曲谷》（以上均载《曲谷精选》）、《北方君长道》（载《阿买恳》，贵州民族出版社，2002，第439~440页）等。据《曲谷精选》搜集整理者撰写的《前言》，由于现代文化的冲击，众多的"曲谷"词曲仅零星掌握在极偏僻山村50岁左右的人手里，其用语介于古代彝语和现代彝语之间。
3 《彝族源流》第13~16卷，第192页。
4 《支嘎阿鲁王》，第138页。

君、臣、布三者有一定的分工，据《苏巨黎咪》：

> 贤君发号令……贤臣做决断……贤布摩祭祖。
> 君长掌权，与臣问计，高明的布摩祭祖。

布摩祭祖，必须熟习谱系，所以"布摩的重要使命，理顺宗谱为上"。[1]

每个君长国都有若干布摩，或许只有知识渊博、"法力"深厚者才有为君效劳的机会，但各级官员甚至平民同样需要祭祖和理谱，所以其他布摩同样受到尊重与欢迎。彝书称：

> 宗谱有秩序，布摩先问主人才行。若布摩先问，布摩祭祖，有章有法，功是布摩的。[2]

或许彝书所载的君、臣、布分工在很大程度上只是一种理念，在政权的实际运行过程中对此并不完全遵循，例如除祭祖、叙谱外，布摩还广泛行使着各种权力。

在传统彝族社会中，工匠亦享有比较高的地位："君臣重匠人，匠人担重任。"[3] 彝书中有时君、臣、布、匠并称：

> 作为君长，要有仇叩皮耐的风范……作为慕魁臣子，当效法毕余毕德……作为布摩，当效法始楚乍姆……作为工匠，当效法阿娄阿德。[4]

---

1 《苏巨黎咪》，第9~10、16、24页。黔西北民间流传的"曲谷"对君、臣、布的权力分工亦有反映，如《陡朵》，载《曲谷精选》，第3~5页。

2 《苏巨黎咪》，第3页。

3 《物始纪略》第1集，第49页。

4 《苏巨黎咪》，第1~2页。

> 欧哲戛为君，岩阿洛为臣，武菊耿为师，堵阿德为匠。此四贤之世，赶着百头牛，在晗弭卧底杀。建庙牛祭祖，塑偶牛祭献。[1]

黔西北娄素濮的政权与族权往往交织在一起，[2]君、臣、布之间通常被认为具有亲缘关系。如彝书对乌撒部远祖有如下记载：

> 默氏那咪录，诺陇邓，诺克博，诺濮迁之母。君为诺陇邓，臣为诺克博，请莫布洛谷，在洛补夺朵，祭三代亡灵。
>
> 耐叟苦之女，叫叟苦咪嘎，嫁在德迤惹舍，是姆氏三子，即姆阿余，姆维遮，姆阿足之母。姆阿余为君，管古苦地方；姆默（默疑为维之误——引者注）遮为臣，名扬纪古地，姆阿足布摩，管文化礼仪。[3]

又如世袭布摩亥素家，是从水西开基君长勿阿纳的上一代分出的。[4]

臣与布可分为若干等级，形成了"九扯九纵"之制。在汉文史籍中，《明神宗实录》较早提及该制度的名称，[5]康熙初年亲履水西的官员彭而述则谈到了该制度的一些具体内容，[6]后来的许多地方志根据彝书，对此进行了更详细的梳理，"九扯九纵"即根据事权的不同，将辅佐君长的臣与布分为九个品秩，总理行政的长官曰"更苴"，品级最高，史称：

> 年高最贵者谓之庚尊（即更苴——引者注），……庚尊授

---

1 《彝族创世志》谱牒志一，第158页。

2 参见史继忠《明代水西的则溪制度》，第29~39页。

3 《彝族源流》第17~20卷，第379~380、395~396页。

4 参见《彝族源流》第24~27卷，第38~45页。

5 参见史继忠《明代水西的则溪制度》，第35页。

6 参见彭而述《读史亭文集》卷9《水西记》。

木杖，鸠刻其上，往往宣慰有军国大事，则庚尊以鸠杖往决之，但首示可否而已，木皆用番书，多不可晓。[1]

"穆魁""濯魁"辅佐"更苴"，参与军机大事，品级次之；"诚慕""掌宗祠之祭祀，修世系之谱牒"，"白慕""掌丧葬之斋醮"。两者并为第三等级；"慕史"司文书，"掌历代之阀阅，宣歌颂之乐章"，同"执事左右"的"诺唯""祒葩"一起构成了第四品级；"骂初""骂写"是兵帅，管军事，"弄余"掌礼仪、办外交，"崇闲"督农事、管生产，共为第五级；"濯苴""拜书"管接待，"拜项"管门禁，"扯墨"管祭祀牲口，品级更次；"项目"管器物，同管礼物的"弄都"、管环卫的"初贤"、作为队长的"黑乍"列为一等；其余服杂役者又列为一等。以上共八个品级，"少一而不足九者，盖录彝书者脱漏"。[2]

娄素君长们亦会任命统治区域内的其他族类的首领为官，"苗、獠寨大丁强，亦为祒写（骂写）、祒初（骂初），自统其兵"。[3]

君、臣、布三者共秉国政的制度，各大君长国都基本相同。下文将进一步论述乌撒、水西的行政体制。

黔西北的基本行政单位称为"则溪"（ꌠꏂ，又译作"宅溪""宅吉"等），在此以水西阿哲家为例，《彝族源流》云：

1　彭而述：《读史亭文集》卷9《水西记》。"番书"当指彝文。清人舒位所撰《黔苗竹枝词》之《猓猡》有云："阿谁赐得银鸠杖，谢表签名曲似蝌。"这是对彭而述这段描述的简要概括。

2　参见史继忠《明代水西的则溪制度》，第35~38页。史继忠还认为："'九扯九纵'就是九种不同的官职按其地位而有九个品级，官职和品级互相对应，互为表里。"但水西职官种类远远超过九种，并且同一品级职官的职责可以完全不同，例如掌军事的"骂写"、掌礼仪与外交的"弄余"、管农事的"崇闲"都是第五品级，因此这种看法未必妥帖。此外，彭而述与史继忠都认为"九扯九纵"是仿效王朝的等级品官制，但他们并没有提出直接的证据，因此笔者对此持保留态度。

3　参见道光《大定府志》卷39《经政志一·官制略》。

慕俄勾，妥阿哲部，将十三则溪，设自家地盘。第一是嘎娄，第二是安嘎，第三是陇垮，第四是斗堵，第五是朵勒，第六是于底，第七是洛莫，第八是热卧，第九是以著，第十是化角，雄所第十一，慕柯第十二，火著第十三。妥阿哲部，则溪的顺序，这样排列的。[1]

彝书《水西制度》所载与此相同，13 个则溪遍布水东、水西，直抵贵阳。今天贵阳市区内的一些地名，尚与则溪相关。[2] 每个则溪都会设一个大仓库，用以保管征收来的钱粮，在彝语中则（兯）即仓库之意。[3] 笔者甚至怀疑每个则溪都有一个小市场，因为溪（𛰣）意为集市。[4]

黔西北地区一些以书面形式记录下来的"出嫁歌"对十三则溪的特征有生动描述，《阿买恳》载：

妥阿哲境内，去来要翻山，是嘎娄则溪……以飞鸟命名，指安嘎则溪……高处出荞麦，中部出美人，指陇胯则溪……骑马好比打秋千，指的都则溪……步行路艰难，汗水不离身，指冬娄则溪……犹如象背上搓绳，似象毛蓬松，指迁底则溪……彝寨地势宽，汉寨地势大，指六慕则溪……高山日不照，壑谷露不干，指热卧则溪……彝家辖地内，掌权人辈出，指以著则溪……云雾遮盖天，称霸于白岩，指化角则溪……冬晴雪不干，夏晴露不干，指雄所则溪……好比用银装饰裙子，好比用金装饰裙子，指慕胯则溪……家中无丝绸，帐幔无限长，指火

1　《彝族源流》第 24~27 卷，第 106~108 页。
2　如贵阳盐务街宅吉小区，"宅吉"即则溪的又一音译。
3　参见胡庆钧《明代水西彝族的奴隶制度》，《明清彝族社会史论丛》，上海人民出版社，1981；史继忠《明代水西的则溪制度》，第 32 页。
4　参见《简明彝汉字典》（贵州本），贵州民族出版社，1991，第 120 页。

著则溪……十三个则溪，慕胯地盘广，则溪势力大。[1]

　　管理则溪者都是君长的宗亲，根据《水西地理城池考》等彝、汉史籍的记载，阿哲家共有十二大宗亲。[2]每个宗亲都占有一个则溪，加上君长自己亲领一个则溪，这正是十三则溪的由来。[3]但君长所拥有的绝非只是一个则溪，崇祯七年（1634），水西君长、宣慰使安坤病故，无嗣，属下各土目争权夺位，互不相让，结果纷纷献地归顺，时总督西南军务的朱燮元疏云：

　　　　臣查该司有宣慰之土、各目之土。宣慰公土，宜还朝廷。各目私土，宜听分守。[4]

　　宣慰之土究竟指什么地方？崇祯九年，十二宗亲之一的卧这[5]头目安世呈称：

　　　　其宣慰公地，以著、则窝、化角、木胯、火掌、架勒、安架、的都、朵价、陇胯等十宅吉，插白、两朵、内庄、则价、雪革、化处、土桥、哥落、比那、仲巴、本捏、仲女、租写、

1　《诺沤曲姐》，贵州民族出版社，2002，第211~218页。本段引文中的则溪名称与前文的差异系不同的音译所致。"陇胯"即"陇垮"，"的都"即"斗堵"，"冬娄"即"朵勒"，"迁底"即"于底"，"六慕"即"洛莫"，"慕胯"即"慕柯"。对不同则溪的描述未必都很准确，例如本段引文称慕胯在十三则溪中地盘最广，势力最大，但据下文所引的朱燮元的奏疏，木（慕）胯则溪南北一百里，东西一百八十里，无论面积、寨数、户数、粮米都不及一朵（于底）、则窝（热卧）等则溪。

2　参见《水西地理城池考》，贵州省毕节专署民委会老彝文翻译组译，1966；道光《大定府志》卷49《得初土目监生安光祖所译夷书四则·其二》。

3　参见史继忠《明代水西的则溪制度》，第33、38~39页。

4　朱燮元：《水西夷汉各目投诚献土谨酌近日情形条例措置事宜恭请圣裁事》，《朱少师奏疏钞》卷7。《明史》卷249《朱燮元传》亦有类似记载。

5　道光《大定府志》卷49《得初土目监生安光祖所译夷书四则·其二》："水西十二宗亲：阿五，德初，卧这……"是以知卧这为十二宗亲之一。

朵枑、沙垒、却垒、西黑、阿东普、以墨、四着、骂个等白勒庄寨，宣慰既以无嗣，地方应行归籍。[1]

可见，水西君主的土地遍及十个则溪，[2]但并非十个则溪全是其领地。事实上，每个则溪通常都分为两部分，一部分是宗亲的土地，即"各目私土""目地"，另一部分即君长的土地，即"宣慰公土""公地"，以木胯宅吉（则溪）为例：

> 木胯宅吉东至阁鸦驿，南抵女农革河，西连镇雄界，北挽蔺界，南北一百里，东西一百八十里，公地计五庄，人民共二十七寨，户口二百四十五房，秋粮每年共该仓斗米一千三百一十一石。目地大小头目共六十二处，秋粮每年共算该仓斗米六百五十八石六斗一升。[3]

则溪主要有两种职能，一是管兵马，二是管粮草，相应地设置了两种类型的官。[4]彝书《水西制度》云：

> 各仓库派有管兵马、仓库的负责人。负责管戛勒仓库与兵马的是扯老底苏，管安戛仓库与兵马的是卜俄必选……

《大定府志》亦载：

> 水西十三则溪。木胯则溪：管钱粮阿户，兵马阿五；火著

1　朱燮元：《水西夷汉各目投诚措置事宜疏》，陈子龙等选辑《明经世文编》卷 487。

2　安世的呈文作于崇祯九年，而早在崇祯三年阿哲家已被迫削减水外六目之地，共两个则溪，因此在崇祯三年之前，水西君长的土地当更加宽广，超出十个则溪的范围。

3　朱燮元：《勘明水西各土遵照明旨分土授官以安地方事》，《朱少师奏疏钞》卷 8。

4　参见史继忠《明代水西的则溪制度》，第 34、41~42 页。

则溪：管钱粮归宗，兵马以义……宣慰时，管地方钱粮之夷目号六慕濯色，管操练兵马之夷目号慕苴骂色。[1]

但《土地民奴和则溪的管理》中提及的则溪官员有兵马元帅与城堡、营寨主管者两种，没有钱粮官，兹以陇垮则溪、戛勒则溪与朵能则溪为例：

> 主管戛勒则溪城堡和营寨的，是液额苦帕家笃额阿切的女儿，住于彻堵底苏……
>
> 陇垮则溪城堡和营寨的主管者，是妥阿哲（即济火，据说是水西君长国的开基者——引者注）的幼子阿哲阿琪。兵马元帅是节能以义。濮勺必迭，属于德布支系的鲁歹君长家。阿阔阿比，则是慕俄格君长正妻所生的儿子。他们都是陇垮则溪辖区的穆濯、奕续。
>
> 朵能则溪城堡和营寨的主管者，是纪启鲁洁。兵马元帅是阿施纳额。濮叶额增为兄，管理勿阿纳（妥阿哲的六世祖——引者注）家的地方，濮叶洛举为弟，是外甥家来当臣子，乃洛举土目。陇勺阿再，初次来管朵能。额拐额知、阿阔阿叶、阿阔木依、阿阔觉道、阿阔额迭、阿叶德初、忍额德直，他们都是朵能则溪辖区的穆濯、奕续。[2]

或许城堡和营寨的主管者即是钱粮官，《土地民奴和则溪的管理》只是换了个说法而已。这段材料还表明，则溪的官员之间以及他们同君长之间有着千丝万缕的亲缘关系，有的是分封世袭而来，历史久远，如阿哲阿琪系古代水西君长妥阿哲的幼子；有的是

1　道光《大定府志》卷49《得初土目监生安光祖所译夷书四则·其三》。
2　《土地民奴和则溪的管理》，《增订爨文丛刻》上册，第137页。

后来的君长所封，如陇勺阿再；有的是君长的母系亲戚，如濮叶洛举兄弟；有的是女性，如笃额阿切的女儿；有的甚至来源于其他彝族支系德布系，如濮勺必选。显然，统治权力的分享并不完全满足嫡长子为大宗，其余众子为小宗，层层分封的宗法制原则——这一原则长期以来被汉文文献和近代研究者用以解释水西的政治制度。[1]

上述引文同时揭示，在兵马与钱粮官下面似乎还有职位更小的穆濯、奕续、土目等。穆濯、奕续、土目[2]等有时还是一种统称，包括了城堡、营寨的主管和兵马元帅。如阿哲（阿）琪是陇垮则溪的城堡、营寨主管，[3]但《西南彝志》却称："陇垮地的三家，额迭和那知，以及阿哲琪，都是慕濯和奕索（续）。"该书介绍了水西君长国的几个则溪及其主管者，每一个则溪讲完时，都要强调一句："所有慕濯和奕索（续），其事迹不可忘记。"[4]

每个则溪都必须向君长缴纳贡赋，何种情况应缴何种物品以及数量多少等在书面上都有详尽的规定，管理上完全做到了有规可循（详见本书第三章第二节）。此外，君长分布在各个则溪的土地或许是由各宗亲负责耕种、管理，这可能也是他们的一项义务。

乌撒地区亦实行则溪制度，这一制度据说是俄索折怒王建立的，折怒是乌撒历史上一位举足轻重的人物，《元史》载：

1　例如光绪《黔西州续志》卷5《州属土司》称："君长为苴穆，犹可汗、骠信之号。既附于朝，则为宣慰、宣抚，嫡子仍袭其位而分庶子为穆濯，译言名爵，今为大土目，穆濯之嫡子仍袭穆濯，而分庶子为裪衣，为衣苏。"1950年代以后胡庆钧与史继忠等学者都借用了这种宗法制的模式，用以论述水西的政治制度。参见胡庆钧《明清彝族社会史论丛》，第31~32页；史继忠《明代水西的则溪制度》，第29~32页。

2　本书第六章第一节将对土目做更详细论述。

3　参见《增订爨文丛刻》上册，第137页。黔西北彝俗喜在名字前或中间加一"阿（ꀊ）"字，所以阿哲琪又称阿哲阿琪。

4　参见《西南彝志》第9~10卷，贵州民族出版社，1998，第344~390页。

乌撒乌蒙宣慰司，在本部巴的甸。乌撒者蛮名也。其部在中庆东北七百五十里，旧名巴凡兀姑，今日巴的甸，自昔乌杂蛮居之。今所辖部六，曰乌撒部、阿头部、易溪部、易娘部、乌蒙部、閟畔部。其东西又有芒布、阿晟二部。后乌蛮之裔折怒始强大，尽得其地，因取远祖乌撒为部名。[1]

折怒王的事迹在文献与口碑中多有叙述，彝书《俄索折怒王》称：

> 走路常要回头看，折怒王的故事有人传。布摩用文字记录，歌手们代代传唱。笃洪纳娄的山陷了，折怒事迹也留传。巴底的海水干了，折怒英名不失传。[2]

同书记载了他建立则溪制度的经过：

> （俄索折怒王）以鲁旺的方位，依鲁补的数字，支格阿鲁定的标记，设置九大则溪。重振俄索蔺的雄风，再建立虎皮般的典章。绿竹茵茵的莫则洛那洪，设置第一则溪；稻花芳香的俄补甸吐，设置第二则溪；松涛呼呼的德珠杓嘎，设置第三则溪；山青水秀的六曲博果，设置第四则溪；巍巍笃洪木谷，设立第五则溪；雾霭像青纱般绕着的耐恩，设立第六则溪；荞花像彩虹落地般的辞吐，设立第七则溪；五彩索玛（索玛即映山红——引者注）簇拥的女武溢恒，设立第八则溪；好比斗柄绕

---

1 《元史》卷 61《地理志四·乌撒乌蒙宣慰司》。

2 《支嘎阿鲁王·俄索折怒王》，贵州民族出版社，1994，第 210 页。

着北极星，笃洪那娄是中央则溪。[1]

《彝族源流》《水西制度》所载与此同，可见乌撒实行了则溪制度。除此之外，川南的扯勒君长国亦将土地划分为重庆、合江、泸州、江门、纳溪、江安、隆文、海坝、杓朋、永宁、达佐、赤水、大摆、益朋、糯洛、几洛、果哺、毛坝等 18 个则溪，[2] 由于材料所限，尚不知其他君长国是否实行类似的行政制度。

第三节　文字及其传承与使用者

娄素有自己的文字，对文字的崇拜与文字的神秘性浸透在关于其产生的种种神话中。据说工匠的两名始祖——具有超凡神力的阿娄、阿德修天造地之后，天地间依然一片昏暗，"若不造文字，若不创文字，苍天无光彩，大地无光明，人难保性命"。于是够斯艺苦苦思索，创造出了无数的文字。从此九星、二十八宿出现在天空，"苍天花朗朗，大地明晃晃。"[3]

自杨成志、马学良、丁文江等开中国彝文字近代研究的先河，[4]

1　《支嘎阿鲁王·俄索折怒王》，第 205~206 页。支嘎阿鲁是传说中具有超凡能力的君王。据译者的解释，"鲁旺""鲁补"相当于九宫八卦。本书第八章对"鲁旺"这一重要观念做了详细论述。

2　参见王仕举《扯勒家支谱系及所属"则溪"译注》，贵州民族研究所编《贵州省民族志资料》彝族卷，彝书《水西制度》、《彝族源流》（第 24 卷《扯勒的则溪》）所载与此同。

3　参见《物始纪略》第 3 集，四川民族出版社，1993，第 203~210 页。这只是黔西北彝族文字起源神话中的一种。

4　参见杨成志《云南罗罗族的巫师及其经典》，国立中山大学文史研究所，1931；《中国西南民族中的罗罗族》，《地学杂志》1934 年第 1 期抽印本；马学良《马学良述论》，浙江人民出版社，2000；丁文江《〈爨文丛刻〉自序》，中央民族学院彝文文献编译室编《彝文文献研究》，中央民族学院出版社，1993。

迄今已80余年，然学界尚未对彝文起源达成共识。[1]1972年，在黔西北的赫章县出土了一只重0.8千克的擂钵，据贵州考古所和省博物馆的专家鉴定，系汉代黄铜器具，钵上有一列竖书的五个阴文字符，据称是彝文，直译为"万根指擂是"，意译为"万古擂钵"。[2]但即便所有鉴定与识别无误，亦不能完全肯定这是汉代的彝文，因为存在后人在汉代器物上刻写的可能。此外，大方县境内曾发现一块"妥阿哲纪功碑"，叙述水西娄素远祖妥阿哲随诸葛亮南征之事，上有蜀汉建兴年号，[3]然尚无确切证据可证实此碑系三国时代所立。目前所能肯定的最早的彝文文献系明成化二十一年（1485）水西君长安贵荣所铸的铜钟铭文，字形同其他彝文献上的文字差不多，已经相当成熟，[4]因此我们绝不能由此得出成化时才出现彝文的结论。[5]

　　1982年，在贵州省六盘水市六枝特区拦龙河岸岩石上发现了一方彝文碑记，系世袭布摩毕额穆所撰，记述德赫布诺等四人为了获取租赋的方便而修桥之事，今人译成汉文，其中写道：

南宋（北六）开庆（迁阳）己未年，午月初三一日始，

1　参见马学良等《彝族文化史》，上海人民出版社，1989，第138~145页；廖正碧《两汉时期是彝文的约定俗成时期》，《贵州彝学》，贵州民族出版社，2002。由于彝文献一般都不注明年代，这给鉴定彝书的创作时间造成了极大困难。尚须指出，民族识别时界定为彝族的一些族类并没有使用文字，不同的彝区所使用的文字在字形、读音等方面亦有较大差异。这是一些外国学者质疑中国的彝族认同的理由之一。又，据说春秋战国时期的一些铜征、西安半坡遗址的陶器上的符号可用彝文释读，因此许多学者相信彝文的起源甚早。参见《毕节地区民族志》，审稿本，第31~37页；余弘模《试论彝族文字的起源和发展》，《凉山彝族奴隶制》，1978年第1期。

2　参见《彝文金石图录》（赫章专集），审稿本，赫章县民族宗教事务局藏，第1~2页。

3　参见《彝文金石图录》第1辑，四川民族出版社，1989，第3~7页。关于水西远祖妥阿哲的故事详见本书第四章第三节。

4　参见《彝文金石图录》第1辑，第21~23页。

5　有学者指出，彝俗每个毕（布）摩都要抄一遍前人所遗之文献，原书则供奉起来，不再使用，年久则用火焚之，因此很难看到明清以前的文献。参见廖正碧《两汉时期是彝文约定俗成的时期》，《贵州彝学》。

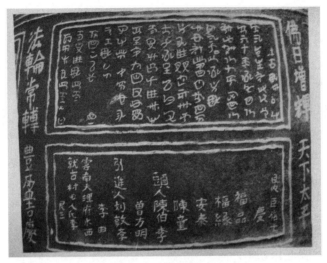

图 1-2　成化铜钟铭文

资料来源：贵州省毕节地区民委等编，贵州省毕节地区
彝文翻译组译《贵州彝文金石图录》第 1 辑，第 20 页。

庚申年亥月，初三一日桥竣。[1]

一些学者据此认为该碑记作于南宋开庆己未年（1259），距今
七百余年，为最早的彝文文献。这个结论颇值得推敲，首先，南宋
是后人的称谓，时人并不自称南宋。其次，南宋对今六枝一带鞭长
莫及，甚至没有将其纳入羁縻州、县的系统，很难设想布摩毕额穆
等人会奉宋朝的正朔。因此，如果翻译无误的话，这块碑记当系南
宋以后的追述。但南宋时期的文献似乎暗示，今贵州地区当时确实已
经使用彝文。上文曾引到宋人范成大《桂海虞衡志》中的两句话：

罗殿等处乃成聚落，亦有文书，公文称守罗殿国王。
押马者，称西南谢蕃知武州节度使都大照会罗殿国文字。

1 《彝文金石图录》第 1 辑，第 15 页。

罗甸国不在黔西北即在黔西北的周边地区，当时已粗具国家规模，并且其统治者即"罗罗"族，所以其使用的文字应该是彝文。此外，因为该地是"化外真蛮"，游离于中央王朝的羁縻州县系统之外，不缴税，不服役，同宋朝廷的关系，仅仅体现在"市马"一类互惠的经济活动上。[1] 罗殿国统治者们学习汉文的情况当极为罕见，将之作为国家的公文似更不可能，到明代后，中央王朝才制定了一系列制度要求君长国的上层人物接受汉化教育。

黔西北地区的彝文古籍堪称汗牛充栋。早在 1930 年代，丁文江便在当年水西君长的驻地（今大方县），搜集到《帝王世纪》《宇宙源流》等彝书，加上从云南、四川搜集的彝籍，汇编成《爨文丛刻》。[2] 截至 1997 年，据不完全统计，全区共发现 6000 余部彝文古籍，仅翻译整理出 113 部 227 卷，共 2600 余万字，出版了其中的 90 部，共 1400 余万字。[3] 其中包括被学术界广泛征引的大部头巨著，如《西南彝志》《彝族源流》等，这两部巨著的影响甚至超过了《爨文丛刻》。113 与 6000 的对比表明，现在翻译整理出的彝籍仅仅是冰山之一角，并且 6000 之数远远未能涵盖黔西北曾经拥有的彝书数量，大量的彝文献已经在 1950 年代以后由于各种原因灰飞烟灭。[4]

这些卷帙浩繁的彝书的内容主要包括：谱牒、创世及万物起始的神话与传说、祭祀与占卜经书、历史记录、政治制度、赋税册、天文历法、文艺批评、英雄史诗、情歌、民间故事、编译著作（如用彝语编译的《西游记》）等。此外，在田野乡村，还有为数众多

---

1 参见史继忠《罗殿国非罗氏鬼国辨》。

2 参见丁文江《〈爨文丛刻〉自序》，《地理学报》第 2 卷第 4 期，1935 年。著名彝学家马学良组织人力，在《爨文丛刻》的基础上经过改、补、增、减、换、调，编成《增订爨文丛刻》。在序言中，马先生称《爨文丛刻》是一部"具有历史、哲学、宗教、语言、文字、文学研究价值的巨著"，"可以说到现在为止它仍是中外出版的彝文经典著作中唯一的一部巨著"。参见《增订爨文丛刻·序》。

3 参见王继超《功在千秋：将福祉留给后世》，《民族团结》1997 年第 11 期。

4 在田野调查时，许多人都告诉我家传彝书被成堆销毁的事。

的碑刻、岩刻与墓志。

　　彝文的使用与传承者系布摩（ㄩ 枡）与幕史（枡 迅）。布摩简称布，在勾政权中掌管祭祀、叙谱。世袭布摩、毕节地区彝文翻译组的王子国先生告诉我，布即师之意，摩意为老，含有教的意思。在彝书中，布摩被描绘成上知天文，下晓地理，创造文字、书籍、文化，编写历史，并为天地定秩序的人，正所谓"天地尊布摩"。《彝族源流》云：

> 　　哎哺先为布，哎阿祝布摩，奢哲吐布摩。吐姆伟布摩在上，为天定秩序。哺卧厄为布，厄洪遏为布，洪遏梯为布，奢娄斗布摩在下，理地上秩序。后为布夔氏，布奢哲为布，夔洪遏为布。有布摩就有字，有布摩就有书，有布就有文，有布就有史……布摩创文史……布摩识天象，布摩识天文，布摩识地理，布摩能辨史……若有人生病，布来病即除，布摩到病愈……家道昌靠布摩，家规由布摩定，家兴靠布摩，家运由布摩护，家谱由布摩立。[1]

　　因为布摩是彝书的主要创作者，借助文字将自己神圣化似乎是情理之中的事。但这些带着神话色彩的描述依然折射出布摩在现实生活中所扮演的重要角色，他们跻身君长国的统治阶层，为国君、大臣乃至一般百姓叙谱、占卜、祭祀——在传统的彝族社会中，这些全是至关重要的大事，而各个阶层的人们亦承认布摩渊博的学识以及沟通三界四极的能力。

　　从某种角度上看，布摩的神圣形象与显赫地位源于彝族社会对文字、知识的神秘化与崇拜。在彝语中，知识写作 ⴖ ⵧ，其实是两个词，ⴖ意为知识，ⵧ意为智慧，在黔西北娄素濮的观念中，知识

---

1 《彝族源流》第9~12卷，贵州民族出版社，1992，第406~424页。

产生于神圣的哎哺时代，"源于宇宙发展时"，其中娄师颖、郎多脑这两位亦人亦神的圣哲起了重大作用。知识的重要与神圣是不言而喻的。《苏巨黎咪》云：

> 天地之间，各种本领中，有知识为大，有威势为强，有机遇为妙。知识造就人，如苍天辽阔，如青松伟岸。[1]

古代著名诗人布麦阿钮亦称：

> 有智者有力，无知枉为人。天下谁为大？大不过知识。知识力最大，万物它命名。[2]

这些知识主要涉及万物起源以及祖先历史，它们关系着个人以及君长国的尊严——在外事活动中常常有知识方面的竞赛，因此很多君长对学问都很热心。阿芋陡部有四只哺古，无人能道出其来历，芒部君长米毕德诺到古口勾部做客时，曾专门问起此事，他走后，额合德乌用十五锭金银、十五匹绫罗作礼物，前往拜访博学的阿布阿借，请他指点迷津，阿布阿借果然给了他满意的答案。[3]

对知识的崇敬与尊重在礼仪活动中同样有所体现。许多彝文专家如王继超先生等多次向我提及彝族的知识神，即知识智慧之神，也称书神。世袭布摩王子国先生称，每年除夕都要祭书神，其仪式是宰一只红公鸡，用鸡冠上的毛抹鸡血沾在书上。同举行其他祭祀活动一样，祭书神时要"打醋堂"——在妇女都没有去过的干净地方，捡三或六或九个石头，烧红后用清洁的水来淋，以表洁净。除

---

1 《苏巨黎咪》，第21页。

2 布麦阿钮：《论彝诗体例》，贵州民族出版社，1988，第61页。

3 《彝族源流》第21~23卷，第303~345页。译者注：哺古，本为盛酒的宝桶，演化为象征江山社稷、权势地位的标志，犹如中原鼎一类的物件。

每年祭书外，平时还禁止妇女碰书，不用的书要放在楼上，注意保持洁净，否则不利。布摩断代（因为无子，或儿子悟性不够，或一代比一代的知识差等原因）后，留下的书不准卖，不准送，而是要转给其他人祭拜，或放在岩洞里。

这种知识神崇拜其实亦是一种对文字及其载体——书本——的崇拜。我访问过的普通彝民都表示，布摩念经时，他们根本听不懂，但他有书，因此相信他有"根据"。有些人师从布摩，因为种种原因，布摩没有送书给他或让他抄书，其地位就比有书的布摩低了一大截，人们只会请他做些小事，大事绝不请他。因为没有书就没有根据。

知识、书本既然代表着神圣与威力，其创造、传承与使用者自然应该享有较高的社会地位，正如彝书所称："知识足者居高位，见识广者得富贵。"[1] 这样，垄断着书本、象征着知识的布摩[2] 自然而然地跻身统治阶层，成为君、臣、布中的一极，有自己专门的领地，《彝族源流》云：

> 克博祖基业，君领地斯迤姆，臣领地斯迤若，布摩地斯妥卓，三位是豪杰，就是这样的。

后来诺克博之孙维遮阿默迁往西边，按同样的模式建立基业：

> 君领地堂琅，臣领地鲁宾毕，布摩地鲁兔垢。[3]

---

1 《彝族源流》第 21~23 卷，第 310 页。
2 彝书《阿诺楚》（贵州民族出版社，2000，第 452 页）中的维帕克茨媄大娘曾说过一句广为流传的彝谚："奔跑数骏马，知识数布摩。"
3 《彝族源流》第 17~20 卷，第 244~245、388 页。诺克博是乌撒部的一位远祖。

中央王朝的官员、士大夫们很早就注意到布摩的特权地位。[1]元大德五年（1301）任乌撒乌蒙道宣慰副使的李京称：

> （罗罗）有疾不识医药，惟用男巫，号曰大鸡婆，以鸡骨占吉凶，酋长左右斯须不可阙，事无巨细皆决之。……自顺元、曲靖、乌蒙、乌撒、越巂，皆此类也。[2]

从正统文化的观念出发，士大夫们很自然地将布摩称为"巫"，[3]他们所从事的祭祀活动则属于对鬼怪的崇拜，是"做鬼"，嘉靖《贵州通志》卷三云：

> （贵州宣慰司水西罗罗）图考云：古为罗甸鬼国，不晓汉语……病以羊革裹之，汗出则愈。信男巫，尊为鬼师，杀牛祀神，名曰"做鬼"。

黔西北彝人祭祀曰"嘎穆（ꀕꃅ）"，与鬼无关，"穆"即"做"之意，"嘎"与"鬼"音谐，"做鬼"可能是带有误解性的音译兼意译。至于"西南俗尚鬼"则更是想当然之语——娄素濮甚至没有汉人那样强烈的关于鬼的观念。熟读彝书的清代土目安国泰认为：

> 夷语谓巫为补（即布——引者注），最尊贵，丧祭用之，父子相继……其术惟祈禳、占卜，而无果报鬼怪之说。[4]

1　许多学者认为，唐宋文献中记载的"鬼主"、元明清史料中的"大奚婆""大觋蟠"即是布（毕）摩。参见易谋远《彝族史要》，第770页。

2　李京：《云南志略·诸夷风俗·罗罗》。

3　余弘模等学者认为，布摩（布慕）在汉文献中的译称有"奚婆""觋蟠""拜袑""白马""鬼师"等。参见余弘模《古代彝族布慕刍议》，《贵州文史丛刊》1981年第3期；易谋远《彝族史要》，第770页。

4　道光《大定府志》卷49《旧事志五·白皆土目安国泰所译夷书九则》。

图 1-3　写在羊皮纸上的彝书及其封面

资料来源：笔者 2001 年 8 月摄于威宁，李幺宁布摩提供实物。

《黔西州志》亦称：

> 夷之所祀者，皆其先祖名王，非鬼之祭。[1]

其实，布摩并不仅仅掌管祭祀、叙谱、占卜，当战事发生时，他们甚至会持戟披甲，成为三军统帅。例如乌撒部第二代王依孟德

1　光绪《黔西州续志》卷 5《州属土司》。

执政时，受到其他支系的侵略，于是布摩鄂鲁默与额仇哺祭祖誓师，披上战袍，点起兵将，备上骏马大犬，"布摩鄂鲁默作帅，在恒恒凯嘎，凯凯觉楚嘎，益鲁侯阿嘎，三山头迎战"。[1] 又如明天启年间贵州巡抚王三善兵临水西，乌撒君长接到求援消息，立即召集布摩议事。清初吴三桂进攻水西，水西君长也是召集布摩谋臣商议。[2] 汉文史料亦有类似记载。天启崇祯年间奢安之变时，水西君长安位的"鬼师"倮嘎即在战场上被擒获，其鬼书、鬼杖、鬼帽也被明军作为战利品带回，[3] 鬼书、鬼杖、鬼帽可分别与布摩的经书、法杖、法帽相对应，这进一步表明汉文献中的"鬼师"即布摩无疑。

此外，君王及平民百姓生病时也常常请布摩诊治，这种诊治在很大程度上是一种用法力驱邪的活动，其中绵羊、猪等牲畜经常被使用，[4] 所以汉文史籍中常称乌撒、水西的族类"病不医药，惟祷鬼神"。[5]

幕史（又译作摩史）是另一类知识分子，据说彝文巨著《西南彝志》就是水西热卧地方的一位幕史编撰的。幕史的职能主要是在婚娶、外交等场合用朗诵、唱歌等形式宣讲历史、天文、哲学等知识。《黔西州续志》称：

> 幕史，掌历代之阀阅，宣歌颂之乐章。[6]

《雄书安氏谱序》亦云：

1　参见《彝族源流》第17~20卷，第402~403页。

2　参见《彝族源流》第21~23卷，第132~134、141~144页。

3　参见明朱燮元《安酋业已投诚绅衿未肯罢战谨陈夷情士论仰请圣裁以决进止事》《奉职无状致有烦言直陈战功俘献始末恳祈圣鉴亟赐褫斥以无误封疆事》，《朱少师奏疏钞》卷6。

4　参见《苏巨黎咪》，第125~143页。

5　正德《四川志》卷23《乌撒军民府·风俗》。

6　光绪《黔西州续志》卷5《州属土司》。

图 1-4 布摩的法具

说明：法具上一般有文字。

资料来源：笔者 2001 年 8 月摄于威宁，李么宁布摩提供实物。

（夷书）不惟一家有之，凡土司皆有之。掌其书者为幕施，每举大礼，则使幕施施颂于庭；两相宴会，各之幕施对颂之或作幕史。[1]

彝族古代在君主或权贵出访时要讨论知识乃至举行摩久（ꑍꊪ），即由双方的摩（幕）史展开诗赋竞赛活动，大家口诵五言诗，相互盘驳，有吟诵古诗者，亦有即席创作者，内容涉及自然知识与历史、社会知识，胜利者获得荣誉和尊严，往往受到君主的重赏。正所谓"有缘叙一场，吟诗作应酬，展开了比赛"。摩久活动在彝书中记载颇多。如芒部君长国的阿额麻访问水西妥阿哲部时，阿哲部陪同他的有阿毕阿玛、折尼阿鸽、阿待厄哲三位年青摩（幕）史。濮妥珠溢家的朴娄阿怯访问古口勾时，对方安排了几个摩史同他论学。而南部的额卧热立、北部的恒略阿怒、中部的阿沽布借等三

---

1 清代《雄书安氏谱序》，光绪《水西安氏族谱》。

大名人曾在阿芊陡部赛诗，连赛三场，不分胜负。[1]布史毕斗与额贷阿觉两位耄（幕）史则在举娄侯吐就教育、教化等问题进行了辩论。[2]

现在留存的一些彝文献尚带有幕史们说唱、辩论的痕迹。例如在《地生经》《婚姻歌》的结尾，唱诵经文的幕史向对方打招呼："客位幕（耄）史们，请听着啊。"[3]《西南彝志》的许多章节中亦有"请幕（摩）史往下说"的句子。[4]

民间的许多仪式同样离不开幕史，王子国先生告诉我，举行婚礼时，男女两家都要请幕史，双方幕史各就经典书籍的内容对唱、对话，互相提问，就像举行一场学术辩论，失败的一方要罚钱，由请幕史的人出。可以想见，除了渊博的学识外，敏捷的反应、伶俐的口齿同样是对幕史的基本要求。毕节地区民族研究所的马昌达先生称，小时候他遇到的幕史平常说话都很富有诗意和哲理，如"既然你去采藤子，何必背起索子去""何必背柴进森林"之类。

以上论述中央王朝大规模经营黔西北之前该地的制度与文明，由于彝书一般不注明著者及时间，使我们难以对其间的人与事做清晰的时间判定。此外尚须指出，现存彝文献大都是明、清以来的抄本或石刻，但这并不意味着它们仅仅反映明、清时期的历史，[5]结合上文所引的《宋史》《桂海虞衡志》《竹洲集》《云南志略》《元史》《贵州通志》等宋、元、明三代的汉文献，可以肯定在宋元甚至更早，彝文字已经开始运用，而各种制度亦粗具规模。元明以降，中

1　参见《彝族源流》第24~27卷，第203、208、356~358、364~386页。

2　参见《海腮耄启》，贵州民族出版社，2002，第17~40页。

3　《地生经》，《增订爨文丛刻》上册。

4　如"修建灵房""龙的传说""哎哺是万物根源"等章，《西南彝志》第7~8卷。

5　首先，许多文献很可能传抄自前人的著述，其创作时间不一定是明、清时期，例如《西南彝志》《彝族源流》等书都是汇编前人与时人著述，并非创作。前文指出，彝俗每个毕（布）摩都要抄一遍前人所遗之文献，原书则供奉起来，不再使用，年久则用火焚之，因此很难看到明、清以前的文献；其次，许多彝书记述的事情都发生于元、明以前，一些线索清楚的父子联名制系谱即是例证。

央王朝对黔西北的开拓日益深入，在此过程中，朝廷在黔西北推行了哪些制度？它们与则溪制的关系如何？彝制是如何崩溃的？黔西北的社会经济与礼俗产生了何种演变？君长、布摩、土目的地位与角色发生了何种变化？以下各章将对这些问题展开较为深入的探讨。

第二章 地方传统对"羁縻"政治的制约

本章着重考察元、明王朝在黔西北等地建立并完善土司制度的过程。一些学者认为中央王朝对南方边远地区的经营历经了从秦汉以降的羁縻政策到元明清土司制度的演变，[1]这一看法夸大了土司制度同此前的边政措施（如羁縻州县制）之间的区别，并且漠视了时人的观点。"羁縻"一词在《史记》中已经出现，司马相如欲坚定汉武帝开西南夷、置郡县的决心，假托了一场与持反对意见的蜀中长老间的辩论，其中有云：

（蜀都）耆老、大夫、荐绅、先生之徒二十有七人，俨然造焉。辞毕，因进曰："盖

1　龚荫所著《中国土司制度》第1~168页完整论述了这个演变历程。

闻天子之于夷狄也，其义羁縻勿绝而已。"[（司马贞）《索隐》
案：羁，马络头也；縻，牛缰也。《汉官仪》云：马云羁，牛
云縻，言制四夷如牛马之受羁縻也……][1]

"羁縻"意味着边远族类在承认天子统辖权的前提下，保持着
自身传统与较大的独立性，对于王朝而言这是一种控驭而非实际的
统治，这也正是蜀中长老所希望的与汉王朝的关系。不过，"羁縻"
一词所表达的仅仅是一种原则与精神，没有规定实现这种精神的手
段与内容。基本上，凡是不能由王朝委派官员，并以编户齐民的形
式进行统治者都可被时人视为"羁縻"。纵观自秦迄清的南方边政，
大都表达了尊重未归"版图"族类之传统，承认其首领之地位，并
要求他们朝贡、缴赋，但能否真正获得其贡赋或获得多少贡赋，并
使他们在多大程度上与多长时间内维持效忠，则要视朝廷力量、地
方官员的能力以及边远族类自身情形及其与王朝的关系而定。因
此，元明清土司制度与此前的边政措施间的界限实际上是相当模糊
的，这种模糊导致了学界关于土司制度形成时间的争议，如西汉
说、蜀汉说、北宋说、元代说；等等，众说纷纭，莫衷一是。

在土司制度与羁縻政策间划界的尝试是不明智的，[2]明清时期的
许多学者其实已经非常灵活地处理了这一问题，如《明史》关于土
司的序言中称：

> （西南诸蛮）历代以来自相君长，原其为王朝役使，自周
> 武王时孟津大会，而庸、蜀、羌、髳、微、卢、彭、濮诸蛮皆
> 与焉。及楚庄跷王滇，而秦开五尺道，置吏，沿及汉武，置都
> 尉县属，仍令自保，此即土官、土吏之所始欤。迨有明踔元故

---

1 《史记》卷 117《司马相如传》。
2 彭建英亦将土司制度视为一种羁縻政策，参见彭建英《中国古代羁縻政策的演变》，中国社会
 科学出版社，2004，第1~14页。

事，大为恢拓，分别司郡州县，额以赋役，听我驱调，而法始
备矣，然其道在于羁縻。[1]

这段文字明确指出，土司制度的精神就是"羁縻"。

过往的土司研究，在制度考辨方面用力较多，初步勾勒了历代
中央王朝向南方"蛮夷"地区拓展的图像，但对制度具体实施过程
中王朝与地方社会间的复杂互动，以及地方社会变革中动态而又充
满矛盾的实际场景揭示不多。尤为重要的是，这些研究大都采取了
一种自上而下的方式，仅着力于论述王朝的各种边政措施，而对所
谓"蛮夷"社会固有制度和文化的实际形态及其潜在且可能更为深
刻的影响关注不够，甚至用带有较多价值判断与意识形态色彩的空
泛探讨取代了必要的实证研究。[2]本书第二至六章将把王朝制度的变
化、国家的礼仪和意识形态在区域社会表达的过程以及周边族类固
有传统的因应结合起来考察，以期能够推进对土司制度的认识。

第一节　元代的经营

元宪宗三年（1253），忽必烈率兵攻灭大理国，次年班师，留兀
良合台继续用兵扫荡西南各地。强大的元王朝并不仅仅满足于地方土
酋名义上的效忠，云南甫定，兀良合台遣使献捷于朝，并提议：

1　《明史》卷 310《土司传》。

2　例如，1949 年以后，学界对改土归流后地方社会变迁有了较多的研究，这些研究大致从社会
　　形态更替（封建地主制取代农奴制或奴隶制）、社会经济发展、文化进步等宏观的角度展开，
　　并且大都或预设了生产方式演变的理论前提，或着重于描述先进生产力的发展以及先进文化
　　在少数民族地区的推广，或流于泛泛而谈。对改流前后少数民族社会的实态特别是权力关系
　　的变化缺乏深入细致的实证性研究，使我们难以真正理解改土归流所带来的深刻影响。参见
　　温春来《地方社会权力结构的演变——以贵州西北地区为例》，《中央研究院历史语言研究所
　　集刊》第 76 本第 2 分，2005。

西南夷汉尝郡县之，设官料民，俾同内地，此其时也。[1]

这一请求得到了朝廷的批准，但西南地区族类的强烈反抗，使元统治者不得不在很大程度上维持地方原有的权力格局，史载：

（元世祖至元十六年九月）诏遣使招谕西南诸蛮部族酋长，能率所部归附者，官不失职，民不失业。[2]

然而许多土酋仍然反对外来势力的介入，至元十六年（1279）十一月，当千户张旺前往招抚罗氏国时，愿意接受的仅贺宗一寨，"余皆迎敌"。[3]

以强大的武力作后盾，"设官料民"的积极进取与"官不失职"的抚绥政策双管齐下，元王朝在黔西北等地逐渐设置了一系列统治机构。

乌撒方面：宪宗征大理时，"屡招不降"，至元十年始内附。十三年设乌撒路，十五年改为军民总管府，二十一年改军民宣抚司，二十四年升乌撒乌蒙宣慰司，除乌撒外，乌蒙、芒部、东川亦属该司所辖。此过程贯穿着持续不断的军事征剿活动，其中以至元二十二年的战争最为激烈。[4]

水西方面：乌撒内附五年后，罗氏鬼国主阿榨始归顺，诏以阿榨为安抚使，佩虎符，但罗氏鬼国的别部亦奚不薛立寨自保，拒绝降元，并且阿榨的降附亦非真心。至元十六年，云南都元帅爱鲁率兵征亦奚不薛。第二年三月，忽必烈下诏讨罗氏鬼国，共调

1　王恽《秋涧集》卷50《大元光禄大夫平章政事乌兰氏先庙碑铭》。《元史》卷121《兀良合台传》亦载："丁巳，以云南平，遣使献捷于朝，且请依汉故事，以西南夷悉为郡县。从之。"

2　《元史》卷10《世祖纪七》。

3　参见柯绍忞《新元史》卷248《云南湖广四川等处蛮夷·八番顺元诸蛮》。

4　参见方国瑜《彝族史稿》，第470、500~501页。

兵 3.6 万人，分三路进讨。同年六月又遣使招谕，于是罗氏鬼国再次内附，元廷在此设立了顺元路安抚使。十月，以湖南兵万人往征亦奚不薛，迫使其归顺。两年后亦奚不薛再叛，元军往征，置顺元等路军民宣慰司，以速哥为宣慰使，"经理诸蛮"。第二年又设亦奚不薛宣慰司。至元二十九年，并顺元、亦奚不薛、八番罗甸三宣慰司为一，称八番顺元等处宣慰司兼都元帅府，[1] 司治在贵州，即今贵阳。

除设官之外，元廷还在乌撒设立军屯，水西地区则驻军镇守。史载：

> （世祖至元十九年六月）丁巳，征亦奚不薛（即水西——引者注），尽平其地，立三路达鲁花赤，留军镇守，命药剌海总之，以也速带儿为都元帅宣慰使。……（二十年七月）丙寅，立亦奚不薛宣慰司，益兵戍守。
>
> （延祐七年七月）壬午，立普定路屯田，分乌撒、乌蒙屯田卒二千赴之。
>
> 世祖至元二十七年，立乌撒路军屯，以爨僰军一百一十四户屯田。[2]
>
> 乌撒屯：军百一十二户，民八十六户。[3]

在元王朝的行政架构中，宣慰司是行省与郡县之间上传下达的机构，[4] 在全国广泛设置。通常每司设宣慰使三员，秩从二品。[5] 即使在边远地区，这些宣慰使也大都是朝廷任命的流官，如八番顺元

1　参见道光《大定府志》卷45《旧事志一·纪年上》；《元史》卷17《世祖本纪十四》，卷131《速哥传》。
2　《元史》卷12《世祖纪九》；卷27《英宗纪一》；卷100《兵志三》。
3　《经世大典序录·屯田》，苏天爵：《国朝文类》卷41。
4　参见吴永章《中国土司制度渊源与发展史》，四川民族出版社，1988，第130~132页。
5　《元史》卷91《百官志七·宣慰使司》。

等处宣慰司宣慰使兼都元帅幹罗思、也速带儿，[1]乌撒乌蒙宣慰使孛罗欢、牙耶木[2]、忙古带[3]等，但他们能够有效管治的地方大概仅限于宣慰司治与军队驻防地附近的区域，其余广大地区仍然掌握在地方土酋手中。元廷承认酋长们的统治，并依靠他们的效忠实行间接治理，这正是"官不失职"的精神。[4]但元廷并不接受"祖""摩""布"一类的职名，而是力图将地方酋长纳入王朝的职官系统中。有意思的是，水西君长国接受朝廷赐封者有时似乎并非君长，史载：

> （至元十七年九月）丁卯，罗氏鬼国主阿察及阿里降，安西王相李德辉遣人偕入觐。……（十八年二月）诏谕乌琐、纳空等毋扰罗氏鬼国，违者令国主阿利具以名闻。

> （至元十七年）德辉以其（指阿察——引者注）（愿降）言上闻，乃改鬼国为顺元路，以其酋为宣抚使。

> （至元二十年七月）壬申，亦奚不薛军民千户宋添富及顺元路军民总管兼宣抚使阿里等来降。班师，以罗鬼酋长阿利及其从者入觐。立亦奚不薛总管府，命阿里为总管。[5]

> （至元十七年）九月丁卯，阿察及阿里降……阿察之后，

1　参见《元史》卷12《世祖纪九》；卷17《世祖纪十四》；卷134《幹罗思传》。

2　参见《元史》卷18《成宗纪一》；卷19《成宗纪二》。

3　忙古带系契丹人，参见倪蜕《滇云历年传》，李埏校点，云南大学出版社，1992，第208、210页。

4　许多土酋手握重兵，其效忠并不总是可靠（特别是元廷向他们谋求经济方面的利益时），流官政权时时受到威胁。元代黔西北的反叛行动持续不断，较大规模者有：大德元年（1297），元廷征"八百媳妇"，取道顺元一带，沿途征调丁夫、马匹，并要求水西女酋长蛇节献金、献马，结果引起了水东酋长宋隆济与蛇节的联合反叛，攻陷贵州（今贵阳），杀知州张怀德，乌撒、乌蒙、芒部、东川诸部很快亦出兵响应，元王朝调集川、陕、滇、湖四省军队，卒两年之功，方戡定动乱（参见周春元等《贵州古代史》，贵州人民出版社，1982，第180~183页）；至顺元年（1330），乌撒酋长禄余聚兵反叛，杀害乌撒宣慰司的官吏，并联合乌蒙、芒部、东川诸部，于次年袭杀宣慰使月鲁，并进攻顺元路。经过数次争战，至顺三年，元廷接受了禄余的降附（参见《元史》卷34~36《文宗纪》）。

5　《元史》卷11《世祖纪八》；卷12《世祖纪九》；卷163《李德辉传》。道光《大定府志》卷47作："亦奚不薛军民千户宋添富及顺元路军民总管兼宣抚同知阿里等来降。"今从《元史》。

复有阿利。[1]

综上可知，至元十七年（1280）九月鬼国降附后，置顺元路宣抚司，史籍并未明确记载出任宣抚使者是阿察还是阿里，但至迟在次年二月，担任国主者已是阿利，而长期以来担任宣抚使兼总管者则系阿里。在元代品官等级中，宣抚使较宣慰使低一秩，正三品。[2]

乌撒酋长的职名在文献中亦有记载：

> （至顺三年）禄余言于四川行省："自父祖世为乌撒土官宣慰使，佩虎符，素无异心。"[3]

可见，乌撒土酋亦很早就被纳入朝廷的职官体系中。

土酋"官不失职"还体现在朝廷对他们犯罪的宽容上，正所谓"土官有罪，罚而不废"。[4]此外，地方首领职位的承袭方式同样受到元廷的尊重，史称：

> 中书省臣言："云南土官病故，子侄兄弟袭之，无则妻承夫职。远方蛮夷，顽犷难制，必任土人，可以集事。今或阙员，宜从本俗，权职以行。"制曰："可。"[5]

但权力的承袭在原则上必须上报元廷批准，以示臣子之礼，亦奚不薛曾因不按程序办事而遭受指责：

> 壬辰，亦奚不薛病，遣其从子入觐。帝曰："亦奚不薛不禀

1　道光《大定府志》卷 47《旧事志三·水西安氏本末上》。

2　参见《元史》卷 91《百官志七·宣抚司》。

3　参见《元史》卷 36《文宗纪五》。

4　《元史》卷 103《刑法志二·职制下》。

5　《元史》卷 26《仁宗纪三》。

命，辄以职授其从子，无人臣礼。"[1]

总之，设官、屯田、驻军等标志着元王朝对黔西北的经营已具备一定的规模，但"设官料民，俾同内地"的目标并未完全实现，朝廷采用授予土酋职衔、维持其既有权力的办法来换取他们的效忠，"流（官）、土（官）共治"的局面由此形成，土司制度粗具雏形。与此相应，元代"土官"一词在文献中已频频使用。但当时并未形成专门的土司职官，宣慰使、宣抚使乃至品级更小的招讨使等都是流官职名，[2]不过这些名称在用诸土酋时可能会加上"土官"或"蛮夷"二字，例如至元二十二年（1285）反叛的土官阿蒙的官名是"乌蒙蛮夷宣抚使"，[3]乌撒土酋禄余亦称自父祖起世为"土官宣慰使"（详上文）。此外，土官的职衔并不固定，朝廷会根据笼络或赏罚的需要加以升降，变化非常大，律条规定：

> 诸土官有能爱抚军民，境内宁谧者，三年一次，保勘升官。[4]

这条规定并非具文，例如至顺元年（1330）三月，录讨云南秃坚、伯忽之功，云南宣慰使土官举宗、禄余并遥授云南行省参知政事。[5]遥授一词似表明，朝廷仅仅是给予更高的品衔，土官的实际权力与统治范围并不会随之扩大。这种职衔的变化有时非常大，显示出元代土司制度的某种随意性。以水西为例，至元十九年，元廷授酋长阿那三珠虎符、昭勇大将军、顺元路总管。阿那病卒后，其弟阿画于至大元年（1308）袭授武略将军、顺元等处军民宣抚使，袭带原降虎符。泰定年间（1324~1328），赐名帖木儿卜花，奉大夫护

1　《元史》卷 11《世祖纪八》。

2　参见李世愉《清代土司制度论考》，中国社会科学出版社，1998，第 7 页。

3　参见《元史》卷 13《世祖纪十》。

4　《元史》卷 103《刑法志二·职制下》。

5　参见《元史》卷 34《文宗纪三》。

国侍卫亲军都指挥，八番沿边宣慰使，加龙虎大将军，封顺元郡罗殿国侯。至元元年（1335），阿那死于赴大都的旅途中，其侄霭翠袭授中顺大夫，四川等处行中书省左丞，兼顺元等处世袭土官宣慰使，加镇国大将军三珠虎符。[1]

第二节　明代土官职名的规范化[2]及土官文职武职考辨

霭翠执政水西二十余年后，元王朝被农民起义推翻，朱明王朝起而代立。在西南地区的经营方面，明代"踵元故事"，但又"大为恢拓"，无论是广度还是深度，都较元代进了一大步。

一　朝贡：明王朝对归顺土酋的授权仪式

许多地方酋长统治权力的获得与维持其实与朝廷无关，但其合法性却往往被归因于中央王朝的恩赐。如土官不肖，朝廷即可收回敕封，削夺其爵。这样，能否"世长其土"就得看他们能否"谨守人臣礼"。清人田雯在分析安氏长期统治水东、水西的原因时云：

> 迨乎累世相承，奄有爵土，要皆以识机达变，宣力效忠，始终不失人臣礼，故得以长奉西藩，受恩罔替，非徒以为瓯脱

1　参见周洪谟《安氏家传序》（嘉靖《贵州通志》卷11、万历《贵州通志》卷23）。《安氏家传序》称："至正十九年（1359），以阿那授三珠虎符、昭勇大将军、顺元路总管。疾卒，弟阿拂即阿画至大元年（1303）袭授武略将军……"疑至正十九年乃至元十九年（1282）之误。又，四库全书本《明一统志》卷88亦载有阿画、霭翠事迹，但较简略，且所任官职之名与所受封号与《家传》有不同之处。

2　明代土司制度的规范化表现在：确立了专门的土司职官，并且不再随意变动其职衔、品级，制定了一整套管理土官的律例；等等。当然，所谓规范是相对元朝的土官管理而言，即使不考虑制度具体实施的复杂性，明代土司制度依然有许多不"规范"之处，如"文职""武职"的混乱等，详后。

而姑羁縻之也。[1]

在明代，朝贡是权力赐予的必经程序。因为土酋大都受过元朝的赐封，所以当他们初次朝贡时，明廷会重新授予"原官"，并根据其品级的高低，赐给不同的印信、朝服、冠带、诰敕等，[2]以示土酋的"官"是明廷所授。从此角度看来，初次朝贡无异于一场朝廷对土官的授权仪式。史载：

尝考洪武初，西南夷来归者，即用原官授之。[3]

来归即意味着来朝，虽然来朝者所辖土地、所管人户不会因之发生变化，甚至连官名都不加更改，但这个行动本身就是对明王朝正统的承认，政治方面的象征意义至关重大，因此朱元璋对此极其重视。

水西、乌撒对明廷的归顺同样从朝贡开始。洪武四年（1371），明军水、陆两路进取四川，盘踞于此的明升出降，[4]水西的北部、东北部直接面临着明王朝的强大压力。第二年，水西君长，故元贵州土官宣慰使霭翠同宣慰使郑彦文等赴京朝贡，朱元璋诏赐文绮袭衣，并命霭翠"世袭贵州宣慰使如故"，次年又诏霭翠"位居各宣慰之上"，[5]明廷对水西的笼络与优渥由此可知。

1　田雯：《黔书》卷3《人物名宦·济火》。

2　参见吴永章《中国土司制度渊源与发展史》，第162~163页。

3　《明史》卷310《土司传》。

4　参见《明史》卷123《明玉珍传》。

5　参见《明太祖实录》卷71，洪武五年正月乙丑条；卷84，六年八月戊寅条；《明史》卷316《贵州土司传》。就笔者所见史料，元代并未设置贵州宣慰司，或许因为八番顺元等处宣慰司司治在贵州（今贵阳），所以又称贵州宣慰司。又，方国瑜根据水西与朝廷的紧张关系，认为霭翠于洪武初降明不可信，怀疑应是洪武十六年（《彝族史稿》，第535页），这是因为没有看到《明太祖实录》中的这两条材料而导致的误解。又，明人徐学聚所撰之《国朝典汇》（北京大学图书馆藏善本丛书本）卷176《兵部·土官》云："（洪武）五年八月，贵州宣抚使霭翠请讨部落陇居。"疑宣抚使系宣慰使之误，因为《明太祖实录》卷75洪武五年八月己卯条尚称："贵州宣慰使霭翠上言：'部落有陇居者……'"

但在洪武前期，乌撒尚接受元王朝的正统，拥戴元宗室梁王据滇抗明。[1] 洪武十四年（1381）九月，朱元璋亲自指示方略，命傅友德为征南将军，规取云南。征滇大军兵分两路，一路由胡海洋率领，从四川南部的永宁直捣乌撒，主力部队则从湖广西部的辰州、沅州挥师西进，一路势如破竹，诸部落望风降附，三个月之后，大军便进抵云南曲靖，大败梁王把匝剌瓦尔密。战争节节胜利之际，千里之外的朱元璋极为关心乌撒的向背，十四年十二月二十一日遣使询问："乌撒、乌蒙果降否？"同一天又遣内臣敕谕乌撒、乌蒙诸部归顺来朝：

> 西南诸部，自古及今，莫不朝贡中国。朕受天命为天下主十有五年，而乌蒙、乌撒、东川、芒部、建昌诸部长犹桀骜不朝。朕已遣征南将军颍川侯、左副将军永昌侯、右副将军西平侯率师往征。犹恐诸部长未喻朕意，故复遣内臣往谕。如悔罪向义，当即躬亲来朝，或遣人入贡，亟摅诚款，朕当罢兵，以安黎庶。尔共省之。[2]

攻克曲靖后，傅友德立即亲提一支劲旅北攻乌撒，以应永宁之师，大败乌撒、芒部的联军于赤水河，乌撒女君长实卜逃遁，明军于是筑城乌撒，向东过七星关以通毕节，接着攻克可渡河，于是东

1　当时乌撒女酋长实卜仍然担任着元朝云南行省右丞一职。天启《滇志》卷18《特谕云南诏》云："（乌撒等）西南诸夷，为云南梁王所惑，恃其险远，弗遵声教。"此外尚可参见《明史纪事本末》卷12《太祖平滇》；《明史》卷124《把匝剌瓦儿密传》，卷311《四川土司传一》；张纮《云南机务钞黄》，洪武十六年正月初三日条。

2　《明史》卷311《四川土司传一》。尚可参见《明太祖实录》卷140，洪武十四年十二月辛未条。

川、乌蒙、芒部、乌撒等相继降附。[1]

洪武十五年（1382）二月初八，朱元璋敕征南将军傅友德命乌撒、乌蒙、东川、芒部的首领入朝，一个月后，将乌撒、东川等设为土府，隶云南布政司。第二年，实卜同乌蒙、东川、芒部诸部首领共 120 人来朝，进贡方物。朱元璋诏"各授以官，授朝服、冠带、锦绮、钞锭有差，其女酋则加赐珠翠首饰"。[2]实卜从此由元朝的云南行省右丞变成了明王朝的世袭土知府。

土酋归顺成为明王朝的土官之后，其子孙或旁支袭职同样必须经过朝贡的程序，直到天顺（1457~1464）末年这一程序才逐渐废弛。[3]

1　以上关于明军征滇的论述参见《明太祖实录》卷 139，洪武十四年九月壬午、丁未条；卷 140，洪武十四年十一月丁未，十二月辛酉、丙寅、辛未、戊寅条。明人王世贞认为水西霭翠在征滇之役中与明军对抗，称"其强首霭翠亦降，云南悉平"（王世贞：《弇州四部稿·续稿》卷 84《文部史传·韩宋颖三国公传》），今人亦有认为洪武十五年正月以前，霭翠已与明朝敌对者（参见黄彰健《明史贵州土司传记霭翠奢香事失实辨》，《大陆杂志》第 68 卷第 2 期，1984）。但前文所引洪武十四年朱元璋敕乌撒、乌蒙诸部的上谕中，仅称"乌蒙、乌撒、东川、芒部、建昌诸部长犹桀骜不朝。朕已遣征南将军颍川侯、左副将军永昌侯、右副将军西平侯率师往征"，只字未提水西有何不恭顺，且未将其列为讨伐对象，笔者亦未见到征滇过程中水西与明军交兵的记录，因此水西与朝廷敌对之说似欠妥。

2　以上叙述参见佚名《土官底簿》卷下；《明太祖实录》卷 142，洪武十五年二月戊午条，卷 143，洪武十五年三月己未条，卷 152，洪武十六年二月辛卯条。明廷封实卜等为土知府，并未授予他们元代的"原官"。

3　《明史》卷 310 云："(土官）袭替必奉朝命，虽在万里外，皆赴阙受职。天顺末，许土官缴呈勘奏，则威柄渐弛。"《明史》这段叙述可能本自郑晓的《皇明土官志论》（载明人贺复征所编《文章辨体汇选》卷 419），但郑晓的论述更为详细。除了授权方面的象征意义外，明廷还将朝贡视为土官是否恭顺的一项重要标志，要求他们按期入贡。万历《明会典》卷 108《朝贡四·土官》载："湖广、广西、四川、云南、贵州腹里土官，遇三年朝觐，差人进贡一次，俱本布政司给文起送，限本年十二月终，到京庆贺，限圣节以前。谢恩无常期，贡物不等。"土官（或其使者）到京后，鸿胪寺即与引见，"并投进实封奏本，其方物赴礼部验进"。但实际的朝贡次数却与制度规定有较大差异。水西与明廷的关系亲密，朝贡频繁，据《明实录》，洪武十一年之前，水西差不多一年一贡，停贡三年之后，自十五年起，朱元璋执政期间几乎一年一贡，洪武二十八年甚至达到一年三贡。永乐元年则一年两贡，之后一直到万历年间，基本上一年一贡。所以《明史》卷 316 称："(水西）自是每岁贡献不绝，报施之隆，亦非他土司所敢望也。"而乌撒不但要等到明军大张挞伐之后才归顺，并且缺贡、迟贡的情况屡屡发生，由此受到明廷在赏赐方面的惩罚。因为朝贡所蕴含着的政治象征意义，所以明廷不吝经济方面的付出，除了负担朝贡旅途上的主要开支外，还对来朝土官大加赏赐，特别是对贵州宣慰司（即水西安氏）这样的大土司，赏赐尤其丰厚。由于明廷对维持朝贡的付出太大，曾先后规定了限制朝贡人数、不必进京等方面的措施。总之，朝贡作为一种羁縻手段，其着眼点在于政治象征而非实际的物质利益。

弘治（1488~1505）间，御史冯玘奏请恢复旧制，未能成功。[1]

二　明代土官职名的规范化及土司文职、武职考辨

明王朝在黔西北等西南地区"设官料民"的举措无疑远较元代完备与深入；与此相应，明王朝对土官的管理亦较为严密与规范，一旦对土官授职，便不再轻易更改其职名，对加封号一事亦极为慎重。终明之世，水西首领任宣慰使、乌撒首领任土知府的情形始终未变。更为重要的改革是，宣慰司、宣抚司等从内地行政体制中分离出来，同安抚司、长官司一起，成为专为土官设立的行政机构，专门的土司职衔在制度上得以确立，从名称上看，有特别建制[2]与仿流官建制两大类型，具体情况如下：

特别建制：

宣慰使司　正官：宣慰使一员，从三品；同知一员，正四品；副使一员，从四品；佥事一员，正五品。首领官：经历司，经历一员，从七品；都事一员，正八品。

宣抚司　正官：宣抚使一员，从四品；同知一员，正五品；副使一员，从五品；佥事一员，正六品。首领官：经历司，经历一员，从八品；知事一员，正九品；照磨一员，从九品。[3]

安抚司　正官：安抚使一员，从五品；同知一员，正六品；副使一员，从六品；佥事一员，正七品。首领官：吏目一员，从九品。

招讨司　正官：招讨使一员，从五品；副招讨一员，正六品。首领官：吏目一员，从九品。

1　参见王恕《王端毅奏议》卷14《议御史冯玘奏状》。
2　特别建制的意思是说这些官名都是针对土官而设，与流官无关。
3　万历《明会典》卷4所载宣抚司首领官中无照磨，《明史》卷76中则有"照磨一员"的记载。

　　　　长官司　正官：长官一员，正六品；副长官一员，从七
品。首领官：吏目一员，未入流。
　　　　蛮夷长官司　长官、副长官各一员，品同上。

　　此外尚有蛮夷官、苗民官、千夫长、副千夫长、土官中头目
等，无专职品级。[1]《明史·土司传》并未提及这些未入流的土官，
历代学者也似乎将他们遗漏了。

　　蛮夷长官司与长官司的区别有二，一是前者未设首领官，二是
建置上的区别。宣德二年（1427），"兵部议以四百户以上者设长官
司，四百户以下者设蛮夷长官司。……皆从之"。[2]

　　仿流官建制者有土府、土州、土县等，"设官如府州县"，"其品
秩一如流官"。据此，可从《明史》卷75所列的流官府州县制中推
知相应土官的称谓与品级，[3]此不赘述。

　　综上可知，明代的土司制度，本着"以夷治夷"的羁縻政治精
神，利用王朝的等级品官制，对许多周边族类的统治结构进行了规
范，从名义上将地方土酋纳入了王朝的职官体系。黔西北地区似乎
由此出现了两种性质不同的土司：乌撒仿流官建制，设立军民土府；
阿哲家统治的水西、水东地区同宋氏领有的十二长官司一起，设立
了贵州宣慰司，属特别建制。这是否意味着乌撒、水西的社会结
构、开发程度、与王朝的关系等有所不同？此问题涉及两类土司的
性质，值得深入讨论。

　　长期以来，学界普遍相信，宣慰、宣抚、长官等属武职，隶兵

1　参见《明史》卷76《职官志五》；万历《明会典》卷4《官制三》，卷118《兵部一》。

2　《明史》卷309《湖广土司传》。

3　参见吴永章《中国土司制度渊源与发展史》，第160页。

部，而土府、土州等属文职，隶吏部，[1] 并且名称的不同蕴含着社会经济与文化方面的差异，文职土司主要设置于社会经济较发达的少数民族聚居地区，或"夷、汉杂居"而以少数民族为主体的地区。这些地区的设置形式基本同于内地，标志着社会经济已达到了一定的水平，改土归流正是从这类地区开始的。[2] 有些海外学者还认为土知府、土知州等即土官，系文职，位于某个行省的边界内，政府往往会在其中设置一些流官；宣慰、宣抚等即土司，属武职，掌握着相当数量的军队，位于中国可辨识的政治边界附近，其领导层中通常没有流官。[3]

杜玉亭则认为土官、土司可以混用，但要注意两个区别，首先，土司之称直到明嘉靖晚期才出现。其次，土官一般泛指土职其人，土司则不仅泛指土职其人，而且也指与土职相联系的政权机构或衙门，内涵较广。他还根据《明会典》《明史》《万历野获编》的相关记载，指出明初虽有宣慰使等官隶兵部的规定，但并未真正得

1　参见《续通志》卷 136；凌纯声《中国边政之土司制度》（上），《边政公论》第 2 卷 11 期，1943；胡庆钧《清初以来彝族的土司制度与改土归流》，《明清彝族社会史论丛》；吴永章《中国土司制度渊源与发展史》，第 159~160 页；龚荫《中国土司制度》，第 57~62 页；李世愉《清代土司制度论考》，第 15 页；陈耀祖《土司制度之研究》，第 3~4 页；John E. Herman, "Empire in the Southwest Early Qing Reforms to the Native Chieftain System," *The Journal of Asian Studies* 56:1 (1997), pp.47~74。

2　参见龚荫《中国土司制度》，第 57~62 页；白耀天《土官与土司称谓考辨》，《广西地方志》1999 年第 3 期。

3　参见 John E. Herman, "Empire in the Southwest: Early Qing Reforms to the Native Chieftain System," *The Journal of Asian Studies* 56 : 1 (1997), pp.47~74。江应樑亦认为宣慰即土司，土知府等即土官（参见江应樑《明代云南境内的土官与土司》，云南人民出版社，1958，第 2、4~7 页）。这样的区分其实是有违史实的，文献上宣慰等称土官，土知府等称土司的例子比比皆是，例如："贵州水西土官霭晖等进马。"（《明太祖实录》卷 193，洪武二十一年九月辛卯条）"又土官宣慰司十有一，宣抚司十，安抚司二十有二，招讨司一，长官司一百六十有九，蛮夷长官司五。"（《明史》卷 40）"三十八年诏东川土司并听云南节制。"（按：东川本系土府，《明史》卷 311）"蜀、黔之乌撒、乌蒙、芒部、沾益土司悉（水西）安酋姻连至戚。"（《明熹宗实录》卷 79，天启六年十二月戊申条）

到贯彻，因此土官、土司分属文、武职之说与基本史实不符。[1]

　　除对个别史料的理解以及土职隶属何部门外，笔者大体上同意杜玉亭的看法。在前人工作的基础上，结合黔西北的具体情况，本书尝试回答下列问题：按明代制度，究竟哪些土官属武职？能否根据文献中的"隶"或"属"等字眼判定土官属于何部门并进而确定其系文职或武职？特别建制土司与仿流官建制土司之间的差别是否一定意味着社会经济发展程度的差别？周边族类本身的制度对土司制度有何种制约作用？

　　其实，虽然"土官以文武类编"，[2]但《明史》《明会典》《明实录》等书从未指出宣慰使、宣抚、长官等属武职。《明史》云：

　　　　凡武职，内则五府、留守司，外则各都司、各卫所及三宣、六慰。[3]

　　"三宣、六慰"并非泛指，《清史稿》称："（陇川宣抚司）与干崖、南甸称为三宣抚。"[4]"（南明政权的将领）李定国、白文选等分住三宣、六慰。"[5]《滇云历年传》说得更为明白：

　　　　其土官之有分地者：长官司一，曰者乐甸；御夷府二，曰孟定、孟艮；军民宣慰司六，曰孟养、车里、木邦、老挝、缅甸、八百大甸；宣抚司三，曰干崖、南甸、陇川，所谓三宣、

1　参见杜玉亭《土官土司两类说考疑》，《中国民族史研究》，中国社会科学出版社，1987。以下凡引用杜玉亭的研究，未注明出处者，皆来自此文。白耀天亦认为"土官属文职，土司属武职"之说于史实不合，他还指出嘉靖二十五年文献中即有"土司"一词出现，较杜玉亭所说的嘉靖四十五年提前了 20 年。参见白耀天《土官与土司称谓考辨》，《广西地方志》1999 年第 3 期。

2　《明史》卷 74《职官志三》。

3　《明史》卷 71《选举志三》。

4　《清史稿》卷 74《地理志二十一·云南永昌府》。

5　《清史稿》卷 474《吴三桂传》。

六慰是也。[1]

可见，只有云南的三个宣抚司、六个宣慰司被划为武职，而当时全国仅宣抚司、宣慰司便有 57 处之多，加上安抚司、招讨司、长官司等更是多达四百余处。[2] 或许正因为如此，明人沈德符认为宣慰、宣抚等在制度上是文职，但他同时注意到了实际状况的混乱，《万历野获编补遗·土司文职》云：

> 本朝设土司，除知府、知州、知县，俱文职，其品秩一如流官。此外夷官则有宣慰司、宣抚司、安抚司、长官司、蛮夷长官司，俱为文官，属吏部文选司除授，是宜竟为左列矣。然查《会典》则又不然，户部所开州县，凡宣慰司三，仅四川之播州属焉；四川宣抚司三，一属户部，二属兵部，长官十六司属户，廿九司又属兵，何也？至云南之宣慰司凡七，俱在徼外，即朝贡亦不尽如期，而亦载之户部版图中，抑异矣！至若湖广一省，则永顺、保靖二宣慰以至四宣抚、九安抚及诸长官司，又俱隶兵部，无一入户曹者。而贵州宣慰一司，则又属户部矣！似此职掌分裂，当以守土管军民者与掌兵不同耶？但自宣慰而下，既为文臣，何以俱属都司钤辖？又如云南之澜沧军民指挥使司，乃武官也，何以又统浪蕖州文官耶？[3]

沈德符认为宣慰等俱系文官，这是有相当根据的，弘治《明会典》"末二卷为诸武职"，但并未涉及土官，仅讲都司卫所。[4] 万历

1　倪蜕：《滇云历年传》，第 328 页。
2　参见龚荫《中国土司制度》，第 58 页。57 个宣慰、宣抚并非同时存在，龚荫统计的应该是有明一代曾经分封过的土司。
3　沈德符：《万历野获编补遗》卷 4《土司》。
4　参见弘治《明会典》卷 179~180。

《明会典》亦将宣慰、宣抚、长官等系于"吏部·文选清吏司"条下。[1]至于名称的不同标志着社会经济发展程度的差异、改流的先后等更是想当然之语。例如，位居入滇驿道，控扼入黔门户的思州、思南二宣慰司，早在永乐十一年（1413）便被改流，贵州行省由此建立。又如，与乌撒土府相较，贵州宣慰司可称交通便利，经济、文化发达，并且早在隆庆年间便开始改土归流，[2]完全不符合"文职"土司区较"武职"土司区发达的逻辑。

芒部府的例子可以让我们进一步理解文职武职的意义。芒部毗邻水西、乌撒，洪武年间傅友德征南后同乌撒一起归顺，设置了军民土府。嘉靖五年（1526），明廷乘陇政、陇寿为争袭知府仇杀之机，改芒部土府为镇雄府，设立流官，命重庆府通判程洸为试知府，掌府事，改置长官司四，以阿济等四人为长官。这样，芒部从"文职"土司区变为"武职"土司区。这一转变似乎同社会经济发展水平没有多大联系，事实上，因为芒部的武力反抗，加上乌撒、水西、乌蒙、东川等土官的支持，两年后明朝廷不得不废除流官，重设土府，芒部转而又成了"文职"土司区。[3]

对文职、武职的误解似乎是源于对一些零星材料的片面理解。为了得到一个较为系统的认识，在此不嫌烦琐，征引几段相关史料如下：

---

1 万历《明会典》卷4《吏部·文选清吏司·官制三》。

2 贵州宣慰司地当川黔要道，控扼入滇一线，势力达到了交通便利的贵阳，宣慰使安氏、同知宋氏洪武年间已改汉姓，安贵荣、安国亨等有较高的汉文造诣，宋氏更是诗人辈出，有《联芳类稿》《桂轩抽稿》等诗集问世（参见郭子章《黔记》卷14《艺文志》，北京图书馆古籍珍本丛刊本），清人朱彝尊所编《明诗综》卷93即收录有宋氏土司宋昂、宋昱的诗。并且宋氏领地有许多仕宦经商者移入，汉化程度深，很早就设立了里甲制，隆庆年间开始小规模的改土归流，废除贵竹司、平伐司，设置了贵阳府、新贵县。（参见嘉靖《贵州通志》卷3、万历《贵州通志》卷3）

3 参见嘉靖《四川总志》卷16《经略中·夷情·芒部、乌蒙、东川、乌撒》;《明史》卷311《四川土司传一》;《明世宗实录》卷87，嘉靖七年四月甲寅条；胡世宁《胡端敏奏议》卷9《抚处夷情以安地方疏》。

　　材料一：万历《明会典》卷4《吏部·文选清吏司·官制三》：各宣慰使司：正官，宣慰使一员，同知一员……首领官，经历司，经历一员，都事一员……长官司：正官，长官，副长官；首领官，吏目。

　　材料二：万历《明会典》卷6《吏部·验封清吏司·土官承袭》：土官承袭，原俱属验封司掌行。洪武末年，以宣慰、宣抚、安抚、长官等官皆领土兵，改隶兵部。其余守土者，仍隶验封司。

　　材料三：万历《明会典》卷105《礼部六十三·主客清吏司》：郎中、员外郎、主事，分掌诸番朝贡、接待、给赐之事，简其译伴，明其禁令，凡百官恩赉，各省土贡，亦隶焉。

　　朝贡一　国初诸番国及四夷土官朝贡，具载职掌，其后慕化者众，事例日增，土官衙门添设，别见兵部，而事关朝贡者附此。

　　材料四：万历《明会典》卷118《兵部一·武选清吏司·铨选一》：土官额数及资格旧属吏部文选司，洪武三十年改属兵部。宣慰使司：宣慰使一员从三品，同知一员正四品……长官司：长官正六品，副长官从七品。

　　材料五：《明史》卷310《湖广土司传》：（土官）袭替必奉朝命，虽在万里外，皆赴阙受职。天顺末，许土官缴呈勘奏，则威炳渐弛。成化中，令纳粟备振，则规取日陋。孝宗虽发愤厘革，而因循未改。嘉靖九年始复旧制，以府州县等官隶验封，宣慰、招讨等官隶武选。隶验封者，布政司领之；隶武选者，都指挥领之。于是文武相维，比于中土矣。

　　材料六：毛奇龄《蛮司合志·序》：按，有明洪武初年，凡西南夷来归者，即用原官授之，而稽其土官、土兵及赋税、差役、驻防、守御之制，但定铨选，不立征调，其定铨选法，

> 凡土官名号曰宣慰司，曰招讨司，曰安抚司，曰长官司，初皆
> 隶吏部验封，而后以土兵相制，半隶武选。

材料七：《明史》卷316《贵州土司传》：其土官之朝贡符
信属礼部，承袭属吏部，领土兵者属兵部。

综观以上材料，我们似不能断章取义，认为某类土官隶属于某个部门。文献中"隶"或"属"的含义，是指土官某些方面的事务由某部门掌管，[1]这些事务主要有：（1）承袭的审批（材料二、五、六、七）；[2]（2）职官名称、品级及人数的确定（材料四）；（3）朝贡（材料三、七）。朝贡方面一直由礼部职掌。前两项事务在明初统归吏部，分别由其属下的封部（洪武二十九年起改作验封清吏司）与选部（洪武二十九年起改作文选清吏司）[3]负责。洪武三十年（1397），以宣慰、宣抚、招讨、长官诸土官领有军队的缘故，将同他们相

---

1 甚至质疑土官文、武二类说的杜玉亭都根据文献（即材料二）认为所有土职在明初都是属于隶部，洪武末年宣慰等才改隶兵部，只是没有真正得到贯彻。

2 杜玉亭根据"嘉靖九年始复旧制……隶验封者，布政司领之；隶武选者，都指挥领之"（详细引文见材料五）的记载，认为嘉靖九年后，"土府州县承袭批准不必由中央吏部，而是改由行省政府决定。宣慰、宣抚等司承袭的批准不再是由中央的兵部，而是各行省的'军区司令'——都指挥使了"。事实上，布政使与都指挥使从来都只有勘查承袭人资格的职责，最后必须"报部定夺"。"隶验封者，布政司领之；隶武选者，都指挥领之"同中央下放土官承袭批准权是两回事，在此征引几则嘉靖九年及之后的规定以说明此问题。"嘉靖九年题准，土官衙门造册，将见在子孙，尽数开报，某人年若干岁，系氏生，应该承袭，某人年若干岁，某氏生，系以次土舍，未生子者，候有子造报，愿报弟侄若女者，听，布政司依期缴送吏兵二部查照。"（嘉靖）四十五年题准，各处土官病故后，勘报过一年者，行巡按官查究。二年以上者，听吏部径直查参。隆庆四年奏准，今后土官袭替，除愿赴京者，听，其余酌量嘉靖年间事例，各照品级输忠纳米，折银完日，布政司即查抚按勘实具奏，吏部查对底册明白，照例查复待选。万历九年，停止输纳事例，令该管衙门，作速查勘明白，取具亲供宗图印结，具呈抚按勘实批允，布政司即为代奏，吏部选选，凭凭转给土舍，就彼冠带袭职，如有情愿亲自赴京者，听。十三年题准土官病故，应袭土舍具告该管衙门，即为申报抚按勘明，照例代袭承袭，不得三年之外，若吏胥勒索及承勘官纵容延捺，不行申报者，抚按官即据法参治。其土舍自不告袭，故违至十年之外者，即有保结，通不准袭。"以上引自万历《明会典》卷6《土官承袭》，同书卷121《土夷袭替》尚有许多记载，类似的规定非常多，难以悉举。

3 洪武二十九年朱元璋以六部之属官皆称部，混而无别，故改名。参见《明实录》卷246《明太祖实录》，洪武二十九年八月庚戌条。

关的这两项职能都改隶于兵部武选清吏司（材料二、三、四、五、七），这是导致学界将宣慰等归入武职的最主要原因。但宣慰等官并未完全淡化文职的色彩，表现在：建置上设有正官与首领官（材料一）[1]，并且《明会典》的《吏部》与《兵部》都载有宣慰等土职（材料一、四），而都司、卫所等武职只载于《兵部》。[2] 由此看来，仅根据名称便将土官分为文职与武职两大类似不十分妥当，更何况，许多"隶于吏部"的所谓"文职"土官，同样领有众多土兵，如嘉靖年间贵州独山州、普安州曾出土兵参与剿苗，[3] 而乌撒、芒部等土府所统管的土兵远远超过了许多武职土官。[4] 并且许多"武职"土官如贵州宣慰司等并不领于都司。[5] 弘治《明会典·凡例》称：

> 土官衙门属吏部者列于府州县之次，属兵部者列于卫所之次。

检阅该版《明会典》可知，宣慰司、长官司等既有列于兵部者，也有列于吏部者，并不统一。至于一些海外学者认为"武职（即土司）"政权中几乎没有"中国"任命的流官[6]更是对制度的误解，因为土职中没有经历、都事之类的名称，所以宣慰司、宣抚司中的首领官如经历、都事、知事等应是流官（材料一），《明史》亦云：

---

1 明制，凡文职衙门皆设有正官与首领官，而武职如都司、卫所则没有这种设置。参见万历《明会典》卷1~4、118。

2 参见万历《明会典》卷118《兵部一·武选清吏司·铨选一》，卷1~4《吏部·官制》。鉴于宣慰、宣抚等并不一定领于都司，明人徐学聚称："(土官) 隶验封者皆领于布政司，武选所隶，或领于都司。"参见《国朝典汇》卷176《兵部·土官》。

3 参见张岳《小山类稿》卷4《极陈地方苗患并论征剿抚守事宜疏》；卷5《苗贼突劫思州疏》。

4 白耀天亦指出不论何种官称的土官都养有土兵，如泗城州土知州曾率一万二千土兵援黔。参见白耀天《土官与土司称谓考辨》，《广西地方志》1999年第3期。

5 参见万历《明会典》卷124《都司卫所》。

6 参见前引 John E. Herman 的论文。白耀天亦认为宣慰司、长官司等土职政权中原则上没有流官吏目，而土府、土州中则有流官吏目，参见白耀天《土官与土司称谓考辨》，《广西地方志》1999年第3期。

> 洪武七年，西南诸蛮夷朝贡，多因元官授之，稍与约束，定征徭差发之法。渐为宣慰司者十一，为招讨司者一，为宣抚司者十，为安抚司者十九，为长官司者百七十有三。其府州县正贰属官，或土或流，大率宣慰等司经历皆流官，府州县佐贰多流官。[1]

总而言之，土官的两类名称仅仅是一个符号，并不能真正表示隶属或性质上的差别。我们不能只是顾名思义，用演绎的办法自上而下来推论土司区域的性质，我们更应结合地方社会的实际，自下而上来探讨朝廷制度的内涵。

与布政司—府（直隶州）—县（散州）的流官制架构不同，宣慰司等高级土官政权中未必顺次设立宣抚司、安抚司、长官司等较低级别的机构，明廷赐封土官的行动往往会受到周边族类的制度制约，因此王朝对各个土司区渗透的程度大不相同。以贵州而论，黔东一带的原住民没有在一个广阔的地域内建立起严密的政权体系，各个小土酋各自为政，正所谓"有囤峒而无城郭，有族属而无君长"。[2] 即便像思州、思南宣慰司这样的大土司，其领地内仍然被中央王朝分别赐封了 22 和 27 个长官司，在承袭、朝贡、赋役等一系列制度的约束下（对这些制度的论述详见本书第三章），思州、思南二宣慰使未必能够有效控制这些长官司。例如蛮夷长官司长官安逸指出：

> 虽二宣慰争占，于民并无相干。[3]

永乐十一年（1413），明廷借两宣慰司内斗之机，废除了宣慰

1　《明史》卷 76《职官志五》。

2　《古今图书集成》卷 1521《贵州总部总论·黔省总论》。中华书局、巴蜀书社，1987。

3　民国《贵州通志》第 18 册《前事志九·兵部议复思南府蛮夷长官安逸奏请筹边五事》。

使，设立府州县制及里甲制，对小土官则予以保留，"加意绥抚"，赢得了他们的支持，整个改土归流的过程极为顺利，贵州行省得以建立。[1]

与黔东一带相反，黔西北地区有一套严密的、充满血缘关系的政治体系，对明王朝的土司制度产生了强大的制约作用，使其根本无法深入君长国的内部，更不可能像在思州宣慰司、思南宣慰司等地区一样，通过赐封小土官来侵蚀大土官的权力。[2] 水西十二宗亲、四十八目中，只有沙溪被明廷封为宣慰司同知，后亦改安姓，[3] 而乌撒八大部、二十四土目中，没有一个受中央王朝赐封。在制度上，土官政权中往往会任命一些流官，如经历、都事、同知之类，但这些官员形同虚设，难以对黔西北社会发生影响，例如万历年间巡按贵州御史杨鹤称：

> 乌撒道里本在黔中，去川南叙州府一千一百五十里而遥。所设同知一员，既无一事管理，亦无官舍可栖，土官更无一人为之弹压。[4]

黔西北的改土归流，是通过大规模的战争来实现的，远较思州、思南艰辛。明廷动数省兵力，费百万饷银，历十年之功，尚只能占据阿哲家的水东地区，直到吴三桂进军黔西北，才结束了改流进程。

1　参见《明太宗实录》卷 137，永乐十一年二月辛亥条。
2　清人孙承泽所著《春明梦余录》卷 43 云："贵州宣慰家水西所辖长官司四十八，每司锐卒数千。"按，明代史料中并无朝廷在水西赐封长官司的记载，孙承泽的错误来自他对水西四十八土目的想当然理解。
3　参见郭子章《黔记》卷 56《同知安氏》。
4　《明神宗实录》卷 556，万历四十五年四月己亥条。

第三节　"额以赋役，听我驱调"：
明代土司对王朝的基本义务

除了土官名称方面的规范化之外，明代对土司的实际控驭也较元代深入。《明史·土司传》云：

> 迨有明踵元故事，大为恢拓，分别司郡州县，额以赋役，听我驱调，而法始备矣。然其道在于羁縻。彼大姓相擅，世积威约，而必假我爵禄，宠之名号，乃易为统摄，故奔走惟命。然调遣日繁，急而生变，恃功怙过，侵扰益深，故历朝征发，利害各半。其要在于抚绥得人，恩威兼济，则得其死力而不足为患。[1]

这段引文对明代土司制度做了极为简练精当的概括。分别司郡州县与土司建制相关，假爵禄、宠名号涉及朝贡授权与土官职名，这些意味着王朝对土酋既有权威的认可以及对他们的笼络，上文对此已有较多分析。而土司对王朝应尽的义务，除朝贡之外，主要体现于"额以赋役，供我驱调"。万历《贵州通志》将朝贡、田赋、徭役等并列，统称为"贡赋"，[2]本节集中探讨明代黔西北土司的赋役情况，并简要涉及土司征调问题，朝贡上文已有讨论，不赘述。

明王朝的赋税征收与差役摊派，主要是通过里甲制来实现的，学界对此已有颇多研究。但这些研究并不能说明一些缺乏里甲体系

1　《明史》卷 310《土司传》。

2　参见万历《贵州通志》卷 4《贵州宣慰司》。

的地区的状况，本节拟以黔西北地区为例，在彝族制度与王朝制度互动的视角中，展示明代赋役征派的另一种模式。

一　土司地区的里甲制

明王朝的赋役征派，原则上以人丁事产数为依据，制定里甲黄册制度的主要目的就是为了掌握地方人丁事产数额并据此征赋派役。《明史》云："洪武十四年，诏天下编赋役黄册。"[1] 但在一些土司地区，里甲黄册制度并没有真正推行，《明会典》载：

> 凡免造（黄册）地方，洪武二十四年奏准，凡云南各府攒造黄册，除流官及土官驯熟府分依式攒造外，其土官用事边远顽野之处，里甲不拘定式，听从实编造。贵州宣慰司不造。播州宣慰司附近通汉语者编造，其余夷民不造。景泰六年奏准四川威州并保县极边番夷，黄册免造。[2]

虽然引文中没有直接说明贵州宣慰司不造黄册的原因，但考察明初贵州形势，可知同其他"里甲不拘定式"或"免造"地方相似，贵州宣慰司也属于地处边徼且明王朝难以控制的地区。在明代两京十三布政司（省）中，贵州置省最晚，直到永乐十一年（1413）废除今黔东一带的两个大土司思州宣慰司、思南宣慰司后才设立。在此之前，整个贵州境内没有府、州、县设置，明廷的势力主要体现在十多个卫所上，这些卫所全部排列在驿道两旁，大致勾勒出了中央王朝的实际控制区域。"黔本荒陬，夷多汉少"[3] 的局面给入黔官员们留下了深刻印象。甚至到万历年间黔省设立多年之后，贵州巡抚

1　《明史》卷 77《食货志一》。

2　万历《明会典》卷 20《黄册》。

3　刘锡玄：《黔牍偶存·黔南学政·严禁妄攻（改）冒籍详文》。

郭子章尚称：

> 贵州一省苗仲杂居，国初虽设贵州、新添、平越、威清等
> 十四卫，分布上下，以通云南之路，而一线之外，北连四川，
> 东接湖广，南通广西，皆苗仲也。[1]

这些"苗仲"地区，有的基本上处于独立状态，被士大夫们视为"化外生苗"区，有的则被纳入了土司制度中，可称为"土司区"。在不同的土司区，明廷渗透的程度大不相同。正如前文所言，黔东一带的原住民没有在一个广阔的地域内建立起严密的政权体系，各个小土酋各自为政，即便像思州、思南宣慰司这样的大土司，其领地内仍然被中央王朝赐封了若干小土司。永乐十一年，两宣慰司改流，贵州行省建立，大量小土官依然存在，但被明廷进一步纳入里甲制度中，如水德江长官司编户四里，沿河佑溪长官司编户三里，乌罗（长官）司编户二里等。[2]许多原住民由此成为纳粮当差的编户齐民，如思南府蛮夷长官司"原管夷民四里"。[3]

作为明代有名的雄踞黔省的大土司，贵州宣慰司正宣慰水西安氏拥有自己的文字、文献、意识形态以及一套有着深远历史根源的制度化的政治权力架构，这套架构集军事与行政、血缘与地缘为一体，在其制约下，明王朝的制度、礼仪与意识形态仅仅影响到水西社会的上层，并不能深入水西地区，同时，明王朝也不能像对付许多大土司那样通过在安氏的统治区域内赐封一些小土司的办法来削弱安氏的势力。这些是我们考虑贵州宣慰司免造黄册时必须予以关注的。

1　《明神宗实录》卷414，万历三十三年十月甲寅条。

2　参见嘉靖《思南府志》卷1《地里志》；万历《铜仁府志》卷2《坊乡》。

3　民国《贵州通志》第18册《前事志九·兵部议复思南府蛮夷长官安逸奏请筹边五事》。

里甲、黄册的阙如，意味着明王朝难以得知贵州宣慰司地区的人丁事产。明政府后来可能采取了一些措施，清查（或令土司上报）了贵州宣慰司的一些户丁数据。兹根据嘉靖《贵州通志》卷三，制成贵州宣慰司户丁数据（见表2-1）：

表2-1　明中期贵州宣慰司户丁数

土司	户	丁
贵竹长官司	676	1418
水东长官司	730	4971
中曹蛮夷长官司	86	494
乖西蛮夷长官司	107	711
青山长官司	55	724
龙里长官司	195	1807
扎佐长官司	55	830
白纳长官司	100	633
底寨长官司	88	733
养龙长官司	43	563
十长官司合计	2135	12884
贵州宣慰司（总计）	2145	12924

贵州宣慰司领有贵州中部的十个小土司，即贵竹长官司、青山长官司、龙里长官司、扎佐长官司、底寨长官司、养龙长官司、中曹蛮夷长官司、白纳长官司、水东长官司、乖西蛮夷长官司。上述十个小土司直接受明政府控制，与正宣慰水西安氏、副宣慰水东宋氏只存在名义上的隶属关系，同样，安氏虽贵为正宣慰，但同样不能真正管辖副宣慰宋氏。由表2-1可知，贵州宣慰司登记在册的总户、丁数分别为2145、12924，其中贵竹、水东、龙里等十个小土司的户、丁数之和分别为2135、12884，可见贵州宣慰司的主体安

氏土司所辖水西地区人口基本未包括在内。事实上，水西地区的户丁，是清王朝改土归流后建立里甲制时才开始清查的，当时的方志编撰者们感叹："大定户口，自我朝以前无考。"[1]

此外值得注意的是，册上有名的这些丁、口可能大都是迁居土司地区的汉人移民而非土著。嘉靖《贵州通志》卷三在论述贵州户口时称：

> 贵州四面皆蛮夷，所可知者各府若卫军民之数，甚寥落也。[2]

万历《贵州通志》卷四说得更直接：

> （贵州宣慰司）隶籍人民多来自中州，风声气息一如中华。

除绝大部分人口没有登记在册外，贵州宣慰司的耕地直至弘治年间尚未丈量，因此方志称贵州宣慰司"田无顷亩"。《万历会计录》对此有更详细的记载：

> 弘治年间《会典》数，（贵州布政司）田土原无丈量顷亩，每岁该纳粮差俱于土官名下总行认纳。
>
> 万历六年巡抚册报数，（贵州布政司）田土除思南、石阡、铜仁、黎平等府，贵州宣慰司、清平、凯里安抚司额无顷亩外，贵阳府平伐长官司、思州、镇远、都匀等府，安顺、普安等州，龙里、新添、平越三军民卫共五千一百六十六顷八十六亩三分零。[3]

1　道光《大定府志》卷40《经政志二》。水西地区改土归流后，清王朝在此设置大定府。

2　参见嘉靖《贵州通志》卷3《土田》。

3　《万历会计录》卷14《贵州布政司田赋》。

可见，直到万历六年（1578），黔省才开始丈量田地，但只涉及贵阳、普安、平越等府州卫。三四年后，清丈的范围扩展至铜仁等府，改变了这些地区"额无顷亩"的状况。[1]

在丈田过程中，地方官员们表达了在黔省推行内地计量耕地的方法与单位的意图。因为山多地少、长期以来中央王朝未能直接统治等原因，贵州各地的田土计量具有极其明显的地方特色。嘉靖《贵州通志》所载通省田土数据为："官民屯田通共四十二万八千六百五十九亩七分五厘三分五坏，五万一千三百五十六秄，陆地通共五十一万六千五百七十七亩四分六厘一毫。"[2]以秄为单位，显然是黔省的独特办法，尤其值得注意的是，这一数据其实已经极大简化了贵州田土的计量单位，实际情况要复杂得多，例如黎平府"稻熟刈把为则，以四剪为手，十手为把，每把纳秋粮二升焉"。[3]计量单位的混乱显然给官府的管理带来诸多不便，为了改变"土司苗寨，界限难分，峒箐坂坡，段垠易混"的状况，清丈田地时黔抚刘庠命令：

> 预将合省应丈免丈田地各照原指界址区划里图，并将原计把、计秄折算数目与原有顷亩者逐一丈量，复印以步弓，防其更换，加之竹索，绝其那移，立之标竿，以别界限而便登记，督以牌令，以禁骚扰而遏阻挠。[4]

尽管刘庠力图统一计量单位与方法，并且从万历以后所编修的方志可知，黔省大部分地区都有了田土数据，且用亩来计量，但这

1　参见万历《铜仁府志》卷3《食货志》；刘庠等《丈田疏》，万历《贵州通志》卷19《经略志上》；郭子章《黔记》卷11《贡赋志上》。

2　嘉靖《贵州通志》卷3。通省田土数据之后，嘉靖《贵州通志》还开列各地的数据，可以发现，地方官所知道的其实主要是卫所的田地数，土司与府、州的田土数据并未记载。

3　嘉靖《贵州通志》卷3《土田》。

4　刘庠等《丈田疏》，万历《贵州通志》卷19《经略志上》。

种"统一"在很大程度上仅是一种假象，研究者不能受此误导。崇祯年间（1628~1644）毕自俨所撰《度支奏议》云："黔中之田，原不论顷亩，而止论段落，犹未脱荒服之习俗也。"[1]直到1930年代，研究贵州田赋的李荫荞尚称：

> 田地种类，既有官民之分，田地亩数，亦应基此而述，惟以该省开化较迟，地未丈量，制赋征派，本无亩数可言；但为研究观察计，除将官田亩数，依财政厅第四科草拟之贵州省各县现有官匪绝递产调查表核算检录外，民田亩数，昔本无征，升科既少，载数复无，故难举述。……官田亩数，因各县未能实查确报，故该表所载，率属待证，报填之县份不多，内载之情况大异。除务川以幅计，广顺以份、垅、幅计，岑巩以垅、块、幅、股计，铜仁以垅、型计，无法核算，从略外，计及者，列于表一。……黔省地未丈量，故无亩分，不足言亩法也。……黔省地未丈量，田无亩分，赋额率属征派，税率漫无标准，虽按三等九则载于《贵州通志》，而谓某县某等田若干亩，每亩科米若干，然一经实查，某县以种计，某县以稱计，某县以出谷之挑数石数计，根本无所谓亩也；间有计亩者，如贵定之大亩小亩，仅为民田之代名，修文以百挑为二亩二分，镇远以亩或二十石、三十石、四十石不等，且仍以出谷之挑数石数为衡，不足言亩也。谓以跬步皆山，丈量不易，以谷数种数代亩法，诚不能谓非计之得。使果实力推测，则官收民负，尚不致锐减失平，而乃并所谓以种计，以稱计，以出谷之挑数石数者，亦仅徒托空言，与贞丰、罗斛之按亭派征，下江、永从之苗民摊认，同出一辙，畸轻

---

[1]　毕自严：《复贵州巡按恭报屯田新增谷石的数疏》，《度支奏议·贵州司一》。

畸重，已坏始基。[1]

李荫荪的论述还提示我们，黔省在册地亩数与实际地亩数可能有较大差异，这一点其实已为许多官员注意，并且他们中的许多人反对实行彻底的清丈。清人陈康祺称：

> 黔中多山少平地，田可耕者寥寥，其陂陀硗确，即丈量亦高下不可准。嘉庆十六年，巡抚颜公检以黔幅员辽廓，而粮数乃不敌一二县于江苏，虑多隐匿，请丈全省田。适山阳李芝龄宗伯宗昉（李宗昉系较熟悉黔省情形的官员，撰有《黔记》，本书有征引——引者注），以中允为贵州学政，闻之骇甚，而颜公锐自任，调属吏设官局，事行有日矣，苦无说以折之。初宗伯甫下车，檄各学校官，访乡士大夫藏图书金石歌谣涉黔事者，最上学政，为记一书，至是，适得御史包承祚丈田奏，知乾隆初贵州学政邹一桂尝请丈田，而包驳之，事获寝。宗伯遂以示颜公，勿复言丈田事，黔民始庆再生。[2]

民国年间，贵州曾设立清查田亩总局，试图清查地亩，但以失败告终。[3]

明代的每一次丈田似乎都与水西无关。万历四十五年（1617），贵州巡按杨鹤欲得水西"户口扼塞之数，与头目汉把主名"，于是"檄下所司查取粮马册籍，中间四十八枝头目管辖地方土地、人民、贡赋钱粮之入，与汉把姓名、先世来历，备载无遗"。[4]但杨鹤只是

1　李荫荪：《贵州田赋研究》，成文出版有限公司，1977，第20~23、384、385页。

2　陈康祺《郎潜纪闻三笔》卷3《李芝龄学使力阻颜巡抚丈量黔省地亩》，中华书局，1984。

3　参见《贵州田赋研究》，第116~133页。

4　参见《明神宗实录》卷563，万历四十五年十一月癸亥条。

让水西土官自己报上有关数据，并不是一次土地、人口的清查，《明史》云：

> 贵州土官以百数，水西安氏最大，而土地、户口、贡赋之属，无籍可稽。（杨）鹤乃檄宣慰安位尽著之籍，并首领目把主名、承袭源委，悉列上有司。自是簿牒始明，奸弊易核。[1]

三年后，"奢安之乱"爆发，长达十年之久，待动乱平息，明亦旋亡，终明一代，水西田土人丁始终是一个未知数。康熙时期平远州方志的编修者感慨：

> 平远初开，无衡量之可凭，无户丁田亩之可考。[2]

乌撒的情形与水西略有不同。乌撒初隶云南，洪武十六年（1383）改隶四川，根据前引《明会典》，乌撒不在免造黄册之列，编户二里。[3] 按照110户为一里的规定，[4] 二里之地应有220户左右。但在边远地区，实际的户数可能达不到这个标准。可以肯定，"其土官用事边远顽野之处，里甲不拘定式"的原则并非仅应用于云南，以黔东一带为例，废除田姓二宣慰司后，设置八个流官知府，分管若干个长官司及县，每府编户五六里到二十多里不等，[5] 但所管

---

1 《明史》卷260《杨鹤传》。
2 康熙《平远州志》，转引自乾隆《平远州志》卷6《赋役》。
3 参见万历《四川总志》卷17《郡县志·乌撒军民府》。
4 参见《明史》卷77《食货志一》。
5 参见嘉靖《贵州通志》卷1《建置沿革》。

不过一二百户，"官多民少"。[1] 乌撒系土府，明王朝所能控制的编户大概不会比黔东一带更多，二里之地可能也就几十户。相对于乌撒广阔的地域与众多的人口来说，[2] 明廷的里甲制徒有虚名，仅具象征意义。

除了户丁不足额外，"里甲不拘定式"的原则同样体现在土地田产方面。例如思南、石阡、铜仁等府虽然自永乐年间便确立了里甲制，但万历十年之前，明廷尚未在这些地区丈量田土，赋税在土官名下总行认纳。[3] 正如《明史》所称："贵州田无顷亩尺籍，悉征之土官。"[4] 难以想象这些府县能够编订像内地一样的黄册与鱼鳞图册。乌撒土府更加特别，尽管该府编户二里，但《四川重刊赋役书册》并未提及该府，更不用说登载其人丁、田土、赋役数据。[5] 还应注意到，土司里甲中的隶籍人户有许多是汉人移民而非原住民，如前文所提到的贵州宣慰司"隶籍人民多来自中州，风声气息一如中华"。

1　这是曾出差贵州的吏部侍郎何文渊的说法（参见于谦《忠肃集》卷3《南征类·兵部为怀柔远人事》），蛮夷长官安逸的奏疏可与此相印证："贵州左布政使朦胧奏准，将湖广布政司旧管思州、思南两宣慰司地方分设八府，比较腹里，不满一县人民。"参见民国《贵州通志》第18册《前事志九·兵部议复思南府蛮夷长官安逸奏请筹边五事》。事实上，直到康熙初年，知思州府的陆世楷尚称："思州虽列为府，所属止四土司居民，附郭不满百家，丁粮不及一小县，而又商旅不通，营伍不设，供亿难与他府齐。宜仿黔西、平远近制，降为州，隶之镇远。"（朱彝尊《曝书亭集》卷78《中宪大夫知思州府事陆公墓志铭》）

2　1942年划乌撒东部地区为赫章县，尽管如此，威宁县（乌撒西部地区）的面积仍然广达6295平方千米，为贵州省面积最大的县。参见《威宁彝族苗族回族自治县民族志》，贵州民族出版社，1997，第1~2页。乌撒的人口没有明确记载，但明人徐学聚所撰之《国朝典汇》卷177称："（洪武十五年）四月，乌撒诸蛮复叛，傅友德、沐英进兵击之，大败其众，斩首三万余级，获马牛羊以万计。"《明史》卷129《傅友德传》亦有类似记载，可见乌撒人口应当不少，否则也不会"富盛甲诸部"。（《明史》卷311）

3　参见《万历会计录》卷14《贵州布政司田赋》；嘉靖《思南府志》卷3《田赋志》，卷7《拾遗志》。

4　《明史》卷77《食货志一》。

5　参见《四川重刊赋役书册》。笔者所见明代川省通志（包括正德、嘉靖、万历三种版本），虽然有专章论述乌撒，但同样没有提及人丁、田土、赋役方面的数据。东川、芒部等土府的情形亦与乌撒相似。

二　额以赋役

但人丁事产数的阙如并不意味着赋役的豁免，土司地区的赋役征派有另一套方式。史载：

> 及洪武五年，贵州宣慰霭翠与宋蒙古歹及普定府女总管适尔等先后来归，皆予以原官世袭。帝方北伐中原，未遑经理南荒。又田仁智等岁修职贡，最恭顺，乃以卫指挥佥事顾成筑城以守，赋税听自输纳，未置郡县。[1]

"额以赋役"是明王朝与土司之间最基本的关系之一。洪武五年（1372）水西归顺之初，朝廷即要求其输赋，[2]最初规定赋额为税粮八万石。当时各土司反对明王朝"额以赋役"的行动比较普遍，逋负情况相当严重。朱元璋采取绥抚策略，水西赋额连年递减至三万石、二万石。[3]为了表达对朝廷蠲免多年逋租的感谢，水西方面曾专门贡马谢恩。[4]乌撒税额定于洪武十七年（1384）五月，岁输二万石、毡衫一千五百领。[5]

相对于周边的土司来说，水西、乌撒的税额是比较高的，如乌蒙、东川、芒部皆岁输粮八千石、毡衫八百领，而金筑安抚司密定仅岁输三千石。[6]税额高低可能反映了土司同王朝关系的亲疏以及贫

1　《明史》卷316《贵州土司传》。

2　参见《明史》卷316《贵州土司传》。

3　《明太祖实录》卷188，洪武二十一年二月庚申条；卷230，二十六年十一月庚戌条。

4　参见《明太祖实录》卷235，洪武二十七年十一月甲辰条。明初对西南地区的怀柔、绥抚比较普遍，并非只针对贵州宣慰司，例如当乌撒、乌蒙、芒部、东川已经不按定额输赋时，朝廷诏令免征，并且申饬有司不得复征。参见《明太祖实录》卷241，洪武二十八年九月乙卯条。

5　参见《明太祖实录》卷162，洪武十七年五月辛丑条。

6　参见《明太祖实录》卷162，洪武十七年五月辛丑条；卷188，二十一年二月庚申条。

富强弱之别，天启间贵州提学佥事刘锡玄感叹："水西据黔之腹心，其地广而赋饶，凡瘠土皆我黔土，而酋壤无非沃壤也。"[1]《明史》亦称："乌蒙、乌撒、东川、芒部……乌撒富盛甲诸部，元时尝置军民总管府。""贵州土官以百数，水西安氏最大。"[2]

水西等土司逋负、请求蠲免的行动一直持续不断，永乐一朝基本上继承了朱元璋时期的绥抚政策，当贵州宣慰使等以灾荒请求蠲免时，朱棣非常爽快便予以恩准。[3]成化二年（1466），面对贵州宣慰司等土司拖欠大量税粮的情形，黔抚李浩奏请用住俸等手段究治当事人的责任。布政使萧俨进一步指出，土官不支俸，住俸无任何意义，他建议：

> 其长官原系六品，就照流官六品以下拿问事例；宣慰宣抚系五品以上，免提，仍照违限杖罪，纳赎。若至三、四年不完者，许奏请提问如律监追，完日流官方许支俸，土官方许管事。

因为当时有不少土官目把随明军征苗，所以户部尚书马昂认为应姑暂免提，"侯至成化四年秋，过限不完，将土流官吏目把人等提问如律。其慰抚长官各取违限的本招服缴报，如违至四年不完，指名奏提施行"。[4]

不过惩罚措施的效果并不是很理想，例如直到正德五年（1510），乌撒土府尚拖欠着弘治十八年（1505）应起运贵州的秋粮，明廷并未予以蠲免，但同意按弘治十七年的规定每石折银三钱缴纳（十八年每石折银四钱）。[5]嘉靖年间，亲历乌撒的熊过抱怨："（乌撒）

1　刘锡玄：《黔牍偶存·围城日录·叛逆缘起》。

2　《明史》卷 260《杨鹤传》。

3　《明太宗实录》卷 51，永乐四年二月癸酉条。

4　《万历会计录》卷 14《贵州布政司田赋·沿革事例》。

5　《万历会计录》卷 14《四川布政司田赋·沿革事例》。

始定岁入粮二万石，今仓廪空虚，损原额四之三，使在官者乏代耕之禄，嗷嗷然执左契以责。既廪之负，毡本一千五百领，今课录其入，曾不得拔一毛焉。"[1] 万历八年（1580），乌撒又被警告必须如数输赋，否则将受到参治。[2]

　　或许正是因为这一系列持续不断的逋负斗争，贵州宣慰司等土司的赋额得到较大程度的削减。兹据嘉靖《贵州通志》卷四，制定表 2-2。[3]

表2-2　明中期贵州宣慰司赋额

单位：石

纳粮者	夏税（共 32.9066）		秋粮（共 8546.6799）		备 注
	存留	起运	存留	起运	
宣慰安仁			1990	2000	1. 起运平坝仓秋粮195.5石，《贵州通志》未注明缴纳者，但本表秋粮总数已将其计算在内；
副宣慰宋夔	3.3233		1057.333		
同知安然			24.733		
贵竹长官司	6.95		151.5346		
水东长官司			462.2807		
白纳长官司			165.843		
札佐长官司	6.3		68.501		
养龙长官司	2.5		65		

1　熊过：《与黔国公》，黄宗羲编《明文海》卷 188《书四十二·忠告》。

2　参见《明神宗实录》卷 105，万历八年十月辛亥条。

3　参见嘉靖《贵州通志》卷 4《财赋》。还有一些头目如"头目阿登""头目阿留""谷龙头目宋居宗"等亦有纳粮的记载，《弘治贵州图经新志》卷 1 云："宣慰安氏亲领夷罗民四十八部，谓部长曰头目；宣慰宋氏亲领夷汉民十二部，谓部长曰马头；同知安氏亲领夷罗民一部，谓部长曰头目。"因此这些头目似属水西安氏所辖，但"头目"一词亦有泛指的可能，并非在任何情况都指安氏管属的土目，如谷龙长官司的宋居宗属宋氏所辖，但被称为"谷龙头目宋居宗"。因此除了远地则溪头目阿高可从则溪二字推知其属水西管辖无疑外，难以肯定"阿登""阿留"等是否属水西头目。

续表

纳粮者	夏税（共 32.9066）		秋粮（共 8546.6799）		备注
	存留	起运	存留	起运	
底寨长官司	3		73.66		2. 夏税以小表为主，此外还有苦荍，本表统一计算，未加细分，《贵州通志》载夏税总数为 32.9166 石，但本表加总各纳粮者的赋额，为 32.9066 石，疑《贵州通志》有误； 3.《贵州通志》载秋粮总数为 8546.6673 石，但本表加总的结果为 8546.6799 石。疑《贵州通志》有误
乖西长官司			161		
中曹长官司			71.9		
青山长官司	6		122.6327		
龙里长官司	4.8333			150	
谷龙头目宋居宗			100.5	121	
头目黑冲			75		
水西七百房			199.5		
头目阿六			187.0417		
永侧头目			395.5		
头目阿登			93.5735		
头目促俄			97.175		
头目普杓			140.855		
头目阿洒			120.15805		
远地则溪头目阿高			79.8		
远地则溪把事阿抄			110		
头目种叶			64.895		
僧纲司			0.3459		
潮音寺			1.41775		
未知（起运平坝仓）				195.5	

　　整个贵州宣慰司夏税秋粮共 8579 余石，其中水西首领、贵州宣慰使安仁所纳赋额为 3990 石，远远低于上文所提及的两万石，更低于明初的八万石。万历八年，贵州宣慰司的秋粮又从 8546 余石减至 8155 余石。十七年后，增至 8207 余石。[1] 乌撒在万历年间按规定应

1　参见万历《贵州通志》卷 4《贵州宣慰司·贡赋》。万历十四年，贵竹长官司改流，附郭贵阳，因此万历二十五年的秋粮数据未包括贵竹司。

纳一万石，[1]同样远远没有达到洪武十七年所定的税额。

除赋税外，水西等土司尚须承担一定的徭役。按嘉靖《贵州通志》的记载，黔省的徭役名目主要有驿马铺陈、渡夫、馆夫、柴薪夫、马夫、皂隶、弓兵、刷历匠、站夫、门子、禁子、铺司兵、仓斗级、有马旗军、走递马、儒学斋膳夫等，其中对驿马铺陈的描述差不多占了整个《徭役》篇的一半内容，[2]凸显出驿传在官员、士大夫心中的独特地位。[3]

驿传徭役主要包括供馆以及提供马驴、铺陈等，供馆似指在驿站值日，提供服务；铺陈似指卧具等陈设。贵州宣慰司参与服役的驿站有贵州驿、龙里驿、新添驿、威清驿等。以龙里驿为例，由程番府与贵州宣慰司所领的水东、中曹、白纳、龙里四长官司共同应役，共提供马驴45匹（头）；铺陈30副，每三年照例征解；每年龙里司供馆193日，水东司供馆37日，中曹、白纳二司各42日，程番府属大谷龙、小谷龙长官司共46日。[4]

作为黔省最大的土司，水西安氏独立承办贵州北部、西北部共十三个驿站的徭役，或许正因为系独力应役，无必要特别说明供馆日数，所以方志中没有记载此项数据。（见表2-3）

表2-3 水西所承担的徭役

驿站名称	马、驴（匹、头）	铺陈（副）	供馆
札佐驿	马20	20	未注明
底寨驿	马驴20	15	未注明
养龙驿	马15	15	未注明

---

1 参见《万历会计录》卷10《四川布政司田赋·乌撒军民府》。

2 参见嘉靖《贵州通志》卷4《徭役》。

3 明代开辟贵州，在贵州设省的目的主要是为了经营云南，在很大程度上，明政府对贵州的实际控制范围长期局限在驿道线附近，二十余个卫所、府州县等行政机构大都分布于此，以维护入滇驿道的畅通。

4 参见嘉靖《贵州通志》卷4《徭役》。

续表

驿站名称	马、驴（匹、头）	铺陈（副）	供馆
渭河驿 ª	马 4	4	未注明
龙场驿	马 23	23	未注明
陆广驿	马 18	18	未注明
谷里驿	马 19	19	未注明
水西驿	马 22	22	未注明
奢香驿	马 17	17	未注明
金鸡驿	马 21	21	未注明
阁鸦驿	马 18	18	未注明
归化驿	马驴 24	24	未注明
毕节驿	马驴 24	24	未注明
总　计	245	240	未注明

注：a. 渭河驿于万历九年裁革。

资料来源：嘉靖《贵州通志》卷 4《徭役》。

三 "土官名下总行认纳"

在没有里甲制，人丁事产难以知悉的情况下，明政府在贵州宣慰司特别是水西怎样征赋派役？这是下文将探讨的问题。

与里甲制的阙如相应，朝廷在黔西北等地区并不实行按丁亩输粮应役的原则。史载："贵州所管田无顷亩，粮无科则，止凭诸苗认纳。"[1]"（贵州布政司）每岁该纳粮差俱于土官名下总行认纳。"[2]因此地方志中记载土司地区的税粮时，往往会直接说明是某个土官所缴纳（见表 2-2），嘉靖《贵州通志》论及水西承担的驿传徭役时亦称："以上十二驿俱宣慰使安仁管下出办。"[3]可见，"额以赋役"的对象是土官，而非其所辖的田土人民，其原则是"认纳"，并无一定

---

1 《万历会计录》卷 14《贵州布政司田赋·沿革事例》。

2 郭子章：《黔记》卷 19《贡赋志上》。

3 嘉靖《贵州通志》卷 4《徭役》。

标准，只有一个笼统的"照地方广狭"的规定。[1] 根据形势的变化以及地方官员同土司关系的差异，粮额似乎会出现一些波动，并无确切的定数。万历以来的耕地丈量，其目的是要用按丁亩输粮应役的精神来规范贵州地区的赋役征派，从而方便官府的控制与管理，减弱对土官的依赖程度，但这次变革并未涉及水西。

乌撒的赋税材料不如水西丰富。《万历会计录》记载乌撒岁纳秋粮米 1 万石，其中 9400 石起运贵州，存留 600 石，起运粮至少在弘治时已开始折银征收，每石三四钱。[2] 但万历年间刻印的《四川重刊赋役书册》上并未登载乌撒、乌蒙、东川等土府的赋役数据，[3] 这意味着这些地区的赋税征收与差役征派似按另外一套原则来进行，考虑到人丁事产数的不完备，对土知府的依赖似乎在所难免。

从逻辑上考虑，徭役不根据丁粮而由土官认办暗含着这样一种可能，如果朝廷能更深入地控驭土官，则可以责以更多的差役。事实正是如此，如安万铨任贵州宣慰使时，水西又额外应承了威清驿的铺陈。[4]

由表 2-2 可知，受中央王朝赐封的土司如贵州宣慰使安仁、同知安然等都承担了一定的赋役，而一些在制度与名义上与中央王朝关联不大的地方势力，也成了"额以赋役"的对象，如头目阿留等，在整个贵州宣慰司，这类头目大致有十来位，其中可以肯定在水西君长辖土内的有远地则溪头目阿高、把事阿抄以及永侧头目促俄等。[5] 至于"水西七百房"的含义，笔者目前尚不清楚。

远地宅溪应是于底则溪的另一音译，属安氏的十三则溪之一，位于鸭池河以东，与洛（六）慕则溪一起构成了安氏管辖的水外六

1　参见嘉靖《贵州通志》卷 3《土田·贵州宣慰司》。

2　参见《万历会计录》卷 10《四川布政司田赋·乌撒军民府》。

3　参见《四川重刊赋役书册》。

4　参见嘉靖《贵州通志》卷 4《徭役》。

5　万历《贵州通志》卷 5《平坝卫·纪兵》称："景泰二年，水西永侧夷民破关攻卫城时顺风纵火，贼众遂溃。"是以知永侧系水西所辖。

目地。[1] 这些地区毗邻贵阳，与官府及汉人接触较多，所受影响较大，[2] 这或许便是阿高、阿抄等纳粮的原因。除纳粮头目均位于安氏辖土的边缘地区外，尚可推知安氏所辖近 50 位土目，大部分未受明朝廷的控制。

虽然在名义上赋税"征之土官"，但乌撒、水西的君长们自有一套制度将其转嫁至属下及原住民身上。就黔西北来说，由土官总行认纳，"照地方广狭以纳秋粮"的赋役原则并非明廷的创造。在则溪制度下，君长征税派役并不需要调查登记丁亩，而是向各宗亲、土目摊派，真正的承担者则是宗亲们领有的一般百姓。崇祯年间总督西南军务的朱燮元指出：

> 查宣慰地方原有九驿，除水外三驿臣久割其土地人民，不复责成外，今尚存谷里、水西、奢香、大方、阁鸦、归化六驿，向系宣慰支应，该司分派苗民，量地方大小出供马匹，又按日派夫走递。各管事目把多方掊克，苗民深苦其苛。[3]

彝书载有各土目的税额。据说在辛亥年，当乌蒙府家女儿禄宜仲默做大斋祭天地神祇时，水西君长阿亚奢知便开始着手制定婚丧礼仪制度，令子孙遵照执行。其主要内容是规定各个仓库（则溪）的负责人慕濯、土目，在君长家婚丧时应缴纳各种妆饰品、银两、牲畜等。何种场合应进贡何种物品、数目多少等都有详细的记载。《水西制度》云：

第十三章　阿者君长阿亚奢知制定的婚丧制度

1　参见侯哲安等《明代贵州部分地名考释》，贵州省民族研究所编《民族研究参考资料》第 5 集，1980，第 60 页。

2　参见胡庆钧《明清彝族社会史论丛》，第 38~39 页。

3　朱燮元：《西土分设已明下台议善后事宜列款具陈恭请圣裁事》，《朱少师奏疏钞》卷 8。

管戛勒仓库的扯老底苏家，应出做斋时的壮牛一对，应纳婚姻所需的骏马一对，金霞帔一件，头上前后佩带的金首饰、金飘带、金腰带一套，还有银亮的钗一支，金子十两、银子十两；另在还大愿时出银二十四两，还小愿时出银十二两；猪租一百二十个，鸡租一百二十对，另外还要骒马十二对；阿外阿诺家，应缴骒马六对，做斋时要出一对壮牛，娶媳妇时要出一对骏马，金五两，银五两。还大愿时要出银六两，还小愿时要出银三两；猪租六十个，鸡租六十对。阿外阿卜家……

管火者仓库的洛纳归宗家，应出骒马十二对，做斋时应出一条壮牛……

管六慕仓库的陇杓化那家，做斋时应出一对壮牛，应纳婚姻礼马雄壮的一匹……

第十四章 阿者君长家做斋追荐祖先、婚姻纳贡的总规章

……戛勒仓库方面为还大愿、还小愿应上纳的银两共是六十两另七钱；火著仓库方面为还大愿、还小愿应上纳的银两共是七十四两，两处仓库一共出银一百三十四两七钱。……慕垮仓库方面，应出一对雄壮勇马，另外上等马四匹，普通好马三匹，一共七匹马；做斋时用的牛一对壮牛，上等壮牛一条……迁底仓库方面，应出二对雄壮的牛并二锅（肉）……

第十五章 论阿者家婚丧所用牲畜与妆饰等

……各宗亲应出妆饰品名称如下：苴岂莫纪、阿达、阿户、阿孟、以几、卜杓必迭、阿波伍仁，以上八家出的有金霞帔、头上前后佩戴的银首饰、银飘带、银腰带。……以上这些，各宗亲必须上纳的。[1]

---

1 转引自史继忠《明代水西的则溪制度》，第94~99页。

阿哲（者）君长的征税范围涉及水西、水东的 13 个则溪（仓库），摊派至各个头目，这正是"土官名下总行认纳"的精神。而各宗亲、土目上缴物品的多少，反映的可能是他们的贫富差别以及与君长关系的亲疏。除了迁底（远地）则溪的个别头目外，大部分土目不再向官府纳税，直到明末清初这一状况才发生变化。

同其他地区一样，明中叶以来贵州的赋役制度也实行了一系列改革。嘉靖时部分徭役折银征收，如镇远驿的徭役由石阡、思南、思州、黎平、铜仁等府出办，其马、驴 48 匹（头），每马折白银 35 两，遇朝贡科举之年加五两，每驴价银 18 两；供馆，思南府负责 100 日，石阡府 130 日，镇远府 70 日，铜仁府 66 日，每日用银 2 两；铺陈 18 副，"照例征银解布政司制给"。[1]

在折银的制度下，所谓马多少匹、驴多少头之类已不再指具体的马、驴数目，而是一种计量赋税的方法与单位，通过一定的比率，马驴与白银之间建立起了联系。这样，文献中出现"（贵州驿）马四十六匹零一脚""（清平驿）马驴四十一匹头，平越驿借去一匹半"等就不足为怪了。[2]万历年间黔省进一步实行一条鞭法，将所有徭役合并为银差、力差、公费三项，通省共条鞭银 84506.19 两。[3]

但徭役方面的改革并未波及水西，嘉靖《贵州通志》仅仅列举出龙场九驿、草塘四驿的名称以及应供给的马驴、铺陈数，然后以"俱宣慰使安仁管下出办"一笔带过，不像对其他驿站那样详细叙述驿马、供馆、铺陈的折银数。万历《贵州通志》载贵州宣慰司条鞭银共 3417 两 9 分，但这些银两全由龙里司、白纳司、

1　嘉靖《贵州通志》卷 4《徭役》。

2　参见嘉靖《贵州通志》卷 4《徭役》。

3　参见万历《贵州通志》卷 1《省会志》；卷 3《贵阳府·徭役》。

养龙司等长官司出办，与水西无关。[1]换句话说，水西根本没有改行条鞭。

其实，在里甲阙如，赋役由土官名下总行认办的情况下，按丁亩摊派赋役并折银的办法没有必要，亦难以实行。并且除驿站之外，水西不再承担门子、弓兵、柴薪夫之类的杂役，徭役的合并无从谈起。而从朝廷的角度来看，如果能够有效控驭土官，同时土官又能够有效统率所属原住民的话，赋役由土官总行认办未必不是一个省事、省力的办法，水西正是这样一个范例，兹分析如下。

除了均平负担的目的外，贵州的赋役改革还有自己独特的背景，嘉靖《贵州通志》云：

> 贵州军民杂处，民固夷也。虽租赋徭役略仿中原，而椎髻鸟言，终骇官府。故有司之役惟汉人，军卫之役惟卒伍，而诸夷当役于官府者，又各目汉人、卒伍代之而取其直焉，是汉人、卒伍一身而众役萃矣。又其弊也，直不可得，役不能免，乃使众汉人、卒伍共佐之，是众人一身而众役萃矣。[2]

可见，尽管明廷在贵州的许多土司地区实行了里甲制，但语言、文化的隔阂，使得官员既不易役使原住民，也不愿役使原住民，这样，原住民以钱（银）代役，官府另行雇汉人应役的办法应时而生。但随之而来的可能弊端就是无法向原住民征取折役的钱银，"直不可得，役不能免"，大量卫所士兵成为无偿为驿传服务的苦力，"军多被累，破产代办。畏患马馆有甚于征戍者，是驿传之弊也"。[3]

相对而言，由水西土官总行认办的驿站差役，不但完全省却了官员、汉人、卒伍的麻烦，并且效率之高、行路之安全在贵州诸驿

1　参见万历《贵州通志》卷4《宣慰司·徭役》。

2　嘉靖《贵州通志》卷4《徭役》。

3　萧端蒙：《议处驿站事略》，嘉靖《贵州通志》卷10《艺文志》。

中堪称榜样。曾游历黔省的王士性称：

> 贵州南路行于绿林之辈，防御最难。惟西路行者，奢香八
> 驿，夫马厨传，皆其自备；巡逻干掫，皆其自辖，虽夜行不虑
> 盗也。彝俗固亦有美处。[1]

直到崇祯九年（1636）总督朱燮元力图将水西之地纳入"版图"之后，水西的驿传之役才开始折银征收。

除了输赋应役外，当明王朝面临内忧外患时，土司须召集土兵随朝廷军队出征，粮饷可由明廷拨给。水西土司就曾参加过征播、征路苗的战争。[2] 但明廷需要土兵之时往往亦是自己相对虚弱之时，一些土官会借从征之机需索甚至反叛，令形势雪上加霜。嘉靖年间湖广川贵军务总督张岳指出："湖、贵节年用兵，俱调土兵，各该土官挟贼而为利，邀索无厌。"有的土司甚至"私募苗贼以充兵数，所支行粮分给各贼"。[3] 所以《明史》称："然调遣日繁，急而生变，恃功怙过，侵扰益深，故历朝征发，利害各半。"[4] 后文论述奢安起事时将对此做进一步的探讨。

1　王士性：《黔志》，丛书集成初编本。
2　万历三十五年四川巡按孔贞一称："黔以安疆臣长诸蛮，专征调，输粮饷，供驿站，若视为必不可缺附庸之属。"（孔贞一：《核土舍之情形破两省之同异疏》，吴亮辑《万历疏钞》卷42）这是对水西土司所尽义务的简要总结。
3　张岳：《小山类稿》卷4《论湖贵苗情并征剿事宜疏》。明人罗曰褧所撰之《咸宾录》卷8称："（水西）即听调从征，非邀重赏不行，所过村落杀无噍类。"正德年间指挥平苗的王琼所撰《晋西本兵敷奏》卷12《为惩不职以安地方事》一疏中亦提到参与平苗的水西土兵溃败后四处抢掠，骚扰毕节等卫。
4　《明史》卷310《土司传》。

第三章　驿道、卫所与教化

　　本书第二章的讨论表明，围绕着"宠之名号"与"额以赋役"而制定的种种政策，规定的只是朝廷与土司的关系，并且受到了彝制的制约，难以对普通原住民形成直接的影响。下文将考察卫所制度，该制度的主要内容，并非规定土司的义务及权利，但卫所是在对土酋的武力威慑或征剿的基础上建立起来的，它们控扼驿道，形成了一条线状的、明廷可直接管制的区域，在此基础上，各种与土司相关的朝贡、赋役、土兵征调等制度才逐步确立与完善，正如贵州巡抚江东之所云："贵州汉少夷多，不得不镇以兵威之重。"[1] 此外，明代贵州的科举制度、移民潮流等都同卫所密切相关。因此，要深入

1　参见江东之《责成川湖协济疏》，万历《贵州通志》卷19《经略志上》。

理解土司制度以及彝族制度在明代的演变，必须对卫所制度有较多了解。

第一节　朱元璋、奢香与川滇黔驿道

贵州行省系永乐十一年（1413）建立，在明代十三布政司中设置最晚，在此之前，只有都司卫所而没有流官行政机构。从财政的角度看，贵州微薄的赋税远远不够维持基本的行政运作，要靠川、湖、滇三省的协济，"官戎岁给，全仰他省"。[1]协济数量甚至超过了黔省各种赋役税课收入之总和，尽管如此，依然"岁出浮于岁入"，"官军俸粮历一二年不支，无从措处"，[2]许多典目、仓丞等小官吏"饿死不得返"。[3]因此，明代开辟黔省的初衷不在于对贵州本地的重视，而在于维护入滇驿路的畅通。[4]早在洪武十五年（1382），朱元璋便指示黔西北境内的卫所必须"排在路上"，"如此分布守定，往来云南便益"。[5]明人郑大郁表达了一种普遍的观点：

> 愚按：贵州古无封域，皆罗施鬼国之地，界在川湖云广之交，地理蛮夷并同滇境，汉民间处其中，地纯夷俗，非可以中国之治治之也。永乐十一年，田酋逆命，削夺其地，开设郡

1　郑晓：《吾学编·地理述卷下·贵州》。明人桂萼、沈昌世、杨博等亦有类似的看法，参见张萱《西园闻见录》卷62《兵部十一·职方·贵州》。

2　参见《万历会计录·贵州布政司田赋》；万历《贵州通志》卷1《省会志·民赋》；《明神宗实录》卷411，万历三十三年七月丙申条。

3　郭子章：《黔记》卷19《贡赋志上》。

4　事实上，是否应在贵州设置行政机构并非没有争议，一些官员如何文渊、夏瑄等认为只要在贵州设置都卫所就行了。参见于谦《忠肃集》卷3《南征类·兵部为怀柔远人事》；夏原吉《忠靖集》之《附录·遗事·明故中顺大夫南京大常寺少卿掌尚宝司事夏公行状》；章纶《吏部尚书何公行状》，收入徐纮《明名臣琬琰续录》卷7。

5　张纮：《云南机务钞黄》，洪武十五年七月二十二日、八月二十九日敕谕。

县，山多菁穴，地瘠民贫，官戍岁给，全仰邻省。实不当中土
一县，以其取道云南，皆所必由……无贵则无南矣。[1]

传统上，中原通滇的驿路有三条：一由黔，据说辟于战国、秦
代；一由蜀，途经金沙江；一由广西，经"粤之田州抵滇之广南"。
但由于"蜀道险危，粤江瘴疠，行者视为畏途"，并且"由粤抵滇，
取道未免纡远，由蜀抵滇，设邮不无繁费"，所以自元、明以来，
"取道于滇者，必指黔中为首途，而粤蜀因之荒芜"，以致"黔有
梗，则入滇者无途之从矣！"[2]

滇黔驿路又可分为两条，一条由湖广进入黔东平溪卫（今玉屏
县平溪镇），然后沿镇远府（今镇远县）、贵阳、普定卫（今普定
县）、安南卫（今晴隆县）、普安州（今盘州）等地入滇，此为贵州
东路，行人最多。西路由四川泸州、永宁进入黔西北的毕节卫、贵
州宣慰司、乌撒府等地，抵达云南沾益。[3]西路完全处于水西、乌撒
的控制中，又因为阿哲君长奄有水外六目地，直抵贵阳，所以东路
也在其控扼之下。史称："水西僻处黔壤中，实蜀滇三省要害也。"[4]
天启、崇祯间水西、乌撒、永宁三土司联手起事，云南与中原立即
"声息断绝"。[5]

贵州驿道，至少在元代已大体定型，明军征滇路线，即与此

1　郑大郁：《经国雄略》卷4《贵州》。这种观点其实是明清时期许多官员、士大夫们的共识，明
　　人章潢《图书编》卷42称："（贵州）永乐年间始置省治，官则流土相参，民则汉夷错处，不
　　当中土一大县，一线之路，外通滇南，官军月粮仰给于川、湖二省……大抵贵州开省，原为
　　云南，无贵州是无云南也。"萧端蒙之《议处驿站事略》（嘉靖《贵州通志》卷10）云："贵州
　　藩省之议，本以扼云南之咽吭。"陆应阳辑，蔡方炳增辑《广舆记》卷22称："第云南僻壤，
　　必取道于贵州，无贵州是无云南也。"清人许缵会所著《滇行纪程续钞》亦云："从来谈者皆
　　谓滇南重地，而取道于黔中一线，设粤省总为通滇计。"
2　参见天启《滇志》卷23《艺文志十一》中的《请开粤路疏》《请滇路粤蜀并开疏》；《广舆记》
　　卷22《贵州》；倪蜕《滇云历年传》卷9。
3　参见黄汴《天下水陆路程》卷2中的《北京至贵州云南二省路》《南京至贵州云南西路》。
4　彭而述：《读史亭文集》卷9《水西记》。
5　参见天启《滇志》卷23《艺文志十一》中的《请开粤路疏》《请滇路粤蜀并开疏》。

基本一致。[1]然而自明代中叶迄今，官员、文人、学者们分析明代
贵州驿路的开辟时，莫不提及当时执政水西的女君长奢香，她与
贵州都指挥同知马烨[2]围绕着修驿的恩怨故事，长期为学界、地方
官员与贵州民间所强调与传扬。1950年代以后，奢香故事又被赋
予维护国家统一与各民族团结的时代意义，备受各级党政部门、
学术界、民间社会的高度推崇，其故事被谱成诗歌，搬上舞台，
其子虚乌有的墓地被确定为国家重点文物保护单位，修建了"奢
香博物馆"，声名之隆远远超过了助武侯南征从而奠定水西基业的
济火。[3]

　　细究源流，奢香故事大致本于明嘉靖（1522-1566）进士田汝
成的《炎徼纪闻》，兹不惮烦琐，摘引其文如下：

> 洪武四年，（霭翠）与其同知宋钦归附。高皇帝嘉之，以
> 霭翠为贵州宣慰使，钦为宣慰同知，得各统所部。……霭翠
> 死，奢香代立。煜欲尽灭诸罗，郡县之。会奢香有小罪，当

1　参见史继忠《元代贵州站赤考》。

2　清代文献为避康熙姓名之讳，改马烨为马煜或马晔。

3　奢香倍受各界推崇的状况参见余宏模《明代彝族女杰奢香》，云南人民出版社，1999，第
114~124页。奢香研究是彝族史研究中的热点之一，在此挂一漏万，择要列举如下：余宏模
《水西彝族爱国历史人物奢香》（《山花》1979年第2期）与《明代彝族女杰奢香》；俞百巍、
何长凤《明代贵州杰出的女政治家奢香》（《贵州社会科学》1981年第5期）；张捷夫《关于
奢香的功绩和史料》（《贵州社会科学》1982年第1期）；鉴真《维护民族团结的彝族爱国女
杰——奢香》（《贵州档案》1994年第1期）；魏绪文《奢香的传说》（《贵州文史天地》1996
年第3、4期）；黄炯杰《奢香的历史贡献》（《贵州文史天地》1996年第3期）；彭云鹤《"帐
中坐叱山川走"的奢香夫人》（《炎黄春秋》1996年第8期）；东人达《明代彝族女政治家
奢香考评》（《贵州文史丛刊》1996年第6期、《纪念奢香夫人逝世六百周年理论研讨论文
集》，1996年8月）；龙志毅《奢香是中华民族杰出的女政治家》（《贵州文史天地》1996年
第3期）；罗世勋《彝族女政治家奢香夫人与水西及周边地区彝族的汉文化教育》（《贵州文
史丛刊》2002年第3期）、王继超《奢香与安坤的历史抉择》、夷吉·木哈《元明贵州彝族
奢氏女杰》、王明贵《论奢香精神》（以上三文均出自《毕节地区民族研究》，贵州民族出版
社，2000）；李平凡《奢香爱国思想的形成与实施》（《贵州民族研究》1997年第4期）；等
等。这些研究赋予了奢香维护国家统一与各民族团结的时代意义，并且大体上以明人田汝成
的《炎徼纪闻·奢香》为信史。

图 3-1　全国重点文物保护单位奢香墓

资料来源：笔者 1999 年 8 月摄于大方县。

勘。煜械致奢香，裸挞之，欲以激怒诸罗为兵衅，诸罗果勃勃欲反。时宋钦亦死，其妻刘氏多智，谓奢香部罗曰："无哗，吾为汝诉天子，天子不听，反未晚也。"诸罗乃已。刘氏遂飙驰见太祖白事，太祖诏讯之。刘氏对曰："罗夷服义，贡马七八年，非有罪。马都督无故骚屑，恐一旦糜沸，反谓夷等不戢，敢昧死以闻。"太祖然之。还宫以语高后，且曰："朕固知马煜忠洁无他肠，第何惜一人以安一隅也。"命后召刘氏宫中，讯之曰："汝能为我召奢香乎？"刘氏曰："能。"即折简奢香，令速入见。奢香遂与其子妇奢助，飙驰见太祖，自陈世家守土功及马煜罪状。太祖曰："汝等诚苦马都督乎！吾将为汝除之，然汝何以报我？"奢香叩头曰："若蒙圣恩，当令子孙世世戢罗夷，不敢生事。"太祖曰："此汝常职，何言报也？"奢香曰："贵州东北间道可入蜀，梗塞久矣。愿为陛下刊山，开驿传以通往来。"太祖许之。乃召煜入朝议事。煜初不知所以，既出境乃知之，大恨曰："孰为马阎王乃为二妮子坑耶！悔不根薙，赭为血海也。"既入见，太祖数其罪状，煜

一无所答，第曰："臣自分枭首久矣！"太祖怒，立斩之。以
其头示奢香曰："吾为汝忍心除害矣。"奢香叩头谢恩。乃封奢
香顺德夫人，刘氏明德夫人。高后赐宴谨身殿，遣归，赏赐
甚厚。命所过有司皆陈兵耀之。奢香既归，以威德宣喻罗夷、
岗夷，皆贴然慑服。奢香乃开赤水、乌撒道以通乌蒙，立龙
场九驿，马匹廪铠，世世办也。[1]

　　值得注意的是，在田汝成之前，成化年间已有国子监祭酒周
洪谟所撰《安氏家传序》提到奢、马冲突，[2]但其情节远没有《炎
徼纪闻》那样波澜起伏，且没有涉及修驿之事，无论在当时还是
后世的影响都极为有限。田汝成的叙述细节丰富，戏剧色彩强烈，
他甚至坦承，"马煜功勋，史不既见，贵州人独能谈之"，[3]可见他有
可能将传说当信史。[4]但除了明万历年间的学者王士贞指出其个别
地方与史实未合外，[5]各种地方志、正史（如《明史》）、私家著述、
学术著作、通俗读物、宣传材料皆大致沿袭其说，几百年间长盛
不衰，俨然信史。1980 年代，台湾学者黄彰健撰就《明史贵州土
司传记载霭翠奢香事失实辨》，利用详实的史料，对《炎徼纪闻》

1　田汝成：《炎徼纪闻》卷 3《奢香》。

2　《安氏家传序》载于嘉靖《贵州通志》卷 11《艺文志》。据黄彰健考证，《安氏家传序》作于成
　　化十年八月至十二年十二月之间。参见黄彰健《明史贵州土司传记霭翠奢香事失实辨》，《大
　　陆杂志》第 68 卷第 2 期，1984。

3　田汝成：《炎徼纪闻》卷 3《奢香》。

4　彝书《西南彝志》中的《奢香进京》所载与《炎徼纪闻》相似，但没有提到奢香受"裸挞"。
　　《奢香进京》代表了彝族社会对此事的一种看法，但由于无法确定其写作年代，所以很难确定
　　是这种看法影响了田汝成，还是田汝成的描述影响了《奢香进京》，或是两者兼而有之。参见
　　《西南彝志》第 7～8 卷，第 316～320 页。

5　例如，奢香朝贡时间最早为洪武十七年，而高后已于两年前宾天，不可能接见奢香并赐宴。
　　马煜未被杀等。参见王士贞《弇山堂别集》卷 21《史乘考误二》。王氏的考误本身也有个别
　　错误之处，如他认为贵州宣慰使是宋钦，而霭翠系水西宣慰使。但《明太祖实录》卷 84 洪武
　　六年八月戊寅条载："（洪武六年八月）诏贵州宣慰使霭翠位居各宣慰之上。"卷 93 洪武七年九
　　月丙子条亦载："（洪武七年）贵州宣慰使霭翠遣其下曹阿必解贡马。"

等各种版本的奢香故事进行了有说服力的考证，[1]惜未被学界充分关注。直到近年，许多关于奢香的论文，仍然相信《炎徼纪闻》所述，一些论文试图去质疑鞭笞奢香事件，但却连基本的史实都弄错。

　　黄彰健论文涉及奢、马恩怨与驿路的观点主要有：（1）明太祖参加香军时，他的父母已去世。及即帝位，宫中自然没有太后，而高皇后死于洪武十五年八月，因此奢香无论是见太后或高后都不可能。（2）驿桥道路之毕工是在洪武二十五年正月十五日，其时贵州都指挥同知马烨应还在任上，水西境内的驿路绝不是马烨死后由奢香创设的。（3）毛奇龄《蛮司合志》等版本的奢香故事称奢香开辟偏桥、水东之驿路以达乌蒙、乌撒及容山草堂诸境，水东系宋氏土司所辖，偏桥为思南宣慰司地，均与奢香无关，容山草堂属播州宣慰司地，由播州宣慰司至贵州宣慰司驿路，系曹震委播州宣慰使杨铿等人"提调军民以开之"。

　　奢香故事的诸多漏洞有的已为后来的文人学者所意识到，并设法修补。如清道光时期的著名学者邹汉勋在撰《大定府志》时，将马烨由都督改为都指挥，高皇后则变成了淑妃，定故事发生的时间为洪武十六、十七年，在时间上符合刘淑贞、奢香先后入朝的记载，并把"霭翠死"改为"霭翠已老"，以便与《明实录》相统一。但百密一疏，邹汉勋在不知觉间还是留下了破绽。按其所述，至少在洪武十六年（1383）马煜已担任贵州都指挥使，[2]但据《明实录》，洪武十五年正月开设贵州都司，令平凉侯费聚、汝南侯梅思祖署都司事，同月调陕西都指挥使陈暹为贵州都指挥使，直到二十九年，陈暹尚以贵州都指挥使的身份讨平都匀狄把的叛乱，马烨绝无在洪武十六年任指挥使的可能。[3]

1　黄彰健：《明史贵州土司传记霭翠奢香事失实辨》，《大陆杂志》第 68 卷第 2 期，1984。

2　参见道光《大定府志》卷 47《旧事志三·水西安氏本末上》。

3　参见《明太祖实录》卷 141，洪武十五年正月丁亥、戊戌条；卷 246，二十九年五月乙丑条。

　　细究史料，奢香与驿路之关系，虽并未如《炎徼纪闻》《明史》诸书所载，亦非全然无中生有之创造。奢香是彝族恒系扯勒部君长的女儿，其生年史不见载。近五百年后，清道光年间的黔西知州吴嵩梁作诗称她14岁嫁给水西君长霭翠，[1]疑系采自民间传闻，不足引以为信。奢香虽系一女流，但即使在其夫霭翠生前，她已在水西享有极大的威望，甚至连朝廷都有所耳闻。洪武十五年，征滇之役取得决定性胜利之际，朱元璋谕令征南将军傅友德宣各土酋入朝，特意提到奢香：

> 自云南捷报至，朕念将军久劳在外，但乌撒、乌蒙、东川、芒部土酋当悉送入朝，盖虑大军既回，诸蛮仍复啸聚，符到之日，不限岁月，一一送来，霭翠夫妇亦如之。[2]

　　与此同时，朱元璋又谕令水西、乌撒、乌蒙、东川、芒部、沾益诸酋长参与修筑通滇驿路：

> 今遣人置邮驿通云南，宜率土人，随其疆界远迩，开筑道路，其广十丈。准古法以六十里为一驿。符至，奉行！[3]

　　被饬令参与修筑驿道的水西、芒部等全部位于黔西北及其周边地区，可见明廷开筑的应是经由黔西北连通蜀、滇的贵州西路。[4]周洪谟《安氏家传序》称：

1　参见吴嵩梁《明顺德夫人奢香墓诗》，民国《大定县志》卷21《艺文志·诗上》。
2　《明太祖实录》卷142，洪武十五年二月戊午条，另参见《明史》卷311《四川土司传一》。
3　《明太祖实录》卷142，洪武十五年二月癸丑条。
4　如前文所述，贵州西路等贵州驿路在元代其实已大致定型，明初的开驿在很大程度上系开通梗塞之旧路，或修整旧有道路、添设驿站等，并非新开一条道路。

图 3-2　至今尚存的阁鸦古驿

（洪武）十三年，大将征讨云南，师至沅州……霭翠备马一万匹，米一万石，毡一万领，刀弩牛羊各一万，以助军资。蓝、傅二总兵官甚喜，度本司（应即贵州宣慰司）地方道路，开设十一驿、四巡检司而去。十七年霭翠及陇约赴京朝见，赏赐甚厚。十九年，霭翠殁，其事亦略见《大明一统志》。[1]

　　洪武十七年之前贵州宣慰司开设了十一驿，此或与上述朱元璋的修驿谕令不无关系。而奢香系在水西握有较大实权之人，参与其事应在情理之中。洪武十七年奢香入贡，朝廷赐给文锦、绮、帛、珠翠、如意冠、金环、文绮袭衣，赏赐之厚、恩遇之隆在诸土官中并不多见——同期入朝的普定土知府者额仅被赐予绮、帛、钞。[2]此或许与修驿效忠有关。这一猜测似乎亦可从洪武十六、十七年前后朝廷对水西的态度变化中得到印证。经营西南之初，出于猜疑，朱元璋对水西的态度极为强硬。洪武五年，霭翠以垅居部落拒官府为

1　周洪谟：《安氏家传序》，嘉靖《贵州通志》卷 11《艺文》。
2　参见《明史》卷 316《贵州土司传》；《明太祖实录》卷 159，洪武十七年二月乙亥条。《明史》似乎由此断定奢、马冲突发生于洪武十七年。

由，请求朝廷出兵镇压，朱元璋称："蛮夷多诈不足信也。中国之兵，岂外夷报怨之具耶？宜遣使谕蛮中守将慎守边境，霭翠所请不从，将启边衅，宜预防之。"[1]征滇之役中，他对水西的向背尤为担心，甚至到洪武十五年正月攻克云南后，他在给征南将军傅友德等的上谕中仍然称：

> 比得报，知云南已克。……至如霭翠辈不尽服之，虽有云南，亦难守也。[2]

由于对水西首领霭翠的不信任，他一度认为："其水西霭翠地方，必会十万之上军数踏尽了，然后方是平定。"[3]

但自洪武十七年之后，朱元璋的态度似乎有了戏剧性的逆转，除当年对奢香厚加赏赐外，三年后，霭翠之弟安的贡马，朱元璋公开称赞："安的居水西，最为诚恪。"[4]又四年，平羌将军何福讨平越州、毕节叛乱，请求乘势进讨水西奢香，立即被朝廷拒绝。[5]洪武二十九年奢香去世，朝廷不远万里，"遣使祭之"。史称："自是（水西）每岁贡献不绝，报施之隆，亦非他土司所敢望也。"[6]这一系列变化或许应与水西开设驿传联系起来。

后人强调并相信奢香与贵州驿路的关系可能亦与明代贵州的赋役制度有关，本书第二章提到水西独立承办贵州北部、西北部由川经黔入滇的共十多个驿站的徭役，可能就是自明初定下来的。其中札佐驿、底寨驿、养龙驿、渭河四驿正好位于播州宣慰司境，这或许是后人认为奢香开驿直至播州宣慰司境内容山、草塘等地的理由之一。

1　《明太祖实录》卷 75，洪武五年八月己卯条。

2　《明太祖实录》卷 141，洪武十五年正月甲午条。

3　张纮：《云南机务钞黄》，洪武十五年八月二十九日敕谕。

4　《明史》卷 316《贵州土司传》。

5　参见《明史》卷 144《何福传》。

6　参见《明史》卷 316《贵州土司传》。

　　奢香在多大程度上参与了贵州驿路的修筑，抑或仅仅是开设了十多个驿站，其真相或许已难以得知。但不管怎样，修整驿路对黔西北的意义是极为深远的。贵州西路上的驿站龙场、陆广、谷里、水西、奢香、金鸡、阁鸦、归化、毕节等，史称"龙场九驿"。开道设驿之前，由贵阳经达水西之路只有间道一条，但梗塞未治。龙场九驿加上入播四驿，沟通了川黔、川滇驿道，极大地改变了水西交通闭塞的状况，[1]为经营云南创造了条件，同时亦促进了中央王朝文化、制度等在黔西北的渗透以及移民的进入，明人吴国伦已经指出开驿与改变风气的关系：

　　　　我闻水西奢香氏，奉诏曾谒高皇宫。承恩一诺九驿通，凿山刊木穿蒙茸。至今承平二百载，牂牁僰道犹同风。[2]

　　清人田雯更对奢香开驿之事做过精辟的分析：

　　　　乌罗之君长西土，非一日矣！一旦折而归我，岂其愿哉！终必为患，夫人而知之。即马晔之忠，明太祖亦谅之矣。乃不乘此而剪灭之，反自坏其长城，仅令置驿以为报者，计之非审也。盖以诸蛮之强梗，由于山川之险阻，财力之富饶，则莫若置驿以通之且困之，通之而险失矣，困之而志驯矣，然后为我所制而无难，此胜算亦远猷也。故除马晔以为生事戒，而又以安远人之心也。[3]

　　黔西北的统治者们并非没有认识到朱元璋的深谋远虑，在他们

1　参见侯哲安、黄蕴环《明代贵州部分地名考释》，贵州省民族研究所编《民族研究参考资料》
　　第5集，1980，第60~61页；史继忠《明代水西的则溪制度》，第50~51页。

2　吴国伦：《次奢香驿因咏其事》，民国《大定县志》卷21《艺文志》。

3　田雯：《黔书》卷3《人物名宦·奢香》。

看来，驿道的开通改变了整个秩序，乌撒彝书《彝地通驿道》云：

> 壬辰（疑为壬申之误——引者注）年间，彝地被占领，到了癸巳（疑为癸酉之误——引者注）年，开通了驿道。正因为如此，君长失宝座，虎豹戴铁链，鹤鹃被捕捉。这样一来后，汉皇帝家，使破铜烂铁，随意提去白银，此情不堪言。西边那替城，东边纪替谷，在这片范围，重徭厚赋，征如海租税。[1]

犹耐人寻味的是，水西君长驻地并非在驿路附近。《大定府志》称：

> 奢香置九驿，不欲道出于所居，故自黔西南门绕出大方之南而辖阁鸦。[2]

奢香的无奈与远见，在选择驿路与居所关系的苦心中表露无遗。到了正德年间，贵州宣慰使安贵荣又要求削减驿站数目，贬谪贵州任龙场驿驿丞的王阳明闻讯连忙致书晓以利害，威胁其不可擅改定制，减驿风波遂告平息。[3]

第二节　"一线之外，四面皆夷"：卫所的设置

入滇驿道，处于土司、"蛮夷"的重重包围之中，必须依赖大量军队维持其畅通，而驻军同时意味着粮草的需求，这些是历代治边

1　《彝地通彝道》，《彝族源流》第 21~23 卷，第 125~131 页。《彝地通彝道》写的是洪武年间事，朱元璋派兵征滇进入彝族地区系在洪武十四至十五年，以干支纪年应是辛未至壬申年，下令修驿是在洪武十六年，以干支纪年应是癸酉年。
2　道光《大定府志》卷 15《山水记第四》。
3　参见王阳明《王文成公全书》卷 21《外集三·与安宣慰书二》。

者必须考虑的问题，关系到王朝的权力能否深入。早在蜀汉建兴三年（225），诸葛亮平定南中后，即因未能妥善解决这两个问题而不敢设置官吏治理其地，只得"即其（指南中）渠帅而用之"，"悉收豪杰以为官属"，他指出：

> 若留外人，则当留兵，兵留则无所食，一不易也。加夷新伤破，父兄死丧，留外人而无兵者，必成祸患，二不易也。又夷累有废杀之罪，自嫌衅重，若留外人，终不相信，三不易也。今吾欲使不留兵，不运粮，而纲纪粗定，夷、汉粗安故耳。[1]

从某种角度上看，明代西南地区卫所制度的建立其实是在解决蜀汉曾经面临的难题。这种制度确定一部分人世为军户，屯田自给，既解决兵源问题，又解决兵饷问题，在立意上别出心裁。特别是在新开辟的边远地区，兵源、兵饷都难以措办，卫所制度在一定时期更显示出其有效性。朱元璋对此有非常清楚的认识，洪武四年（1371），贵州卫（在今贵阳）、永宁卫（位于今四川叙永，毗邻黔西北）设立，明廷经营贵州迈出了重要一步。凭借贵州卫的武力，明廷东征西伐，降伏平伐、芦山各酋长，令其"岁输租赋"；平定谷峡、刺向关之乱，"蛮人震慑"，两三年间讨平反抗七八起，兵锋直抵四川播州（今遵义）。[2]

洪武十四年，明朝大军沿元代旧路，从湖广辰、沅往西，四川永宁往南，进取云南。一路所向披靡，诸部落望风降附，于是明廷设置贵州都司，沿贵州东、西路择地驻兵屯田。不到十年间，增置了毕节、乌撒、普定等17个卫所，加上先期建立的贵州卫、永宁卫，洪武二十八年建立的贵州前卫，以及位于贵州但领于湖广的平

1　《三国志·蜀志》卷5《诸葛亮传》。
2　参见《明太祖实录》卷70，洪武四年十二月丙申条；卷75，五年七月壬子条；卷87，七年二月癸卯条；卷95，七年十二月壬子条。

溪卫（今玉屏）、清浪卫（今镇远清溪）、偏桥卫（今施秉县）、镇远卫（今镇远县）、铜鼓卫（今锦屏县）、五开卫（今黎平县），[1] 崇祯朝以前，贵州境内最多时曾经设卫26个，[2] 其中绝大多数分列驿道旁边，大致勾勒出了明廷能够直接控制的区域。明人万士和诗云："军屯之外尽夷方，夷妇同争鼠马场。"[3] 黔抚郭子章亦称："贵州一线路外即苗穴矣。"[4]

卫所分布于驿道反映了明廷借道贵州经营云南的苦心。征滇之役中，朱元璋敕谕征南将军傅友德云：

> 等杀得蛮子畏服了，然后将东川卫于七星关南一日半，乌撒往北一日半，立为一卫……七星关立一卫……自永宁迤南至七星关，分中扎一卫……若如此道路易行，军势排在路上，有事会各卫官军剿捕。若分守诸处，深入万山，蛮人生变，顷刻道路不通，好生不便。
>
> 无粮处休教军守，止于赤水立一卫，毕节立一卫，七星关立一卫，黑张迤南、瓦店迤北分中立一卫，如此分布守定，往来云南便益。[5]

26个卫所中，毕节卫、乌撒卫、水西卫、赤水卫设于贵州西路，位于乌撒、水西一带。在娄素濮等族类看来，卫所屯田不但对自己形成了威胁，而且还是一场大规模的土地与财富的掠夺行动。曾经，他们认为："彝地山神力强，水无法流过；彝地路神占强，汉

1　参见杜拯《议以楚卫属贵州疏》，乾隆《玉屏县志》卷10《艺文志》。

2　其中水西卫、层台卫不久被废除，崇祯初年平定奢安之乱，安氏所管的水东地区又开设了镇西、敷勇等卫所。

3　万士和：《万文恭公摘集》卷1《乌撒即事》，四库全书本。

4　郭子章：《黔记》卷4《舆图志》。一些学者已经指出明代贵州卫所排列驿道，以便通滇的情形。参见郭红《贵州都司建置研究》，《贵州文史丛刊》2002年第1期。

5　天启《滇志》卷18《艺文志·御制类》。

人难通过。汉人到彝地，驻兵也困难，偶尔过一趟，也还得回去，返回汉地去。彝人是彝人，汉人是汉人。"[1] 但这样的时代从此结束了，《彝地通驿道》表达了战败者的无奈：

> 南边那片地，全都丧失了，被划为屯地，被开通驿道。有一支汉兵，进攻纪俄勾（即乌撒——引者注），纪俄勾家，是尼德（应指女君长实卜——引者注）掌权。祖苻奢哺有过错，东边牟蒙迁甸 [纪俄勾（乌撒氏）所辖整个东部盛产粮食的地区——译者注]，送给汉朝廷，归洪武皇帝。从此以后，丧失了权柄。荞谷为军粮，九千九百石，缴芍恒录姆（即现在的威宁城，明代乌撒卫——译者注）[2]……彝地被设屯，驿道通彝地，彝族人，被汉官统治。灾祸自天降，是怪高空的，六山羊星作崇，是怪低空的，兜保海猪星作怪……[3]

可以想见，原住民反抗土地、财富被掠夺的行动不会轻易停止，但这些行动大都以失败告终。水西卫似乎是明王朝做出妥协的少有例子之一。在贵州境内的 19 个卫所中，水西卫如昙花一现，不见于《明史》，长期以来似乎被人遗忘了。《明实录》称：

> （洪武十五年正月）置贵州都指挥使司，令平凉侯费聚、汝南侯梅思祖署都司事。置云南左、右、前、后、普定、黄平、建昌、东川、乌撒、普安、水西、乌蒙、芒部、尾洒一十四卫指挥使司。[4]

---

1 《彝族源流》第 21~23 卷，第 110~111 页。

2 汉文史籍亦有缴纳军粮的记载，张纮《云南机务钞黄》收录的洪武十五年七月二十二日敕谕说道："其乌撒（卫）令乌撒人民供给，务要岁足军食。"

3 《彝族源流》第 21~23 卷，第 125~127 页。

4 《明太祖实录》卷 141，洪武十五年正月丁亥条。

万历《贵州通志》亦载："洪武十五年，吴复击破西堡、阿驴等寨，城水西，守之。"[1]可见，征南战事取得初步胜利之后，即设置了水西卫，隶贵州都指挥使司。水西卫究竟在何处？明代贵州境内只有阿哲家的领地被称为水西，且洪武十五年（1382）的敕谕说道："其水西卫兵，急宜调出，止留一千或五百足矣，霭翠之民，今必□（疑为'不'字——引者注）敢为乱。"[2]据此可知水西卫在水西安氏境内。但此处的"水西"并非指安氏的驻地慕俄格（今大方城），而是与其毗邻的比喇（今黔西县），[3]明初曾在水西（比喇）建城，安陆侯吴复《建城碑记》云："洪武十五年三月初五日至水西郭章，兴工筑城。"[4]可见十五年正月置水西卫，三月即兴建卫城。

水西卫所在地比喇是安氏的腹心地带，安氏的不满与反抗是可想而知的。或许正是这种反抗迫使明廷做出让步，废除了水西卫。其实朱元璋一直对在水西驻兵心存疑虑，洪武二十年，都督顾成甫讨平水西叛酋居宗必登，朝廷立即令其撤兵：

> 上以蛮夷见官军久驻，心必疑惧，故难猝服，欲姑缓之，以示绥怀之意也。[5]

水西卫废除的时间不详，但至迟到弘治年间，水西卫城已被视为古迹了。史载："水西故城，在治城西北二百一十里，本朝初所筑，垒门尚存。"[6]以后直到崇祯三年（1630）以前，卫所制度都未能深入安氏领有的水西、水东地区，其土地得以保全，不像乌撒那样失去了大片沃野。天启间贵州提学佥事刘锡玄感叹：

---

1 万历《贵州通志》卷6《安顺州·纪兵》。
2 《明太祖实录》卷146，洪武十五年七月己巳条。
3 前文已提到，水西可以指三种广狭不同的地域，最狭义者指安氏统治的比喇地方，即今黔西县。
4 参见道光《大定府志》卷18《古城墓冢第七·黔西》。
5 陈仁锡：《皇明世法录》卷78《奏议·西南夷》。
6 弘治《贵州图经新志》卷3《贵州宣慰司下·古迹》。

> 水西据黔之腹心，其地广而赋饶。凡瘠土皆我黔土，而酋壤无非沃壤也，故力能控驭诸土司及苗仲。[1]

卫所设立之初，黔地尚未置省，贵州都司成为明王朝在黔的最高机构，贵州境内的土司或隶于他省，或领于卫所，或直隶都司（如贵州宣慰司），形成了都司 – 卫所 – 土司、都司 – 土司的统治架构。与此相应，各级武官职责广泛，兼领民事，负责兴儒学、筑城垣、修驿道、控驭土官等重大事务。

永乐十一年（1413），隶属湖广的思州、思南二宣慰使内讧，明廷乘机改土归流，设置了乌罗、新化、铜仁等八府二县，建贵州行省，贵州宣慰司由此受到布政司与都司的双重节制。[2] 行省 – 府 – 土司、都司 – 卫所 – 土司、行省 – 土司是当时最主要的权力体制。各级流官进入贵州，文武相维，明王朝对黔省的经营又推进了一大步。但卫所依然维持其主导地位，史称：

> 其地（指贵州）只借一线之路入滇南，两岸皆苗……其开设初，只有卫所，后虽渐渐改流，置立郡邑，皆建于卫所之中，卫所为主，郡邑为客。缙绅拜表祝圣，皆在卫所。卫所治军，郡邑治民，军即尺籍来役戍者也，故卫所所治皆中国人。民即苗也。……郡邑中但征赋税，不讼斗争，所治之民即此已矣。[3]

1　刘锡玄：《黔牍偶存·围城日录·叛逆缘起》。

2　参见《明太宗实录》卷137，永乐十一年二月辛亥条。

3　王士性：《黔志》。郭红指出贵州卫所的"实土"性质，指出卫所大多位于一府的中心，成为当地有效的管辖机构。他还认为，卫所治地附近统治力量较强，军队长期屯住此地，地方控制趋于成熟，使得府州的设置逐渐成为可能。参见郭红《贵州都司建置研究》，《贵州文史丛刊》2002年第1期。

第三节　卫所、移民与文化移植

凌纯声曾对卫所与土司做过一个有意思的比较。他认为，明初土官铨选事宜归吏部，后改领有土兵的诸武职土司（如宣慰、宣抚等）属兵部，此改制与卫所制度有关。改制后，大小土司分隶于都司卫所，宣慰司相当于卫，直隶于都指挥司，宣抚、安抚、长官司相当于千户所，直属于军民卫或宣慰司。总之，土司职官同于卫所，并且二者在实质上相同：

> 卫所制度，官为世职，屯田官有，舍丁世为军户。较之土司制度，土官世袭，土地公有，百姓为世民，在实质上二者相同。内地卫所则纯为军屯之制，至于边地之实土卫所，军民兼辖，已与土制无异。故明代之土司制度，实在利用土官世袭，土地公有，兵民不分三种旧制，而以卫所制度略加组织而已。[1]

按照他的观点，既然卫所同于土司，土兵顺理成章成为明代的主要兵源之一。

西北一带的许多卫所本身就是土职政权，卫所官员大多属归顺土官，[2] 而东北奴尔干都司所辖的300多个羁縻卫所与中央王朝的关系更为疏远，[3] 因此凌纯声所做的比较有给人启迪之处。但前文已表明，所谓隶属以及文职、武职等观点，其实是对明代土司制度及其实际运作状况的误解，许多宣慰司并不隶于都指挥司。更重要的是，凌纯声的结论掩盖了卫所与土司间一个具有本质意义的

1　参见凌纯声《中国边政之土司制度》（上），《边政公论》第 2 卷第 11 期，1943 年。

2　参见高士荣《西北土司制度研究》，民族出版社，1999，第 83~95 页。

3　关于奴尔干都司的研究可参见杨旸等《明代奴尔干都司及其卫所研究》，河南中州书画社，1982。

差别。

卫所士兵籍隶军户，按朝廷法例，每一个军户家庭的人丁事产、籍贯年龄、充调来历在军籍黄册上都有详细登载，凭借这一套军籍黄册制度，明王朝有可能对军户进行严密的管理与控制。[1] 史称："盖终明世，于军籍最严。"[2] 王毓铨的研究详细揭示了这种管理与控制的具体情况，军户所承担的各种赋税与差役意味着他们受到粗暴的人身强制。[3] 与此形成鲜明对照的是，里甲制在许多土司地区难以深入，原住民在官府的户籍册上并无记载，黔省的官员与士大夫们感慨："贵州四面皆蛮夷，所可知者各府若卫军民之数，甚寥落也。"[4] 置身户籍制度之外意味着逃脱了明政府的人身强制，不用直接为明廷输赋当差。就受王朝控制的程度而言，土司与卫所之间的本质差异自不待言。

从政治、文化权利方面来看，原住民是"苗""蛮""猓"，"性类犬羊"，而军户作为当差纳粮的化内之民，应举做官是其不言而喻的权利，正是这种权利的实现过程带动了文教科举在贵州的兴起。

总之，卫所的意义并不仅仅限于武力后盾与军事控制，它还意味着一场大规模的移民运动与文化移植。有明一代，朝廷以卫所为据点，以点带面，逐步改土归流，扩大统治区域，其间的原因与背景颇为复杂，但移民（包括民间自发移民）以及文化渗透对地方社会的改造无疑是一个重要因素，对此进行探讨无疑有助于我们更深入地认识"一线之外，四面皆夷"的社会以及黔西北的制度与文明在土司制度建立后所发生的演变。

1　参见韦庆远《明代黄册制度》，中华书局，1961，第54~72页。

2　《明史》卷92《兵志四》。

3　参见王毓铨《明代的军屯》，中华书局，1965。

4　嘉靖《贵州通志》卷3《户口》。

一 卫所与移民

卫所制度在贵州的建立并非把黔省原住民籍为军户，而是靠一场大规模的军事移民来支持。[1]明代军户的来源有"原报抄籍""从征""归附""谪发""垛集""抽籍"等途径。[2]不管何种途径，在明初都与贵州原住民的关系不大。洪武时大举征滇，战争尚未彻底取得胜利，便开始令士兵屯守贵州驿道附近，[3]建立卫所，接着不断从各省"垛集""谪发"军户加以充实。[4]这些士兵主要来自直隶、湖广、浙江、四川、江西、河南等省，由于史料所限，难以得知各省士兵的具体数量，但以（南）直隶为最多却是可以肯定的。嘉靖间贵州巡抚谢东山称：

> 贵州各卫军丁皆洪武初年直隶、凤阳、湖广、浙江等处民籍三户勾解应当，国初每卫正军五千余人。[5]

"民籍三户勾解应当"，属于"垛集"方式。[6]在建置上凤阳府亦属（南）直隶，[7]谢东山将两者分开，置于前两位，由此似可窥知南直隶在贵州兵源方面的重要地位，这可与地方志中所载的卫所指挥

1　正德年间巡抚贵州地方右副都御史萧翀奏称："贵州二十卫所，俱充发军人。"参见张萱《西园闻见录》卷64《兵部十三·清军》。

2　参见王毓铨《明代的军屯》，第224~233页。

3　此即"从征"，明人孙承泽称："从征者，诸将所素将之兵平定其地，因留戍者也。"参见《春明梦余录》卷42《兵部·兵制》。

4　"垛集"即集民户三户为一垛集单位，其中一户为正户，应当军役。其他二户为贴户，帮贴正户。参见王毓铨《明代的军屯》，第228页。

5　谢东山：《贵州军伍考》，万历《贵州通志》卷20《经略志下》。

6　其实贵州卫所士兵中有许多是通过"谪发"而来，如弘治《贵州图经新志》卷16称："（乌撒）卫之士卒皆谪自中州。"马文升《存远军以实兵备疏》（《明经世文编》卷62）云："查得陕西西安等府所属县分人民，先年为事充军，多有发编四川、贵州、云南、广东、广西、福建等处卫所者。"

7　《明史》卷40《地理志一·南京》。

官的籍贯资料相印证。由表 3-1 可知，在万历《贵州通志》所载的 103 名武官中，来自南直隶者竟然占了 68 名，南直隶在明代贵州军卫移民中的地位可见一斑。

曹树基对洪武时期的包括贵州在内的全国军事移民做过研究。他认为，设置在今贵州境内的 23 个卫共 127 个所，以"大率五千六百人为卫，千二百人为千户所"的标准兵力计，"应有 14.2 万士卒"，假定士兵家庭的平均规模是 3 口，则共有 42 万人口。因为在贵州尚未发现卫所士卒由土人充当的情况，所以这些人都是外来移民。[1]

表 3-1 方志所见贵州卫所之武官籍贯

籍贯	南直隶	北直隶	湖广	江西	河南	陕西	山东	山西	四川	不详 [a]	各卫合计
毕节卫	7	2									9
乌撒卫	9	1	1		1	1					13
赤水卫	4	1	1		1						7
永宁卫	7	1	3	1						1	13
贵州卫	13		2	1	4		1				21
贵州前卫	18	1	3				1			1	24
威清卫	10		1		2		1	1	1		16
各地合计	68	6	11	2	8	1	3	1	1	2	103

注：a. 书中未注明或笔者暂时不能判定籍贯者列为不详。

载入方志的卫所武官有指挥使、指挥同知、署指挥同知、指挥佥事、署指挥佥事等。本表只列举乌撒、水西（包括水东）附近的乌撒卫、毕节卫、赤水卫、永宁卫、贵州卫、贵州前卫，其他卫所的情况其实也差不多。按《明史》卷 40《地理志·南京》，南直隶包括应天府、凤阳府、淮安府、扬州府、苏州府、松江府、常州府、庐州府、安庆府、太平府、池州府、徽州府等。判定籍贯的主要资料是《明史·地理志》，为了简便，在此不详细列出判定理由。

资料来源：万历《贵州通志》。

---

1 参见曹树基《中国移民史》第 5 卷，福建人民出版社，1997，第 24、313~315 页。曹树基正确地意识到，军人家庭的规模并不止于平均每户 3 人，但移民研究需要考虑的仅仅是军人从原籍带出的人口。

上述推算的数字与明人所记载的贵州军额不同，成化三年（1467）贵州巡抚李浩给出的额数为 16 万余名，[1] 隆庆六年（1572）巡抚蔡文则称所属 20 卫所额军 13.7 万余名。[2] 当然，由于版图的变化，李、蔡二人与曹树基所指的贵州在地域上有一定差异，曹氏列入计算的卫所有 23 个，较蔡文多了三个，但人数却只多 5000 人，曹氏的估值低于蔡文给出的定额，更低于李浩的 16 万之数。[3]

曹氏估计值与明代数据有差异的原因似有多种可能，例如可能 5600 人为一卫的标准或许并未严格执行等。最大的可能是，李、蔡等官员给出的数据或许包括了"余丁"，因而数值较大。按明代兵制，每一正军尚须携带户下余丁（又称军余）一名，在营生理，佐助正军，供给军装，甚至有一正军佐以三余丁的规定，而陕西都司更出现了正军一名在营，而有余丁 3~30 丁在卫的情况。[4] "户下余丁"并不一定是正军的儿子，兄、弟、叔、伯、堂兄、堂弟、侄子乃至其他族亲都是有可能的。所谓 5600 人为一卫，1220 人为一千户所的标准兵力只是正军之数，正如谢东山所指出的，"国初每卫正军五千余人"。[5] 如果加上余丁，这个数量当有大量增加，并且同正军一样，随营余丁多半也有家室，[6] 因此研究明代贵州乃至全国军事移民似应把余丁考虑在内。

有必要指出，卫所士兵的逃亡在有明一代史不绝书。早在景泰

1　《明宪宗实录》卷 39，成化三年二月癸亥条。

2　《明神宗实录》卷 2，隆庆六年六月乙亥条。

3　蔡文给出的军额明显低于李浩的额数，或许是因为两人统计的卫所数目不同。另一个可能是，明代卫所士兵逃亡非常普遍（李浩与蔡文都指出实际的士兵数量要远远低于他们给出的军额），蔡文的军额已经经过部分修正（当然，明代文献中的各种额数往往长期不变，与现实完全脱结，所以"修正"之说仅仅是一种猜测）。曹树基推算的是洪武时期的军额，当时逃军现象并不严重，其额数似乎不应低于两百年后（隆庆时期）的军额。

4　参见王毓铨《明代的军屯》，第 52 页；《明史》卷 90《兵志二·卫所》，卷 203《吕经传》。

5　谢东山：《贵州军伍考》，万历《贵州通志》卷 20《经略志下》。

6　参见王毓铨《明代的军屯》，第 52、237、243 页。

年间，贵州卫所的士兵已经是"十去八九"。[1] 成化三年，贵州巡抚李浩奏称："贵州军额旧十六万余，调遣亡叛事故，今止二万八千余人。"[2] 黔省卫所士兵的大量失额并非只是由于卫官隐占或匿籍，否则嘉靖间的贵州巡抚刘大直绝不会感叹卫所凋敝、田地抛荒，以致不得不招集流民、原住民垦种（详后）。逃兵的去向是确定移民数量的关键因素之一。那些逃往他省的士兵只是贵州的匆匆过客，而非移民。

但不管怎样，明代黔省有大量的军事移民却是完全可以肯定的。此外，民间自发的移民也为数不少，如黔西北的毕节卫嘉靖间"城屯站铺官军二千八百八十五户，六千六百四十一丁口，万历二十五年报存官军、客民二千四百三十七户，四千一百三十二丁口"。[3] 这些"客民"其实是官府认可的寓居贵州的"流民"。在士兵大量逃亡的情况下，贵州卫所抛荒田土的情形相当严重，嘉靖间巡抚刘大直入境后目睹了卫所的凋敝情形，于是令各卫所清查荒田，"招集军、民、流、商诸人芟秽耕种"，许以三年后纳粮。军籍册上由此出现大量"客民"，这或许是"流民"合法定居贵州的开始。屯地荒芜同时也是许多原住民成为编户的契机，如龙里卫"抛荒屯田七百九十八亩，招集仲苗七十二户"。[4]

除了日渐空虚的卫所外，许多府、县也吸纳了大量移民。如程番府"抛荒田亩不等，招集哨堡土流客民之人不一佃种"。[5] 弘治以后，四川民人不断涌入思南府佃耕土地，亲戚相召，"有来无去"，日积月累，竟然造成了"客既胜而主人弱"的局面。客民们同时带

---

1 《明英宗实录》卷 225，景泰四年正月丁卯条。

2 《明宪宗实录》卷 39，成化三年二月癸亥条。

3 万历《贵州通志》卷 10《毕节卫·户口》，嘉靖间的 2885 户并非原额，而是士兵大量逃亡后所剩下的"实在"之数。

4 参见嘉靖《贵州通志》卷 3《附录》。

5 参见嘉靖《贵州通志》卷 3《附录》。

来了棉花栽培术，土人争先仿效，粮食作物的种植大受影响。[1] 嘉靖《贵州通志》称贵州境内充斥着来自江右、川、湖的"贩商、流徙、罢役、逋逃"之人，[2] 其中有许多游离于户籍赋役制度之外，嘉靖《贵州通志》有这样的议论：

> 民数者，庶事所自出，以多为贵，不可不知也。贵州四面皆蛮夷，所可知者各府若卫军民之数，甚寥落也。蜀中、江右之民侨寓此者甚众，买田宅、长子孙，盖多有之。蜀中、江右既不得其用，而视贵州官府亦漠然若不相干，是并失之矣。谓宜分别税户、承佃营生等第而籍为见户，俾与主户错居共役，愿投军者亦编入行伍，庶乎户口增而军民不至重困矣。[3]

但也有不少流移之民被纳入了里甲体系中，如贵州宣慰司"隶籍人民多来自中州"。[4]

二 移民与文化移植

移民的进入同时意味着一种新的文化与礼仪的传播，士大夫们希望这种从"中州"移植的文明能够生根繁殖，改造蛮风夷俗。嘉靖《贵州通志》云：

> 贵州土著蛮夷，族类实繁，风俗亦异，大抵标枝野鹿，淳朴犹存。各军卫徙自中原，因沿故习，用夏变夷，胥此焉恃？

1　参见嘉靖《思南府志》卷7《拾遗志》。
2　参见嘉靖《贵州通志》卷3《户口》。
3　嘉靖《贵州通志》卷3《户口》。
4　万历《贵州通志》卷4《贵州宣慰司·风俗》。

虽然一些"至愚无知者反见变于夷"，[1]但大量"中原故习"还是在移民中被因沿下来，弘治《贵州图经新志》这样描述宣慰司城（即省城）、贵州卫、贵州前卫、毕节卫、乌撒卫的风俗：

> （贵州宣慰司与贵、前二卫）俗尚如实（旧志，郡人多中州之迁谪，故服食器用咸尚朴实，间有侈靡者，群訾笑之）。士君子秀而文，其泯勤而务本，人多气节（旧志，崇儒术，尚礼义，以节气相高而耻为污下之事，其仕于外者往往有廉介忠鲠之称）。不异中州。文教丕振，风气和平，不喜争讼，乐于恬退，集场贸易（新志，郡内夷汉杂处，其贸易以十二支所肖为该市名）。[2]
>
> （毕节卫）中州礼俗（一统志，戍此者皆中州人，其冠婚丧礼能不混于流俗。用夏变夷。庙学记，卫居乌蛮巢穴，然能读书循礼，用夏变夷），人多勤俭。
>
> （乌撒卫）人性强悍（旧志，卫之士卒皆谪自中州，既久处边幅，皆强悍桀傲，岂风土之所致耶），衣冠礼乐，不输中土，风气刚劲。[3]

卫所之外，"四面皆夷"，在礼俗上呈现出完全不同的风貌：

> （贵州宣慰司之水西罗罗）罗罗即古乌蛮。亦有文字，类蒙古书……挽髻短褐，徒跣带笠，荷毡珥，刷牙，金环约臂，佩长

1　嘉靖《贵州通志》卷3《风俗》。

2　弘治《贵州图经新志》卷1《贵州宣慰司上·风俗》。这段引文描述的是宣慰司城一带的风俗，《贵州通志》卷3又称"贵州卫、贵州前卫（风俗）俱同宣慰司"。

3　弘治《贵州图经新志》卷16《毕节卫·风俗》《乌撒卫·风俗》。毕节卫与乌撒卫位于黔西北境内，而贵、前二卫及宣慰司城与水东地区毗邻。

刀、箭箙，左肩披一方羊皮……不晓汉语，有黑白二种……信男巫，尊为鬼师，杀牛祀神，名曰做鬼，以族人之子继立……[1]

（毕节卫附近）夷俗喻利（旧志，卫城内境皆乌蛮，毡裘椎髻，性狡悍而趋利，卜用鸡骨）。斗狠健讼（新志，卫俗迩来斗狠健讼，狙诈不情，盖渐染川南之苦也）。脱帽为礼（旧志，卫境罗罗见贵人必脱貌以为敬，盖乌蛮故俗）。[2]

在省城、卫城等汉人聚居之处，内地的岁时节日几乎被完整保留下来，如省城一带"士民裔出中州，最重元日"，从这天起直到元宵节是拜年、走亲访友的好时机。此外，立春、寒食、端午节、中元节、中秋节、冬至、除夕等都是重要的节日。乌撒卫、毕节卫等地亦与此相同。方志的编修者们感叹贵州"礼乐文物与中州诸大藩等，王化大行"，其间虽然充斥着夸耀明王朝文教武功的溢美之词，但如果我们把目光集中到驿道线上，便会发现这种说法并非毫无根据。[3]

两种礼俗之间并非全无影响。在驿道、卫所、府州县城周围，移民与原住民之间的接触颇为频繁，明人万士和称：

尽贵之地，山陵林麓居十之七，而可田者居其三；尽贵之田，罗鬼诸夷居十之七，而军居其三。军户自屯田，官赋外所余无几，其阖城老幼俱俟苗民负粟入城郭，计升合贸易，有不足者出重息以称贷于人，故苗粟一日不至则饥，称贷不得则嗷嗷然待哺而已。[4]

1　嘉靖《贵州通志》卷3《风俗》。
2　弘治《贵州图经新志》卷1《贵州宣慰司·风俗》；卷16《毕节卫·风俗》。
3　参见嘉靖《贵州通志》卷3《风俗》。
4　万士和：《万文恭公摘集》卷6《贵州文明书院义仓记》。

　　胡庆钧注意到，在水西安氏的水外六目地等交通线附近，生产力、生产关系以及风俗都有不少变化，各少数民族由于"与卫人错居，近亦颇为汉俗"，许多汉族农民成为贵州宣慰使的佃户，宣慰司署内从来"夷汉杂处"，彝族官员们"皆肥白有富贵容"。[1]文献上类似的记载颇多，如毕节卫"居乌蛮巢穴，然能读书循理，用夏变夷"，[2]备受推许。又如普安州的"罗罗"等原住民"近年渐染华夏之习，稍变其陋而近于礼"。[3]《明一统志》亦称："（贵州宣慰司）冠婚丧祭颇效中华。"[4]许多原住民被籍为编户后，读书应举，[5]势必在礼俗方面产生重大改变。

　　当然也有不少"蛮化"情形，上文已提及一些卫所之民"反见变于夷"。同时，水西、永宁的土酋有时掳掠"中国男女"，令"中国儿学土语，易服左衽，习骑射击刺，令与诸蛮儿伍"。[6]

　　除礼俗方面的变化外，军卫等移民还直接带动了贵州科举的兴起。自明代以降，许多士大夫、学者们认定两汉时的盛览、尹珍是在贵州传播文教的拓荒者。[7]但其实元朝以前，贵州同中央王朝的关系主要体现在时断时续的朝贡上，唐宋时期，包括黔西北的鸭池河以西地区甚至没有被纳入羁縻州县的系统中，形同独立状态。元代对贵州的开拓超越以往，曾设置顺元路儒学，[8]但元朝对教化一直有欠重视，科举制度并没有真正得到贯彻，顺元路儒学的影响微乎其

1　参见胡庆钧《明代水西彝族的奴隶制度》，《明清彝族社会史论丛》。

2　弘治《贵州图经新志》卷16《毕节卫·风俗》。

3　嘉靖《普安州志》卷1《舆地志·风俗》。

4　《明一统志》卷88《贵州宣慰司》。

5　如成化年间程番府知府邓廷瓒奏称："本府新立学校，土官土人子弟在学者乞岁贡一人，如选贡例。"参见《明宪宗实录》卷221，成化十七年十一月己卯条。

6　参见包汝楫《南中纪闻》；乾隆《毕节县志》卷8《艺文志·张氏传》。

7　盛览其人正史不载，尹珍事迹见于《后汉书》卷86《夜郎传》以及《华阳国志》卷12《益梁宁三州先汉以来士女目录》。据说盛览乃西汉牂牁名士，曾向司马相如请教作赋。尹珍系毋敛人，"以生遐裔，未渐庠序"，乃师从许慎学五经，从应奉"学图纬，通三才"。学成后还乡教授，"于是南域始有学焉"。参见莫友芝《黔诗纪略》，贵州人民出版社，1993，第11~12页。

8　参见嘉靖《贵州通志》卷6《学校·文明书院》。

微。清代著名学者莫友芝称：

> 黔自元上而五季皆土官世有，致汉唐郡县，几不可寻。英
> 流鲜闻，安问风雅？逮有明开省增学，贡士设科，文献流诒，
> 乃稍可述。[1]

明代黔省科举兴起的背景，是上文所述的移民潮。来自"中州"的士民不但有着读书应举的习惯，而且包括卫所士兵在内的众多流移已被纳入王朝户籍赋役制度的系统，科举是他们应享的权利。几乎可以肯定，儒学在贵州设立的初衷，正是为了帮助卫所子弟实现这种权利。[2]嘉靖时贵州巡抚王学益云：

> 贵州地方，自元以前虽曾服属，尚属羁縻。入我国朝际
> 蒙熙洽，建置军卫，播移中土，设立学校，慎择师儒，衣冠所
> 濡，礼义渐同。[3]

明王朝在贵州设有四十余处儒学，[4]许多位于土司地区，如毕节卫学、乌撒卫学地处黔西北，有的甚至直接贯以土司名称，如贵州

1　莫友芝：《黔诗纪略》卷1。在《雪鸿堂诗蒐逸·序》中，莫友芝称："黔自明始有诗，萌芽于宣正，条衍于景成以来，而桐豫于隆万。"明人王直所著《抑庵文后集》卷9《赠黄训导诗序》亦称："贵州古鬼方之地，其人皆夷獠，诗书礼义之习前古未有也。国朝洪武中始建学设官以教育之，将革其旧俗，俾同乎内地。"

2　永乐十一年（1413）之前贵州尚未设省，境内全是卫所，没有府、州、县。

3　王学益：《广解额疏》，万历《贵州通志》卷19《经略志上》。"慎择师儒"一句并不意味着当时朝廷任命贵州地区的儒学教授、训导等学官时非常慎重。事实上，由于贵州在时人心中是自然与人文环境都极为险恶之地，许多学官都不愿赴任，明成化十九年贵州左布政彭韶奏称："照得贵州所属卫、府、宣慰司共设有儒学二十一处，为因地方僻远，夷俗丑陋，铨选学官少有到任。见今贵州宣慰司镇远等府、兴隆等卫各该儒学共缺教授一十余员，以致土无专师，人不乐学，儒风不振，夷俗如旧。"参见彭韶《贵州等处承宣布政使司左布政使臣彭韶等谨奏为荐举师儒事》，《彭惠安集》卷1。

4　参见周春元等《贵州古代史》，第262~265页。

宣慰司学。但这些学校开办的诱因与动机都在卫所，与土司无直接关系。例如贵州宣慰司学的肇建者是都指挥同知马烨，洪武二十六年（1393）都指挥陈遏等置买学田八分，共 706 垓，[1]九年后都指挥金镇、汤清加修大成殿，"翼以两庑，奉圣人像于其中"，以后历次重修儒学，都指挥都起了重大作用，直到景泰年间宣慰使安陇富才捐资助修。[2]显然，这些武职官员是把宣慰司学当作贵州卫与贵州前卫的卫学来经营的。[3]又如黔西北的毕节卫虽毗邻水西、乌撒，但这两大土司似乎对卫学并不热心，该学于正德三年（1508）由指挥唐谏修建，以后到万历年间的两次迁建都是由兵备负责，捐资者全系兵备和卫所官员。[4]

事实上，在缺乏里甲制，田赋差役"悉征之土官"[5]的情况下，乌撒、水西的绝大部分原住民没有直接为王朝纳粮当差，其名字、籍贯以及人丁事产在黄册与鱼鳞图册中缺载，因此他们既没有入儒学、考科举的权利，也没有这种必要。[6]毕节卫学、乌撒卫学的生员主要是卫所子弟，自不待言。甚至贯以土司名称的贵州宣慰司学亦如此。据嘉靖《贵州通志》，贵州宣慰司的及第者全部来自贵州

1　万历《贵州通志》卷 4《贵州宣慰司·学校》。

2　参见王直《宣慰司儒学记》，嘉靖《贵州通志》卷 6《学校·贵州宣慰司》。

3　贵、前二卫本身没有设置儒学。

4　参见万历《贵州通志》卷 10《毕节卫·学校》；刘秉仁《毕节卫新迁儒学记》，万历《贵州通志》卷 21《艺文志·簧序类》。

5　《明史》卷 77《食货志一》。

6　贵州巡抚王学益称："凡系纳粮当差，俱为赤子，岂有弃而不教之理？"（嘉靖《贵州通志》卷6《学校·贵州宣慰司》）可见科举是对输赋应役者的回报，而水西的原住民也不愿渡过陆广河入司学，"各夷惧出痘疹，不渡六广"。参见朱燮元《西土分设已明下台议善后事宜列款具陈恭请圣裁事》，《朱少师奏疏钞》卷 8。在贵州有的地区，入学的原住民生员稍多，但他们在多大程度上学习并接受儒家文化也需具体分析，明人俞汝楫编《礼部志稿》卷 71《科试备考·试法·远方学生就近乡试》称："宣德二年六月，贵州布政司言，普安州儒学生员皆是罗罗、僰人，莫知向学，今选俊秀军生王玺等入学读书，以备贡举。"

卫与贵州前卫，[1] 可见该司学在本质上是贵、前二卫的儒学，与水西原住民关系不大，并且水西的君长们一直在禁止原住民入学。宣慰司学设立后两百多年，当崇祯年间总督西南军务的朱燮元亲履水西时，发现"水西各夷披毡负弩，曾不知有礼"，上层统治者初通文理者仅有 60 人，其中许多还是汉目汉把。[2]

尽管洪武二十八年（1395）曾诏令诸土司皆立儒学，[3] 但许多土官并未积极响应，例如乌撒府直到 20 年后才议设儒学。《明实录》载：

> （永乐十二年）乌撒军民府经历钟存礼言："府故蛮夷地，久沾圣化，语言渐通，请设学校、置教官，教民子弟，变其夷俗。"从之。[4]

前文已提到，乌撒土府面积广阔，原住民繁多，仅仅象征性地编户二里，其中有许多编户还可能是移民而非土著。且当时乌撒卫尚未设立儒学，因此完全有理由认为与宣慰司儒学相似，乌撒府儒学亦主要是为卫所子弟而设。到了洪熙元年（1425）四月，府学革去，[5] 十七年后正式开设乌撒卫学。[6]

1　参见嘉靖《贵州通志》卷 6《科目·贵州宣慰司》。永乐进士刘球所撰《两溪文集》卷 23《故贵州宣慰司儒学训导王公墓志铭》称贵州宣慰司儒学训导王玠到任时，发现"生徒半夷人，其非夷者多染于夷俗，公力变以中华礼义之习，未几而服饰渐更，揖让有规，甚得都帅镇远侯顾某重"。结合当时贵州宣慰司的及第者都是卫所子弟来看，刘球称"生徒半夷人"可能有夸饰色彩，以此凸出王玠的化导有方。对死者的夸饰通常是墓志铭这种文体的应有之义。

2　参见朱燮元《西土分设已明下台议善后事宜列款具陈恭请圣裁事》，《朱少师奏疏钞》卷 8。由于没有认识到儒学与卫所的关系，一些学者把贵州宣慰司学理解成明王朝对"更多土官子弟以至广大彝族人民推行同化教育"。参见胡庆钧《明清彝族社会史论丛》，第 132~133 页。有人甚至认为这些学校属土官开办，并且想当然地以为其对少数民族产生了深远的影响。参见李家祥《奢香与明清黔西北儒学》，《纪念奢香夫人逝世六百周年理论研讨论文集》，中共大方县委宣传部等印，1996。

3　参见《明史》卷 3《太祖三》。

4　《明太宗实录》卷 147，永乐十二年正月戊戌条。

5　参见《明仁宗实录》卷 9，洪熙元年四月乙丑条。

6　参见嘉靖《贵州通志》卷 6《学校》。

清人莫友芝所辑《黔诗纪略》收录了明代黔人所著诗篇2498首，并为每位诗人立了小传。这些诗人几乎都是儒学生员或科举功名的获得者，从其户籍差别上我们亦可看出卫所在明前期贵州的科举、文教中的重要性。见表3-2、表3-3。[1]

表3-2　宣德至正德年间贵州诗人的户籍类别

户籍类别	卫所	原住民	土著	移民	不详	合计
诗人数量	24	3	2	5	8	42

　　注：永乐十一年贵州始建省，但因为钱粮不济，贵州并未设闱开科。宣德四年（1429）起黔省生儒附试云南，嘉靖十六年（1537）贵州始开科。宣德年间中举的王训是《黔诗纪略》收录的最早的诗人。在本表中，来自卫所的诗人归入"卫所"，元代或元代之前移入者归入"土著"，明代的移入者（不包括卫所士卒）称"移民"，不能判定是否属于这三类者列入"不详"。所谓"不详"的情况通常是知道某诗人是某某府或某某州人，都属于民籍，但不知道他是土著入籍者抑或移民入籍者。

表3-3　嘉靖至崇祯年间贵州诗人的户籍类别

户籍类别	卫所	原住民	土著	移民	不详	合计
诗人数量	60	1	2	7	102	172

　　注：《黔诗纪略》卷25以后所列的诗人未入本表，因为他们都是南明的诗人，其时清朝已经建立。并且当时移入贵州的中原士大夫特别多，他们并不反映明代贵州科举的状况。

　　表3-2表明，在明前期，卫所堪称贵州文教的表征。正是卫所制度带动了黔省科举的兴起。在这种背景下，几乎被人遗忘了近千年的盛览、尹珍被视为贵州文教的拓荒者，备受士人们的推许，在他们看来，盛、尹二人不但意味着黔省文化的源远流长，同时亦表

1　莫友芝在黔西人潘文炳及门人胡长新的帮助下，历十余年之功，撰成《黔诗纪略》。其资料来源相当广泛，"逮于逸编断碣、土酋世谱，有足征文考献者，冈不穷力搜访，几于大备。"（参见《黔诗纪略》之《卷首题记》）该书虽不能说已搜尽明代黔省之诗人及诗作，但大体上已能反映明代贵州诗人、诗歌的面貌，本书以该书作为资料进行分析，应不会离史实太远。

明贵州风土足以涵养英才。正统四年（1439）进士，黔西北赤水卫
（卫地在今毕节市）人张谏[1]的《望古》诗云：

> 赋心既传盛，经术复开尹。并兴巴彭城，名德乃与准。牂
> 牁处荒维，因此山嶙嶙。如何初郡县，贤俊已连轸。人文张华
> 夏，覆载讵畦畛。乃知豪杰士，不受山川窘。遥遥今几世，嗣
> 响何泯泯。望古一长叹，负重愁绝髌。[2]

自嘉靖以降，非卫所士子在科场中崛起，卫所子弟则相对势
微。这或许可反映出明代贵州社会变迁的几个趋势：

首先，军屯制度日趋衰落。明代军、民、匠、灶诸色户役中，
以军户的差役为最重最苦，其身份几近于奴隶。[3]在贵州，因为民户
稀少，四面皆夷，并且官府不愿役使在籍原住民而令其以钱（银）
代役，结果钱不可得，差役转嫁至军户身上，使其负担更为沉重，[4]
再加上卫官盘剥，导致"贫穷军士无寸地可耕，妻、子冻馁，人不
聊生"。[5]于是士卒大量逃亡，卫所日益空虚。隆庆六年（1572），十

1　张谏家本"勾容旧族，因成以家贵州赤水"，参见刘球《两溪文集》卷10《送张孟敬还赤水诗序》。
2　莫友芝：《黔诗纪略》卷1。张谏是笔者所见最早尊盛览、尹珍为贵州文教拓荒者的士人（官员），此后许多诗、文都表达了这一观点，如清人何绍基诗称："学术孰始开黔陬，许君弟子尹荆州。图书业成授乡里，千载坠绪悬悠悠。"（《道光甲辰五月初一日奉命充贵州副考官》，《使黔草》）周鸣銮亦云："汉尹珍从许叔重受经，为黔中学术之始。"（《五月十一日闻命纪恩恭赋二律》，《使黔集》）
3　参见王毓铨《明代的军屯》，第234~289页。
4　贵州卫所士兵为劳役所困的情况，前文分析贵州赋役制度时已有涉及，明代许多官员、文人对此深表忧虑，嘉靖进士、曾贬谪贵州的陆粲称："担夫来，担夫来，尔何为者军当差？朝廷养军为杀贼，遣作担夫谁爱惜。自从少小被差遣，垂老奔走何曾息。只今丁壮逃亡尽，数十残兵浑瘦黑。可怜风雨霜雪时，冻饿龙钟强驱逼。手抟麦屑淘水餐，头面垢腻悬虮虱。高山大岭坡百盘，衣破肩穿足无力。三步回头五步愁，密箐深林多虎迹。归来息足未下坡，邮亭又报官员过。朝亦官员过，暮亦官员过，贵州都来手掌地，焉用官员如许多？太平不肯恤战士，一旦缓急将奈何？噫吁嚱！一旦缓急将奈何。"（陆粲：《陆子余集》卷8《担夫谣》）
5　王骥：《贵州军粮疏》，《明经世文编》卷28。

多万额军仅剩下 1.8 万。[1] 这样必然导致应举的卫所子弟减少。

其次，非军籍的编户增加。上表中所谓"不详"的情况通常是知道某诗人是某某府或某某州人，属民籍，但不能确定他是原住民入籍者抑或移民入籍者。明初贵州民户极为稀少，思南府蛮夷长官安逸奏称贵州八府"比较腹里不满一县人民"，[2] 而曾出差贵州的吏部侍郎何文渊则指出每府不过一二百户。[3] 曹树基据此估算当时全省民籍只有千户左右。[4] 如此少的人口在科场中自然不能在总体上有出色表现。表 3-2 中，原住民、土著、移民、不详四者合计只有 18 名，并且其中宋昂、宋昱、杨斌三人分别是水东、播州的土官，不用参加科举。

不过民户的增加是相当迅速的。到了弘治四年（1491），民籍户、口分别达到 43367 和 258693，之后增速放缓，万历六年（1578）户、口数分别为 43405 和 290972。[5] 曹树基指出这些民户的三种可能来源，一是洪武时期民籍人口的后裔，二是洪武时期由军卫带管的民籍人口的后裔，三是洪武以后历年流入者，并假定弘治年间 25.9 万人口中的 5.9 万为洪武后的移民。[6] 曹树基对民籍来源的推测是有相当道理的，此外还有招原住民入籍的途径，前文已提及土司地区的里甲和招仲苗垦种，永乐《普安州志》之序言谈得更清楚：

> 普安军民指挥使司所辖地方本西南荒服之表，蛮夷部落，元世始授土豪，更置官署，顽风暴俗，仍习旧污，大略羁縻而已。幸入圣朝，城守屯戍，怀德畏威，尔来三十余载，垦田编户，趋事赴功，渐拟于华郡。[7]

1　参见《明神宗实录》卷 2，隆庆六年六月乙亥条。

2　参见民国《贵州通志》第 18 册《前事志九·兵部议复思南府蛮夷长官安逸奏请筹边五事》。

3　参见于谦《忠肃集》卷 3《南征类·兵部为怀柔远人事》。

4　参见曹树基《中国移民史》第 5 卷，第 316 页。

5　参见万历《明会典》卷 19《户口总数》。

6　参见曹树基《中国移民史》第 5 卷，第 316 页。

7　永乐《普安州志》可能已佚，其序言载于嘉靖《普安州志》。

民籍的剧增必然导致读书应试者的剧增，在表 3–3 中，民户出身者的风头完全盖过了卫所子弟。[1]

最后，以上两表还显示出文教在贵州的渗透与扩张。一是范围的扩张，表现在民籍士子的崛起上。一是量的扩张，嘉靖到崇祯间的 100 年左右，共有 172 位诗人入选《黔诗纪略》，较前一个 100 年增加了 130 位，这其中固然有史料愈近愈易搜集以及播州南部改属黔省的原因，但全省科举文教的日渐发达也是一个极其重要的理由。黔省初开时，全省才三学，贵州生儒最初就试湖广，宣德四年（1429）附试云南，解额仅 15 名。弘治十年（1497）贵州巡抚邓廷瓒奏请于贵州设科场，礼部以人才未盛为由，不予批准，但同意将解额增至 18 名。弘治十三年、正德九年（1514）、嘉靖十四（1535）年贵州官员又三次疏请开科，终于如愿以偿。综览这一事件的来往公文，可发现官员们请求开科以及朝廷最终予以批准的首要原因是"今文教渐洽，遐方绝域，人才日盛"。嘉靖时合省士子已不下三千余人，"每科乡试，五经皆全，上春官、登膴士者先后弗绝"，"举人进士，科不乏人"。有鉴于此，朝廷终于抛弃钱粮方面的顾虑，同意贵州开科，并且不断增加解额，万历二十二年（1594）达到 35 名。[2]

但对黔西北等许多土司地区而言，明王朝文教的扩张与渗透大体上只能波及上层统治分子，绝大部分原住民并非编户，[3] 没有根据也没有必要去入学应举。[4] 进社学的要求可能要宽松一些，但似乎也

1　万历二十九年（1601）明军平定四川播州以后，将播地一分为二，改土归流，编订里甲，许多原住民由此成为国家编户，并且南部的湄潭、龙泉、余庆等县改隶黔省。这也是贵州民籍增加的原因之一。

2　参见嘉靖《贵州通志》卷 5《公署·礼部复议贵州开科取士疏》；邓廷瓒《开科取士》、王学益《广解额疏》、林乔相等《再广解额疏》，万历《贵州通志》卷 19《经略志上》；莫友芝《黔诗纪略》卷 1《贵州置省以来建学记》。

3　被政府籍为编户的原住民情况与此不同，不在本书讨论之列。

4　在其他土司地区可能也有原住民接受汉化教育的情况，如川南的永宁宣抚司学的生儒"俱土獠夷人，朝所授教官语言下（不）通，难以训诲"。于是改令来自永宁的监生李源为司学训导。参见《明宣宗实录》卷 115，宣德九年十二月甲辰条。不过我们依然不能肯定这些入学的"土獠夷人"是普通原住民。

要以纳粮当差为条件。[1] 明初诏令天下立社学，并禁止有司干预民间自发立学，朝廷甚至规定学业优异者可补儒学生员，以示鼓励。[2] 但贵州各土司的反应极为冷漠，直至嘉靖年间，水西等地区尚未设学，力图"变夷俗、敷教化"的官员们对此极为不满，嘉靖二十四年（1545），贵州提学副使徐樾呈请建社学，"变夷俗"，巡抚王学益批示：

> 朝廷敕谕每乡每里俱设社学，原未分别土流衙门，正以人性皆善，习乃相远。凡系纳粮当差，俱为赤子，岂有弃而不教之理？该道所呈正遵奉敕谕以行，依拟备行宣慰司并各府、卫、州严督各所属长官司公处木料、灰瓦，于各衙门相近并村寨居民稠密去处建立学校。令土官、土舍、目把子弟及夷民子弟悉入社学。[3]

水西土官对此似乎置若罔闻，直到万历十九年（1591），宣慰使安国亨才在大方立了一所社学，[4] 其具体运作情况以及是否维持等不得而知，但以水东、水西之辽阔，人户之繁盛，仅立一处社学，似有敷衍之嫌。事实上，历任宣慰使大都禁止原住民进儒学，对社学不可能有太多的热情。[5]

与普通原住民不同，土官等上层统治者必须经常和官府乃至皇帝打交道，朝廷对他们的教育要严厉得多，甚至以习礼受教作为授权的条件。明廷相信教化可稍减土官的"顽幂"，使其熟习"礼

1　参见嘉靖《贵州通志》卷6《学校·社学》中巡抚王学益对提学副使徐樾《议为建社学变夷俗以敷教化事》的批文。

2　参见龙文彬《明会要》卷25《学校上·社学》；《明会典》卷78《学校·社学》。

3　嘉靖《贵州通志》卷6《学校·社学》。

4　参见万历《贵州通志》卷4《贵州宣慰司·学校·社学》。

5　除了文化、礼俗方面的不习惯外，土官们对儒学、社学的冷漠还有着维护自己统治的目的。朝廷任命土官的一个重要原因是对边远地区的文化、礼俗的隔膜，因此在汉人移民较多或者汉化较深的土司地区（如贵竹长官司），官员们往往会考虑进行改土归流，详第五章第一节关于贵竹长官司改流的论述。

体"，方便管理。《明实录》称：

> （洪武二十八年六月）壬申，户部知印张永清言，云南、四川诸处边夷之地，民皆啰啰，朝廷与以世袭土官，于三纲五常之道懵焉莫知，宜设学校以教其子弟。上然之，谕礼部曰："边夷土官，皆世袭其职，鲜知礼义，治之则激，纵之则玩，不预教之，何由能化？其云南、四川边夷土官，皆设儒学，选其子孙弟侄之俊秀者以教之，使之知君臣父子之义而无悖礼争斗之事，亦安边之道也。"[1]

"化导"土司阶层是一个长期而艰巨的任务，绝非朱元璋的一纸命令可以解决，到永乐皇帝时，云南各处土官仍然"不识中国文字"，"遇有奏报，不谙礼体"。[2]弘治五年（1492）曾令土官袭职后，"习礼三月，回任管事"。[3]但效果并不十分明显，七年后，贵州巡抚钱越奏请采取更严厉的措施，"其不由儒学读书习礼者，不听保袭"：

> 贵州土官渐被圣化，百三十余年，污俗已变。但应袭子孙未知向学，请令宣慰、安抚等官应袭子孙年十六以上者，俱送宣慰司学充增广生员，使之读书习礼。有愿习举业者，比军职子孙补廪充贡出身。至袭职之时，免委官保勘，止取亲管并学官结状，其不由儒学读书习礼者，不听保袭，庶可以变夷俗之陋，杜争夺之源。[4]

四年后朝廷明确规定：

---

1 《明太祖实录》卷239，洪武二十八年六月壬申条。

2 参见《明太宗实录》卷35，永乐二年十月辛未条。

3 参见万历《明会典》卷121《兵部四·土夷袭替》。

4 《明孝宗实录》卷151，弘治十二年六月壬子条。

以后土官应袭子弟，悉令入学，渐染华风，以格顽冥。如
不入学者，不准承袭。[1]

土官学习汉礼不能仅仅理解为一个被动接受的过程。许多土
官为了显示忠诚，同时也为了同汉官接触的方便，曾积极派子弟入
学。如洪武年间水西与播州土司曾遣子来朝，请入太学，朱元璋为
此专门敕谕国子监官员"善为训教，俾有成就，庶不负远人慕学之
心"。[2]不久乌撒军民府土官知府何能亦遣其弟忽山及啰啰生二人入
监读书，朱元璋赐钞奖励。[3]

《明史》记载了对入监土官、外国生等的教育内容：

奉监规而训课之，造以明体达用之学，以孝弟、礼义、忠
信、廉耻为之本，以六经、诸史为之业，务各期以敦伦善行，
敬业乐群，以修举古乐正、成均之师道。[4]

尽管明廷采取各种措施力求土司谙熟礼体，要求他们按品级着
相应的冠服，但黔西北的土官们仍然尽可能保持自己的礼俗：

罗鬼服饰，其椎髻向脑，扎以青帕，下穿大裤，上衣齐
腰，外罩毡衫，衫挂背羊皮一方。虽土司宣慰冠服见中国上
司，其袍服后亦挂羊皮，出则仍卸冠服，椎髻短衣如常。[5]

1　《明史》卷 310《湖广土司传》。
2　《明太祖实录》卷 202，洪武二十三年五月己酉条。
3　参见《明太祖实录》卷 203，洪武二十三年七月戊申条。
4　《明史》卷 73《职官志二》。
5　包汝楫：《南中纪闻》。

至于一般原住民更是常年"披毡负弩，曾不知有礼"，而土官也严禁他们接受汉文教育。[1]

为了保持种类的纯洁，黔西北的娄素濮实行严格的族内婚制，其婚姻圈大致涵盖阿芋陡部、芒部、乌蒙部家、古口勾部、阿外惹部、播勒部、扯勒部等若干个娄素君长国[2]，非娄素濮的族类特别是汉族基本上被排斥在外，《南中纪闻》称：

> 罗鬼人掳中国男女，仍以中国男女配耦，并不给配本地人，云恐乱其种。[3]

但不管怎样，明王朝的"化导"政策还是取得相当效果的。[4]水东宋氏土官诗人辈出，[5]成化年间袭任贵州宣慰使的安贵荣"好读书史，通大义，设庠序以明礼义"，[6]大儒王阳明贬谪龙场驿时，曾受到一些官员的侮辱，而雄踞半个黔省的安贵荣却折节下士，数次遣人馈送粟、米、肉、鸡、鹅、柴炭乃至金帛鞍马，[7]这似乎源于他对汉文化的倾慕以及对内地学术界的了解。自安贵荣后的宣慰使大都通

1　参见朱燮元《西土分设已明下台议善后事宜列款具陈恭请圣裁事》，《朱少师奏疏钞》卷8。

2　参见温春来《彝威与汉威——明清黔西北的土司制度与则溪制度》，第231~232页。

3　包汝楫：《南中纪闻》。黔西北的上层人物为了扩大势力，有时亦与其他族类的土司通婚，如贵州宣慰使安疆臣与播州宣慰使杨应龙是亲家，参见沈一贯《言川贵总督揭帖》，《明经世文编》卷435。

4　下文将讨论土司"向化"的情形，这些情形的出现必须同上文所探讨的整个政治、文化的变迁以及移民运动联系起来，明廷的"化导"政策只是原因之一。

5　例如正德年间的水东土官宋昂与弟宋昱撰著诗集《联芳类稿》，嘉靖初年的土官宋炫则撰有诗集《桂轩拙稿》。宋昂还修建"会景亭"，以为宴乐之所，并选取所辖地中八处风景优美者，名为"洪边八景"，颇有中土士人的风雅。宋昂之从弟宋冕修有"世安堂"，明景泰进士、华盖殿大学士徐溥为之作记。清代著名学者朱彝尊特别将宋氏作为土官"向学"的范例之一。参见罗玘《圭峰集》卷5《联芳类稿序》；王直《抑庵文集》卷1《会景亭记》；郭子章《黔记》卷14《艺文志上》；朱彝尊《明诗综》卷93，《曝书亭集》卷44《书土官底簿后》；徐溥《谦斋文录》卷2《世安堂记》。

6　嘉靖《贵州通志》卷11《艺文·安氏家传序》。

7　参见王阳明《王文成公全书》卷21《外集三》中的《与安宣慰书》《答毛宪副》。

汉文，如万历二十年（1592）安国亨曾撰写《大渡河桥碑记》，显示出他的汉语写作已相当熟练。

土官采用汉姓亦是明廷教化的成果之一。许多学者及黔西北民间都认为朱元璋赐予水西土官汉姓，但未见《明实录》《明史》等有此记载，笔者不敢盲从。[1]事实上，洪武初年霭翠与宋蒙古歹归顺时，朝廷只是赐后者名钦，从此宋蒙古歹便以宋钦之名出现。[2]霭翠卒后，其弟袭职，始以安为姓，成化年间周洪谟所撰《安氏家传序》称：

> （洪武）十九年，霭翠殁……明年，弟安的袭职……安的亦能承继祖业，抚理地方，其后，子孙遂以安为姓。[3]

据《明实录》等史籍，自安的起，贵州宣慰使全都兼用汉姓汉名，[4]并且吸收了包括排行、字、号在内的取名方式，如史料记载了安万钟的两位从弟名为安万镒、安万铨，安万镒之子为安国亨，号龙源，其子安疆臣号泰阶，安尧臣号肖岳。[5]

相对而言，乌撒土官同明王朝更加疏离。其归顺要等到明军大张挞伐之后，朝贡愆期乃至缺贡等情况时有发生，学习汉文化似

1　道光《大定府志》卷47载："乌蛮之俗，例不署姓，久之自忘其姓。"因此当正统年间贵州宣慰使陇富入觐时，英宗问其姓，陇富答云："无姓。"英宗复问："原籍何地？"答以"安西"。于是赐姓安氏。此事《明实录》《明史》不载，并且据《明实录》，自安的起，每一任贵州宣慰使都有汉姓，如安的、安卜葩等，疑《大定府志》采纳民间传说，误。

2　参见《明史》卷316《贵州土司传》；《明太祖实录》卷71，洪武五年正月乙丑条，卷108，九年九月丁丑条。

3　周洪谟：《安氏家传序》，嘉靖《贵州通志》卷11。

4　参见余宏模《明代贵州宣慰使"赐姓安氏"例证》，《贵州文史丛刊》1998年第1期。由于没有利用《明实录》与《安氏家传序》等史料，有学者认为直到正统七年皇帝赐姓，水西首领才改安姓，误。参见朱屏《贵州宣慰使是明正统七年赐姓安氏的》，《贵州文史丛刊》1997年第4期。

5　参见邱禾实《封亚中大夫贵州宣慰使安君墓志铭》，《大定府志》卷17《文征六》；《明史》卷316《贵州土司传》。

乎也缺乏积极性。女土官实卜之后，相继继位者有阿能、卜穆、凯班、阿达、能得等，直到成化十三年（1477）伯关袭职后，乌撒土官才兼用汉姓"安"。[1]

　　本书第四章第三节将通过分析明代彝、汉文献材料对则溪政权合法性的不同解释，进一步探讨明朝廷的经营对黔西北的文化、观念等的影响。

---

[1] 参见《土官底簿》卷下《乌撒军民府土官知府》；道光《大定府志》卷 50《旧事志六·乌撒安氏本末》。

第四章　彝族制度在明代的变化

以上两章探讨了土司制度、卫所制度、流官制度确立的历史过程以及它们之间的关系，通过这一过程，黔西北地区形成了"彝制"与"汉制"并行的局面。在这种更加复杂的政治、文化环境中，彝族勾政权发生了什么变化？这是本章将着力探讨的问题。

第一节　承袭制度之演变

明王朝对土司的"宠之名号""假予爵禄"主

要体现在承袭制度上。[1]土官一般都能世袭，但为了显示驾驭之权，明廷在赐封土官时往往并不在书面上承诺世袭，"以是示驾驭之权"。对实力雄厚的土司，如水西、乌撒等，朝廷又常常做出一定妥协，明确规定予其世袭，以示绥抚。[2]

同元代一样，明廷坚持对土官袭职的批准权，并发展出一套严密的审批程序，要求取具土官宗支图本，对土官应袭子孙"预为勘定，造册在官，依次承袭"，整个过程都有地方官员监督，并由他们上奏朝廷批准。[3]有时抚、按等官不及时勘报，以致应袭土官长期不能承袭。[4]

关于承袭的具体条文，万历《明会典·吏部五·土官承袭》与《兵部四·土夷袭替》中有较为详细的记载，吴永章等学者对此亦有较全面的讨论，兹不赘述。[5]本节旨在通过具体的个案，展现出在中央王朝向边远地区渗透的过程中，当地族类的承袭方式所发生的演变。

一　从"更迭而为"到嫡长子继承制

第一章已提到，在论述水西的政治制度时，以往的研究者们常常用宗法制模式加以解释，但从则溪官员的任命来看，权力的分配并不完全符合嫡长子为大宗，其余众子为小宗，层层分封的宗法制原则，许多女儿、母系亲属甚至其他支系的人都可以分享权力。本

1　授予土酋宣慰使、土知府等职，承认他们的统治权力，这是最重要的"名号"与"爵禄"。此外，因为笼络的需要或因土酋有功，朝廷会赐予某种封号或物品，如水西君长安聚曾接受"怀远大将军"的诰命，安陇富被赐给金带，详后。

2　参见吴永章《中国土司制度渊源与发展史》，第 169~170 页；《明太祖实录》卷 71，洪武五年正月乙丑条；嘉靖《四川总志》卷 16《经略中·夷情》。

3　参见万历《明会典》卷 6《吏部五·土官承袭》；卷 121《兵部四·土夷袭替》。

4　参见徐学聚《国朝典汇》卷 176《兵部·土官》。

5　参见吴永章《中国土司制度渊源与发展史》。

节将进一步讨论君长职位的承袭情况。

关于此问题有两份重要文献，一是正德年间王阳明致水西君长、贵州宣慰使安贵荣的书信，其中写道：

> 且安氏之职，四十八支更迭而为，今使君（指安贵荣）独传者三世，而群支莫敢争，以朝廷之命也，苟有可乘之衅，孰不欲起而代之乎？[1]

另一份文献是成化年间安贵荣请两京国子监祭酒周洪谟所撰的《安氏家传序》，该文对洪武初年至成化年间的每一位承袭人的身份都有简单介绍。[2] 根据以上两份史料，方国瑜指出：

> 《黔南职方纪略》说："安氏非家嗣不能有其官，亦非家嗣不能有其土。"又《水西土官制度略》说："夷俗以嫡长为贵，宣慰之子，惟嫡室长子得袭职。"这是后来的事，在早期恰好相反。[3]

方国瑜的见解是富有洞察力的。下文将根据《安氏家传序》，结合其他史料，确定从元后期到明前期水西各代君长间的亲属关系，[4] 并对君长职位从群支"更迭而为"到父子相传的背景进行简单考察。兹将水西土官系谱考证如下：

1　王阳明：《王文成公全书》卷21《外集三·与安宣慰书三》。

2　周洪谟：《安氏家传序》，嘉靖《贵州通志》卷11。

3　方国瑜：《彝族史稿》，第543页。

4　下文探讨水西历代君长之间的亲属关系，如果是根据《安氏家传序》（以下简称《家传》）所判定的，不再注明。

阿　那

↓

阿　画（阿那之弟）

↓

霭　翠（阿画从子）

↓

安　的（翠弟，《明史》卷 316 则云："子安的袭。"《家传》成文时
　　　间早，且必定利用了安贵荣所提供的材料，疑《明史》有
　　　误。）

↓

安卜葩（的弟）

↓

安纳洪（卜葩之叔辈。《家传》云："卜葩年老有疾，安纳洪替职，
　　　（永乐）十六年赴京进贡，回至襄阳江汉驿病卒。孙彬楫尚
　　　幼，从父安中借职。"此记载似未说明病卒者是卜葩抑或纳
　　　洪，《明太宗实录》卷 233 永乐十九年正月壬午条载："贵州
　　　宣慰使安卜葩来朝，贡马。赐钞币，遣还。"卜葩十九年尚
　　　在，可知死者系纳洪，安中是安纳洪之孙彬楫的从父，下
　　　文又考证出他是卜葩之弟，因此纳洪系卜葩之叔辈无疑。）

安　中（卜葩之弟。《明太宗实录》卷 266 永乐二十一年十二月甲
　　　戌条："贵州故宣慰使安卜葩之弟忠贡马六十匹，且奏兄安
　　　卜葩已卒，请袭职，从之。"可知中系卜葩之弟。《家传》
　　　为"安中"，《明太宗实录》为"安忠"。）

安　聚（中从子。《明英宗实录》卷 11 宣德十年十一月辛未条云：
　　　"贵州故宣慰使安中男聚，女直指挥若亦不花等来朝，贡马
　　　及方物。"卷 14 正统元年二月癸丑云条："命贵州宣慰使司
　　　故宣慰使安中侄聚，弗恩木卫故指挥使察罕贴木子木当哈
　　　俱袭职。"可知聚系中从子。但嘉靖《贵州通志》所载《家
　　　传》称："安中物故，从父安聚袭。"疑该版《家传》有误，

万历《贵州通志》所载《家传》改为："安中物故，安聚袭。"）

安陇富（聚从子）

安　观（陇富子）

安贵荣（观子）

长期以来，权力传承并未遵循父死子继的原则，[1]王阳明显然明白这个情况，所以称"且安氏之职，四十八支更迭而为"。自安陇富起才将君位传给儿子与孙子，"独传三世（即陇富—观—贵荣）"，[2]揭开了嫡长子继承制的历史。这一制度的变更是明廷介入的结果，正所谓"今使君（指安贵荣）独传者三世，而群支莫敢争，以朝廷之命也"。

朝廷愿意扶助陇富一支垄断大权，或许有观念与习惯上的因素，[3]但更值得注意的是后者的恭顺与效忠。陇富当政前后，明廷在西南地区有较大规模的军事行动，这可能是陇富改制的契机。他本人的承袭同其报效有关，继位后又积极为明廷东征西讨。《家传》云：

> 安中物故，安聚袭，正统二年授怀远将军诰命。五年病

1　其他史籍的一些记载亦可窥知父亲并不一定传位给儿子。如《元史》卷11云："壬辰，亦奚不薛（元代水西地区的著名头领）病，遣其从子入觐。帝曰：'亦奚不薛不禀命，辄以职授其从子，无人臣礼。宜令亦奚不薛出，乃还军。'"

2　清人毛奇龄显然不明白明正德以前水西有几位君长以及他们之间的亲属关系，他误以为霭翠死后，其弟安匀、孙安贵荣相继袭位。参见毛奇龄《蛮司合志》卷2，续修四库全书本。

3　皇帝与官员们对父死子继的权力传承方式显然具有更多的亲切感与认同感，早在洪武年间朝廷便打算在土司地区推广这一制度，万历《明会典》卷121《兵部四·土夷袭替》云："凡土官袭替，洪武二十七年，令土官无子，许弟袭。三十年，令土官无子、弟，而其妻或婿为夷民信服者，许令一人袭。"从水西长期实行四十八支轮相继替来看，这一规定并没有得到强制实行。

卒。六年，兵部尚书王骥同定西侯蒋贵征麓川，从子安陇富为舍人，纳马四百匹。七年，陇富袭职。十四年授怀远将军诰命。是岁，前湖广镇远、洪江等处苗贼作乱，攻围城池，烧劫屯寨，延及贵州，其势甚盛。贵州三司取陇富领兵赴贵州（这里的贵州指布、按、都三司的驻地，当时称宣慰司城，即后来的贵阳城——引者注）护守城池，议以母奢智保水西，陇富率兵万余至贵州北郭，据山为营，故苗贼不敢逼城。后苗贼恨陇富护官军，乃来水西攻宣慰母子。陇富急回水西，苗贼四维蜂起，度不能敌，挈家奔入硬寨，又被攻围。其子观虽拒贼，年幼，率诸酋与贼对敌，凡六十余阵。半载余，诸贼退散，地方以宁。朝廷闻陇富母子有保障杀贼之功，命行人刘泰赍敕并彩缎奖谕。其后，毕节卫诬欲加害，陇富奏陈冤枉，请为辩明，蒙降敕奖谕，以安其心。景泰三年，总兵官方瑛征紫江等处叛苗，陇富纳马一百匹给军。天顺二年，征东苗，又纳马二百匹给军。四年，西堡蛮反，总兵官刘玉来讨其罪，陇富率土兵随征不次，杀贼有功，累赏银牌。[1]

《家传》所载并非空穴来风，《明实录》[2]、《明史》卷316《贵州土司传》等可与之印证。陇富对中央王朝的效力之勤在水西历史上是前所未有的，这也许是他获得明廷支持的重要原因。《大定府志》对水西内部争夺宣慰使一职亦有所反映：

　　陇富幼，诸罗欲择各目之年长者立为宣慰使。（陇富养母）奢氏入朝自陈，英宗许之，乃以陇富袭。[3]

1　周洪谟：《安氏家传序》，万历《贵州通志》卷23。
2　参见《明英宗实录》卷186，正统十四年十二月丁巳条；卷192，景泰元年五月丙寅条；卷267，七年六月壬子条；卷293，天顺二年七月己亥条；卷323，四年十二月癸酉条等。
3　道光《大定府志》卷47《旧事志三·水西安氏本末上》。

陇富之后，父死子继之制得以确立，除非君长乏嗣，否则旁支绝难问鼎宣慰使之职。安万铨的故事对此是一个很好的说明。安万铨是宣慰使安万钟之弟，嘉靖七年（1528），万钟卒，其子阿写尚幼，于是兵部议以万铨暂领宣慰职务，管摄夷民，以待阿写长成。[1]以后安万铨虽有平定都匀阿向叛乱之功，却不得不在嘉靖十八年（1539）逊位，阿写袭职，改名安仁。[2]

乌撒君长职位的承袭情况，文献记载较少。但至少在明初，乌撒已经开始实行父子相传以及嫡长子优先继承的原则，由于史料的阙如，这一原则确立的过程与背景已难以得知。可以肯定的是，朝廷对此原则表现出了极大的热情，力图使其能够得到确实贯彻。《土官底簿》之"乌撒军民府土官知府"条云：

> 实卜系妇人，洪武十六年除本府女知府。患病，男阿能应替，洪武十八年六月敬依准替。实卜病故，长男禄革先故，嫡孙卜穆年幼，保次男阿能替职。后卜穆年长，赴京朝奏，二十四年奉太祖皇帝圣旨：袭了。钦此。卜穆故，男凯班年幼，卜穆亲弟阿达借职，永乐十六年正月奉太宗皇帝圣旨：只着他亲男凯班做知府。钦此。阿达发回，凯班未任，病故，保阿达侄安铭，赴京告袭，中途亦故，又保卜穆弟能得袭职。宣德二年九月奉圣旨：著能得袭做知府。钦此。故，堂弟尼禄宣德五年六月奉圣旨：准他袭。钦此。故，堂叔公普茂系阿能长男，能得堂弟，正统四年四月奉圣旨：准他袭，还著三司保结前来。钦此。故，卜穆应袭曾孙福客患病，保前故知府阿能长

1　参见《明世宗实录》卷96，嘉靖七年十二月乙未条，卷108，八年十二月庚午条；黎宇《续安氏家传序》，嘉靖《贵州通志》卷11《艺文志》。

2　参见《明世宗实录》卷187，嘉靖十五年五月甲戌条；田汝成《炎徼纪闻》卷3；《明史》卷316等。

孙陇旧借袭。成化四年三月，本部题准，行令陇旧冠带到任管事，福客病瘥，照旧退还承袭。故，后陇旧患风病退还，福客亲弟安伯承袭。成化十三年八月奉圣旨：是。钦此。行令安伯就彼冠带袭职。故，男福沙亦故，户绝。三司奏保：舍人安得系已故土官知府实卜嫡派，土官知府尼禄长男宇通嫡长男，安得应袭。弘治三年六月奉圣旨：是。钦此。[1]

二　对"此绝彼继"传统的干预

即便父死子继之制确立，在君长乏嗣时亦会出现妻、弟、侄、叔、甥等亲属继位的情况。明王朝对此是予以承认的，《明会典》云：

> 凡土官袭替，洪武二十七年，令土官无子，许弟袭。三十年，令土官无子弟，而其妻或婿为夷民信服者，许令一人袭。
>
> 嘉靖九年题准，土官衙门造册，将见在子孙，尽数开报，某人年若干岁，系某氏生，应该承袭；某人年若干岁，某氏生，系以次土舍，未生子者，候有子造报，愿报弟、侄若女者，听。布政司依期缴送吏兵二部查照。[2]

黔西北的情形尤为复杂，前文提到，改流以前，在水西、乌撒周围尚林立着若干个部落政权，主要有滇东北的阿芋陡家、芒部家、乌蒙家、古口勾家；黔西南的阿外惹家；黔中的播勒家；川南的扯勒家。这些君长国的政治制度相似，具有同宗共祖的信念，并且互通姻媾，来往密切，形成了横跨川、滇、黔三省的族类认同团

1　《土官底簿》卷下《乌撒军民府土官知府》。
2　万历《明会典》卷6《吏部五·土官承袭》；卷121《兵部四·土夷袭替》。《国朝典汇》卷176《兵部·土官》亦称："洪武中，土官无子弟，其婿与妻皆得袭。"

体。[1]因为血缘与姻亲关系的交织，所以当某个君长乏嗣时，继任新君极有可能来自其他君长国。《明史》载：

> 先是，四川乌撒军民府、云南沾益州，虽滇、蜀异辖，宗派一源。明初大军南下，女土官实卜与夫弟阿哥二人，率众归顺，授实卜以乌撒土知府，授阿哥以沾益土知州。其后，彼绝此继，通为一家。[2]

"彼绝此继"的实行，有时会出现父子同时担任君长乃至一人身兼两地君长的情形，此时尽管符合承袭制度，但已经与控驭土酋并削弱其权力的初衷相悖，难免会引起官员们的警觉甚至干预。如万历年间安绍庆、安效良父子分领沾益、乌撒，巡抚贵州御史杨鹤疏称：

> 乌撒者，滇蜀之咽喉要地也。臣由普安入滇境，七日始达乌撒，见安效良之父安绍庆据沾益，中当曲靖之门户，效良据乌撒，又扼滇蜀之咽喉，两雄并立，父子各据一方，且壤地相接，无他郡县、土司以隔绝之，将来尾大不掉，实可寒心。[3]

杨鹤据此提出将乌撒军民府改隶贵州，以便就近控扼。万历皇帝令"所司速议"，不料三年后奢安之乱爆发，此事不了了之。但在此之前，明廷已成功阻止了水西安尧臣对镇雄军民土府的统治。

镇雄在彝语中称芒部（ꂽꁮ，又译作"莫哺"），其远祖妥芒部与妥阿哲是亲兄弟，二人分别开创了芒部与水西的基业。明代设置

1　参见温春来《彝威与汉威——明清黔西北的土司制度与则溪制度》，第228~236页。
2　《明史》卷311《四川土司传一》。乌撒与沾益的血缘关系从彝书中亦可得到印证，参见《彝族源流》第21~23卷，第173~174页。
3　《明神宗实录》卷556，万历四十五年四月己亥条。

镇雄军民土府，赐封芒部酋长世袭知府，后取汉姓陇。水西与芒部既是血亲又是姻亲，关系异常亲密。万历年间，水西君长安疆臣之弟安尧臣入赘芒部，改名陇澄，时逢镇雄土知府陇清及其弟陇源故绝，安尧臣遂行使知府之权。不过，面对这一符合制度的承袭，朝廷上下并没有"胥从其俗"，各级官员争相指责尧臣非陇氏之后、"冒姓陇"、"欲篡镇雄"等罪状。最后安尧臣不得不离开镇雄，返回水西。[1]

兵科给事中宋一韩的奏疏，集中表述了反对安尧臣任镇雄土知府的理由：

> 查土官事例，嘉靖二十三年（万历《明会典》卷121《兵部四·土夷袭替》作"嘉靖三十三年"——引者注）题准，土官土舍嫁娶，止许本境本类，不许越省，贻害地方，每季兵备道取具甘结，故违者听抚按从实具奏，兵部查究。是尧臣之赘，例所禁也。弘治十三年题准，土官袭替，其通事把事人等（万历《明会典》卷121《兵部四·土夷袭替》作"其通事把事人等及各处逃流军囚客人"——引者注）拨置不该承袭之人争夺仇杀者，俱问发边烟瘴地面充军，是尧臣之请袭，又例所禁也。夫不宜婚而婚，不宜袭而袭，与不宜听而听，一则纵虎逸柙，一则养虎遗害，黔固失矣，蜀亦未为得也。且尧臣犯例而婚，而请袭，而又立功，芳饵既不肯吐，重质又难卒悔。……方征播报效，人知为陇澄，不知为安尧臣耳，不名为安尧臣，不见为贵州土舍篡据之罪。[2]

1　参见孔贞一《核土舍之情形破两省之异同疏》，吴亮《万历疏钞》卷42；《明史》卷312《四川土司传二》；《明史纪事本末》卷69《平奢安》；《明神宗实录》卷432，万历三十五年四月丁未条，卷438，三十五年九月癸巳条，卷444，三十六年三月戊子等。

2　宋一韩：《西南祸端已开处置未有归着疏》，《明经世文编》卷467。

宋一韩提到的有关土官通婚与袭职的禁令，大致可与《明会典》相印证，显非妄言。但以此反对尧臣，理据却未必充足。首先，由黔抚郭子章的奏疏以及兵部的议复可知，尧臣系"幼继陇姓"，[1]明制并未反对土司之间的跨省过继，在承继宗祧以及社会身份（而非血缘身份）的意义上，他可算是镇雄土官之后，与镇雄上层之间的嫁娶符合"本境本类"的原则，更何况，禁止跨省联姻并不等于禁止跨省袭职。其次，宋一韩所引弘治十三年（1500）的规定是要惩罚那些怂恿不该袭职之人争袭土官职位，以致引起仇杀争斗的"通事把事人等及各处逃流军囚客人"，而非反对土官的其他亲属袭位，与安尧臣任职之事风马牛不相及。并且，安尧臣任土知府并未引起任何争斗，甚至可说是深得镇雄民心。他将离开之时，"部落哀留未容出境"，他被迫离开之后，"诸夷目又执留其妻禄氏不肯放"，让他继续秉政。[2]复次，宋尧韩认为尧臣之所以能袭位，是官员们不知其真实身份，声称"方征播报效，人知为陇澄，不知为安尧臣耳"，这完全与事实不符（详后）。最后，从具体的执行过程来看，禁止土司间的跨境婚姻的规定很大程度上只是具文。例如，安尧臣后又娶四川所辖永宁宣抚使之女奢社辉为妻，官员们对此清清楚楚，却并未看到任何关于此事的记载。[3]万历年间参与处理播州事宜的官员的奏疏还表明，四川播州宣慰司杨氏与贵州宣慰司安氏"接壤世姻，声势依倚"。[4]宋一韩等人此时质疑尧臣婚姻的合法性，显然是醉翁之意不在酒。

有趣的是，当安尧臣初登知府位时，朝野上下并未觉得有何不妥，在公文中他被称为镇雄土官，其合法性并未受到质疑，他甚至

1　《明神宗实录》卷444，万历三十六年三月戊子条。
2　参见《明神宗实录》卷438，万历三十五年九月癸巳条；卷445，三十六年四月乙丑条；卷459，三十七年六月辛未条。
3　参见《明神宗实录》卷570，万历四十六年五月庚戌条。
4　参见《明神宗实录》卷351，万历二十八年九月甲辰条。

得到三省总督李化龙的嘉奖。官员们的友好态度事出有因，当时明王朝在西南地区的统治正面临着播州土司的挑战。

万历二十四年（1596），播州宣慰使杨应龙起兵反明，攻掠周边。二十七年，大败前来进剿的贵州都司杨国柱，九股生苗与黑脚苗应风响应。第二年杨应龙分兵五路，攻陷四川綦江，重庆危急，朝野震动。[1] 当时叛兵已达 14 万之多，湖广巡抚支可大、贵州巡抚郭子章认为至少需要十四五万之兵方能与之相抗，而朝廷最后调集的军队来自陕西、甘肃、浙江、湖广、云南、贵州、四川等省，[2] 多达 30 余万，运夫亦有 30 万之多，饷费则高达 800 万两。[3] 可以说，镇压杨应龙已经是一项极为沉重的负担，如果其他土官趁机起事，西南局面可能会无法收拾，因此明王朝千方百计对他们厚加笼络。特别是对比播州强大得多而又与其有姻亲关系的水西安氏，[4] 朝廷更是极为担心，内阁大学士沈一贯指出："若安助杨，无论杨不可诛，而贵州省城亦不可保。"[5] 黔抚郭子章"上遵皇上之旨，中受枢臣之画，下同前督臣之议"，为了争取宣慰使安疆臣的效忠，不惜诱以乌江六百里之地，并且赠以古剑，歃血盟誓，动之以私情。[6]

在平播之役的关键时刻，承认安尧臣的统治，不但可以赢得镇雄军民土府的效忠，并且可以稳定其兄安疆臣，关系到整个西南地区的安危。可以说，明王朝在此问题上的绥抚策略是相当成功的。史称："化龙先檄水西兵三万守贵州，断招苗路，乃移重庆，大誓文

1　参见李化龙《平播全书》卷 7《塘报夷情》；《明史》卷 312《四川土司传二》；谷应泰《明史纪事本末》卷 64《平杨应龙》。

2　参见周春元等《贵州古代史》，第 232~233 页。

3　参见《明熹宗实录》卷 32，天启三年三月己酉条。

4　播州不如水西强大似乎是时人的共同感受，三省总督李化龙称："播非水西之敌。"（《明神宗实录》卷 343，万历二十八年正月己未条）贵州清平卫人、铜仁参将石邦宪亦云："水西宣慰安万铨，播州所畏也。"（《明史》卷 211《石邦宪传》）

5　沈一贯：《沈蛟门文集·言川贵总督揭帖》，《明经世文编》卷 435。

6　参见郭子章《看议播界疏》，《明经世文编》卷 419；沈一贯《沈蛟门文集·言川贵总督揭帖》，《明经世文编》卷 435；《明神宗实录》卷 426，万历三十四年十月丙午条。

武。"[1]安氏兄弟虽然在平播战争中犹疑不定，[2]但最终还是与其母凤氏亲统大军，于万历二十八年（1600）三月十三日攻破了黑水关、大红关，接着又攻克洛蒙关大水田，距播州城仅十里之遥。主持平播战事的四川、湖广、贵州三省总督李化龙多次下令嘉奖安氏母子，并明确承认了陇澄的土官身份：

> 看得宣慰安疆臣、土官陇澄，深入巢穴，屡立战功，虽无首级之来献，实多矢石之交加。至于斩使激战，足见超距之勇；而馈仪不受，尤征清节之风。此土司中所难者，相应嘉奖，以示旌异。[3]

征播之役结束不久，贵州境内又发生了"路苗"之变，史称"仲苗劫掠道路"，谓之"路苗"。其实在驿道附近劫夺财物是贫穷苗仲的一种生存方式，由来已久，但平播后此风愈演愈烈，滇黔驿道几近瘫痪。"通路官商不敢往来，屯堡军民不敢出入，贵州数百里之境顿成盗薮。"而播州初平，"疮痍未起，库藏益竭"，出兵剿苗颇为困难，明廷不得不再次倚重贵州宣慰使安疆臣，令其出兵一万，辅以官兵五千，两路夹击。万历三十三年（1605），苗变基本平息。[4]而安尧臣也摇身从平播功臣、镇雄土官变成了以欺骗手段谋据镇雄的篡位者。

事情的诱因是永宁宣抚司内部的争权事件。永宁宣抚司即彝语所称的扯勒（ꏂꏽ）部，系九大君长国之一，属于六祖中恒祖的后裔。史称："乌撒与永宁、乌蒙、沾益、水西诸土官境土相连，世戚

---

1 《明史》卷 228《李化龙传》。

2 水西在平播战争中的狐疑态度在明人诸葛元声所撰《两朝平攘录》卷 5 中有详细记载，而官员的担忧与策略在左监军杨寅秋所著《临皋文集》卷 3 中有所揭示。

3 参见李化龙《平播全书》卷 10《行奖安疆臣兄弟》；卷 11《奖赏水西镇雄官兵》。

4 参见《明神宗实录》，万历三十四年二月辛酉条；郭子章《题剿仲苗劫掠道路疏》，《明经世文编》卷 419；周春元等《贵州古代史》，第 243~244 页。

亲厚。"[1]万历初年，永宁宣抚奢效忠去世，其妻奢世统无嗣，而其妾奢世续则有二子崇周、罗哥，于是崇周袭位，因其年幼，实权掌于奢世续手中。奢世统早与奢效忠弟沙卜相通，二人欲掌永宁之权，起兵攻世续，世续奔入永宁卫躲避，其二子则寄居镇雄。总兵郭成、参将马呈文获悉后，以解决争端为名，率兵数千入永宁，将奢氏数代积蓄劫掠一空，但在归途中被水西、永宁的联兵打得一败涂地。此事惊动了四川巡按，经其奏报，郭成等被逮，同时朝廷则借机分裂永宁土地，让世统世续分地而治，待奢崇周长成后袭职。[2]

不料奢崇周早夭，奢世统所抚养的奢效忠之侄奢崇明袭位，但奢世续却匿宣抚司印不给，并依仗其女婿、镇雄土官安尧臣与世统仇杀。[3]到了万历三十年代，平定了播乱与苗变的官员们终于集中精力来解决此事，经追问，奢世续称司印在镇雄陇澄处（陇澄即安尧臣，司印其实已被世续私授予阿利），于是官员们开始质疑陇澄的合法性，并称其应对永宁两土妇的仇杀事件负责，《明实录》称：

> 陇澄者，水西安尧臣也。陇氏垂绝，尧臣入赘，遂冒陇姓。方平播州叙大水田功状时皆称陇澄，不知其为尧臣也。尧臣既外怙播功，内伏水西，有据镇雄制永宁心，而蜀抚按以尧臣非陇氏种，无授镇雄意。尧臣以是怀两端，阴助世续，意世续得授阿利，则己据镇雄益坚。[4]

以后《明史纪事本末》《明史》等书皆采纳此说，似乎安尧臣冒姓、"中朝不知"等事已证据确凿。[5]但其实这既是对责任的规避，

1　《明史》卷311《四川土司传一》。

2　参见瞿九思《万历武功录》卷5《土妇奢世统奢世续列传》；《明史》卷312《四川土司传二》。

3　安尧臣系奢世续之婿的说法见于贵州巡抚郭子章的奏疏，参见《明神宗实录》卷438，万历三十五年九月癸巳条。

4　《明神宗实录》卷432，万历三十五年四月丁未条。

5　参见《明史》卷312《四川土司传二》；《明史纪事本末》卷69《平奢安》。

亦是一种有意的谎言。在此之前，兵部在回复贵州巡抚郭子章的奏疏中已写道："惟是尧臣幼继陇姓，已离水西，镇雄固其巢穴。"[1] 可见安尧臣改陇姓时年龄尚幼，可能在入赘之前，与冒姓图任土知府似无关联。此外，官员们早就知悉陇澄系安疆臣之弟，所谓"历年播州叙大水田功状时皆陇澄，不知其为尧臣也"完全是抹杀事实，平播战争期间，左监军杨寅秋就提到安氏兄弟，[2] 三省总督李化龙甚至下过一道题为"行奖安疆臣兄弟"的牌票：

> 看得二官（指安疆臣与陇澄——引者注）持重有谋，量敌善战，深入贼地，冒矢石而连克多关；直透虎巢，越山溪而尽歼群丑。伊母凤氏，性禀贞淑，躬履战场，有继夫之大志，有勤王之真诚，贤母贤子，难兄难弟，诚可嘉尚。[3]

而贵州官员在叙播功时亦称：

> 眚一目（安疆臣当时患眼疾——引者注）而神弥全，殒一女（安疆臣征播时正值其女病故——引者注）而家不顾，是母是子，难兄难弟。[4]

至于"以尧臣非陇氏种"而拒绝授其土知府，既有违惯例，于制度又无根据，前文所引《明会典》中的规定已表明亲戚旁支可以袭位，而宋一韩"引经据典"的质疑，其实是对制度的有意误读。《明史·职官志》亦云：

1　《明神宗实录》卷444，万历三十六年三月戊子条。
2　参见杨寅秋《临皋文集》卷3《上司马田东洲》。
3　李化龙：《平播全书》卷10《行奖安疆臣兄弟》。
4　道光《大定府志》卷56《文征六·封亚中大夫贵州宣慰使安君墓志铭》。

　　凡土司之官九级，自从三品至从七品，皆无岁禄。其子弟、族属、妻女、若婿及甥之袭替，胥从其俗。[1]

　　水西安氏与镇雄陇氏既同宗共祖，而安尧臣年幼时即"继陇姓"，又系镇雄土官之婿，并且素受夷众拥戴，[2]完全符合袭职条件。

　　其实，官员们编制出来的种种阻止陇澄继位的理由，都只是一种表面之词，其真正用意，在四川巡抚乔璧星的奏疏中有所流露：

　　　　当此追印（指永宁宣抚司印——引者注）正严之时，（尧臣）占之则辞不真，献之则心不甘，托为狐兔之悲，冀收蚌鹬之利，诚欲我杀（奢）世续，则既得以减寄印之口而快其私，又得为报复之言而惑其众，使阎宗传（奢世续之亲信——引者注）等情穷势极，必折而入水西，则安氏三窟之势成，而西南之患重矣。[3]

　　可见，官员们最担心的莫过于水西安氏势大难制，拒绝陇澄袭职，严禁他干预永宁宣抚司事务，都是在为抑制安氏势力的目的服务。乔璧星甚至提出动用武力来迫使安尧臣离开镇雄：

　　　　尧臣狡谋，欲篡镇雄，垂涎蔺地有年矣……倘尧臣稔恶如故，臣即移师击之，毋使弗摧之虺复为蛇，弗室之蟏复为河也。[4]

1　《明史》卷72《职官志一》，《元史》中亦有类似的规定，详前。
2　笔者目前尚未见到任何人同安尧臣争袭的记载（如果有的话，一定会被官员们记录下来，因为这将是驱逐安尧臣离镇雄的重要理由），并且当安尧臣被迫离去时，镇雄夷众尚挽留其妻，最后在朝廷的干预下才让她前往水西与安尧臣团聚（参见《明神宗实录》卷459，万历三十七年六月辛未条），可见安尧臣在镇雄有相当的威信。
3　《明神宗实录》卷434，万历三十五年六月庚申条。
4　《明史》卷312《四川土司传二》。

在蜀兵集结的强大压力下，陇澄上书贵州巡抚郭子章，一方面表示自己即将告退，另一方面也在为自己辩白：

> 　陇澄之入继镇雄，致仕知府陇富承袭水西，名安陇富，则安陇之为一家旧矣。今陇已绝嗣，取澄继袭，司道互结，抚按勘明继立之，与私篡大不同科。且方征播之时，调取陇澄，奖率部落，澄屡奏战功，两奉题叙。……又以蔺州真印未出，疑澄助递，今澄已追获真印于夷目阿夷处，验交两省给奢崇明矣。而川师久集不撤，将谓欲擒阎宗传等正法，则各恶乌合，不过匹夫，何烦大师？将欲驱逐陇澄，则澄素怀忠义，非梗化者比。今澄即栖栖不去，恐川兵临境，则镇雄无辜，难免池鱼。欲即行而镇雄印信接管无人，部落哀留未容出境。乞咨达四川两院，勿以陇澄之故劳费殃民，澄必不回视镇雄自取觊觎之戮矣。[1]

陇澄强调：第一，水西、镇雄本为一家，此绝彼继是惯例；第二，自己的承袭经过官员的查核，并非私篡；第三，征播时自己立有战功，"两奉题叙"，暗示当时并未有谁质疑自己的合法性；第四，永宁宣抚司印藏在夷目阿野处，与自己无关；第五，自己素怀忠义，蜀中欲用兵驱逐自己有违情理；第六，自己获得夷众拥戴，"部落哀留未容出境"。

可以说，陇澄的辩白是击中了官员的要害的。但他还是不得不表白自己"必不回视镇雄自取觊觎之戮"，"具文退避请官交待"。于是郭子章上奏朝廷，请求和平解决此事，他再次强调："黔中连年师旅，库藏如洗，亦非用兵之地。"最后朝廷以"阎宗传来降，陇澄

1　《明神宗实录》卷438，万历三十五年九月癸巳条。

告退"，旨令四川撤兵。[1]

万历三十六年（1608）三月安尧臣回黔后，明廷"论征播前功"，授其土知府职级。但这只是一个虚衔，兵部又要求安疆臣"谊念手足，分割一隅。令尧臣率众安居，毋令两失所依"，这其实是明廷分割土司势力的老办法，"所以终圣恩而消隐祸者也"一句，道出了官员的良苦用心。[2]不过安氏兄弟倒并未因此发生龃龉，不数月安疆臣即病逝，无嗣，于是安尧臣继任贵州宣慰使。[3]

尽管律例明确规定亲戚、旁支可以袭位，并且在实践中亦不乏侄、妻、婿、甥等承袭的例子，但无论从观念、习惯还是控驭土司的角度，"胥从其俗"都不是明廷乐于接受的，朝廷还力图确立一定的原则，以解决土官死后各支系因争袭而内斗的问题，从而维持地方社会的稳定。[4]洪武年间的一些规定已经表现出了用父死子继、嫡长子优先的制度规范周边族类权力传承方式的倾向，只是在实践中没有强制贯彻而已，至于用"裂土众建"等办法削弱土司势力，防止土司因承袭而坐大以及以没有合法承袭人为借口而改土归流，更

1　参见钱桓《土酋完局未尽西南隐祸堪忧疏》，吴亮《万历疏钞》卷42；《明神宗实录》卷438，万历三十五年九月癸巳条。在对待如何处置安尧臣袭职之事上，黔、蜀二省官员有一些分歧，黔抚郭子章等并不特别反对安尧臣继任镇雄土府，并坚决反对用兵。四川巡按孔有贞认为贵州官员的温和态度出于对安疆臣的笼络（参见孔贞一《核土舍之情形破两省之同异疏》，吴亮《万历疏钞》卷42）。但不管怎样，抑制土司势力的观点始终占了上风，甚至贵州官员都不真正支持安尧臣袭职。

2　参见《明神宗实录》卷444，万历三十六年三月戊子条；卷445，三十六年四月乙丑条。

3　参见道光《大定府志》56《文征六·封亚中大夫贵州宣慰使安君墓志铭》；《明史》卷316《贵州土司传》。

4　凌纯声在《中国边政之土司制度》（《边政公论》第3卷第1期，1944年）中引《明史》卷318："自古苗乱，起于土司；土司之乱，起于承袭。"笔者在《明史》中并未发现这一记载。但土酋因争袭而发生战事的情况在文献中记载颇多，明廷制定的按是否嫡派、关系亲疏来确立继承人的原则无疑有助于解决争端。例如，万历后期乌撒土知府安云龙物故后，土舍安效良与安云翔争夺土知府一职，结果朝廷"以嫡派立效良"，并强制安云翔接受这一裁决。参见《明史》卷311《四川土司传一》。

是明廷惯用的策略。[1]同时，一些地方首领亦会借助中央王朝的力量，获取、垄断更多的社会资源，在这样一种复杂的过程中，黔西北娄素濮的承袭方式逐渐发生演变，父死子继、嫡长子优先的原则得以确立，而各个君长国之间此绝彼继的状况亦受到了制约。

自朱元璋立国后相当长的一段时间内，朝廷对黔西北及其周边地区的土官承袭其实是较少干预的，对安尧臣的成功干涉的背景是明王朝对西南地区拓殖的进一步深入，具体体现在卫所设立、黔东改流、贵州设省、贵阳设府、播州改流、移民进入等一系列事件上（详后）。到了崇祯年间，内忧外患交织，朝廷自顾不暇，对土官承袭事宜的影响力有所削弱，在很大程度上只是接受土酋之间争战的结果。崇祯六年（1633），安边与其爵、其禄兄弟为争夺乌撒土知府、沾益土知州之职而争战不已，水西君长安位派兵支持姐夫安边，占据乌撒、沾益，其爵、其禄出逃，欲引东川土官为援，官员对此束手无策，根本无法按照是否嫡派、轮序亲疏的原则加以裁决，只能"且观彼此之情形而徐应之"，后来安位之姐去世，水西放弃了对安边的支持，其禄乘机重返沾益，"庙堂之上方急流寇，不复能问云"。[2]

第二节　汉人进入勾政权

除君长职位承袭方式的演变外，黔西北"勾"政权官员的身份也逐渐发生了微妙的变化。嘉靖《贵州通志》云：

---

1 吴永章利用崇祯年间明廷试图在水西赐封多个土官的例子来说明"裂土众建"之法始于明代，并非雍正皇帝所创。同时还谈到了以土司绝嗣而乘机改流、以没有明文规定世袭而改流的情况。参见《中国土司制度渊源与发展史》，第203~205页。其实，万历年间明廷令安疆臣分割一隅安置土知府安尧臣已可视为"裂土众建"。

2 参见金毓黻编《明清内阁大库史料》卷2《兵部尚书张为塘报地方夷情事（第四十五号）》，转引自余弘模编《民族研究参考资料》第5集；《明史》卷311《四川土司传一》。

彼至愚无知者或反见变于夷，重以江右、川、湖贩商、流徙、罢役、逋逃多为奸诈，诱群酋而长其机智，而淳朴浸以散矣。[1]

这段简短的叙述颇值得玩味，随着贡赋、土兵征调等制度的建立与完善，中央王朝的渗透日渐深入。地方土酋必须经常同官府打交道，土司政权急需通汉文、熟悉内地礼仪的人才，许多失意的移（流）民亦乐于为土司效劳，谋求更好的发展。在士大夫们看来，这无异于"淳朴浸以散矣"，嘉靖年间的湖广、川、贵军务总督张岳称：

又访得湖、川土官专一收留各处光棍无赖，成群潜住京城打听事情，或交通贿赂，或央求面分，或腾驾谤言，挟害上官，或挑传是非，诳惑愚民。[2]

张岳所说的虽是湖、川土司，但黔西北的情形亦与此相似。例如在抵制朝廷扩张，意图恢复贵竹长官司的行动中，陈恩、王嘉猷等汉人积极为贵州宣慰使安疆臣出谋划策，在京师营造了一张关系网络，连兵部尚书石星都被拉拢（详后）。

除了"贩商""罢役""逋逃""光棍无赖"之流外，还有一些科场、宦海的失败者投奔夷地。例如何若海本系遵义府学廪膳生员，流落京师卖篆刻为生，曾蒙吏部咨送兵部授守备职衔，"用之不听，雄心落魄"，后见辽事孔亟，便赴各衙门条陈对策，未被采用。恰逢毗邻水西的扯勒部君长、永宁宣抚使奢崇明遣使进京，于是何若海便投奔永宁，参与策划反明，被永宁、水西、乌撒、乌蒙、东

1　嘉靖《贵州通志》卷 3《风俗》。
2　张岳：《小山类稿》卷 5《参究主苗酉阳宣抚冉玄疏》。

川、芒部六司、府共封为丞相，权倾一时。[1]

文献上一般笼统地将为土司所用的汉人称为汉目、汉把，这使我们通常难以得知他们在土司政权中的任职情况，不过关于黔西北的著名汉目陈恩、陈其愚父子的记载保留尚多，足资参考。明代官员江东之、刘锡玄、杨寅秋等人的奏疏、谕帖、书信中曾多次提到陈恩、陈其愚以及他们在水西政权中的重要影响。[2]民国《大定县志》载有陈恩墓碑的部分碑文，今人余宏模等又实地踏勘了陈恩及其父母的墓地，抄录了不少碑文、墓志。综合这些材料可知，陈恩字槐亭，号无为道人，颇通文墨，来自闽浙一带，生于嘉靖三十一年（1552），卒于万历四十四年（1616），其母吴氏、父陈文彬的墓碑分别立于万历二十五年和三十九年，可见其父母或已定居水西。至迟在万历二十年，陈恩已在水西勾政权中担任要职，与三省总督李化龙、贵州巡抚郭子章等地方大员都有诗文往来。其墓在大方城东三十里之凰山下，墓碑云：

罗甸国更苴总理、两班慕魁扯事、槐亭陈公之墓。

墓志铭又称：

三聘仍出任慕魁辅事，辛亥以功德齿三尊。

官至"更苴""慕魁"，权势之重可见一斑，墓联中"伊周得意笑谈李杜"一句亦反映墓主当年叱咤风云的豪情。恩子陈其愚，明末奢安之变时，曾设计重创孤军深入的朝廷军队，杀死了贵州巡抚

1　参见朱燮元《复渝献俘疏》,《少师朱襄毅公督蜀疏草》卷4。
2　参见刘锡玄《黔牍偶存·黔南军政》; 杨寅秋《临皋文集》卷3《上内阁沈蛟门》; 江东之《瑞阳阿集》卷3《黔中疏草》。

王三善。[1]

到明代后期，勾政权中的汉把似乎越来越多，势力也越来越大，能够在一定程度上左右黔西北政局。前文已提到何若海参与策划反明，朱燮元在分析奢安之变时亦云：

> 查酋之造叛，实系安邦彦（水西君长安位的叔父）父子首倡而莫德主谋，汉夷各目，迫于威胁，不得不从。[2]

贵州提学佥事刘锡玄在谕安位的帖中亦称：

> 尔年甚小，便受国恩。非常遭际，乃被叛逆安邦彦及汉把夷目欺尔孤寡，送尔及尔母奢社辉之命，公然谋反，兵围省城，大逆无道。[3]

崇祯年间安位去世后，汉把更是怂恿诸土目向明廷献土献印，明廷借机"裂土众建"，《朱少师奏疏钞》对此有详细叙述：

> 一汉把加衔副总刘光祚自安邦彦授首，诸夷目愈肆忿恨，谋动干戈。光祚独排众论，谕安位听抚，及位死而众目争继，光祚力主安良辅献印，忠顺之心，百折不回，其功甚伟，应荫指挥使，以风夷汉。
> 一汉把陈国是、李时芳、陈国基、杨启祥、周廷鉴、李奇芳，以上六名。安良辅与安陇璧互争，众皆分左右袒，独六人

1　参见余宏模《明代水西慕魁陈恩墓碑探证》，《贵州文史丛刊》1980 年创刊号；民国《大定县志》卷 1《水道》，卷 5《水西安氏本末中》，卷 18《古迹志·冢墓》。

2　朱燮元：《安酋业已投诚绅衿未肯罢战谨谨陈夷情士论仰请圣裁以决进止事》，《朱少师奏疏钞》卷 6。

3　刘锡玄：《黔牍偶存·黔南军政·谕安位帖》。

坚持一心，怂恿献印，招夷万众，应荫土百户。

一汉把杨启运、刘显祚、杨起凤、胡珽、陈万选、陈国本、黄朝凤、周士顺、吴道端、吴道弘、杨淮、黄德、李先春、陈国荣、黄恩、杨德、顾龙正、吴楚汉、孙应奇、杜应林、曹一龙、高中正、高明盛、高明旺、丁志明、赵廷宣、高仲文、罗士夔、万镇禄，以上共二十九名，俱效劳化谕，备殚心力，应各纪录，候别效有功再为题叙。[1]

可见，从奢安之变、安位受抚一直到献土献印，明末黔西北政局的重大变迁，无不有汉把、汉目的参与。

除了汉人进入勾政权外，中央王朝的职官与行政体制同样对娄素濮产生了影响。例如在奢安之变的过程中，永宁奢氏曾建国大梁，改元瑞应，并赐封许多彝、汉头目，名称一如内地职官，如丞相、总兵、给事中、中军都督等，[2]颇耐人寻味。

第三节　彝威与汉威：充满矛盾的统治认同[3]

以上两节从制度上考察了黔西北勾政权的变化，本节将从观念入手，揭示彝制在明代所发生的更为微妙的演变。

土司制度建立后，地方酋长统治权力的合法性往往被认为来源于中央王朝的恩赐。如土官不肖，朝廷即可收回敕封，削夺其爵。这样，能否"世长其土"就得看他们能否"谨守人臣礼"。本节将结合水西安氏远祖济火的故事，对此进行详细的讨论。

1　朱燮元：《勘明水西各土遵照明旨分土授官以安地方事》，《朱少师奏疏钞》卷8。
2　参见朱燮元《少师朱襄毅公督蜀疏草》卷9《扫蔺献俘疏》；《朱少师奏疏钞》卷1《恢复重庆略节》，卷2《恭报擒获有名巨恶并收降党羽以示招徕事》。
3　本书中的"统治认同"指对统治合法性的认知。

　　济火，又称济济火或火济，即彝文献与彝族民间口碑中的妥阿哲，据载他是默祖慕齐齐的二十四世孙，[1] 其兄妥莫哺是芒部（今云南镇雄）君长国的开基英雄。而妥阿哲则因诸葛亮征南中时"积粮信道助兵"而被封为罗甸国王，从此奠定了水西的基业。[2]

　　自明清以来，济火故事基本上被视为信史，史继忠是对此故事提出质疑的极少数学者之一，他认为：第一，妥阿哲以前嫡长子继承制尚未确立，还不具备建立国家政权的条件；第二，蜀汉并无封王的惯例，虽然"即其渠帅而用之"，但多封刺史一类官名；第三，罗甸国之名最早见于《新唐书》，而不见于唐代之前；第四，罗甸国附元后改普定路，即今安顺地区，与"水西"无涉；第五，"水西"是默系阿者家，而罗甸是布系播勒家，支系不合。[3] 除了将嫡长子继承制与国家政权挂钩恐怕有失妥当外，[4] 史先生的论证是有相当道理的。本书关注的重点不在济火从武侯南征的真实性，而是此故事受到强调与广泛流传的背景。

　　妥阿哲其人其事不见于《三国志》《华阳国志》等较早期的史籍，[5] 笔者所见的最早记载是明代成化年间宣慰使安贵荣请国子监祭酒周洪谟所撰的《安氏家传序》：

　　　　其后有曰济济火善抚其众，时闻诸葛武侯南征，通道积粮

1　余达父等学者认为济火即彝族六祖之一的慕齐齐（济济）之二十五世孙妥阿哲，方国瑜等学者则认为，济火系慕齐齐之子。据说研究彝族历史的汉族学者，多从方国瑜之说，而彝族本族学者则多从余达父之说。参见余弘模《济火碑与济火碑史实探证》，《贵州文物》1983 年第 2 期。

2　参见《西南彝志》第 7～8 卷，第 284～297、313～315 页；《明史》卷 316《贵州土司传》。

3　参见史继忠《明代水西的则溪制度》，第 11、22～23 页。

4　嫡长子继承制与国家政权之间并无必然联系，例如商代之继统法，以弟及为主而以子继辅之，无弟然后传子。参见王国维《殷周制度论》，《观堂集林》卷 10，中华书局，1959。事实上，水西的嫡长子继承制，直到明天顺、成化年间才确立，详前文。

5　民国《大定县志》卷 3 谓蜀汉建兴三年济火助诸葛南征之事载于《三国志》，误。这一错误对许多学者造成了误导。

以迎，武侯大悦，遂命为先锋，赞武侯以平南夷，擒纵孟获，
及归，克仡佬氏，拓其境土，武侯封为罗甸国王。

济火英雄故事所蕴含的对中央王朝效忠的寓意，使它很快受到
官员、士大夫们的欣赏与重视。弘治《贵州图经新志》首先抄录了
这个故事，此后数百年间，许多通志、府志、县志和私家著述不断
转抄，形成了有关济火故事的众多史料，济火征南之事似乎证据确
凿。[1] 但细究这些材料，可发现后来者的描述细节更为丰富，"层累堆
积"历史的痕迹相当明显。如康熙年间田雯所著《黔书》卷三云：

济火，汉牂牁帅，黑卢鹿（即罗罗），水西安氏远祖也。
深目长身，魋面白齿，以青布为囊，笼发其中，若角状。习战
斗，尚信义，善抚其众，诸蛮戴之。闻诸葛武侯南征，积粮通
道以迎师，遂佐武侯平西南，禽孟获，封罗甸国王。世长其
土，勒四十八部部之。凡九扯更苴皆属焉。已乃攻普里诸种，
拓其境地，赐镂银鸠杖。

与文献上广为流传相应，济火俨然作为贵州最早的乡贤之一被
奉上了神坛，[2] 甚至远在黔东南的古州厅都建祠供奉济火。[3] 此外，济
火在许多地方的武侯庙内成为陪享者，不少诗文记载了这一盛况：

曾佐七擒封汉爵，至今俎豆武侯祠。[4]
君不见（贵阳）鳌头矶上武侯庙，旁立遗像何峥嵘！卉衣

1　正因为众多文献相互传抄，所以学者们不难找到丰富的史料来证明济火征南的故事，问题是
这些史料无一例外都是出现于明清时期。
2　参见民国《大定县志》卷6《秩祀志·附祀》。
3　参见光绪《黎平府志》卷2下《公署·坛庙》。
4　陈匡世：《水西杂咏六首》，民国《大定县志》卷21《艺文志》。

椎结无官号，惟记南征济火名。[1]

康熙年间贵州巡抚田雯对济火的评价颇具代表性：

> 论曰：济火一荒陬土帅耳！武侯渡泸之日，孰为之计大
> 义、明王章者？而毅然以助顺树勋，崛起一隅，为蛮王长。其
> 亦寔叟青羌之俦乎？不可谓不豪矣。迨乎累世相承，奄有爵
> 土，要皆以识机达变，宣力效忠，始终不失人臣礼，故得以长
> 奉西藩，受恩罔替，非徒以为瓯脱而姑羁縻之也。[2]

事实上，《安氏家传序》中着墨较多的祖先，均与中央王朝有
联系，是效忠的典范。例如普贵在宋开宝间纳土归附；阿画被元王
朝赐名帖木儿卜花，封为顺元郡罗甸国侯、济国公；霭翠归顺明王
朝，赴京朝见朱元璋等。

济火故事并不仅仅体现着士大夫们的价值观，还折射出这些价
值观对周边族类的影响。在塑造济火忠义形象的过程中，水西安氏
起了举足轻重的作用，最早记载蜀汉赐封罗甸国一事的《安氏家传
序》云：

> （安）观卒，子贵荣嗣，好读书史，通大义，设庠序以明
> 礼义，旧染陋俗，寝变华风，用夏变夷之功日见其盛。兹遣把
> 事阿佐以其父遗命，谓谱系太简，恐有疏虞，遂致湮没，求作
> 家传以遗后嗣，予故为次其梗概以为传云。[3]

1　蒋攸铦：《黔轺纪行集·济火行》，黔南丛书本。

2　田雯：《黔书》卷 3《人物名宦·济火》。

3　嘉靖《贵州通志》卷 11《艺文·安氏家传序》。余弘模亦认为有关济火故事的记载，最早源
　　于贵州宣慰使土官安氏为向朝廷申报而撰写的《安氏家传》，参见余弘模《济火碑与济火碑史
　　实探证》，《贵州文物》1983 年第 2 期。从本书所引的这段文字来看，《安氏家传》的缘起并非
　　是为了向朝廷申报。

在此之前，安氏已有家谱，当系用彝文撰写，彝文谱书一般比较简单，所以说"谱系太简"。[1] 安贵荣请周洪谟撰谱的同时，一定提供了关于祖先的材料，这或许是士大夫接触济火故事的开始。[2] 据《安氏家传序》，早在贵荣之前，水西君长已经在用汉文表述自己的历史，如其祖父安陇富"纂（贵州宣慰）司志、修家谱，遭时多变，不克如志"。到了安贵荣，已经被周洪谟称为"好读史，通大义"。此绝非只是溢美之词，安贵荣有相当的汉文功底，且倾慕诗书，尊重文人学士，这从他对地位卑微、受其他官员侮辱的龙场驿驿丞王阳明的尊重与礼遇可见一斑。[3]

彝文献同样记载了济火受封从而奠定水西基业的经过，《助孔明南征》云：

> 蜀汉皇帝时，孔明先生出兵，征讨南方，与叛帅交战时，祖先妥阿哲，出兵助汉皇，供给军粮，为其后援，攻无不克。汉皇帝说："妥阿哲此人，是一位忠臣。"将长官职位，赐给妥阿哲，加上红印敕命，一并赐给妥阿哲。汉皇帝之时，妥阿哲成长官，皇帝又给晋爵，叫他攻打南方，其地一攻即破，北向扯勒推进，到恒那达的所属地方。到北部扯勒地方，从四方攻占其地。勿阿鼐（妥阿哲之前五代祖——引者注）创建基业，妥阿哲发展基业，住在慕俄勾（即水西君长的驻地，今大方城——引者注）。[4]

1　关于彝族谱系的书写体例与习惯，可参见温春来《黔西北彝书中所见之彝族谱系》，香港《华南资料研究中心通讯》2004 年 7 月。

2　在周洪谟撰《安氏家传序》之前约二十年成书的《大明一统志》（四库全书本《明一统志》提要"天顺五年五月书成"）亦曾收录了多位安氏祖先，但未提及济火。天顺版《一统志》已难以得见，但凡是安氏祖先在该版《一统志》上有记载的，如普贵、阿画、霭翠等，周洪谟都会在《安氏家传序》中予以注明，因此可知《一统志》并未涉及济火。笔者看到的四库全书本《明一统志》，是后人在天顺版的基础上改动而成的，但依然没有讲到济火，维持了原版的面貌。

3　参见王阳明《王文成公全书》卷 21《外集三·与安宣慰书二》。

4　《助孔明南征》，《西南彝志》第 7~8 卷，第 313~315 页。

与汉文史料不同，在这段材料中，济火是受到汉皇帝而非诸葛亮的敕封，其开疆拓土之举是奉皇帝之命。水西安氏还专门凿了一块《妥阿哲纪功碑》来铭记祖先的伟业，此碑碑文为彝文，至今尚存，但有残缺，其中写道：

> 帝师胜利归来，将彝族君长的功勋记入汉文史册。阿哲的邦畿可称兴盛的时代，犹如太阳的光芒闪耀一方，呈现安居乐业景象。帝旨传来，长者身穿锦袍，俨然是一代威严的君长。到了建兴丙午年，封彝君国爵以表酬谢。治理慕胯的疆土。[1]

此碑虽有建兴年号，但并非立于三国时代，而是明清时期所镌。[2] 安氏乐于用汉文乃至士大夫的标准来叙述祖先的勋业，其背后是一个复杂的历史过程，中央王朝在此过程中逐渐确立了权威，朝廷的敕封以及印信等相关证据对土司来说具有非常重要的意义，拥有这些就等于拥有统治的合法性。《明史》云：

> 彼大姓相擅，世积威约，而必假我爵禄，宠之名号，乃易为统摄，故奔走惟命。[3]

此绝非虚言，如嘉靖年间东川土知府禄庆死后，其属下阿得革父子欲篡位，首先要做的事就是夺取明廷所赐的府印。[4]

在这样的背景之下，济火故事呈现出了新的意义。水西安氏强调祖先对汉人朝廷的效忠以及受其封赏，其实是在为自己的统治寻

1　《彝文金石图录》第 1 辑，第 7 页。
2　参见钟德宏《济火纪功碑》，《贵州文物》1982 年第 1 期；余弘模《济火碑与济火碑史实探证》，《贵州文物》1983 年第 2 期。
3　《明史》卷 310《土司传》。
4　参见《明史》卷 311《四川土司传一》。

找合法性与正统性。这一点正好与持着大一统理念的士大夫们达成了共识，由于他们的介入，济火故事终于愈传愈广，几乎到了家喻户晓的程度。

在承认与利用"汉威"的同时，水西安氏更加强调自己的彝威。与汉文家谱不同，彝文谱书全然没有提到祖先的归顺，亦从未将能够长期统治水西归因于"宣力效忠，始终不失人臣礼"。[1]结合《西南彝志》《彝族源流》等彝书来看，统治的合法性无疑同远祖笃慕六祖有关，乌撒家是布祖慕克克后裔的一支，水西家的祖先则是默祖慕齐齐。因为乌撒、水西的统治者得到了祖宗笃慕六祖的美好根源，所以能够长享富贵，正所谓"六祖好根本，传给默德施（即德施耿俄，济火的第14代祖——引者注），德施就显赫"。[2]祭祀祖先因此显得特别重要，有关记载在彝书中比比皆是。

黔西北地区发现的一些彝汉文合璧的碑刻，为我们提供了进一步考察彝、汉两种"威荣"的材料。时间相同、立碑事由相同的两块（或一块）碑刻，刻着不同的文字，记载着不同的内容，表达了两种完全不同的观念。兹以大渡河桥碑为例。该桥位于大方城东40千米的大渡河上，为五孔石桥，高14米，长70米，宽7米，沟通大方、黔西两县，万历二十年（1592）土官贵州宣慰司同知安邦兴资修建，历四百余年而不毁。靠东黔西县界的桥头上，立有界碑一方，上阴镌"黔定交界"四个楷字。靠西大方县界桥头上并立有彝、汉文建桥碑记两方，白石质，碑身高2.23米，宽0.83米；碑座高0.5米，横长2.66米；碑帽高0.6米，横长1米。汉文碑竖立在右方，万历二十年立。碑左刊刻有"水西大渡河建石桥记"九个篆字，两旁有彝族传说"白翅送日"和"根固彩岩"的浮雕两幅。彝文碑竖立在左方，在碑盖"水西大渡河建石桥记"九个彝文字

1　参见《西南彝志》第7~8卷《妥阿哲世系》，第284~312页；《彝族源流》第24~27卷《德施源流》《阿哲母祖谱》《阿哲君长谱》，第46~105页。

2　《彝族源流》第24~27卷，第46页。

的两侧，亦有彝族传说中的"眉鸣红花"和"雁落青开"的浮雕。彝、汉文碑的上、左、中、右三周边皆宽 0.03 米，有"弯不断"图案。[1]

汉文碑文共 681 字，为水西君长、贵州宣慰使安国亨所撰。其文如下：

> 水西大渡河建石桥碑记
> 贵州宣慰使司亚中大夫宣慰使龙源安国亨道隆甫撰文
> 属下长官槐亭陈恩篆盖
> 典史玉峰李孟骐书册
>
> 安邦者，予祖昭勇将军之裔，内露其首封也。[2]内露即我怀远将军之介弟，而水西诸地，实有带砺壤。奕叶守土，白芍、白叶、白着，世有奇勋茂绩，载在简册。历龙脉而至于邦者，盖五世焉。邦以少年失怙，举民间疾苦，险厄岖巇，畴为之耳提面命耶？实借禄氏教以义方，绳绳井井，若鱼贯然。一日迪邦曰："天根见而成梁，古道也。吾析壤之内，有土沙溃流之巨浸，号大渡河者，其来久也。往返于兹者，未尝不叹惜于徒杠舆梁之寥寥。夫司民命者，观民之溺犹己之溺，是知责在尔矣。"于是捐资募建，靡论寒暑，始于庚寅年八月，终成壬辰年四月，凡两经年，桥乃成。长二十丈，宽二丈余，高四丈有奇。约费银一千一百五十两有奇。继至今，无俟冰寒可渡者众，无俟乘舆利涉者众。曩所为咨嗟者，且熙熙皞皞，若登春

1　参见云南编辑组编《四川贵州彝族社会历史调查》，云南人民出版社，1987，第 186~187 页。"黔定交界"石当为清代人所立，因为明代水西的行政区划实行则溪制，尚无大定府（县）、黔西州（县）之名。

2　修桥者安邦，并非像一般的土目那样，仅仅受到水西君长的敕封，与朝廷无涉。其祖先沙溪曾在洪武初年归附，开设贵州宣慰司后令其世袭同知之职。参见郭子章《黔记》卷 56。

台而入华胥也。夫邦弱龄，禄氏亦龙脉之箕帚妾耳，乃毅然吐
非常之见，大王道，小私思，讵非吾诸目中所罕觏者耶？是举
也，上以弼余不逮，可以观忠；下以济人病涉，可以观仁；远
以扬祖烈而后以昭来世，可以观孝与慈；一举而众美具焉。邦
与母真贤孝者也。在禄氏也，得是子而贤益彰，固相与有成。
倘非天之惠我元元，赐之以此母若子也，又乌能成此美举哉！
桥成，请志于予，予嘉其能行古道而福苍赤，并钦其世笃忠
贞，为诸目倡，乃命勒之，以垂不朽云。

　　万历二十年壬辰岁，夏四月谷旦，亚中大夫贵州宣慰使龙
源安国亨隆甫撰文。[1]

　　通篇贯穿的，是王道、忠、仁、孝、慈的观念，似乎与我们所
看到的士大夫撰写的碑记没有什么区别。引人注目的是，水西土司
一方面要理解与接受（至少在表面上接受）这一套价值观，对明廷
称臣、朝贡、缴税并纳役；[2]另一方面，又将这些观念引进水西，"僭
越违制"，俨然以君王自居，要求属下对自己忠，对百姓仁，对长
辈孝，"大王道，小私思"。正如安国亨所云："是举也，上以弼余不
逮，可以观忠；下以济人病涉，可以观仁；远以扬祖烈而后以照来
世，可以观孝与慈；一举而众美具焉。……予嘉其能行古道而福苍
赤，并钦其世笃忠贞，为诸目倡。"此外尚需指出的是，汉文碑虽表
达的是士大夫的观念，但其中也交织着彝文化的影子，石碑上的浮
雕"白翅送日""根固彩岩"都是彝族传说，即是一个明证，对于
既不识彝文也不识汉文的普通百姓来说，这些浮雕可能更易引起他
们的共鸣。

1　道光《大定府志》卷17；《四川贵州彝族社会历史调查》，第187~188页。两书所载碑文文字
　稍有差异。
2　如正统七年水西宣慰安陇富自陈："祖父以来，累朝皆赐金带，臣蒙恩受职，乞如例。"（《明
　史》卷316）朝贡与赋役详前文。

有趣的是，在彝文碑中，表达与强调的是另外一套规范和价值。大渡河桥彝文碑刻字数较多，达 1972 字，撰者为斋默，估计系布摩或慕史。在此择要抄录译文如下：

> 开天辟地，六祖有好根，传到默德施（水西安氏的远祖——引者注）。德施九天君，遍居中部地带。

> 其他且不表，只叙慕齐齐、勿阿纳、妥阿哲，他们来自笃慕（六祖之父——引者注）之地，为一方贤君，兴了祭祀，解出了冤愆，还了愿信，以致昌盛，福运降临，人烟繁盛了。

> 承天神地祇的庇佑，道孟尼（笃慕的远祖——引者注）的后裔，为首传世系，行善地位高。他们根据古时赤陀创立的典章，说道："东方帅主，创业得先祈祷。"又直括阿鲁的《俄莫》之卷，传于后世，他们进窥珠乍地方，有濮人在那里为主，治理其地。

> 默家为亲族之帅，甲胄显荣华，基业巩固，权势伸张，乃还愿作祭祀，天地神祇都庇佑啊。

> 神也喜欢，人也高兴，各地都奉默氏为主，这样归一姓治理。往事记载于雅颂篇章。

> 我祖默阿德，作了君主，权位很高。……到处设官治理。君的威荣很高，臣的权令很大。

> 彝创制权令，汉因势治理，所为很好啊。

> 经过占卜，看到气运正旺，如俄奎之鱼振翅，遍游于罢第恒吐。于是整备戈戟，向尼伍热显进攻。……

> 君长阿施之世，在木柯卧乍山，兴创了大业，后人应记住啊。……

> 龙脉降生后，到庚寅之年，阿格心里想：河上修桥以通路，用工不枉费呢。从桥上经过的人会说：是有道德的人家才作得到的。

这儿是阿哲家征集租赋必经之地，要修筑租赋必经之路。由妥舍益才家修筑，子孙增寿延龄。善者心怀于黎民，存了善念，为人诚朴心直，就增长寿龄，能享年九十九岁，就没有什么贪求了。

有一颗为善之心，欲势延，必让位与幼。……

在没有龙桥横跨江上之前，孽蟒兴妖作怪。彝虽有权位，举祭也无用；汉无爵禄，施礼更难看。三帅五高位，幸有布、默两家天运长久，居高位于宫廷，并有十二宗亲为帅。有了龙桥跨江之后，彝有了权位，兴祭则振兴；汉有了爵禄，施礼也悦目。三帅地位高，正如先贤的断言。

慕俄格一家，祖创有规章，子孙可以遵循去作。洛彼有九峰，慕作有七千寨；于底有五大坝；斗堵有七旷野；热卧地势高；以着地也大。以上所有地方之间，是征赋收租之地。男的管征赋，女的管收租，在大河上运行。……

君民之间，有发号施令之道。师主之间，有安慰宗祠之理。嫡系甚繁荣，宫中有歌师宣诵，歌颂古往今来多么荣华，确实如此。……

妾（安邦之母自称——引者注）阿格深思：修桥通道，为善有盛名。扶助黎民，济之得生，使其有所繁衍；租赋通途，有利于子孙万代，永远征求不尽。吾生之幼子，步长者之迹，为善且修道。……

从此，租赋有来路，人行康庄大道，子孙增寿龄。……

建桥竣工于万历皇帝执政二十年，我斋墨二十七岁敬撰。……[1]

碑文的前半段，是讲祖先的历史，从笃慕、六祖、勿阿纳等一

---

1 《彝文金石图录》第1辑，第65~68页。

直讲到阿施，共有十多位贤明的祖先（有的在引文中已被省去），
水西远祖德施能成为君主是因为"六祖有好根"。后半段讲造桥的
缘由、经过及意义。碑文撰于万历二十年，据贵州宣慰司的设立已
有两百余年，汉人王朝的影响已是不可忽略的事实，斋默用皇帝年
号来纪年，并且在碑文中自觉或不自觉地提到了彝汉两种权威，如
"彝创制权令，汉因势治理"之类。不过，在斋默看来，彝威并不
是汉威所赐，彝权是自己创制的，汉权无非是在此基础上"因势治
理"而已。文中提到了妥阿哲，但全然不提他同蜀汉的关系以及受
封为罗甸国王之事，妥阿哲的"正统"是他来自笃慕之地以及六祖
传下的好根，此外还有天神地祇的庇佑。因此，祭祀祖先天地是君
长国的一件大事，慕齐齐、妥阿哲等"兴了祭祀，解出了冤愆，还
了愿信，以致昌盛，福运降临，人烟繁盛了"。默家（即默系）权
势伸张后，"乃还愿作祭祀，天地神祇都庇佑"。碑文没有指明祭祀
对象是谁，但通过上文的分析当知为天、地、祖先。其他彝书的叙
述对此可做补充，《彝族源流》记载吴三桂平定黔西北后，乌撒家的
一些权臣逃到古洛姆，"过了两三年，后来有一天，求古口勾家，若
准拜祖祠，祭奠祖灵，要祭先君灵。插无数神座，都指向苍天，设
无数神座，献祭了，整个苍天；祭奠了，整个大地"。[1]又如水西远
祖勿阿萧曾在鲁博嘎那举行三种祭祀，"用白马祭天，用乌牛祭地，
用白羊祭祖"。[2]

　　彝文碑道出了造桥的真正理由："这儿是阿哲家征集租赋必经之
地，要修筑租赋必经之路。"至于捐资建桥所蕴含着的伦理方面的
价值，较之忠孝仁慈等要朴实、简单得多，"从桥上过的人会说：是
有道德的人家才做得到的"。"善者心怀于黎民，[3]存了善念，就增长

1　《彝族源流》第21~23卷，第159~161页。

2　《西南彝志》第9~10卷，第235~236页。

3　笔者以为此处的翻译不甚确切，"心怀于黎民"，已经带上了儒家仁政的观念，彝文原文中并
　没有黎民一类的词，译为"善者关心其他人"可能更为妥当。

寿龄，能享年九十九岁，就没有什么贪求了。""从此，租赋有来路，人行康庄大道，子孙增寿龄。"文中几次提到寿龄，黔西北彝人的寿龄观非常独特，寿龄具有某种神秘性，其产生与阴阳（哎哺）相生有关，并且符合父子联名制的规则，[1]《彝族源流》云："哎出寿龄出，哺生寿龄生。""寿龄之父穿银衣，寿龄之母系金裙。"[2]《彝族创世志》记叙了寿龄的发展：

> 远古的寿龄，说是这样的。寿兴于宇宙，寿充溢于宇宙，哎哺乃有寿。哎哺索鲁一，索鲁季乃二，季莫莫乃三……额武启于九，启于热夸十。热夸传十代，到了额武吐，到了索哲舍……寿增了白头，龄增了黄牙。九千猿人寿，八万猿人寿。富贵又繁衍，寿龄也增多，如此发展了，这样增寿了。[3]

同大渡河桥碑齐名的有千岁衢碑，系嘉靖二十五年（1546）贵州宣慰使安万铨捐资修建衢道而刻的岩碑。衢位于大方县城西 25 千米，长 2000 余米，系开山辟岭，削岩凿石而成，彝语称为"阿东钜"路。衢道旁边的岩石上刻有《新修千岁衢道碑记》，等分两幅，一幅刻汉文，一幅刻彝文。[4] 汉文在县志中有载，约两百余字。其中提到安万铨被朝廷封为昭勇将军，并称赞他"敬贤乐善，节用爱民，百废俱兴。忠孝仁让之美，闻于朝廷，显于制诰"。[5]

彝文碑记史志缺载，因年久风化，碑文漫漶模糊，可识者仅三百余字。其体例与大渡河桥的彝文碑记相似，首先谈祖先历史，开篇云："水西基业，最初由贤能的勿阿纳开创，后来又由他的后嗣

1　黔西北彝族的父子联名制不仅仅是一种姓氏制度，而且还是一种观念与思维方式，参见温春来《彝威与汉威——明清黔西北的土司制度与则溪制度》，第 221~227 页。

2　《彝族源流》第 1~4 卷，第 58~61 页。

3　《彝族创世志》艺文志，第 59~61 页。

4　参见《四川贵州彝族社会历史调查》，第 191 页。

5　参见民国《大定县志》卷 2《建置志·道路》。

妥阿哲来奠定。"对妥阿哲从诸葛亮南征受封之事则只字未提。后半部分谈建衢缘起及经过，但对修衢者的称道与祝愿并不是基于"忠孝仁让"的价值观。碑文云："自古以来，修筑道路的人，财帛随之而至，寿命如繁星闪烁。况且兴建于山林之间的这条道路，艰险如引向高天的桥梁，皆是由君长倡导修筑。故其后嗣能够贤明，就是这个道理。""修筑道路，能使人长寿。"这里我们同样看到了对寿龄的渴望与强调。祭祀亦是碑文所表达的重要思想。"笃慕、六祖的后裔，在普天之下，为人正直，为首□□□□□祭祀祖先。""首先将修慕格岩前这条道路的事祝告于祖灵，然后君民协力施工，使得福君甥舅之间造福于人民的这条道路能以修成。"[1]

综上所述，似可推知，在被王朝视为"异域"的时代，勾政权的合法性源自本族的传统，即君长们系六祖之后裔，具有合法根源。此时族群认同与统治认同可理解为是协调一致的。迨至土司制度建立及各项边政制度的逐步确立与完善，勾政权的合法性在许多场合被有技巧地归因于对王朝的效忠而非本族之传统，形成了彝威与汉威交织以及两种价值观并行不悖的情景，族群认同与统治认同之间似呈现出统一与分歧并存的局面。但此时中央王朝的礼仪与意识形态仅仅影响到黔西北社会的上层。因为王朝的制度并不能深入黔西北地区，汉人官员、科举考试对一般原住民来说都是相当陌生的事情，同时也只有土司等被要求学习汉文与汉礼。显然，对中下层社会来说，君长、土目的权威实实在在地渗透在自己的生活中，而中央王朝、汉人官员的权威则遥远而模糊，不用也不必过多理会。直到清王朝开辟"新疆"，彝制崩溃之后，情况才发生了根本性的变化，这是下文将要探讨的问题。

1　参见《彝文金石图录》第 1 辑，第 29~30 页。

下　编
———
从"新疆"到"旧疆"：改土归流后黔西北地方社会的变化

第五章 开辟"新疆"

　　明末清初，经过大规模的军事行动，水西、乌撒两大君长国终于被摧毁，其人口、土地被登入了王朝的册籍，黔西北由此被视为王朝的"新疆"[1]，新的社会秩序逐步确立。从表面上看，这一巨变的起点，是明末的奢安起事，但具有转折意义的历史事变的爆发，往往有着长期积累的过程。自永乐以降，明廷在贵州持续不断地进行扩张与改制，水西安氏等土司显然感受到了朝廷咄咄逼人的压力，特别是改流进程从川南、黔东、黔南逐渐推进至安氏领地周围时，安氏与朝廷之间的冲突似乎已难以避免。下文对明末清初黔西北政局变迁的分析，即主要从万历年间水西与朝廷的矛盾开始。

1　下文将证明，"疆"的含义是与"版图"紧密联系在一起的，入"版图"即成为王朝的"疆"。

第一节　彝制的崩溃[1]

无论出于根深蒂固的大一统观念，还是为了实际的利益，具有半独立性质的土司政权都不可能是中央王朝的最佳选择。因此，改土归流成为皇帝与士大夫孜孜以求的目标。在他们看来这一目标是天经地义的，如万历年间水西的土目质疑改贵竹长官司为新贵县是变乱祖制，贵州巡抚江东之立即对其进行恫吓并辩称：

> 汝辈敢谓贵竹司之改县为皇上变乱祖制也？洪武年间，止一宣慰司，有布政使司自永乐十一年始，汝将谓成祖皇帝为变乱祖制乎？程番十七长官司之改府，自成化七年始，都匀邦水长官司之改府，自弘治十七年始，凯里安抚司之改属卫，自嘉靖九年始，汝又将谓累朝皇帝皆变乱祖制乎？贵省府卫并州县，俱系土司改置，其子孙为流官，各奉法无越志，汝欲废新贵县，将举贵州外而胥为夷也，安得妄兴此念？……前王所制即为律，后王所行即为令。[2]

改流为土则被视为不可思议的行为，明人王士性为此而批评贵州宣慰使安疆臣：

1　陈耀祖认为，土司制度的本质是消极的（指中央王朝的治边政策消极而被动）。"明成祖着意于西南（黔东改流、贵州设省等行动——引者注），恐与惠帝之亡命有关，清初之经营苗疆，亦与吴三桂遗孽有关，清末之用兵川边，乃迫于藏族之骚动。以上各例，无一而非出于被动。"（参见陈耀祖《土司制度之研究》，台北政治大学硕士学位论文，1964）。限于篇幅，本书暂不质疑陈文所列举的事例是否适当，但本节所讨论的黔西北改流过程表明，用"被动"一词实难贴切描述土司制度与治边政策的变动。

2　江东之：《瑞阳阿集》卷3《黔中疏草·清治本疏》。

今安疆臣又复悖庆，不遵朝廷三尺。如贵竹长官司改县已多年，而疆臣犹欲取回为土司，天下岂有复改流为土者，故江长信疏欲剿之，未知廷议究竟何似。[1]

除了大一统的观念之外，各土司地区的改流进程都有其特殊背景。因为"贵州一线路外即苗穴矣"，[2]省城贵阳亦处于水西安氏等土司的包围之中，所以通过改流扩大控制区域，成为确保流官政府安全的措施之一。同时还必须注意到，在土官与流官两种不同的制度下，王朝在同一地区所能征派的赋役以及必须付出的经济代价（包括驻军费用、修建衙署、官员薪俸等）都是大不相同的，这在一定程度上会影响朝中大臣与地方大员对是否改流以及怎样改流的考虑，此外，文化因素对改流也不无影响。这些从贵阳府与新贵县的设置过程中可以清楚地呈现出来。

一 行政成本、汉夷风俗与改土归流 [3]

1. 从土司分地到卫城、省城

明代十三布政司（省）中，贵州置省最晚，直到永乐十一年（1413）废除今黔东一带的两个大土司思州宣慰司、思南宣慰司后才设立。通常省城附近都会置府设县，但贵州建省 156 年后才设贵阳府，又过 22 年后才设新贵县。同置省相似，贵阳府与新贵县得以设立同样与打击土司势力乃至改土归流有关。耐人寻味的是，设省时要对付的是两个实力雄厚的大土司，而置府设县主要对付的是两个

---

1 王士性：《黔志》。

2 郭子章：《黔记》卷 4《舆图志》。

3 关于贵阳府与新贵县的设置，笔者撰有《行政成本、汉夷风俗与改土归流——明代贵州贵阳府与新贵设置始末》[《中山大学学报》（社会科学版）2004 年第 5 期]，本小节即在该文基础上改写而成。

势力弱小的小土司——贵竹长官司与平伐长官司，[1] 但前者以快刀斩乱麻的方式完成，后者却曲曲折折，前后历八十余年。二者之间令人困惑的差异，其原因颇为复杂，下文试图爬梳相关史料，描述、分析贵州省城设置府、县的过程，对此做一简单回应。

在元代，今贵阳一带称贵州，是顺元路军民宣抚司的治所。[2] 元明递嬗之际，明军尚未进入贵州，镇守云南的元宗室梁王对此地则鞭长莫及。[3] 能够控制该地的是水西阿哲（明代取汉姓"安"）与水东宋氏两大土司，宋氏世居贵州，而阿哲的六慕则溪地则直逼贵州城，清人蒋攸铦称省城实系水西土司的分地，是有相当道理的。[4]

洪武四年（1371）十二月，贵州卫设立。一月之后，水西、水东的首领霭翠、宋蒙古歹归附，朱元璋依前朝惯例设置贵州宣慰司，命霭翠、宋蒙古歹分别世袭正、副宣慰使，明王朝在今贵阳一带站稳了脚跟。洪武五年，都指挥同知马烨修筑了贵州卫城。[5] 永乐十一年（1413）位于今贵州东部的思州、思南两大土司被废除，贵州布政司设立，贵州卫城成为省城，城中最主要的权力机构有：布政司、都司、按察司、贵州卫、贵州前卫等。[6]

贵州卫、贵州前卫的设置以及省城地位的确立，意味着明朝廷对这一黔中重镇乃至整个贵州的控制显著增强，土司力量实际上已从省城退缩。但流官政府能够直接控制的地方其实相当有限，并处于土司政权的重重包围之中，水西安氏所辖的六慕则溪距城北仅三

1　明制，宣慰司从三品，为品级最高的土司，思州宣慰司与思南宣慰司是明初贵州有名的大土司。长官司从六品，为级别较低的土司，一般势力都比较弱小。"某某长官司"又往往简称为"某某司"，例如贵竹长官司简称贵竹司，平伐长官司简称平伐司。

2　参见蒋攸铦《黔轺纪行集·贵州考》。元代有两个贵州，另一个在今广西。本章的贵州专指今贵阳一带。

3　当梁王据滇对抗明军时，除了乌撒外，今贵州境内的土司很少有支持他的。

4　参见蒋攸铦《黔轺纪行集·贵州考》。

5　明初应是重修城墙，因为元代已筑有贵州城。《元史》卷16《世祖纪十三》云："戊午，贵州猫蛮三十余人作乱，劫顺元路，入其城。"元代顺元路的治地贵州即今贵阳一带。

6　参见嘉靖《贵州通志》卷1之"地图"；郭子章《黔记》卷4之"舆图"。

里，[1] 城南则密布着贵竹长官司、中曹长官司等势力较小的土司，且安氏在城南似乎也有领地，黔抚郭子章称：

> （省城）自南门官道十里至龙洞铺，多通小路，四面皆夷，俱系乡官私庄，此安宣慰地方，羊场司逼近。[2]

贵州这种独特的流、土分部状态让官员们感到了极大的威胁，直到万历年间，黔抚郭子章尚称贵州"贵州一线路外即苗穴矣"，"不窥吾路则窥吾城"。[3] 为了因应这一复杂的状况，明王朝采取了一系列措施，例如在省城附近设立贵州卫、贵州前卫，两个卫所紧密相连、互为犄角。此外，朝廷规定安氏土司必须改变世居水西的习惯，常年在省城办公，宣慰司治由两部分构成，一是贵州宣慰使安氏的衙门，一是贵州宣慰副使水东宋氏的衙门，"而安氏掌印，非有公事不得擅还水西"，[4] "即还须禀知守臣乃听"。[5]

清顺治年间进士许瓒会曾谈到明代流、土官员在贵州省城的辖地：

> 贵省城西隅有土著老人张姓言，宣慰司安氏向与流官中分而治，以城中十字街为界，西属宣慰，东属流官，故府西一带

---

1 明人刘锡玄所著《归余闲纪·龙新露宿》云："宅溪去省城三里。"刘锡玄的另一本书《黔牍偶存·围城日录·叛逆缘起》云："而近在三里之宅溪（则溪），千万人扬鞭伐木者，尚无一人敢逆其颜行也。"在《围城日录》之"第一局"中刘锡玄亦透露："锡玄于正月三十夜先宿北城，盖北城正临宅溪贼窟。"据此，省城北面三里即安氏的则溪。又安氏的十三则溪中，六慕则溪距贵阳最近，是以知刘锡玄指的是六慕则溪。直到今天，贵阳市北的云岩区尚有一些地名同则溪（宅溪、宅吉）有关，如则溪坝、宅吉小区等。

2 郭子章：《黔记》卷4《舆图志》。

3 郭子章：《黔记》卷4《舆图志》。

4 《明史》卷316《贵州土司传》。

5 《明宪宗实录》卷278，成化二十二年五月己巳条。

旧称老苗城。[1]

结合明代方志中的地图来看（图5-1），城西一带流官衙门密布，包括（贵阳）府、都司、布政司等的治所，宣慰司衙门反而在城东，"西属宣慰"之说或许只是一种传闻。明代前期甚至没有流、土官员分地而治的记载，贵州巡抚杜拯、巡按王时举疏请于省城设府治时称：

> 各省会城府县并置，岂徒备官哉！要以亲民事，悉下情耳。乃贵州独阙焉。军民之讼牒、徭役之审编、夫马之派拨、盗贼之追捕，藩臬不能悉理，往皆委之三司首领与两卫指挥及宣慰司官。夫三司首领类皆异选，操持靡定，政体鲜谙，间无非议，又多乖舛。卫指挥则尤甚矣！委牒方承，即怀私计，防缉未效，反贻厉阶。宣慰司则尤甚矣！逞其恣睢，日事讲罚，破人之家，戕人之命，往往如是。始臣等至省会，政悉以付之藩臬长吏，宣慰司有行必令白于布政司，两卫有行必令白于按察司，查无他弊，方许施行。然此仅能强制于一时耳，其势岂能持久哉！故缙绅乡士大夫及闾巷小民争欲增建府治。[2]

这段引文并未论述流、土官员的分工——可能这种分工从未在制度上明确规定，但宣慰使受到抚、布等官的节制却是毫无疑义的。万历年间设立贵阳府之后，有了"府辖城北，司辖城南"的规定，[3]宣慰使对省城事务的干预权必将受到进一步的限制。

宣慰在省城办公，巡抚、布政使对之可行使监督与领导权，正如上文所引贵州巡抚杜拯、巡按王时举的联名奏疏中所称：

1　许瓒会：《滇行纪程续抄》，四库全书存目丛书本。
2　杜拯、王时举：《议联近属移府治疏》，万历《贵州通志》卷19《经略志上》。
3　《明史》卷316《贵州土司》。

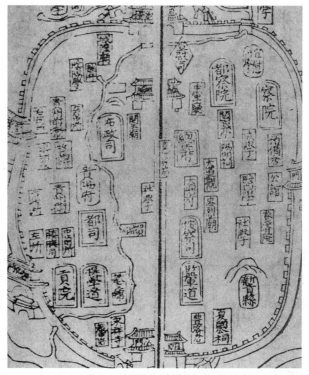

图 5-1　明代贵州省城衙门分布图

　　始臣等至省会，政悉以付之藩臬长吏。宣慰司有行，必令
白于布政司，两查无他弊，方许施行。

　　明廷要求宣慰在省城办公的更重要意义，在于将土司置于地方
大员的监视之中。[1]水西安氏则一直设法规避这种控制。天顺年间，
宣慰使安贵荣即因不在司管事，长期居住水西而受到朝廷警告，"毋
得似前擅离衙门，旷职废事。如违，必重罪不宥"。[2]为了能够"合
法"离开省城，安贵荣趁镇压狮子孔之乱立功的有利时机，一面请

1　正如方国瑜所称："明朝限定安氏居于首府，用'就食长安，而不至国'的办法，加以防范。"
　　《彝族史稿》，第485页。
2　《明英宗实录》卷299，天顺三年正月丁未条。

总兵官吴经为之说项，一面又指示属下头目阿则请自己回去催办贡赋，以经济方面的利益来打动朝廷，最后明廷终于做出让步，"有事听暂还水西"，"以印授宣慰宋然代理"。[1]

在土司众多且流官系统尚不完善的情况下，许多卫所兼起管理地方、带管土司的职能，在很大程度上成为一级行政单位。例如省城附近的贵州卫曾兼管金筑安抚司、平伐长官司、贵竹长官司以及从省城往南一直到黔粤边境的上马桥、大龙番、小龙番、程番、方番、木瓜、大华、麻响等二十来个长官司。

牢牢控制了贵州省城一带之后，明王朝接下来通过持续不断的改土归流，试图将更广阔的地域纳入直接统治，在省城及其附近地区设置贵阳府与新贵县，正是在这一背景下完成的。

2. 程番设府与初议改流设府、县

贵阳设府的先声是程番设府，而程番设府是从对贵州卫所辖的自省城往南至黔粤边界的十多个土司进行整顿开始的。这一过程最早可上溯至洪武年间（1368~1398），明朝经营贵州之初，就将韦番、卧龙番、小龙番等安抚司降为长官司，并废除木当、雍即客都等蛮夷长官司，编为木官、克度、通州三里。这些土司与里分布在偏离驿道的广阔地域内，名义上虽隶于贵州卫，但后者并不能对其进行有效管辖。正统间（1436~1449）曾略加调整，将原隶贵州卫的金筑安抚司直隶贵州布政司，领木瓜、大华、麻响三长官司，其余长官司改隶于贵州宣慰司。但这些土司依然远离流官机构，难以节制。成化十二年（1476），程番长官司方勇声称愿意开设府治，于是明廷在地势平旷的程番长官司地设置程番府，统领金筑安抚司并上马桥等十七长官司，并修城池，设学校，编原住民入籍。五年之后，程番府学中已有不少土官、原住民子弟在读，甚至有"习礼土

1　参见《明宪宗实录》卷278，成化二十二年五月己巳条；《明史》卷316《贵州土司传》。

民"之设。[1]这一系列举措意味着明王朝对贵州中南部的弹压与渗透显著增强。随后,官员们又通过对省城附近的水东宋氏、贵竹长官司、平伐长官司的打击,进一步拓展流官政府的统治权力。

宋氏贵为贵州宣慰司副宣慰使,为黔省颇具实力的土司之一,其领地内聚集了众多汉人,史称其"(宋氏)亲领夷、汉民十二部,谓部长曰马头"。此外,贵竹、水东、平伐等十长官司在名义上也隶于宋氏。[2]正德八年(1513),在贵州正宣慰使水西安贵荣的引诱下,不堪宋氏暴虐统治的十二马头地方的苗民阿杂等作乱,叛乱平定后,朝廷欲将宋氏首领宋然问斩,后改为"依土俗量纳米谷赎罪,仍革其冠带为民"。次年,巡抚贵州都御史沈林欲乘此机会将宋氏所领的贵竹、平伐等七长官司以及十二马头地方、金筑安抚司等改土归流,总设一府,十二马头、贵竹各设县,"皆以流官抚理",巡抚都御史陈天祥以及兵部等以"各长官司夷民不愿开设府、县"等为由,予以拒绝。[3]

其实除了原住民的抵制外,改流遭拒还有其他因素。设置流官意味着行政经费的大量增加,建设衙门官舍亦需许多花费。前文提到,贵州财政一向极为紧张,微薄的赋税远远不够维持基本的行政

1　参见毛奇龄《蛮司合志》卷 2;《明宪宗实录》卷 155,成化十二年七月壬子条,卷 221,十七年十一月己卯条;万历《贵州通志》卷 3《贵阳府·沿革》,卷 19《改拨定番州学议》;嘉靖《贵州通志》卷 3《户口·程番府》;杨正泰《明代驿站考》,第 124 页《贵州驿路分布图》。程番首任知府邓廷瓒,为官声誉颇佳。参见李东阳《怀麓堂集》卷 9《邓程番遗爱图》;郑纪《东园文集》卷 8《送黄太守之程番序》;吴宽《家藏集》卷 77《明故资德大夫都察院左都御史赠太子少保谥襄敏邓公神道碑铭》;《明史》卷 172《邓廷瓒传》。

2　参见弘治《贵州图经新志》卷 1《贵州宣慰司上》;《明史》卷 316《贵州土司传》。

3　参见《明武宗实录》卷 101,正德八年六月壬寅条,卷 116,九年九月戊辰条;《明史》卷 316《贵州土司传》。较诸《明实录》《明史》的记载,明人文徵明所撰《甫田集》卷 26《明故嘉议大夫都察院右副都御史沈公行状》所载沈林要求在贵州改土归流的范围更广,程度更深,其文云:"宣慰使宋然桀骜首祸,公奏革其职。仍奏建总府于省城,令贵竹、水东等五长官司,洪遥等十三马头及程番府所属金筑安抚司、上马桥长官司、龙里卫所属大小平伐二长官司并隶焉。置二县分治其故地,其四十八枝头目、青山等寨、龙筑等长官司、毕节等仍隶宣慰使万钟,改置诸长官为流官,悉隶贵前二卫,诸土舍悉令占数为编户。"

运作，需要川、湖、滇等省的协济，"官戎岁给，全仰他省"。协济数量甚至超过了黔省各种赋役岁课收入之总和，尽管如此，依然入不敷出，"官军俸粮历一二年不支，无从措处"，许多典目、仓丞等小官吏"饿死不得返"。财政困难显然也是朝廷不愿改流的重要原因，这可以从以后官员们关于设府的讨论中看出来。

3. 贵阳府与新贵县的设立

隆庆初年，杜拯巡抚贵州，采取措施进一步限制宣慰司的权力，规定其施行政令必须上报布政司批准。[1] 隆庆二年（1568），黔抚杜拯与巡按王时举等官员再次疏请在省城设府，他们的目的主要是保证王朝能够真正对省城及周边百姓进行有效管理。[2] 似乎是有鉴于沈林设府之议遭到朝廷拒绝的教训，杜拯等人考虑到原住民的抵制以及经费等因素，提出了一个温和得多的方案，首先是保留了宋氏土官，其次是不再请求添设新府，只是要求将程番府治移至省城，并将平伐长官司与"所辖皆流寓者之子孙"的贵竹长官司改流，设二县，隶程番府。"庶经制全而体统不紊，民心顺而政务日臻矣。"[3]

杜、王二人的奏疏得到了朝廷官员的支持，但杜拯的继任者赵锦对此提出异议，他承认移府的可行性，盛赞其为"万世之利"，并乞请钦定府名，抛弃程番府这一带有蛮夷色彩的名字（后钦定为贵阳府），"以耸观听"。但对改流设二县之事他深表疑虑，甚至认为连设一县都不能操之过急：

> 其改设县治，原奉抚按衙门议将贵竹、平伐二司俱并改

1　参见杜拯、王时举《议联近属移府治疏》，万历《贵州通志》卷19《经略志上》。

2　参见杜拯、王时举《议联近属移府治疏》，万历《贵州通志》卷19《经略志上》。

3　参见《明穆宗实录》卷21，隆庆二年六月己卯条；杜拯、王时举《议联近属移府治疏》，万历《贵州通志》卷19《经略志上》。

为县，今奉部议，改为二县。但地方窄狭，丁粮寡少，难设二县，请乞题请并作一县，待移府之后，行知府卢遫查将二司土民、客民、钱粮，再查各处空闲人民、土地，并为一大县，另议置里甲，均定粮差，庶地方广阔而丁粮差役可充足矣。[1]

身在贵州、明白地方情形的赵锦显然更为务实。他的意见是先移府，待条件（主要是指能征派到充足的丁粮差役）成熟时再考虑改土归流，并二司为一县。财政不敷的事实使赵锦占了上风，改流并县之事暂被搁置。

隆庆三年（1569），程番府更名贵阳府，府治北移至省城。《明史》称："隆庆三年，移程番府为贵阳府，与宣慰司同城，府辖城北，司辖城南。"[2] 从地理位置上看，城北刚好与水西安氏的辖地连成一片，城北为流官辖地的规定，或许与便于控制土司的目的有关。

囿于经费的困窘，没有添买地基，修建衙门，官员们因陋就简，尽量利用现有设施，将提学分司加以修葺，改作府衙。同时将龙岗书院内的阳明祠改为府学，与宣慰司学共一文庙，"学制、殿庑、祠祀与宣慰司共之，而以司学右阳明书院为明伦堂"。直到三十多年后，这种"学官虽有专除，宫墙尚未专设，师生杂处司学中，斋舍依附司学之右"的状况才得以改变。[3]

省城设府后，程番旧治只设通判一员驻扎，明廷对此地的控驭相对削弱。例如府学远在贵阳，程番生员居住百里之外，"每遇朝祭大礼多不赴学"。[4] 赋役征派的困难尤令官员们头疼。通判有官无印，并非专职，事权极轻，"威令不行，粮马率多逋负，剽劫肆其横

1　万历《贵州通志》卷19《经略志上·议迁府治疏》。

2　《明史》卷316《贵州土司传》。

3　参见万历《贵州通志》卷3《贵阳府·学校》；卷19《经略志上》之《议迁府治疏》《建贵阳府学议》；卷22《建修类·迁建贵阳府治记》。

4　万历《贵州通志》卷19《经略志上·改拨定番州学议》。

行"。[1]万历十四年（1586），贵州巡抚舒应龙、巡按毛在疏请在程番设置定番州，并旧事重提，请求将贵竹、平伐二长官司改土归流，加上归化、新哨二里，并为一县，附郭贵阳。程番曾为府治，"城池、学校、公廨等项，依然具在，无烦改作，彼中人情似亦相安"，[2]因此几乎没有遇到任何阻力，设州一事便获批准。[3]但置县附郭之议仍然受到兵科给事中顾九思等许多官员的质疑：

> 规制一更，其情或有所不便；体统少杀，其心或有所不堪。而番苗杂处，狼子野心，未必人人贴服，遵我文告，可为土人虑者一。县之设于会城也，尊官大吏环而临之，不下数十辈，而地当滇南孔道，轮蹄络绎，土司各分其疆，而县官拥一虚位，供亿烦冗，何以应之？此为县官虑者二。库贮之钱价有限，营运之费用不赀，能不挪借官帑取办民财乎！可为全省虑者三。且今滇南不靖，蜀复多故，而贵阳与二徼接境，其可虑不又有大哉！[4]

顾九思的三大忧虑中，有两条与改流将导致经费支出增加、地方难以应对相关。改流设县一事，遂"屡疏屡堪议，竟道傍不决"，历四五年而未果。直到万历十九年（1591），改流设县之事才得到朝廷批准，于是贵竹司更名为贵竹乡，编户南隅、西隅、北隅、谷也四里，此外新哨、归化二里亦归其管辖，平伐司更名平伐乡，编户上牌、下牌、江肘、谷广四里，两乡连同龙里卫合并为一县，附郭省城贵阳，钦定县名为"新贵"。贵竹司正长官宋显印授以土县丞，副长官宁国梁授以土主簿。经过这样一番调整后，贵阳府辖县一

1　万历《贵州通志》卷19《经略志上·议设州县疏》。

2　《明神宗实录》卷170，万历十四年正月辛酉条。

3　《明神宗实录》卷172，万历十四年三月乙卯条。

4　《明神宗实录》卷170，万历十四年正月辛酉条。

（新贵）、州一（定番）、安抚司一（金筑），终明之世，未有变化。[1]

值得注意的是，这一结局与毛在、舒应龙的规划有所不同，"新贵"县不但包括了贵竹、平伐二长官司以及谷也、归化二里，还包括了原龙里卫，地域扩大或许是朝廷同意设县的重要原因。

4. 行政成本与汉夷风俗

正如贵州设省是以思州、思南二宣慰司的改流为契机，贵阳设府与贵竹设县同样与贵竹、平伐二长官司的改流有着密切联系。从正德九年（1513）提议改流到万历十九年（1591）改流成功，经过了近80年的时间，考虑到贵竹、平伐二司弱小的实力，改流曲折的原因似乎主要不在于土官的反抗，经费困难等因素才是我们更应该予以关注的。从杜拯等计划贵竹、平伐各设一县，到赵锦计划并二司为一县，再到舒应龙等并二司和谷也、归化二里为一县，最后的结果是并二司、二里与龙里卫为一县，县的规模不断扩大，个中缘由，或许与需要更多的地丁钱粮来支持新设县份的行政运作有关。从省城新置一府的最初规划，到移程番府治入省城，亦是出于行政成本方面的考虑，而定番州设置的顺利，显然是因为不需要太多的经费。

从逻辑上讲，设置流官意味着行政经费的大量增加，这对朝廷的扩张行为是一个重要制约。同时，原住民的抵制与反抗也常常使得中央王朝顾虑重重，甚至有收回成命、恢复土司的举动。[2]这两个

1　参见江东之《瑞阳阿集》卷3《黔中疏草·黜陟边臣疏》；万历《贵州通志》卷3、22。据说当时叶福堂当国，其原籍为福建省福州府福清县，三福相连，于是疏请仿效之，遂定县名为新贵，贵州、贵阳、新贵三贵相连，参见李澄中《滇行日记》卷下，四库全书存目丛书本。

2　例如嘉靖年间曾将四川芒部土府改流，结果引起了乌撒、东川、水西等土官、原住民的反抗，经过几次武力较量，明廷不得不恢复土官知府（参见《明史》卷312《四川土司传一》）。另一个典型的例子是，正统时贵州的"苗乱"曾导致一些官员建议废除贵州行省及各府大小官吏，全面改流为土，原住民反抗、米粮艰难是这些官员所持的主要理由。参见于谦《忠肃集》卷3《南征类·兵部为怀柔远人事》。

因素又往往交织在一起并相互冲突——只有改土归流，将更多的原住民纳入编户才能开辟更丰厚的税源，从而获得较多的经费，但这通常又会激起更强烈的反抗。因此，改流的进程常常伴随着武力。[1]

此外，移民的涌入与文化渗透也是解决这一矛盾的办法之一。[2]在许多士大夫的观念中，"夷俗"与"中国之治"之间存在着矛盾，[3]"蛮夷之性"与土司制度之间有着某种必然联系，王阳明称：

> 盖蛮夷之性，譬犹禽兽麋鹿，必欲制以中土之郡县，而绳之以流官之法，是群麋鹿于堂室之中，而欲其驯扰帖服，终必触樽俎，翻几席，狂跳而骇掷矣。故必放之闲旷之区，以顺适其犷野之性，今所以仍土官之旧者，是顺适其犷野之性也。[4]

即便是设置了流官机构，将原住民纳入编户，但文化方面的隔膜依然形成诸多障碍，本书第二章第三节对此已有论述，兹不赘述。

在移民及汉化程度较深的土司地区，土官存在的必要性则受到了质疑，毗邻省城的贵竹长官司的改流即与此密切相关：

> 贵竹司旧人，多出腹里中州，前代仕宦经商流移至此，岁久遂家焉。风俗纯厚，率多尚礼，以耕为乐，不喜华靡，尤重

---

1 对一些实力弱小的土官如贵竹司、平伐司等进行改流则常常采取和平方式。

2 沈梅注意到了科举教化的兴起与改土归流的关系，参见沈梅梅《明清云南改土归流的文化条件》，《思想战线》1997 年第 5 期。

3 例如明人郑大郁称："（贵州）地纯夷俗，非可以中国之治治之也。"郑大郁：《经国雄略》卷4《贵州》。黄仲昭《未轩文集·补遗》卷上《贵州左布政使黄珽列传》亦云："吏部先已擢珽参政贵州矣，珽至，以其地夷獠杂居，不可以中州文法绳之，为政务简静，不事苛扰，论者以为得体。"闵珪《论抚讲岑应疏》（汪森编《粤西文载》卷5）亦称："况广西、云南、贵州、四川各处蛮夷边境，地皆炎瘴，人皆顽梗，不可以中国之治治之。"

4 王阳明：《王文成公全书》卷 14《别录六·处置平复地方以图久安疏》。康熙四十六年（1707）二月，康熙皇帝在写给黔抚陈诜的朱批中亦称："土司种类虽繁，风俗各异，自古王法不能绳。若以内地民情治之，断不能行。"中国第一历史档案馆编《康熙朝汉文朱批奏折汇编》第1 册，档案出版社，1985，第 601 页。

于婚丧，有中州遗风。……盖谓旧人者，以其男女服饰器用悉循古制，因号之。[1]

　　和其他土司区完全不同，明初一开设司治，朝廷便能在此地编定里甲，"自国朝开设司治，始有里甲之分"，共 676 户，1418 丁口。[2]在贵阳设府的争论中，杜拯等官员打算在贵竹改流，其所持理由是：

　　　　贵竹长官司所辖皆流寓子孙，与夷民不同。[3]

　　贵竹地区改流设县后，水西土司试图恢复贵竹司，南隅、西隅、北隅、谷也四里有百姓联名反抗，声称：

　　　　四里百姓系流寓汉民，与本土苗仡佬不同。[4]

　　总而言之，省城置府设县这一在贵州历史上极为重要的事件，是在明王朝对贵州的开拓不断深化以及中原移民与文化不断渗透的背景下发生的，同时还受到了财政困境的制约。在是否改流以及怎样改流的考量、辩论与实践中，行政成本与文化隔膜都是需要面对的问题，前者在贵州这样的山多田少、土地贫瘠的地区表现得尤为明显。

5. 恢复贵竹事件

　　眼看着王朝力量在广阔的贵州中部、南部地区扩张，甚至与自己毗邻的贵竹长官司也被改流，水西安氏的忧虑可想而知。万历

1　嘉靖《贵州通志》卷3《风俗·户口》。
2　嘉靖《贵州通志》卷3《风俗·户口》。
3　《明穆宗实录》卷21，隆庆二年六月己卯条。
4　江东之《瑞阳阿集》卷3《黔中疏草·乞赐生还疏》后所附四里百姓之呈状。

二十四年（1596），安疆臣袭任贵州宣慰使，立即采取行动以图恢复。在此行动中，汉把陈恩、王嘉猷等是安疆臣的重要智囊，通过各夷目汉把的活动，安疆臣在京师营造了一张关系网，黔抚江东之称：

> 安疆臣差罗景春等，自京师来坐驿马九匹，臣委官拿解，除皮包衣段发布政司遣回外，搜得夷目李元育、陈敬圣各书一封，内称寄送张近泉衙门使用银四十两。审之张近泉，涸名张矮子，住长巷一条胡同，安差来京久住，皆其潜藏者也。又毛国康寄夷目张问达书一封，内云目主钦奖，皆年丈维持之功，在京行事罗西、田大才，弟不过指引代劳而已。审之毛国康，即毛懋康，系工部吏。与安酋夷目结为兄弟，备衙门打点，皆其指引者也。又宋汝奇书一封，内称谢厚赐。审之宋汝奇，系数万巨商，住武功坊西大街，与安酋父子相交，凡打点银有不敷，从之挪借者也。同行承差张鲸麟揭首，在京探得贵州应巡按参革安疆臣冠带，毛懋康引见该司承行吏章用吾，先送银二百两，转寻监生郑宾亭，送员外某银七百两，方得复本免革，进大木。毛国康引见节慎库吏万璟、都水司吏蔡贵宇，各送银一百两，托送郎中某银七百两，求得复本内旌奖数语。礼部国康引见吏卢荣惠，送员外某银一百两，求得题请宴赏。又送车驾司某银五十两，求勘合填钦赏字样。凡各部复本，承行吏俱窃稿与安酋差人先看，有毛国康邀帖约期可凭。安疆臣票仰在京气脉云："李元育所禀欠使用银，知道了，汝放心，银后面带来还，不可擅用买办衣段银两。"有亲笔押字可证。罗凤坤等自去冬起身，今年五月方回，夷使在京之久，甚非理法之宜。[1]

江东之所言证据确凿，似非诬妄之词。其他官员亦有类似指

1　江东之：《瑞阳阿集》卷 3《黔中疏草·塞邪径疏》。

责，"安疆臣贿副使，林乔楠则揭于通衢以拒之"。而贵州巡按应朝卿亦拒绝过汉把陈恩的贿赂。[1]

安疆臣的关系网络甚至包括了兵部尚书石星，后者在奏疏中请求"该属贵阳府者方属贵阳府，该还土司者还归土司"，[2]直接支持恢复贵竹司的行动。

此外，安疆臣还力图造成原住民不愿改流的局面，或诱使，或威胁，争取新贵县土县丞宋显印、土主簿宁国梁的支持。结果宋显印离开其久居安氏的驻地——大方，而拒绝合作的宁国梁则险些被刺杀。[3]

但除非经费难以措置或者朝廷无法妥善应对原住民的反抗，否则改流为土这种"不可思议"的现象很难发生。在贵州巡抚江东之、巡按应朝卿、兵部侍郎李祯等众多官员的反对下，恢复贵竹司的计划以失败告终。明廷还要求安疆臣交出为其出谋划策的陈恩、王嘉猷等，江东之甚至建议率兵进剿水西。而安疆臣显然想庇护陈、王二人，水西与朝廷的关系渐趋紧张。[4]

贵竹司事件并不仅仅是水西与明王朝的较量，它同时还折射出明廷内部的斗争。虽然江东之在攻击支持安疆臣的兵部尚书石星时声称："臣与石星素厚，今日之事，宁负石星，不敢负陛下。"[5]但其实他与石星早已是政治对手，并无多少私交可言。万历以来，内阁与言官之间似乎矛盾重重，势同水火。万历十二年（1584），在阁臣申时行、许国等与御史张文熙、丁此吕等人的争斗中，石星是内阁

1　参见应朝卿《参处安酋疏》，万历《贵州通志》卷20《经略志下》；江东之《瑞阳阿集》卷3
　　《黔中疏草·清治本疏》。

2　参见江东之《瑞阳阿集》卷3《黔中疏草》中的《清治本疏》《黜陟边臣疏》《乞赐生还疏》。

3　参见江东之《瑞阳阿集》卷3，《黔中疏草·清治本疏》；应朝卿《参处安酋疏》，万历《贵州
　　通志》卷20《经略志下》。

4　参见江东《瑞阳阿集》卷3《黔中疏草·清治本疏》；应朝卿《参处安酋疏》，万历《贵州通志》
　　卷20《经略志下》；《明神宗实录》卷320，万历二十六年三月丙申条。

5　江东之：《瑞阳阿集》卷3《黔中疏草·清治本疏》。

的坚定支持者，而作为言官的江东之则因疏劾申时行失败而遭贬。[1]

从这个角度看，虽然成功阻止了贵竹复司，但江东之并没有取得彻底胜利，他弹劾石星等官员受贿的奏疏被斥为"不根之言"，并且很快丧失了进一步展开攻势的机会。万历二十七年，黔军在进剿起兵反明的播州土司杨应龙的战斗中败绩，江东之的政敌乘机反攻，使其被削职回籍。[2]

二　奢安之乱与安坤事件

1. 播州事变

播州事变暂时缓和了水西与朝廷因贵竹司事件而渐趋紧张的关系，却为更激烈的冲突埋下了伏笔。在平播战役中，水西的态度至为关键，大学士沈一贯称：

> 盖安氏与杨氏，接壤世姻，声势依倚，杨氏发难之时，天下疑安氏为助，而安氏又与贵州甚近，若安助杨，无论杨不可诛，而贵州省城亦不可保。[3]

在这种背景之下，在贵竹司事件的公文中桀骜不驯的安疆臣的形象出现了戏剧性的变化，明廷同时放弃了勘问陈恩与王嘉猷的要求。贵州巡按宋兴祖疏称：

> 安疆臣颇守臣节，臣至其部，迎谒甚恭。虽土司形迹难

1　参见《明史》卷 218《申时行传》，卷 236《江东之传》；江东之《瑞阳阿集·明故中议大夫都察右佥都御史念所江公墓志铭》。

2　参见《明神宗实录》卷 324，万历二十六年七月丁亥条，卷 333，二十七年四月庚午条，卷 337，二十七年七月癸酉条；江东之《瑞阳阿集·明故中议大夫都察右佥都御史念所江公墓志铭》。

3　沈一贯：《言川贵总督揭帖》，《明经世文编》卷 435。

凭，而中国驾驭责善，且彼自谋杀安定，何与中国事，而必以
汉法绳之？宜赦陈恩、王嘉猷，以结疆臣之心。[1]

万历二十七年（1599）十月，皇帝亲自制诏：

安疆臣既称忠顺，朝廷嘉与维新，其谕令感恩图报，如能
歼贼，不爱非常之赏，陈恩、王嘉猷，俱许纳赎。[2]

安疆臣似乎还想进一步试探朝廷的态度，奏称：

播警方殷，令剿在即，谨陈忧谗畏讥之私以息群猜。[3]

万历皇帝立即"优诏答之"，称赞其"奋忠讨逆，奉公灭私"，
许以在功成之后给予重赏。[4]在贵州巡抚郭子章等官员的努力劝说
下，狐疑不定的安疆臣终于率兵攻播，克黑水关，破大红关，夺洛
蒙关，至大水田，焚桃溪庄，"若履无人之境"。当八路大兵会剿杨
应龙的最后据点海龙囤时，水西兵马独当后路，而三省七路兵共 30
万则进攻前路。[5]

播州杨氏败亡后，改设遵义、平越二府，下设若干县，分属

---

1 《明神宗实录》卷 333，万历二十七年四月庚午条。
2 《明神宗实录》卷 340，万历二十七年十月戊子条。
3 《明神宗实录》卷 346，万历二十八年四月己丑条。
4 参见《明史》卷 316《贵州土司传》；《明神宗实录》卷 346，万历二十八年四月己丑条。解读
相关文献可发现，判定一个土司是否叛逆往往并没有统一的标准，许多时候取决于朝廷与地
方官府所面临的问题以及官员们在治边思想方面的个人偏好，这些问题与偏好同土司本身无
直接关系，但却影响到官员对土司是否效顺的判断，安疆臣形象的即是一个显著的例子，此
外尚可参见高拱《靖夷纪事》（四库全书存目丛书本）、温纯《温公毅集》卷 1《将臣轻率失
律抚臣谋虑太疏致损军兵乞赐严究并图善后事宜以振军威疏》中关于水西叛服与朝廷该如何
应对的讨论。
5 参见李化龙《平播全书》卷 10《行奖安疆臣兄弟》，卷 11《行水西兵不得全占囤后》；《明史》
卷 312《四川土司传二》，卷 316《贵州土司传》。

川、黔二省，里甲制顺利推行，播州成为王朝的"新疆"。[1]明廷对西南地区的渗透进一步深入，在水西东北面形成了扼制之势，而水西则失去了牵制中央王朝的一大力量。安疆臣很快发现，他实际上是被明廷利用与欺骗了。皇帝亲自答应的"非常之赏"成为泡影，"十年以来，兵部苦于蜀议，无尺寸之叙，国家亦无分毫之赏"。黔抚郭子章许诺赏给的乌江六百里之地也成了空中楼阁，不仅如此，以王象乾为代表的一批官员进而要求水西归还七十多年前所侵占的播州水烟、天望地方，郭子章等人表示反对，经过数年争论，最后水西以增输税粮为代价，保住了水烟、天旺两地。在这场论争中，蜀中官员甚至建议出兵水西。[2]

　　平播后水西遭受的另一挫折是，安疆臣之弟安尧臣被迫放弃了对镇雄的统治，返回贵州。

2. 奢安之变

　　万历三十六年（1608）安疆臣去世后，水西与朝廷的关系呈现出进一步恶化的趋势。黔省官员在承袭之事上一拖再拖，勒索重金，安疆臣遗子安位数年不得袭。[3]当时安位年龄尚幼，贵州巡按杨鹤乘"寡妇孤儿仰我鼻息之日"，清查水西"户口扼塞之数，与头目汉把主名"，以图深化对水西的控驭，增加钱粮收入。[4]另一方面，大量饥饿不堪的"仲苗"聚集水西，抢劫官道，明廷接到巡抚李枟的奏报后，立即指示将贼党擒获正法，并要重处"抗违庇护"的土

1　例如朱燮元的奏疏中有："臣惟遵义新疆，路逼水、蔺，内则旧民助逆，外则安酋屡犯郡城。"朱燮元：《少师朱襄毅公督蜀疏草》卷6《残边加升道臣弹压疏》。

2　参见吕邦耀《土司恶形渐彰乞责成黔省抚臣疏》，吴亮《万历疏钞》卷42；郭子章《看议播界疏》《题夷情疏》，《明经世文编》卷419；《明史》卷316《贵州土司传》；《明神宗实录》卷374，万历三十年七月癸亥条，卷378，三十年十一月庚申条。

3　参见《明熹宗实录》卷16，天启元年十一月丁巳条。

4　参见《明神宗实录》卷563，万历四十五年十一月癸亥条。

司。[1] 当时因为土司之间的争斗，朝中以及地方官员积极讨论严惩水西、乌撒、镇雄的土官土目，甚至打算"合兵剿除"。[2]

这一系列事件与水西反明有着直接联系。天启间贵州提学佥事刘锡玄称：

> 水西据黔之腹心，其地广而赋饶，凡瘠土皆我黔土，而膏壤无非沃壤也。故力能控驭诸土司及苗仲。其视我黔省流官既若眼屑面疣，而流官之纵衙隶朘土司者十人而九，弱怒色，强怒言久矣。水西之必反，数十年来无智愚知之，而无一人敢言之，言则速之反耳。[3]

刘锡玄的叙述或许有夸饰色彩，但他对水西与地方官员紧张关系的描述可谓一语中的。天启元年（1621）三月，满州兵取沈阳，大败明军于浑河，直捣辽阳，京师戒严。[4] 四川永宁宣抚使奢崇明、水西土舍安邦彦借机起事，奢安事变爆发。

天启元年九月，奢崇明以愿提师三万援辽为名，聚兵重庆，杀害前来点兵给饷的四川巡抚徐可求，占据重庆，建国大梁，蜀中震动。[5] 与播州之乱时相似，朝廷内外对水西的强硬态度很快发生了戏剧性的逆转。同年十一月，贵州巡按史永安疏请让多年未能承袭的安位立即袭任贵州宣慰使：

> 黔中土司莫大于水西，向累从征调，曾效忠勤。近奢社辉

1 参见《明熹宗实录》卷2，泰昌元年十月癸亥条。
2 参见《明神宗实录》卷596，万历四十八年七月庚寅条；《嘉宗天启实录》卷3，天启元年三月辛亥条。
3 刘锡玄：《黔牍偶存·围城日录·叛逆缘起》。
4 参见《明史》卷22《熹宗纪》。
5 参见朱燮元《朱少师奏疏钞》卷1《逆贼奢崇明父子造叛杀占重庆节略》《恢复重庆节略》；谷应泰《明史纪事本末》卷69《平奢安》。

以妇人掌其事而呈详土舍安位应袭，臣屡催该道申详，而竟不报也。闻司道陋规，有黄金百两之说，署印副使邵应帧故避嫌卸担，不知何年何人作俑至此？堂堂藩臬立有受金定例，身之不法，下将何观！况奢酋发难，虑与水西百计联合，其间机括关系最巨，乞速催安位承袭，仍将土司袭谢陋规严行禁革，犯者听臣参劾，究赃治罪。此外各土官、土舍俱催次第承袭，庶砺臣子清修之节，亦坚夷官向化之心。[1]

朝廷以极快的速度批准了史永安的请求，一个月后，安位正式袭职，[2]但他年龄尚幼，掌握实权的是其叔父安邦彦。在受命剿永宁的幌子下，安邦彦拥兵至贵阳附近，领取饷银六千，然而他并没有立即出兵北上，饷银则被他用来笼络"苗仲"。[3]当时水西大兵虽聚集贵阳城外，但安邦彦尚狐疑不定。天启二年正月，奢崇明利用汉人军师何若海的计谋，传檄假称成都已被攻破。安邦彦听闻，立即率兵围攻贵阳。安氏"地大而力盛"，其甫一参战便引起了连锁反应，乌撒土官安效良、水东宋氏土司以及各路"苗仲"纷纷出兵响应，"绵亘长驱，动摇数省"。时人称："今天下两大患，东则辽，南则黔。"[4]与此相应，明廷在筹措经费方面专门设置了"京边"与"黔饷"。[5]

---

1 《明熹宗实录》卷 16，天启元年十一月丁巳条。土官承袭时需向有关官员送礼在明清时期是一个普遍现象，清雍正年间云贵总督高其倬称："云贵两省土司承袭之事，皆有规礼。"《世宗宪皇帝朱批谕旨》卷 176 之一《朱批高其倬奏折》，四库全书本。

2 参见《明熹宗实录》卷 17，天启元年十二月壬辰条。

3 由于卫所制度的败坏，当时在整个贵州甚至省城贵阳，明军的力量都相当薄弱。清人胡文学认为当时黔抚李枟同意安邦彦剿蔺并发给饷银是缓兵之计，与此同时，李枟加紧征集兵马及军用物资，以防安邦彦之叛。参见胡文学《甬上耆旧诗》卷 25，四库全书本。

4 参见刘锡玄《黔牍偶存·围城日录·叛逆缘起》；朱燮元《朱少师奏疏钞》卷 1《恢复建武叙南六县泸纳合江等处节略》；谷应泰《明史纪事本末》卷 69《平奢安》；《明熹宗实录》卷 79，天启六年十二月己亥条。

5 参见《明熹宗实录》卷 74，天启六年七月己卯条；卷 75，六年八月丁未条。

从天启元年（1621）到崇祯三年（1630），明王朝卒十年之功，动黔、川、滇、湖四省兵力，费百万饷银，终于攻占永宁，并消灭了安邦彦、奢崇明、安效良与水东宋氏，重创了黔西北、黔中、川南一带的土司势力。乌撒在安效良死后基本停止了与明军的对抗，而水西亦于崇祯三年乞降。[1]当时朝廷同样已精疲力竭，特别是经费艰难一直制约着军事行动，"京边"与"黔饷"难以兼顾，[2]在这种情况之下，总督军务的朱燮元同意招抚安位，[3]但附带了四个条件：

一、贬宣慰之爵；

二、削鸭池河以东的水外六目地给朝廷，但安氏在贵阳城外的旧宅予以保留；

三、交出杀害贵州巡抚王三善的凶手；[4]

四、开通毕节等驿道。

安位——顺从，黔西北土司与中央王朝的较量告一段落。[5]

早在天启三年，明军已攻克永宁，在此地设置道、府，"与遵义、建武声势联络"。战事结束后，水东宋氏败亡，水外六目之地亦不复归水西土司所有，明王朝怎样看待这一统治范围的扩张？朱燮元的善后疏中有：

> 水西自河以外已悉入版图……诸将士皆身经数百战，咸愿得尺寸以长子孙，即割新疆（这里的"新疆"指水西河以外被

---

1 参见《明史》卷311《四川土司传一》；卷249《朱燮元传》。关于奢安反明的经过，在《明熹宗实录》，《明史》卷249、311、312，《明史纪事本末·平奢安》以及明人刘锡玄所著《黔牍偶存》，清人李珍所著《明季水西纪略》，道光《大定府志》中有极为详细的记载，而朱燮元的《朱少师奏疏钞》与《少师朱襄毅公督蜀疏草》则保存了关于这一事件的许多公文。

2 参见《明熹宗实录》卷74，天启六年七月己卯条；朱燮元《少师朱襄毅公督蜀疏草》卷6《催饷辞衔免扇疏》、卷9《议留钱粮疏》。

3 其实自叛乱初起，明王朝就没有放弃过招抚安位与其母奢社辉的努力。

4 天启四年，黔抚王三善率军深入水西地区，在回师途中遭到伏击，兵败身亡。

5 参见朱燮元《朱少师奏疏钞》卷6《安酋业已投诚绅衿未肯罢战谨陈夷情士论仰请圣裁以决进止事》；谷应泰《明史纪事本末》卷69《平奢安》。

割归朝廷之地——引者注）以授之，使知所劝。[1]

进入"版图"与成为"新疆"是紧密联系在一起的，而割"新疆"以授诸将则意指在"新疆"置卫所而非郡县。明制，卫所官员系世袭，此即"授"与"长子孙"之意，但卫所士兵是向王朝输赋应役的编户齐民，与土司土民性质迥异，因此与播州改流后所设的遵义、平越等府相似，水外新设卫所同样被视为王朝之"疆"，传统中国的"疆"与"版图"对编户的强调可见一斑。[2]

崇祯帝同意了朱燮元所请，于是在水外之地设立镇西、敷勇二卫，沿河要害，筑城36所，容纳了大批军事移民，同时立邸舍，缮邮亭，建仓廪，设卫学，增解额，"近控苗蛮，远联滇蜀"，封锁了水西"出犯"之道。[3]贵阳周围的土司基本上被肃清，"一线之外，四面皆夷"的贵州社会发生了巨大变化。

水外六目地之田土、百姓既入王朝"版图"，水西土司向王朝所缴之赋，所应之役理应相应减少。崇祯九年（1636），朱燮元奏称：

> 查宣慰地方原有九驿，除水外三驿臣久割其土地人民，不复责成外，今尚存谷里、水西、奢香、大方、阁鸦、归化六驿。[4]

徭役的减少已如朱燮元所示，[5]但赋税方面，笔者所见明代材料

1　刘宗周所撰《朱公墓志铭》（《朱少师奏疏钞》卷首）以及《明史》卷249《朱燮元传》都摘抄了这份奏疏，文字略有出入。

2　关于传统中国"版图"与"疆"，本书第一章第一节已有论述，本章下一节亦将有分析。

3　参见《明史》卷249《朱燮元传》，卷312《四川土司传二》；朱燮元《少师朱襄毅公督蜀疏草》卷8《恭报蔺地善后机宜疏》；《朱少师奏疏钞》卷6《列城扼险守御粗备敬陈善后事宜建卫所久任世守以固边疆事》，卷7《议建学校请广制额以作新遐方永固疆圉事》。

4　朱燮元：《朱少师奏疏钞》卷8《西土分设已明协同议善后事宜列款具陈恭请圣裁事》。

5　前文指出水西支应13个驿站之役，渭河驿已于万历九年裁革，养龙、底寨、札佐三驿不在湖广—贵州—云南交通干线上，并非太重要，可能这或许是朱燮元称"宣慰地方原有九驿"的原因。

并无相关记载。所幸光绪年间修的《水西安氏族谱》收录了康熙二十一年（1682）已故宣慰使安坤之妻陇氏、应袭子安胜祖向朝廷汇报的钱粮清册，其中写道：

> 水西未设府制之前，每年载额秋粮京斗三千石，运付毕卫仓上纳，迨后地方残坏，人民故绝，于明季年间奉免一千石，止纳二千石。
>
> 水西各目承走谷里、水西、西溪、金鸡、阁鸦、归化六驿……[1]

据本书第二章第三节所述，明中期水西所缴秋粮共 3990 石，远多于陇氏、安胜祖所报钱粮清册中的数目，只有把后者理解为明末水外六目地割归朝廷之后，清康熙三年（1664）改土归流之前（即未设府制之前）[2] 的水西赋役数据，差距才能得到合理解释。如对比朱燮元与安胜祖所列六驿之名称，这一推测更有成立之可能，因为奢香驿即西溪驿，二人所列驿站完全相同。

播州事变使明廷在水西东北部对其形成了扼制之势，经过奢安之乱，永宁奢氏、水东宋氏被改流，水外六目地被割让（这里是阿哲家土地最肥沃的地方，是其重要粮仓[3]），水西的北部、东部、东南部的屏障全部丧失。中央王朝有了更深入控驭水西的基础。崇祯七年（1634），安位去世，无嗣。[4] 属下各目争立，互不相让。朱燮

1　《贵州水西宣慰司土妇禄氏应袭子安胜祖谨将新旧钱粮备造清册呈报伏乞查考施行须至册者》，光绪《水西安氏祖谱》。

2　水西改土归流在康熙三年，后陇氏、安胜祖等助朝廷平定吴三桂，得重新袭职，但权力受到极大限制（详后文）。

3　例如天启间的兵科给事中胡永顺称安氏"良田沃壤尽在水外六目"，《明熹宗实录》卷 39，天启三年十月丁卯条。

4　关于安位去世的时间，《明史》卷 249、《明史纪事本末》卷 69 均作崇祯十年，道光《大定府志》卷 48 则作崇祯六年。但长期驻扎贵州的当事人朱燮元疏称："七年十一月安位病故，无嗣，各夷纷纷争立。"疑《明史》《明史纪事本末》《大定府志》均误。

元等官员采取"中立"态度，对争权各方所推举的承袭者皆以"于理法不顺"为由加以拒绝，并且派遣中军副将谭正修、守备李先跃等督兵直入大方、毕节，"谕以圣恩，凛以国法"，敦促各目归顺。在汉把陈国是、李时芳、陈国基、杨启祥、周廷鉴、李奇芳等人的怂恿下，各土目纷纷献土献印，以求封赏。当时朝中一些大臣亦主张在水西改土归流，设置郡县。但为了使"土汉相安"，朱燮元建议"因其故俗"，不设郡县军卫，对归附土目、汉把全部封给土知州、土千户、土百户、土总旗、正长官等职，"众建诸蛮"，将实力强大的水西分解为众多小土司。并且将以前宣慰亲领的土地"归还"朝廷，重新编定粮额。这样，既瓦解了土司势力，又增加了土地钱粮，且不至于激起原住民的抵制。这种一举多得的办法很快便被明廷采纳。[1]

接着，朱燮元进一步采取措施，力图将水西纳入王朝的直接控制中。他令副将方国安率兵两千，驻守原宣慰司的驻地——大方，刘镇蕃等率兵1100名进驻比那，并在两地筑城，准备设立两个卫，明初水西卫旧址则设一守御千户所。此外，筑城守卫的地方尚有谷里等五处。

原宣慰衙门则改设学校，置先师木主，习礼开讲，化导原住民，给予他们参加科考的机会。朱燮元还对驿递进行改革，以前赋役由宣慰总行认办，宣慰派诸土目，土目则派于原住民。原住民只对土目、土司负责。为了防止土目等苛派，朱燮元改令驿站徭役折银，并另派"官头代为支应"，"派马一匹折银十五两上纳，派夫一日折银三分，各责成该管输纳，敢有通负者即行究罪加罚，各夷称便帖服"。朱燮元此举显然是想削弱土目对地方社会的控制，并将土民纳入官府的直接统治。[2]

1　参见朱燮元《朱少师奏疏钞》卷8《勘明水西各土遵照明旨分土授官以安地方事》；谷应泰《明史纪事本末》卷69《平奢安》；《明史》卷249《朱燮元传》。

2　参见朱燮元《朱少师奏疏钞》卷8《西土分设已明协同议善后事宜列款具陈恭请圣裁事》。

但这些措施很快激起原住民的反抗。崇祯十年（1637），化沙、杓佐、阿乌蒙等率兵攻陷大方城，副将方国安逃走。朱燮元为此"坐贬一秩"，同年四月，他与巡按御史冯晋卿等亲至大方，抚定叛乱。但内忧外患的明王朝不得不放弃诸城堡，并令前贵州宣慰使安万铨之孙世袭职，为延恩知府，统管诸部。安世很快去世，子承忠袭任宣慰使，"水西乃定"。[1]

朱燮元将水西本部纳入王朝"版图"的努力虽然最终功亏一篑，但他的驿传之役折银等改革却被保留了下来。康熙年间，安胜祖、陇氏所呈田粮清册云：

> 水西各目承走谷里、水西、西溪、金鸡、阁鸦、归化六驿，每驿站马三十匹，每匹价银三十两，共该价银九百两，六驿共该马一百八十匹，该价银五千四百两。
>
> 每驿每日站夫十名，每名该价银一钱，共该银一两。每年每驿夫三百六十名，夫价三百六十两，六站每年共该夫二千一百六十名，共该银二千一百六十两。
>
> 每驿搭应过往差员，日费米、盐、酒、菜该银一两，每驿每年共该银三百六十两，六驿共该日费银二千一百六十两。[2]

折银改革虽被延续，但因明王朝放弃了纳水西之地入"版图"的尝试，朱燮元当初欲"另金官头"削弱土目的计划随之流产，驿站仍然由"各目承走"，这正是当初"土官名下总行认纳"的原则。

---

1 参见道光《大定府志》卷48《水西安氏本末中》；《明史》卷249《朱燮元传》。
2 《贵州水西宣慰司土妇禄氏应袭子安胜祖谨将新旧钱粮备造清册呈报伏乞查考施行须至册者》，光绪《水西安氏祖谱》。

3. 安坤事件：制造叛逆 [1]

承忠去世后，其子安坤秉权水西，其孙安重圣则控制了乌撒。顺治十五年（1658），五省经略洪承畴率清兵进攻南明永历政权，被李定国的军队阻于沅州，于是遣使招抚安坤，"许以阿画、蔼翠故事"。在安坤的带领下，清军由西路小道攻占了贵阳。此外，安坤还令汉把曾经、雄彦圣带领吴三桂取开州，降修文、广顺。滇黔平定后，清廷令安坤袭任水西宣慰使，并赏赐袍帽、靴带并采币二十匹，加都督金事。而安重圣亦于顺治十六年归附，被授予乌撒土知府之职。[2]

康熙元年（1662），吴三桂奉命兼辖贵州。[3]两年后，他以水西、乌撒联合南明旧将反叛为由，率兵平定黔西北。吴三桂在奏疏中称：

> 水西逆苗安坤等梗化，臣亲提师至毕节，由大方、乌西直捣卧这……[4]

《清史稿》亦云：

1　学界对安坤事件已有一些讨论，其焦点在于确定此事件的性质，有"少数民族抗清斗争""少数民族上层分子破坏统一的叛乱""为维护自身民族利益，反对吴三桂阴谋割据"等观点，参见乔云生《试论安坤事件的性质》，《贵州民族研究》1982 年第 4 期；《贵州古代史》，第 292~295 页等。

2　参见《清世祖实录》卷 122，顺治十五年十二月辛卯条，卷 126，十六年六月癸丑条；《清史稿》卷 515《贵州土司传》；道光《大定府志》卷 49《水西安氏本末下》，卷 50《乌撒安氏本末》。清王朝进军西南之初，即认识到"进取西南要著首在收拾人心"，例如主持进军西南军务的洪承畴认为云贵"山川峻阻，林丛深密，大路仅通一线，四周尽属险峒，苗蛮族多，民人绝少，风俗全然不同，性情殊不相类，古称难治……必先得土司苗蛮之心而后可为一劳永逸之计"[洪承畴：《揭为进取西南要著首在收拾人心谨陈末议仰请上裁以期蚤奏太平事》（顺治十五年一月十八日），《明清档案》第 31 册，中研院历史语言研究所，1986，第 B17789 页]。明对黔西北土司的招抚正是基于这样的认识。

3　《清史稿》卷 474《吴三桂传》。

4　《清圣祖实录》卷 12，康熙三年闰六月丁卯条。

康熙三年，吴三桂督云、贵兵两路讨水西宣慰安坤之叛，平其地。[1]

清代许多私家著述如彭而述的《读史亭文集》、魏源的《圣武记》、刘健的《庭闻录》、李宗昉的《黔记》等亦持相同看法，[2]安坤叛清似乎已成定论。但令人疑惑的是，经过奢安之乱，水西安氏的实力已大为削弱，面对武功赫赫、所向披靡、刚刚消灭了南明政权的清王朝，何以敢自取灭亡之道？并且如果真要反清，为何不在南明永历政权未亡之时？

其实，讨平水西、乌撒是一个既定的计划，所谓反叛、梗化等只是一个表面的借口。作为实力较强的土司，水西遭到清王朝的疑虑系在情理之中，加上朝廷对黔西北彝族的许多礼俗相当陌生，误解极易产生。当永历政权覆亡之后，由疑虑、误解以及谣言所导致的矛盾便浮出水面了。顺治十七年（1660）二月初二日，安顺府知府石天瑞声称水西不知何故，在凤凰山驻兵数十营，黔抚卞三元接报后差人探察，获得了各种各样的信息，有人称水西正在举行婚礼，"苗俗，成亲多设兵马，备行粮"，有人称水西准备与郎岱土司仇杀，有人称水西正制造火药，有人称各土司齐于三月内举动，"分头取地方"等，卞三元便以"各处土苗窥伺贵州"奏闻朝廷，要求增加贵州军队。[3]但此后几年，并未有土司起事，显示所谓"三月内举动，分头取地方"系属谣言，考虑到卞三元一直试图增加黔省兵

1 《清史稿》卷512《湖广土司传》。

2 参见彭而述《读史亭文集》卷1《水西条议》，四库全书存目丛书本；魏源《圣武记》卷7《雍正西南夷改流记上》，中华书局，1984；刘健《庭闻录》，上海书店，1985；李宗昉《黔记》卷4，光绪十二年刻本等。

3 参见卞三元《谨揭为塘报事》（顺治十七年三月），《明清档案》第36册，第B20611~20613页。

力，[1] 选择有利于实现自己意图的信息上报朝廷似有可能。而他关于水西土司如何强悍，天启、崇祯间如何反明的叙述，同样易引起其他官员的共鸣与警惕。七个月后，平西亲王吴三桂又奏称：

> 贵州水西土司安坤久蓄异谋，近闻刑牲祭鬼，将为不轨。又马乃土目龙吉兆兄弟，私受李定国伪敕，缮器称兵，逆形已彰。臣念水西、马乃为用兵要路，未可容其窥伺梗阻，臣欲为先发制人之策；乘其未动，早为剿平，以清肘腋之患。又乌撒土司安重圣亦反侧叵测，所当并图收拾，以伸国威者也。[2]

所有认定安坤反叛的著者似乎都忽略了此疏。综观其文，同下三元的奏折相似，所谓安坤、安重圣谋反全系推测，并无根据，于情理亦有未合之处，如果水西、乌撒顺治十七年就准备反叛，为何同年十二月黎平县归弓寨苗变、康熙二年（1663）丹平长官莫之廉、金筑土官王应兆起事、广西阿仲叛乱[3]时不乘机起兵，而要等到康熙三年这些动乱全被镇压后才采取行动？尤具讽刺意味的是，就在吴三桂奏称水西欲反的头一年，安坤密报南明兴国公吕宏炀窜伏水西陇革，吕宏炀由此被擒。吴三桂奏称水西欲反的第四年，安坤将逃至水西的反清明将刘鼎擒获，送至贵阳处死。[4]

吴三桂所列举的水西反叛证据只有一条："刑牲祭鬼，将为不

1　参见卞三元《为黔省咽喉重地谨循各省之例请设城守之兵以备不虞以固疆圉事》（顺治十七年正月）、《谨揭为土苗叛念欲逞黔兵势弱可虑亟需添兵严防以备不虞仰祈敕部议抽调邻省官兵勒限移黔防御以保危疆以策万全事》（顺治十七年三月），《明清档案》第36册，第B20203~20205、B20615~20619页。

2　《清世祖实录》卷139，顺治十七年八月辛亥条。彝书对吴三桂上疏请求平定水西一事有简短记载："陀尼吴三桂，到西边吉娄家，他眈眈注视，到了五年呢，上京奏本说：'水西要造反，我可以征服，我可以平定。'"《彝族创世志》谱牒志二，第306页。

3　参见周春元等《贵州古代史》，第293页。

4　参见道光《大定府志》卷49《水西安氏本末下》。

轨。"此说极为隐晦，必须明白相关礼仪才能理解其含义。[1] 按黔西北的礼俗，祭祀时亲朋好友都要组织人马队伍，如率兵出征一样前往赶祭，称为"节戛"。[2] 如果是上层人物去世，场面更为宏大，如行军打仗一般，《黔记》载：

> （罗罗）酋长死则集千人，被甲胄驰马若战。[3]

黔西北古彝书中记载了一场"节戛"的场面：

> 很古的时候，在益额古帕，笃色濮巧死。作斋献祭他，古苦底叟赞，祭仪举行了。在一天之内，南方的兵众，驻罗索发戛。北方的兵众，驻益古蒙布。东方的兵众，驻蒙岱热额。西方的兵众，驻濯朵俄各。绕灵转戛时，亮了半边天。[4]

将这种礼俗理解为"谋叛"可能是一种有意的误读，事出有因，内阁学士张玉书称：

> （水西）初实无叛志，有大定总兵刘之福者，诛求未遂，心衔之。会其国有丧，其国俗皆被甲，之福遣人责问，水西大忿，遂杀来使。之福因白平西王吴三桂，言傈傈有反状。三桂具疏请征。[5]

---

1 乔云生利用《贵州通志》《黔记》等史籍，指出丧礼时披甲驰马若战是彝族的礼俗，吴三桂等故意曲解为"将为不轨"，诬陷水西反叛（参见《试论安坤事件的性质》，《贵州民族研究》1982 年第 4 期）。本书将引证相关彝文献，对此做进一步的说明。

2 参见《赫章县民族志》审稿本，赫章县民宗局，1993，第 161~162 页。

3 郭子章：《黔记》卷 59。

4 《彝族创世志》艺文志，第 89~90 页。

5 张玉书：《张文贞集》卷 7《纪平水西事》，四库全书本。

水西的娄素濮在祭祀时披挂铠甲，心怀疾怨的刘之福以此作为谋叛证据遣人责问水西，结果来人被水西所杀，这是事情的全部经过。刘之福、吴三桂便将正常的祭祀活动曲解为聚兵反叛上报，对毫无可责之处的乌撒则加上"亦反侧叵测"的帽子，一并打击。

乔云生分析了吴三桂疏请出兵黔西北的动机。

第一，当时全国基本统一，吴三桂需要制造一些动乱以维持、巩固自己的权势，"于时倡缅甸、水西之役以自固"。

第二，贪慕水西的财富。

第三，水西为西南要地，吴三桂欲控制此地，成就自己的野心。

第四，民国《大定县志》称："坤有妾美而体香，三桂求之不得，三桂以此衔坤。"[1]

清廷亦想把黔西北纳归中央直接统治，同时让吴三桂与安坤争斗，彼此削弱，因此同意征剿水西。[2]

"妾美而体香"之说最早见于道光《大定府志》，带有民间传闻的色彩。除此之外，乔云生的分析是有相当根据的，在制造"安坤事件"的过程中，吴三桂利用了安坤的亲信车噶喇（又译作"叉戛那""绰嘎拉""察革喇"等），史称：

> 叉戛那为坤所信任，而有二心于三桂。三桂许平坤，以叉戛那袭宣慰。叉戛那信之，故为三桂所用。[3]

当清军进讨之初，安坤欲"引罪出降"，"车噶喇不听，遂偕坤走宜那噶"，联合南明旧将皮熊，形成了事实上的反叛。[4]彝书对此

1　道光《大定府志》卷49《水西安氏本末下》。

2　参见乔云生《试论安坤事件的性质》，《贵州民族研究》1982年第4期。

3　道光《大定府志》卷49《旧事志五·平水西逸事》。

4　参见张玉书《张文贞集》卷7《纪平水西事》；道光《大定府志》卷49《旧事志》中的《水西安氏本末下》《平水西逸事》。

亦有记载:

> 绰嘎拉,心怀歹意,跟着吴王,吴王利诱他,打败阿哲家后,他想管阿哲地……绰嘎拉反叛,说起根源来,功名塞了他的口,富贵遮了他的眼……他给吴王带路,搜捕君长,交给汉军。[1]

安坤灭后,其妻禄氏及子安胜祖逃匿于乌撒、乌蒙的崇山峻岭中,迨三藩乱起,安胜祖与其母陇氏于康熙十六年(1677)起兵于威宁,协助清廷平叛,据安胜祖上报朝廷的清单,五年征战,水西共斩杀、招降、擒获叛逆官员 105 人、逆兵 6494 人,夺获"伪印"六颗与军器一批,[2]此外又于康熙二十年陆续捐粮共 4000 余石。[3]凭此功绩,安胜祖奏请恢复世土,承袭宣慰一职,[4]并为康熙皇帝详细算了一笔账,指出设立流官朝廷在经济上是得不偿失,以土司统治黔西北则可为朝廷节省一大笔行政成本及驻军之费。[5]

康熙皇帝自己也很清楚,当年的安坤事件是吴三桂的阴谋,因此在接到安胜祖的奏请后,曾一度思考过是否恢复"土司专辖"。[6]但正如前文所述,归流之地恢复土官旧制,与大一统观念、加强朝

1 《西南彝志》第 7~8 卷,第 342~348 页。《增订爨文丛刻》上册之《吴三桂侵入彝地》(第 142~151 页)亦有类似记载。长期以来,在黔西北民间流传着这样一种说法,当年吴三桂平定水西后,许多彝族支系渡过金沙江,迁往凉山定居。1949 年后在凉山的调查亦显示,一些凉山彝族声称自己的祖先原居住在黔西北,吴三桂平水西后逃到了凉山(参见四川省编辑组编《四川彝族历史调查资料、档案资料选编》,四川省社会科学院出版社,1987,第 1 页)。

2 参见《贵州水西宣慰司应袭安胜祖为报闻追杀逆贼等事》,光绪《水西安氏族谱》。

3 《贵州水西宣慰司土妇禄氏应袭子安胜祖谨将新旧钱粮备造清册呈报伏乞查考施行须至册者》,光绪《水西安氏祖谱》。

4 参见《水西宣慰司土妇禄氏子袭(疑"袭"前脱一"应"字——笔者注)安胜祖祈为缕晰陈情悬恩垂念九泉抑郁之冤数载竭蹶之劳题复世土以宏再造事》。"九泉抑郁之冤"指吴三桂捏造水西叛逆而加以征讨,胜祖之父安坤因此而死之事。

5 《贵州水西宣慰司土妇禄氏应袭子安胜祖谨将新旧钱粮备造清册呈报伏乞查考施行须至册者》,光绪《水西安氏祖谱》。

6 参见《清圣祖实录》卷 106,康熙二十一年十二月癸未条;卷 108,二十二年三月己巳条。

廷控制的目的都是南辕北辙的，皇帝、官员经过许多讨论之后，决定让安胜祖袭水西宣慰使，但所有已设流官行政机构全部保留，并规定宣慰使"不得擅预军民事"，安胜祖得到的只是一个虚衔。康熙三十七年，胜祖卒，无嗣，于是废除宣慰司。[1]

第二节　进入"版图"：从则溪制到流官制与里甲制

自明初建立卫所开始，经过黔东改流、程番设府、迁治贵阳、贵竹建县、奢安之乱、平定黔西北等一系列事件，"一线之外，四面皆夷"的贵州社会逐渐发生了变化，朝廷的力量不断向驿道之外的世界延伸。乌撒、水西的败亡标志着贵州势力最强大的土司的覆灭，在清代士大夫的眼中，这无疑意味着王朝教化的一次重大胜利。彭而述云：

> 前此一万八千年，中国王会不能宣，开山凿石逢今日，普天长贡水西篇。[2]

这同时也意味着王朝"版图"的扩张，康熙二十一年（1682）官平远通判的黄元治诗称：

> 安氏乌在哉？济火无遗族，山川隶版图，建郡设民牧。[3]

《黔西州志》亦载：

1　参见《清圣祖实录》卷106，康熙二十一年十二月癸未条，卷108，二十二年三月戊午、己巳条，卷113，二十二年十二月戊申条；道光《大定府志》卷49《水西安氏本末下》。

2　彭而述：《读史亭诗集》卷9《水西行》。

3　黄元治：《抵平远有感》，乾隆《平远州志》卷16《艺文》。

> 大定六属之土司，与别不同，均水西、扯勒、乌撒三部宣
> 慰宣抚之后。盖三部既入版图，人民言语不通，风俗各异。[1]

清人许缵会所著《滇行纪程·水西四府》中亦有：

> 本朝乙巳命帅率师深入其地，讨平之，遂置四府，设流
> 官，水西一带土地尽入版籍。

这些叙述意味着，改流之前的黔西北不被视为王朝的"版图"。古人所指的"版图"系指登载土地、人民的版籍，凡是土地人民载于户部与府、州、县版籍的地方即是王朝的"版图"与"疆"。因为土司所辖原住民大都不载于官府的户籍册，并非王朝编户，所以土司地区自然是处于"版图"之外。[2]进入"版图"意味着成为王朝的"疆"，[3]而刚被改流的黔西北因系新入"版图"之地，所以被时人称为"新疆"，即"新造之疆"。[4]

成为"新疆"意味着田土人民登载于王朝的版籍，"土其土而人其人"，原来只对土司、土目负责的原住民开始直接为清廷输粮应

1　光绪《黔西州续志》卷5《州属土司》。

2　又如贵州普安州土州同被改流后，"其版图、赋税归并普安州知州管理"（《清圣祖实录》卷210，康熙四十一年十一月丁卯条），可见土司有自己的"版图"，改流是朝廷所不能控制与管理的。

3　"版图"与"疆"的关系在明以前的文献中已有所反映，南宋王朝恢复对河南的统治后曾把河南视为"新疆"，史载："癸卯，起居舍人程克俊言：'河南故地复归版图，父老苦刘豫烦苛久矣，赋敛及于絮缕，割剥至于蔬果，宿债未偿，欠赇具在，欲望明诏新疆州县，取刘豫重歛之法焚于通衢。'诏如所请。"《建炎以来系年要录》卷128，绍兴九年五月癸卯。

4　参见吴三桂《请设新疆三府疏》《请设水西三府总兵疏》，民国《大定县志》卷3。清人吴伟业《梅村集》卷15《滇池铙吹》其三亦云："霭翠奢香祠总荒，芦笙吹彻障云黄。纵擒有策新疆定，叛服何尝旧史亡。"不独水西，明代遵义改流之初亦被称为"新疆"，清代许多原土司所辖之地在改流之初被称为"新疆"的例子就更普遍了，如雍正年间的黔东南、滇东北等地。参见刘起元《奏陈地方政务管见几条折》，中国第一历史档案馆编《雍正朝汉文朱批奏折汇编》第14册，江苏古籍出版社，1990，第776~781页。

役，成为王朝的编户齐民，赋役由土官名下总行认派的原则宣告废止。《平远州志》云：

> 苗蛮以土司为长，初何知遵法度、输赋役、伏首屏息于长吏之庭哉！迨水西开拓，设官分职，宣布皇仁，敷扬威德，虎牙鹰眼，悉变化驯服而不敢动，此非建官之效欤？[1]

从"以土司为长"到"输赋役，伏首屏息于长吏之庭"是通过一系列的制度建设来实现的，下文将对此进行具体的讨论。

一　流官制的建立

安氏败亡后，君、臣、布三者秉权的"勾"政权宣告解体，清廷利用内地的行政制度对则溪制进行改造，设置了四个府。木胯、火着、架勒、化各四则溪置大定府，治大方城（今大方县城）；则窝、以着、雄所三则溪置黔西府，治水西城（今黔西县城）；的独、朵你、要架、陇胯四则溪置平远府，治比喇坝城（今织金县城）；乌撒置威宁府，治乌撒卫城（今威宁县城）。[2]府名其实已暗示黔西北是"新造之疆"，颇具深意，清人宋起在谈论威宁风土时云：

> ……诸倮之俗如此，虽沐化已久，其桀傲之气犹未尽驯，昔以威宁命名，良有以也。[3]

耐人寻味的是，每一个府的下面都没有设置州、县、厅等，显

1　康熙《平远州志》，转引自乾隆《平远州志》卷7《职官》。

2　参见道光《大定府志》卷11《疆土志一·沿革表》；卷46《旧事志二》。安氏本有13则溪，但奢安之变结束后水外六目地共两个则溪被割与明廷。

3　宋起：《威宁风土记》，道光《大定府志》卷54《文征四》。

然，设府的目的仅在加重地方官事权，以资弹压，并非黔西北的户丁钱粮足以支撑四府的规模，这种"名不副实"的建置正是许多"新疆"的特点。与此相应，清廷在黔西北的驻兵数量相当可观，共有平远、大定、黔西、威宁四镇总兵，兵员分别为 2220 名、2400 名、2220 名、2220 名，共 9060 名。[1] 朝廷还进一步设立平大黔威守道一员，驻扎大定，总领四府。[2] 康熙十九年（1680），贵州巡抚杨雍建声称：

> 平、大、黔、威四府，境多乌罗，俗尚强悍，素系苗蛮巢穴，乃黔省肘腋要区也。旧制设有巡道一员，以资弹压。[3]

这种远远超越地方财政承受能力的行政与军备规模自然难以持久，随着局势的稳定，控驭的深入，"新疆"逐渐向"旧疆"演变。[4] 三藩之乱结束不久，贵西道杨大鲲疏请：

> 贵州平、大、黔、威四府，原系水西一隅，吴逆务张其功，设立四府，并设流知府、通判、经历各四员及三镇一协。其实民少官多，请将四府酌改二府，其粮差各务仍设土官分掌。至协、镇官兵，亦行裁并，量留二镇。[5]

其实在杨大鲲上疏之前，清廷已开始改革黔西北的行政建置，平大黔威道已于康熙二十年被改为分巡贵州西道，辖贵阳、安顺、平、大、黔、威等处，驻安顺。[6] 杨大鲲的奏疏刚好迎合了这一趋势，

1　参见道光《大定府志》卷 43~44《武备略》。

2　《清圣祖实录》卷 37，康熙十年十一月庚午条云："复设贵州平大黔威守道一员，驻扎大定府。"

3　杨雍建：《抚黔奏疏》卷 1《题为急请补授道员以资弹压事》。

4　到了雍正年间，官员们已很少称黔西北为新疆，当时的"新疆"是刚平定不久的黔东南一带。

5　《清圣祖实录》卷 108，康熙二十二年三月丙寅条。

6　参见《清圣祖实录》卷 97，康熙二十年八月戊戌条。

朝廷很快批准改平远、黔西二府为州,属大定府,四年后又改大定府为大定州,与平远、黔西二州共属威宁府。[1]康熙二十年代同时又是废卫改县的重要时期,二十六年裁毕节、赤水二卫置毕节县,裁永宁卫置永宁县,乌撒卫亦裁,全部并入威宁府,雍正五年(1727)改永宁县隶四川,七年改大定州为府,以威宁府为州,属大定,十一年设大定通判驻水城,设水城厅,乾隆元年(1736)割四川叙永厅之岩上、岩下地属黔西州,编为平定里,四十一年,割平远州之崇信、时丰、岁稔三里属水城通判,于是大定府领厅一、州三、县一。终清之世,不再有变。[2]

与此同时,驻兵数量也在不断削减。康熙二十三年(1684)平远、黔西改镇为协,各裁兵一千多名,第二年威宁镇裁兵七百多名。雍正三年,大定改镇为协,兵员逐渐减至1200名,一镇三协遂成定制。[3]

二 里甲与户口丁银

流官制建立后,清廷接着将则溪制下的自然寨改造为里甲。与明代贵州行省建立之初,为弹压土司而设府、每府只有两三里、每里只有寥寥几户的状况不同,清廷在黔西北地区的府州制、里甲制已不再徒有象征意义,如平远州共有向化、怀忠、兴文、慕恩、太平、敦仁、崇信、时丰、岁稔九里,威宁州则编户十里,即全化、遵化、德化、性化、宣化、归化、顺化、致化、广化、大化。里甲的名称显示出清王朝对"新疆"教化的期望。[4]

这些里甲涵盖了黔西北数目众多的自然寨,但原有的聚居状

---

1 参见《清圣祖实录》卷113,康熙二十二年十一月丙戌条;卷130,二十六年六月庚申条。

2 参见道光《大定府志》卷11《疆土志一·沿革表》;卷46《旧事志二》。

3 参见道光《大定府志》卷43~44《武备略》。

4 参见道光《大定府志》卷11《疆土志一·沿革表》。

况得到了新制度的尊重，里甲正是在则溪制与自然寨的基础上建立的。每个则溪编二里、三里不等，如大定府将原来的四个则溪各编二里，共八里。每里通常含十甲，但也有含七甲、六甲的（如黔西州）。每个甲由数目不等的寨组成，多则六七十寨，如大定府亲辖地的乐贡里一甲；少则一二寨，如黔西州永丰里的四甲只有黄土坡一寨。[1]与里甲制不同，后来的保（牌）甲制明显有对自然寨进行划分的痕迹，如平远州向化里共有 10 甲 1049 寨，编为 145 牌。[2]

毕节县主要由毕节、赤水二卫合并而成，情况有所不同。卫所本来就是王朝"版图"与"文教"之区，官员们规定里甲名称时似乎注意到了这个特点，没有炫耀"开疆"之功，也没有寄寓对教化的殷切期望。该县有东、南、西、北、长乐等里，而新纳入"版图"的八个夷屯，则被命名为平定里。这些里主要由屯、堡、铺、伍构成，甲的数量极少，带有明显的军卫痕迹。如东里含十八伍；南里由七伍、二屯组成；西里有十一伍、十铺，只有北里含六个甲、十七个伍，长乐里似乎全由甲组成。[3]

夷屯原非毕节县的土地，系雍正七年由四川割归而来。夷屯的来源通常是，土目随朝廷从征有功，授其土千总等职，其领地便被称为夷屯。[4]与此相对，毕节、赤水二卫原有的屯地被称为军屯。2001 年 9 月，当笔者在毕节县清水镇等地调查时，老人们尚能清楚地说明哪些地方是夷屯，哪些地方是军屯。夷屯的主管者主要是彝族人。[5]

1　或许方志中所载的寨数并非实际的寨数，因为存在着方志编修者们调查不周或漏录的可能。此外，一些边远地区的寨可能处于王朝的里甲制之外，寨民没有向政府输赋应役。笔者发现，府亲辖地的寨数明显多于其他地区，或许正是方志编修者调查较详与政府控制较强的原因所致。

2　参见道光《大定府志》卷 12~14《疆里记》。

3　参见同治《毕节县志稿》卷 2《疆域志·乡里》。

4　参见道光《大定府志》卷 14《疆里记·毕节疆域里居》。

5　笔者的调查对象主要有赵廷林，1928 年生，汉族，清水镇居民；许明九，1919 年生，汉族，生机乡天桥村村民。

明初编订里甲的原则是，"以一百一十户为里，推丁多者十人为长，余百户为十甲，甲凡十人"。[1] 不管实际执行过程中是否严格遵循此原则，其着眼点无疑在人不在地。清初黔西北的里甲制以寨为基础，虽然一里十甲的规则可以大致遵照，却无法拘泥于固定的户数，并且指导思想与前朝亦有差异。例如平远州"境内颇多田，因田制里，里有九"，[2] 田土而不是户丁成为划分里甲的依据。大定府的情况与此颇有相似之处，首任知府宁云鹏称：

> 爰度地方远近，亦划东西南北为四乡，分八里：府城东，旧伐戈则溪，编悦服、乐贡二里；府城南，旧火著则溪，编大有、嘉禾二里；府城西，旧架勒则溪，编永顺、常平二里；府城北，旧木垮则溪，编仁育、义渐二里。里各有甲，甲各有户。[3]

这段引文透露出来的另一重要信息是，与流官府、州的设置相似，大定府的里甲与原来的则溪制度亦有着密切的渊源关系。户丁没有成为划分里甲的依据，这或许与明清时期整个赋役制度的变革有关，但与当时"夷多汉少"的情况似亦不无联系，改流之初为官平远的黄元治称：

> （平远）城中皆兵，惟东南二门外，流氓落落十数家。至群苗，则皆僻居溪洞、笼箐中，如鸟兽之巢穴，不能以近人。[4]

但"不能以近人"并不意味着清廷不清查原住民，事实上，清

1　万历《明会典》卷20《户口二·黄册》。《明史》卷77《食货志一》的表述有所不同："以一百十户为一里，推丁粮多者十人为长，余百户为十甲，甲凡十人。"

2　黄元治：《黔中杂记》，丛书集成续编本。

3　宁云鹏：《大定舆图说》，道光《大定府志》卷53。

4　黄元治：《黔中杂记》。

初原住民拥有黔西北的绝大部分田地，"因田制里"同样离不开对他们的调查，因此，原住民的户数官府是有记载的，作为对新入"版图"之民的绥抚，官府编户而不审丁——这意味着丁差的豁免。[1] 兹根据有关方志，编成表5-1。

表5-1　清初威宁府的户、丁原额

单位：户，丁，两

地区	户数	人丁	征差人丁	丁差银
府亲辖地	6782	3995	434	799
大定州	6663	无	无	无
平远州	2359	无	无	无
黔西州	3867	无	无	无
毕节县	4408	8036	343	1040

资料来源：主要参见康熙《新补贵州通志》卷10；道光《大定府志》卷40。

考虑到毕节县系由毕节卫、赤水卫改制而成，而威宁府亲辖地既包括原来的乌撒土府，又包括后来并入的乌撒卫，因此有充分理由相信，编丁的对象主要是原来的卫所。卫所系"旧疆"，军户本来就是王朝的编户齐民，明朝廷早就在此编丁征银，[2]清代的政策仅仅是延续前朝而已。

明清时期里甲制的演变以及赋役方面的一系列改革，使得许多地区的户、丁含义已不再是实际生活中的家庭与成年男子，"丁"甚至是一种与人口脱钩的计税单位。而"户"并非一个特定的社

---

1 《清圣祖实录》卷26，康熙七年七月己亥条称："以贵州新设大定、平远、黔西、威宁四府均属苗民，暂免编丁，其地亩照卫田田征粮。"贵州少数民族变为国家的编户齐民有其独特之处，咸丰年间知贵阳府的刘书年称："黔中古荒服地，苗獠所居。自改土归流，若人任赴一邑举租税就纳之，因而占籍焉。后遂著为令。"这样就从制度上造成了户口在此县但田土却远在数十里上百里之外，被其他县（府）所包围，形成了众多插花地的情况，"故邑所辖地，至有越境三四程遥为控制者，遇命盗案辄互诿，经旬累月，不一勘验"。刘书年：《刘贵阳遗稿》卷1《黔乱纪实·总论》。

2 参见万历《贵州通志》卷10《毕节卫·乌撒卫》。

会群体，它在很大程度上只是一个单纯的税额登记单位，是一定的田产或税额的集合体。[1]由于手中材料有限，笔者目前尚不能完全探明清前期黔西北地区户、丁的编订原则及其意义，但这是一块新纳入王朝"版图"的地区（由卫所改县的毕节除外），没有明代的"定额"可资利用，即所谓"大定户口，自我朝以前，无考"。[2]地方志中的"原额"，必然是改流之初通过调查而来，与实际生活有较大的一致性。特别是"户"并非征税的客体，不用经过各种复杂的折征与换算，因此方志中的户数有可能就是当时官府所能掌握的家庭数。

水西、乌撒的改流进程结束不数年，长达九年的"三藩之乱"爆发，黔西北正当战乱之地，"丁绝田荒"，灾伤惨重。[3]迨战事结束，威宁府所存丁数不到原额的一半。从康熙三十一年（1692）开始清编抵补，当年新编164丁，三十五年新编305丁。

值得注意的是，大致从康熙三十年代起，丁数缺载的州也逐渐开始编丁，如大定州康熙三十一年新编35丁，三十五年新编71丁，共征丁差银21两3钱。黔西州则于此两年分别编113丁和200丁，征丁差银62两6钱。[4]这些丁及银不但数量寡少，并且丁数亦不能理解为实际的人数，同一时期的贵州巡抚阎兴邦曾指出黔省有征差人丁、不征差人丁、随田带派亦不征差人丁等，当时全省逃亡人丁为42863丁7分1厘1毫6丝。[5]随着"摊丁入亩"的推行，黔西北的丁银也并入了地亩中。[6]

1　参见何炳棣《明初以降人口及其相关问题》，葛剑雄译，三联书店，2000，第28~41页；刘志伟《在国家与社会之间——明清广东里甲赋役制度研究》，第221~224、244~274页。

2　道光《大定府志》卷40《经政志二·食货略》。

3　参见杨雍建《抚黔奏疏》卷3《题为甫世汤火之民复罹灾害之惨吁恩题请破格优恤稍延残喘事》；卷5《题为造报康熙二十年考成民赋本色秋粮事》。

4　参见康熙《新补贵州通志》卷10《户口》。

5　参见康熙《新补贵州通志》卷10《户口》。

6　参见道光《大定府志》卷40《食货略·户口丁银》。

三　田赋、额外赋税与耗羡

道光《大定府志》称：

> 我朝田赋，率从明旧。故天下府州厅之田，类征条饷泊。至并丁于田，则又曰地丁银矣。而大定实异是，盖大定收于安坤叛灭之后，开辟较迟，土田租税，率鲜明制也。[1]

大定府"新疆"与"旧疆"并存，赋役制度呈现出许多特点，上文所述平远、黔西、大定等府州长期没有编丁即是一例，田赋的情形则更为复杂。

里甲建立的同时，清王朝开始在黔西北丈田，如大定知府宁云鹏"丈地受业，得田三万三千七百八十九亩，……得地二万一十一亩"。[2]由于"新疆"、"旧疆"（主要是卫所地方）并存，田赋制度显得异常复杂。改流之初，曾命令大定、平远、黔西、威宁四府"地亩照卫田征粮"，[3]但并未真正得到执行。实际情形是，"新疆"田地不分等则，田每亩科米三斗，地每亩征荞八升。原毕节、赤水、乌撒三卫地方则基本上沿明旧制，田有屯、科之分，《大定府志》认为屯田即前明的军田，科田即前明的民田。[4]这种解释似乎有误，明代贵州巡抚王缉曾指出：

> 该省应丈民田三十二万八千五百二十九亩，屯田三十三万五千九百六十四亩，科田八万八千二十六亩，……

1　道光《大定府志》卷40《食货略·田赋》。

2　宁云鹏：《大定舆图说》，民国《大定县志》卷20《艺文志》。

3　《清圣祖实录》卷26，康熙七年七月己亥条。

4　参见道光《大定府志》卷40《食货略·田赋》。

> 至于普安、永宁、赤水、毕节、乌撒五卫被夷占去屯
> 田，计其丈出之数，不足抵补，就于丈出五卫新垦科田
> 七千二百七十七亩内摊粮拨补足额。尚有贵前、龙里等卫余剩
> 科田一千九百一十五亩，查系军舍新垦，不在屯田数内，该起
> 粮一百三石零。[1]

可见，科田通常是卫所正军家属或余丁等人所垦种的荒地，明初只有屯田，科田是后来才出现的，[2]其税则往往较屯田为轻。在明代方志中，卫所的田地常常分为屯田、科田两部分，分别统计，在税目上相应设立了屯粮、科粮二项。[3]

清代沿明旧例，屯、科分别征收，则例不同。乌撒屯田有三则，上田、中田、下田，分别亩征米0.235石、0.079石、0.054石，每米一石，带征岁用银1分6厘多；"逮乎（康熙）三十九年减则之令而垦复者，上田乃减为一斗一升七合有奇云"；屯地以分计，每分科荞麦5.003石；科田则不分等则，每亩科米0.049石。综上可知，前乌撒卫地的科则竟有六种之多。毕节卫的情形要简单一些，屯、科均不分等则，屯田亩征米0.185石；减则田征米0.123石；科田亩征米0.05石。赤水卫屯田有水、旱之分，每亩均科米0.094石，但水田每米一石带征岁用银一钱。[4]

以上是黔西北田赋税则的大致情形，通计全府成熟田地230433亩，[5]实征米及荞折米27488石，折粮、条鞭、岁用三项共银501两。此外尚有各种"额外赋税"，主要是盐课、杂税、牙帖

---

1 《明神宗实录》卷126，万历十年七月壬戌条。

2 刘庠、傅顺孙：《丈田疏》，万历《贵州通志》卷19《经略志上》。

3 参见嘉靖《贵州通志》、万历《贵州通志》中有关卫所的部分。

4 参见道光《大定府志》卷40《食货略·田赋》。此外，由四川叙永，云南宣威、镇雄拨归大定府的田又有不同的税则，因数量不多，兹略而不论。

5 这个数据并不能视为当时黔西北地区的实际耕地亩数，参见本书第二章第三节关于丈田的论述。

年额银，而原卫所地方沿明之旧，另有官庄赈租、学田学租等项。兹据《大定府志》，将黔西北各州厅的田赋与额外赋税收入制成表5-2。

表5-2 清代黔西北的田赋与额外赋税收入

单位：石，两

地区	实征米	实征银	额外赋税				合计	
			盐课银	杂税银	牙税银	赈学租	米谷	银
府亲辖地	4067	无	111	118	6	无	4067	235
平远州	6116	无	36	57	无	无	6116	93
黔西州	7153	222	288	97	4	无	7153	611
水城厅	2940	无	36	57	无	无	2940	93
毕节县	3280	266	306	264	3	谷14	3294	839
威宁总额	3930	11	242	97	6	谷71	4001	356
其中原乌撒卫数额	1226	10	不详	不详	不详	谷14	1240	不详
总计	27486	499	1019	690	19	85	27571	2227

注：为了计算方便，本表所有数据都是约数。由四川叙永拨归地只有原额，且数目不大，因此不予考虑，云南宣威、镇雄拨归地地方狭窄，税粮非常少，忽略不计。乌撒卫指的是原乌撒卫地方，清代已改属威宁。

资料来源：道光《大定府志》卷40《食货略上·田赋》。

将府亲辖地、黔西、平远与水城厅的数据相加，可知原水西地实征粮20276石、银1032两；用威宁州的数据减去原乌撒卫地方的数据（假定原乌撒卫地方所征额外赋税银约占威宁总额的一半，为170两），即可得出：原乌撒土府地征粮2761石，银186两。"新疆"地方共计征米23037石，银约1218两。

同其他地区一样，额外摊派合法化后所形成的耗羡银米是"新疆"政府的一笔重要收入。兹据《大定府志》与《黔南识略》的相关数据，制成表5-3。

表5-3　大定府的耗羡米与耗羡银

单位：石，两

地名	耗羡米		耗羡银	合计
	本色米	折征银		
府亲辖地	610	336	1380	1716
水城厅	440	242	507	749
威宁州	471	259	5540	5799
平远州	774	426	515	941
黔西州	894	492	1330	1822
毕节县	423	233	3318	3551
总计	3612	1988	12590	14578

资料来源：道光《大定府志》卷41，并参考了爱必达《黔南识略》卷24（清刻本）。

耗限米、银总额合银14578两，此外还有一些"尽收尽解"的"税契"，数目不多。[1]

四　改流后清王朝在黔西北的收入与支出比较

显然，清廷从黔西北获取的财富比前朝多得多，但清廷必须承担在黔西北设官驻兵的庞大开销——当时的经费开支主要有官役之费、弁兵之费、礼仪之费、赈恤之费，合计每年约需银106183两、米16861石。[2]除了米的数量低于黔西北的每年的征收数外，需用银数量远远超过了黔西北每年征银数。为了得到一个更直观、准确的理解，在此利用表5-2与表5-3中统计出来的相

1　参见道光《大定府志》卷41《食货略中·耗羡》。税契一项《大定府志》寥寥数字带过，恐数目不多。

2　参见道光《大定府志》卷41《食货略中》。

关数据，制定表 5-4，其中实物米粮，按每石折银五钱五分换算成银两数据。

表 5-4　清王朝在黔西北的收入与支出对照表

单位：石，两

收入					支出			
米粮	折银	银	耗羡	总计（银）	米粮	折银	银	总计（银）
27571	15164	2227	14578	31969	16861	9274	106183	115457

注：据道光《大定府志》卷 41，实物米粮折银征收时，折换率是"每石折银五钱五分"。根据表 5-1，清廷还在黔西北征收有一千多两的丁差银，但雍正以后此项已合并在田赋中，所以本表不予考虑。

支出几近收入的四倍，单从经济角度而论，清廷在黔西北的改土归流是得不偿失的，这也正是当初安胜祖请求恢复土官的理由之一：

> 水西既设府制，三府秋粮虽三万有零。乃吴王夸功踏丈，尽将旱地亦作田亩征粮，致小民无处出办上纳，逃窜无休。又于吴王举事之后，粮重差繁，又遭贼兵蹂躏，以致人绝田荒。今逢三府官员亲临踏验，造册详报，三府秋粮合算，其数不过千数，是有其名而无其数。实设有三镇官兵戍守，每镇每年动支饷银三万三千有零，以三府之官兵饷银马乾俸薪，合算十万之数。若以秋粮为论，三府之粮稍增于水西之额；以饷为论，国帑之金钱反靡费甚多。况今三府秋粮不敷三镇兵食，尚于他郡议补，是以有用之钱米，岁给官兵守无用之瘠地。[1]

据表 5-2，水西地征粮 20276 石，银 1032 两，此外还有耗羡银 1 万余两（这个数据包括了乌撒），安胜祖此处只提到征粮 3 万余石，此外水西还应六驿之役，折银共 9720 两（前文叙奢安之变的善后措

---

[1] 《贵州水西宣慰司土妇禄氏应袭子安胜祖谨将新旧钱粮备造清册呈报伏乞查考施行须至册者》。

施时已有六驿之役的分析），考虑到安胜祖的清册呈于康熙二十一年，表 5-2 所据《大定府志》修于道光年间，前者反映的显然是改流之初的赋役情形。

黔西北经费方面的入不敷出在贵州并非特例，同明代一样，清代维持贵州行政、军事机构运转的费用有赖于他省的协济。早在顺治十五年（1658），黔抚赵廷臣就抱怨："贵州从来荒穷，通省额赋钱粮不及腹里一中县，向皆仰给协济于楚、蜀、滇、粤。……本省民赋既难骤得，则本省经费无所出，兵马粮饷无所出，驿递钱粮无所出，官员廪俸衙役工食俱无所出，司道府厅州县卫所束手无策。"[1] 如果说，清初贵州战事尚未彻底结束，经费艰难在所难免，那么康熙五十年（1711）贵州巡抚刘荫枢的奏折则可让我们窥知和平时期的情形：

> 黔省山多民少，地丁税课每年征收仅八万有奇，止足驿站俸工等项支用。各镇协营兵饷岁需三十八万，俱系邻省协济。……臣不揣冒昧，念切长计，去年连具二疏，请于三十八万之外，多拨二十万两到黔，前后融通接济。[2]

雍正二年（1724）黔抚毛文铨亦奏称：

――――――――――

1　赵廷臣：《为黔疆虽开时艰堪忧谨将地方真切情形据实敬陈天听仰侯皇恩鉴裁事》（顺治十五年十二月），《明清档案》第 33 册，第 B18715~18718 页。

2　刘荫枢：《奏请敕部多拨饷银折》，《康熙朝汉文朱批奏折汇编》第 3 册，第 266~268 页。曾经游历过数省的威宁镇总兵石礼哈于雍正二年奏称："贵州情形较之各省迥不相同。据臣所知者，如直隶、山东、山西、河南等处，钱粮俱不下二三百万，火耗羡余亦不下二三十万余，除各员养廉之外，尚有盈余。……贵州通省钱粮带杂项税规不过七八万两，最大州县所征正项不过二千余两，其耗羡可知。小州县所征正项有一二百两至数十两者，其耗羡不待言矣。"参见石礼哈《奏为奏明黔属情形敬抒管见仰祈睿鉴事》，《雍正朝汉文朱批奏折汇编》第 3 册，第 770~772 页。雍正时贵州提督赵坤的奏折中亦写道："黔省山高土瘠，苗多民少，地之所出，不敷所需。凡官吏之俸工、兵马之饷乾，皆仰给于它省之协济，赋税有限，耗羡无几，养廉未均，是诚不可不有以调剂之也。"参见《世宗宪皇帝朱批谕旨》卷 121《朱批赵坤奏折》。贵州财政的匮乏从官员的文集中亦可见一斑，蓝鼎元《鹿州初集》卷 6《送劳尊三令昭文序》称："昭文距姑苏未百里，分常熟故邑之半，似无难治，然岁征租赋较贵州一省尚加其倍有奇。"

> 窃惟贵州处于边末地方，各官实非他省可比；更有山僻
> 州县，四面环彝，钱粮不过百十余两，即县署州衙亦惟草屋数
> 间，似觉更苦。故凡任前项地方之州县，率多弃父母，捐妻子
> 而来，顾此荒凉，类生怠惰，遗误地方。[1]

因为地瘠民贫，经费不敷，清代仕宦者往往视宦黔为畏途。[2]而
贵州地形西高东低，地处黔西高原上的黔西北跬步皆山，更是堪称
穷省内部的穷地区。上文所述的行政规模压缩以及驻兵数量削减除
了意味着"新疆"的逐渐平定外，亦是对财政困难的一种因应。总
之，清王朝对水西、乌撒的改土归流并非出于经济方面的考量，但
地当川、滇、黔三省要通，可谓西南地区腹心的黔西北，在文化、
政治、经济等方面逐渐整合进了中央王朝的"版图"，对加深清王
朝对西南地区的控驭具有战略性意义。大致从雍正以降，在大定
府的崇山峻岭中逐渐发现了越来越多的矿藏并将其开采，其中铅
的产量在全国遥遥领先。在清王朝开始得到经济方面的实惠的同
时，黔西北也以此为契机，更加紧密地与内地整合为一体（见本书
第七章）。

1　毛文铨：《奏为谨陈末议仰祈圣鉴事》，《雍正朝汉文朱批奏折汇编》第 3 册，第 119~120 页。
2　参见蓝鼎元《鹿洲初集》卷 11《贵州全省总论》。

第六章　改流后的土目与布摩

　　雍、乾以降，黔西北已逐渐被视为清王朝的"旧疆"，"新疆"一词则被用来指称刚平定不久的贵州东南部等地区。[1]这一用语转变所折射出的深刻社会变迁颇耐人寻味，不过，由于古人通常不会对这类词做出精确界定，因此在造成模糊感的同时，也为后人的诠释留下了相当大的空间。大体而言，初入王朝"版图"即成为"新疆"，"旧疆"则在此基

---

[1]　例如《清世宗实录》卷117，雍正十年四月辛卯条中称黔东南一带"新疆辽阔，直通楚粤"。"旧疆"除了与"新疆"相对的含义外，也有"固有的领土""故土"等意思，如《宋史》卷368《魏胜传》记载，南宋将领魏胜与金对阵时称："汝主叛盟失信，无故兴兵，我朝以仁义之师，来复旧疆，汝主渡淮必败。尔等宜早来归，必获爵赏。"此处之"旧疆"即固有领土之意。清乾隆四十三年秋，乾隆皇帝先后谒永陵、福陵，因谕："眷怀辽沈旧疆，再三周历，心仪旧绪，蕲永勿谖。"此处之"旧疆"应理解为故土。本书中的"旧疆"仅取与"新疆"相对之意。

础上进一步强调礼俗的变化以及相应的法律适用。本书第六至八章拟分别从制度变迁、经济整合、身份认同等三个方面深入分析黔西北"旧疆"的形成过程。笔者的另一意图是，希望以这样的探讨推动对改土归流后地方社会变迁的认识。

第一节 土目、家奴、佃户及土地关系

一 土目身份的变更

"土目"是一个在文献中频频出现的词语，具有多种含义，有时甚至等同于土司。[1]据李世愉考证，史籍对土目的解释大致有三种，第一种是土人之头目；第二种是隶属于土司的佐治之官；第三种是土司职官体系中的一个等级，无职衔，无品级。[2]下文结合彝、汉文献与田野调查所得，对此问题做一稍微详细的探讨。

彝语中未见有"土目"一词。改流前，黔西北地区的政治权力往往与家族的权力交织在一起，君长通常会分封其亲属作为慕濯、奕续、峨等。如前文所述，慕濯、奕续既是具体的官职，又泛称所有的受封者。"峨"亦是如此，乌撒土目安光祖所译彝书称：

> 君长曰蔺，称为苴慕，犹可汗、标信之称。大部曰慕濯，次曰祸裔，次曰奕续，通称为峨。苴慕立，分其诸弟为峨，授以土地，分以重器，而以黑、白夷各数族分之。[3]

---

1 参见蔡毓荣《筹滇第二疏》，乾隆《云南通志》卷29《艺文》。
2 参见李世愉《清代土司制度论考》，第172~179页。
3 道光《大定府志》卷49《旧事志五·白皆土目安国泰所译夷书九则》。安国泰在翻译过程中对原文做了一些诠释，土目分封由此带上了浓厚的宗法制色彩。

"峨"即ꄧ，直译为"官家"。后来意译为"土目"，这显然是受了土司制度的影响。光绪《黔西州续志》称："峨，译言贵胄，今为小土目。"[1]黔西北的老人告诉我，1949年前依然是土目与官家并用，根据辈分，对土目及其亲属的称呼有一定变化，如"官爷""官奶""官叔""官小姐"等。土目的孩子尽管只有两三岁，也必须对他表示尊重，称其为"官少爷"。

笔者在乡村做调查时，常常听人谈起水西有四十八土目，此可与文献相印证。《明史》称："初，安氏世居水西，管苗民四十八族。"[2]王阳明亦云："安氏之职，四十八支，更迭而为。"[3]

四十八是一个概数还是确数？水西真有48目吗？万历年间贵州巡按杨鹤曾清查"四十八枝头目管辖地方土地以及人民贡赋钱粮之入"，[4]据此四十八应该是一个确数。《广舆记》与《黔南识略》甚至详细列举出了四十八目的名称。[5]彝书似乎没有"四十八目"这样的说法，但《西南彝志》记载了水西土目分封的过程，从妥阿哲幼子阿哲琪任土目开始，到鲁铺布局君长封布局珐舍为土目止，刚好产生了四十八目。值得注意的是，并非每一代君长都会赐封土目。[6]

乌撒分为四大部、24小部，共有土目32位。[7]

以上讨论表明，土目（峨）系君长所封，获此身份相当不易。改土归流后，君长不复存在，而清廷在制度上、法律上并没有承认

---

1 光绪《黔西州续志》卷5《州属土司》。

2 《明史》卷316《贵州土司传》。

3 《王文成公全书》卷21《外集三·与安宣慰书三》。

4 《明神宗实录》卷563，万历四十五年十一月癸亥条。

5 参见爱必达《黔南识略》卷24《大定府》。

6 参见《西南彝志》第7~8卷，第284~312页。清人孙承泽所著《春明梦余录》卷43误解了水西的制度："贵州宣慰家水西所辖长官司四十八，每司锐卒数千。"按，土目绝不等于长官司，前者是水西君长所封，只对君长负责，后者是朝廷所封，有朝贡、输赋、应役、从征的义务，并且其承袭须经地方政府与朝廷审批。

7 参见道光《大定府志》卷50《旧事志六·白皆土目安国泰所译夷书七则》;《彝族源流》第21~23卷，第97~103页。

黔西北的土目。乾隆初年贵州布政使陈悳荣称：

> 伏查威宁系前明盐仓土府旧治，其土目乃土府之枝派，归化已久，并无印信号纸，只不过如民间之大户耳，但各有分管地方。[1]

没有任何官方凭证，犹如民间之大户，可见在制度上并无土目之设。《威宁县志》亦称："我邑向有土目数十家……均无所谓袭荫公文。"[2] 土目显然并非朝廷或官府所封，他们的来源是对习惯的延续，系"自封"，乾隆前期的贵州巡抚爱必达对此有清楚的论述：

> 今之自谓土目者，皆安氏裔也。……均系报亩入册，与齐民等，无所谓土司，亦无所谓土目也。其支庶错居府属者，沿其夷俗，凡其祖报垦之田土，悉归长子承受，名曰"土目"；其或以私积别置田产者，亦概谓之土目。
>
> 土目多安姓，大约田多而佃户众者，即称土目，非官设也。[3]

虽然官方不承认土目，但它作为一个曾经代表着权力与财富的名称，依然深入人心，有田土的权势者大都愿意自己戴上这一顶耀眼的光环。勾政权已经瓦解，从前严格的、规范化的土目产生程序已经荡然无存。甚至许多并非土司后裔的权势者同样自称或被他人称作土目，爱必达的描述对此已有所暗示。在田野调查中，赫章县雉街彝族、苗族乡发达村的陈朝龙、陈朝华先生[4]说，许多土目

---

1 陈悳荣：《匪匪黄山及者厦白革等并黔粤两省民苗争田案》，中国第一历史档案馆藏乾隆朝军机处录副奏折，缩微号 585–1867。

2 民国《威宁县志》卷 17《杂事志》。

3 爱必达：《黔南识略》卷 24《大定府》；卷 26《威宁州》。

4 笔者 2001 年 9 月在该村调查，当时陈朝龙 60 岁，陈朝华 64 岁，都是彝族。

并非官府所封，而是自己"呼"的，他们家族中有一个哥子，家大财大，同村或其他村的人都说："哎呀，你也像土目一样了。"结果人人喊他陈土目，他也就同土目差不多了。两位老人讲的虽是民国年间的事情，但或许也能反映出清代的情况。

权势者对土目这一名称的追求以及获得这一称号的随意性，导致了土目数量的扩张。据府志，府亲辖地、水城厅、平远州、黔西州的土目数分别为 48 家、30 家、11 家、3 家，共计 92 家，而明代这些地区仅有 42 位土目。[1] 威宁州（原乌撒地区）共计 57 位土目，远远超过了明代的 32 位。[2] 到了中华人民共和国成立前夕，黔西县仅沙窝区便有土目 8 家，比道光时期全州的土目数还要多。[3]

二　基层社会中的土目

清王朝虽然废除了土司制度，却无法立刻改变黔西北地区"夷多汉少"的局面。平定之初，除了城中数以千计的驻兵之外，广袤的山箐中居住着人口众多的原住民，只有城市附近寥寥落落地分布着几十家流民。[4]后来移民不断涌入，极大改变了黔西北的人口结构，但原住民的数量依然相当可观。道光时期方志编修者的调查显示，大定府亲辖地虽然出现了众多的汉民大寨，但各种黑夷大寨、夷民大寨、革老大寨、仲民大寨、苗民大寨、羡民大寨、蔡民大寨、裸罗大寨、六额（子）大寨、侬民大寨、僰夷大寨仍然星罗棋布，其数量甚至超过了汉民大寨。此外尚有少量的汉夷大寨、汉苗大寨、

1　水西安氏属下共 48 目，其中有 6 目在水东地区，水西地区有 42 目。

2　参见道光《大定府志》卷 12~14《疆里记》。

3　参见田曙岚、胡积德等调查整理《黔西县沙窝区沙井乡罗都寨解放前的社会经济特征和解放后的发展变化》，1963，第 4 页。当然也存在这样的可能，即道光年间府志的编修者对黔西州土目的统计并不完全，但从道光迄民国黔西土目数量的增加是可以肯定的。

4　参见黄元治《黔中杂记》。

僰民黑夷大寨、羡民僰民大寨、汉夷苗寨、夷佅汉苗寨等，[1] 各族类大聚居、小杂居，情况极为复杂。

《大定府志》虽然只记载了府亲辖地的族类分布状况，但其他州县的情形大概亦与之相似（原卫所地区除外），而威宁州（原乌撒府）的汉文化相对落后，1949 年后是黔西北地区唯一的民族自治县，由此推测，清代威宁州的原住民在人口中似应占有更高的比例。

复杂的族类构成无疑使官员们头疼，在他们眼中，原住民所居之地"如鸟兽之巢穴，不能以近人"。历史与文化的隔膜，使得清王朝对黔西北的施政较内地犹难。朝廷未能迅速培植起一个忠于自己的基层力量（如绅士阶层）协助官府治理原住民，因此在很大程度上只有借助既有的势力集团——土目。这样，虽然土目在制度与法律上不被承认，但官府在事实上默许了他们对基层社会的控制。曾亲履黔西北的赵翼云：

> 贵州之水西倮人更甚，本朝初年已改流矣，而其四十八支子孙为头目如故。凡有征徭，必使头目签派，辄顷刻集事。流官号令，不如头目之传呼也。倮人见头目，答语必跪，进食必跪，甚至捧盥水亦跪。头目或有事，但杀一鸡，沥血于酒，使各饮之，则生死惟命。余在贵西，尝讯安氏头目争田事。左证皆其所属倮人，群奉头目所约，虽加以三木，无改语。至刑讯头目已吐实，诸倮犹目相视不敢言，转令头目谕之，乃定谳。[2]

黔抚爱必达同样注意到：

1　参见道光《大定府志》卷 12~13《疆里记·大定府亲辖地》。
2　赵翼：《檐曝杂记》卷 4《黔中保俗》，中华书局，1982，第 68~69 页。

（水城厅）土司久革，其子孙私称为土目者，喜争讼。凡官勾摄，必先檄土目会役传提，否则逃不赴案也。

（威宁州）夷民俱听土目约束，地方有命盗案及征粮等事，皆责成土目协差分办如乡约。[1]

由此可见，黔西北原有的勾政权体制并未完全在原住民的心中消亡，他们中的许多人仍然认为土目就是管自己的官（峨），清王朝的流官反而缺乏权威，各种征徭与命盗案件，只有委托土目，才能够顺利处理。直到 1949 年前，许多地方的土目依然代收税粮，甲长、保长收齐后交给土目，再由土目上交县里，甚至许多汉族、苗族上税时都要先交给土目，这样就给土目提供了一个吃虚额的机会，[2] 赫章县古达乡的王定芳老先生称，古达官家就是他们的政府，连打官司都要找他。但雉街乡发达村的陆开良等人则称，据老人讲，他们种的是自己的地，清朝时就直接到威宁上粮，不用缴给土目。[3]

"家大钱大"是今天的黔西北老人对当年土目的总体评价，这是土目雄踞一方的物质基础。土目的财富首先表现在土地上，例如黔西黑彝土目安辉武家的土地遍布黔西、大方、金沙、毕节、织金五县，主要租给别人耕种，清末时每年收租四千多石，到中华人民共和国成立前夕能收 1700 多石。而威宁牛棚子土目的土地则横跨滇、黔二省，以牛棚子为中心，东至 70 华里的里子沟，西达 70 多华里的江底老桥，南抵 30 多华里的雨朵，北至 70 华里的石门坎。[4]

土目的土地来源多样，或继承，或购买，或"寄名"。在一些

1　爱必达：《黔南识略》卷 24《水城通判》；卷 26《威宁州》。

2　例如按规定只交 100 斤粮食，但土目要求交 150 斤，50 斤被私吞了。这段叙述来自笔者在赫章县古达乡、雉街乡的调查。

3　王定芳，彝族，1938 年生；陆开良，彝族，1937 年生。

4　参见贵州省编辑组编《黔西北苗族彝族社会历史综合调查》，贵州民族出版社，1986，第 22、52 页。

地处偏僻，交通闭塞的地方，一些百姓上粮困难，并且素未同流官政权打过交道，隔膜很深，于是在"报亩入册"时将自己的土地登记在土目名下，请其代为上粮，给予一定钱粮以示酬劳，此即"寄名"。这样，在土目一家的户名下，可能包括若干户人家的土地。随着时间的推移，"寄名"地无形中成为土目的土地，原来的地主则沦为佃户。在水城，土目的田地一般分为两种类型，土目原有或购买的土地称为"庄上地"，通过"寄名"方式获得者称"册上地"。[1]

图6-1　毕节大屯土司庄园

说明：该庄园始建于清道光年间，为余姓土目所建，现为全国重点文物保护单位。

资料来源：http://travel.gzinfo.net/pictures/2002-09-04/p564.htm。

为了实现对基层社会的控制，土目任命了许多助手，例如水城县的一些土目手下设有总管、管事、队长、头人、老寨等。总管负责统筹安排土目家内外一应事务，深得土目信任，对许多事务都有决策权，所有家下人等，包括管事、队长、头人、老寨以及佃民奴仆，都得听从其指挥。在总管之下，大的土目家一般还设有内外管

1　参见李建成《水城的彝族土目》，《水城文史资料·少数民族专辑》第3、4辑合刊。

事。内管事管钱粮收支账目及全家生活安排以及婚丧节庆的典礼等事务；外管事则专处理一切外务，上对官府及外界的应酬，下对头人、老寨及佃民的催租和派工派款等。

在各个所属庄子和领地，根据具体情况分设"头人"或"老寨"，分管庄内土地及催缴租佃等事宜。一般在彝族和汉族杂居村寨设"头人"，其他民族寨子设"老寨"。对"头人"和"老寨"，土目都给予一定待遇。有的划给头人、老寨田地，让其自种自收自吃；有的则是由所属佃民按上交租谷数另加 10% 作为头人、老寨粮；有的土目将田土统一安排给头人、老寨，向他们收取租谷，佃民则向头人、老寨交租，这种头人、老寨在土改时往往被划为"二地主"。[1]

其他地区的情况和水城差不多。如黔西县沙窝水淹坝土目手下同样设有"内、外把事""掌柜""头人""寨老"。[2] 赫章县雉街乡发达村的陈朝华老先生称他们陈家曾长期担任土目的头人，听老人讲已有十多代了，并没有直接捞到经济上的好处，但因为替土目做事，在地方上的威望比较高。甲长、保长遇到难题时，往往会说："哎，那个是官家头人，我们保长处理不了，我们把头人请来。"

土目往往养有私人武装，民国时期聘请专门的军事教官进行训练，设有正、副大队长、中队长、分队长及小队长等职。此外，监狱、法庭也是土目控制地方社会的重要工具，由断长、大队长、管事等负责审理案件，刑具有铁链、脚镣、手铐等。[3]

1949 年以前，黔西北地区的土目以及富有的彝人都普遍养有许多供自己役使之人，女性称为"柏（⋈）"，男性称为"者（廿）"，在讲西南官话时，称为"丫头""娃子"，汉语书面语一般统称"家

1　以上叙述参见李建成《水城的彝族土目》，《水城文史资料·少数民族专辑》第3、4辑合刊。

2　参见《黔西县沙窝区沙井乡罗都寨解放前的社会经济特征和解放后的发展变化》，《贵州省仡佬族社会历史调查资料》，1964。

3　参见《黔西北苗族彝族社会历史综合调查》，第 50、71~72 页。笔者的调查可与此相印证。

奴"。乾隆八年（1743），威宁镇总兵曾长治奏称：

> 　　土目之家各蓄有家奴，以供使唤。多者百余户，少者亦有
> 数十户不等。[1]

图 6-2　威宁陆土目衙门
资料来源:《四川贵州彝族社会历史调查》页首插图。

　　家奴的族类成分包括彝、苗、汉等，其来源主要有：强迫佃户、帮工为奴；购买贫穷人家无力养活的子女为奴；收养亲人亡故的孤儿寡女为奴；将欠土目之债无力偿还者沦为奴；此外，丫头、娃子所生子女世为"柏者"。[2]乾隆年间的贵西道赵翼已经注意到了这种情况：

1　曾长治:《谨奏为奏闻事》（乾隆八年闰四月十三日），乾隆朝军机处录副奏折，缩微号 585-1068。

2　参见张坦熊《谨奏为请禁边夷冒占拆卖之风以广皇仁事》（乾隆八年十一月二十九日），乾隆朝军机处录副奏折，缩微号 95-2116；《黔西北苗族彝族社会历史综合调查》，第 58 页。笔者的调查与此大致相符，丫头娃子的民族成分以及欠债沦为丫头、娃子系黔西北的一些老先生告诉我的。

至家中婢女，率皆无夫，听其与人苟合，生子则又为奴仆，是以苗、倮家奴仆皆无父也。余尝在毕节籍一马户，家有老婢名大娃者，问其夫，则曰："未嫁。"及点奴子，有二童，皆其子也，可为一笑。然其俗大概如此，不为异也。[1]

黔西北民间并无"婢女"之说，文中"婢女"当即女家奴——丫头，赵翼所见似乎并不全面，许多主人都愿意为自己的丫头或娃子婚配，早在明代已经如此，包汝楫称：

罗鬼人掳中国男女，仍以中国男女配耦，并不给配本地人，云恐乱其种。[2]

此外，在前引曾长治的奏折中，家奴的单位是户，可见他们大都有家室。曾长治还提到，土目安巡如的家奴者厦、白革等胁迫家奴 19 家一起叛主，其中白革已娶妻，并生有两个女儿，其他家奴亦有妻小。[3]

为"柏者"婚配其实是主人增加财富的手段之一。无需聘礼嫁妆，主人一句命令，将丫头配给娃子，这是最常见的婚娶方式。又因为家奴没有亲权和婚权，所生子女全归主人所有，主人既可让其为自己劳作，亦可将其卖出。甚至有将奴户一家拆散，分卖给不同人家的情况。[4]

1　赵翼：《檐曝杂记》卷4《苗倮陋俗》，第70页。

2　包汝楫：《南中纪闻》。被掳掠的汉人一般都沦为家奴，可随意买卖。据明人所著《张氏传》，奢安之乱时期，赤水卫千户张大壮之子张常庆、张常春遭掳掠后，被奢寅分别赏赐给手下的两位头目，后常庆又被卖给"银河蛮"。参见乾隆《毕节县志》卷8《艺文志·张氏传》。

3　参见曾长治《谨奏为奏闻事》（乾隆八年闰四月十三日），乾隆朝军机处录副奏折，缩微号585-1068。

4　参见曾长治《谨奏为奏闻事》（乾隆八年闰四月十三日），乾隆朝军机处录副奏折，缩微号585-1068；《黔西北苗族彝族社会历史综合调查》，第57~58页。

家奴住在主人家中，常年为主人服务。有的娃子成婚后，得到主人允准，另立门户，成为"家外娃子"，彝语称为"陆外"。有的"陆外"非常能干，能换给主人一定身价或被主人重用，成为"半身奴"。这种人可自由经营自己的土地，有的甚至发展到有自己的佃民和奴仆，但在土目面前他依然还是奴仆身份。有时"半身奴"拥有的家奴成家后，又养有家奴，这样层层蓄养，在水城等地产生了"七道娃子"的说法。

土目拥有的宽阔土地可分为自营地与出租地两个部分，前者主要由家奴、"陆外"耕种。出租地一般占土目田土的绝大部分，承租人有"陆外"和自由民等，交租的情况非常复杂，货币、实物、劳役、人租四种地租并存，因地、因时、因人而产生种种变化。租地时一般都要交押金，称为"顶银"，多少视土地质量与广狭而论。但"册上地"原非土目之地，这种地免交"顶银"（即押金），租子也比较轻。

家奴成为"陆外"时往往能够得到一小块地，不交押金，不纳租子，但每代都必须交纳"人租"，即由主人从自己的子女中挑选一人作奴，主人可任意处置被选中者，父母不能过问。除此之外，"陆外"还有为主人服劳役的义务，服役时主人供给饮食，但无薪酬。"陆外"如无子女，"人租"自然免除。但如生育较多，再向主人租地以维持生存时，必须交纳押金和租子。且下代儿子分居后，兄弟几人每户每代尚须交纳人租一个。

实物地租的形式很多，有定额租、活租、羊租、鸡租、马租等，定额租即不论收成好坏，每年交纳额定的粮食，活租即分成。除了粮食之外，在有的地区，土目还要求佃户交羊、猪等，即羊租、猪租。在威宁龙街等地，家外娃子建房时占用主人家的地基，不交押金和粮食，但每年必须交一只会叫的公鸡或会生蛋的母鸡，称为鸡租。据说苗族人善于饲养牲畜，土目要求他们以马代租，即马租。在威宁牛棚子，交劳役地租的田土称为伏地，主要是苗族耕种，押金少，租子轻，但须承担砍柴、抬滑竿、种地、背粪、割草等劳役。

除土目、娃子、佃户外，地方社会上还有一些自耕农以及拥有较多土地的地主。如前面提到的赫章县雉街乡发达村的陆开良一家耕种自己的土地，直接到威宁上粮，不用交给土目。地主也常常蓄养家奴，并将土地租给佃户，但地租形式相对简单，没有人租、羊猪、马租等名目，多为伙种，种子由地主负责，佃户则承担犁地、耙地、施肥、薅锄等一切劳作，收获后五五分成。此外，有些佃户还要为地主提供无偿劳役。

许多地主其实是二地主，他们从土目那里租入土地，然后再用押金更高、租额更大的方式转租他人，从中渔利。直接从土目家租入土地者称"正佃"，转租者称"花佃"，前者在土目家有名，后者则无名。

还有一种类似转租的土地关系称为"出当"，二者的区别在于，当地的押金额很高，但租子非常轻。当主抽当时，须将押金退还承当户。出当土地的情形通常是，佃户从土目家租入的土地较多，自己种不了就当出一部分，有时租入的田土虽不多，但因手头紧张，也将租入的土地当出一部或大部。当然，有时土目、地主急需用钱时，也会将土地当出。[1]

三　土地关系的渊源

以上叙述主要根据1949年后的调查，但清代的情况亦与之相似。主、佃双方的责任和义务有时会以彝文契约的形式确定下来，毕节地区彝文翻译组曾搜集到六份乾、嘉时期的彝文田契，它们所反映的租佃关系完全可与1949年后的调查相印证，余宏模对此已有

---

[1]　以上叙述参见《黔西北苗族彝族社会历史综合调查》，第50~68、89~91页；李建成《水城的彝族土目》，《水城文史资料·少数民族专辑》第3、4辑合刊。

所阐释，兹不赘述。[1] 此外，中国第一历史档案馆的文献中有关于黔西北土目与家奴、佃户相争斗的记载，这些记载使笔者更加确信民国时期的状况与清代有很大的一致性与延续性。

参照明代彝、汉文史料，我们甚至可以肯定，地权观念以及各种土地关系在改土归流之前至少已初具雏形。黔西北彝语中租作 𝑤，赋作 𝑚。在《西南彝志》《彝族源流》等彝籍中常常讲述远祖交（收）租、交（收）赋的事情。[2] 彝书《水西制度》第十三章中已有"猪租""鸡租"等名目，不过交、收这些租的并非佃户，而是土目、土司，并且我们不能确定这些租是否与土地有关。[3] 在织金县木汪乡保山村有一方彝、汉文岩刻，錾于明嘉靖三十九年（1560），彝文部分记载了一次买卖田土的过程：

> 经官允许记载于此。
>
> 我从阿育觉家购置的田地，时于丁未年冬月。撰写这幅彝文岩碑，时为庚申年四月初六，从卯时到未时写完，刻写在岩碑上的文字不会脱落，识字人一看就懂其意思了。
>
> 为的（了）使阿叉阿育的子孙们知道这片田地的情况，我把买地和当地中的等等过程刻在岩碑上，也让众人明鉴我是如何用牲畜折合银两□买成的。
>
> 早在丁未年冬月初五那天，格纳我说明要把当给丫口上阿育觉家满六年期限的土地赎回来。阿育觉说："你要赎回土地呢，要把当价归还我。不然，我三哥今年要租种。"
>
> 为此，我拿了紫马一匹议价折银五两；银鹤母马一匹议价折银三两；青毛驴一头议价折银一两；黄骟牛一头，红骟牛一

1　参见余宏模《清代水西彝族土目和彝文田契试析》，《贵州民族研究》1979 年创刊号。

2　如布系的一位远祖糯克博在率领族众迁徙的过程中就曾租种过其他支系的土地，"在洛娄博所，牵出牛来杀，租种大片土，专管种土地"。参见《彝族源流》第 17~20 卷，第 287 页。

3　参见《水西制度》第十三章，转自史继忠《明代水西的则溪制度》，第 94~98 页。

头，壮牛犊一头，共议折银七两；山骟羊四只，绵羊一对，共六只议价折银一两；母山羊一只，山骟羊一对，绵羊骟羊一对，共五只议价折银一两；肥猪一对，母猪一头共议价折银一两。以上牲畜折价赎回我七升种田地。另外又给阿育觉银一两，山羊、绵羊五只。

但是，阿育觉又提出阿索地方的那片土地要归他长期掌管，用以向阿督慕魁交赋；向阿育叉交军粮；我也同意了。到庚戌年，阿育觉已分了一季庄稼。

看来，没有文字依据，恐怕今后输理。阿取等三人传话，说我无权管祭祀田了。无奈，我又给银一两；山羊、绵羊一对，加上一只鸡。然后，由我承买土地。于己未年冬月初五日，我用黑公马一匹折合一两银，经阿罕把马牵交卖主。付阿取书写买契费六钱银。给三位凭中人山羊、绵羊一对。卖契写好后画了押。该我子孙万代，永远管业。

另外一点，阿礤原不是播勒辖区的人。此地是阿啥婚前一人到这里所置。他是我们家的人，阿礤是外面来的。阿礤说他本人婚前也是一人到这里来的，不能嫌弃当外人。而且，是经阿取介绍，阿罕允许入赘的。

阿礤无钱难理事，是他转当买给我的。我以枣骝马一匹议价折银六两；青骠马一匹议价折银四两；紫马一匹议价四两；花母牛一头折银一两；红牸牛一头、灰牸牛一头、半紫色牛一头，共议价折银三两；绵羊六只折银一两三钱；山羊七只□□；红骟牛一头折银一两；合计折抵田价银二十二两。经阿罕点交前后共计牲畜五十四条。

另给阿礤三只羊、三对鸡和一两银。阿礤我俩和阿罕一起办理播勒辖区土地的事，我又用了一头红骟牛。卖契是阿礤经阿罕于当天交给我的。然后，除五十四条牲畜而外，我又加了山羊、绵羊三只，分别给了阿礤和阿盲（育）觉二人及阿罕。

可是，阿叉提出阿磔不是业主。他说："阿啥是我的外甥，如果阿磔不与我外甥媳上门成亲则罢，阿啥是我帮他成家立业的。现在你阿磔要卖地，格纳要买地，你们买卖田地的价钱应该归我；当初，这片地是我拿一头红牛和一只黑骟羊给外甥添补买的。"

我只好又拿与阿盲（育）当年收获量相等的一份粮食给了阿叉。阿磔的田地我才最后买成。特将前后经过刻在岩上永作依据。

卖地人：阿磔

买地人：格纳

丁未年冬月初五日[1]

格纳显然是想借助岩石不易毁损的特点，借助文字来公开声明其土地所有权，他还强调自己是"经官允许记载于此"，表明交易是经过官府（土司或土目）认可的，有不可置疑的合法性。文中多次提及书写买契、卖契，似乎说明用文字契约确定土地的买卖等关系已是当时通行的做法。值得注意的是，格纳与阿育觉之间发生的是土地出当与抽当的关系，尽管六年的期限已满，但如果格纳不给还当价，阿育觉依然可以耕种——但仍然要给租粮，估计租额会比较低，这与民国时期的当地并无区别。

第二节　主奴之争与主佃之争

在许多地区，土目-官家在家奴以及佃户心中代表着一种不能冒犯的权威。据李建成老先生的回忆，官家如生小孩，佃民奴仆

---

1 《彝文金石图录》第2辑，四川民族出版社，1994，第6~21页。这块岩刻蕴含的信息相当丰富，如地权、契约、土地买卖、出当以及白银货币的通行；等等。

无论老幼都要来"认主"，拜上三拜，尊称为"官哥哥"或"官姐姐"。佃民及属下进入土目官房或见到官家，都得蹲着，绝不能站着同官家讲话。开口时须先说："小的跟官家回……"然后方谈正题。佃民在官家面前如想抽烟，须先禀明："回官爷爷话，小的嘴酸，想抽杆烟秋秋马屁股。"要得到允许后方能抽，否则即属"不敬"，要遭到惩罚。[1]

笔者的调查同李老先生的回忆相似，文献上对此亦有反映，道光时期曾亲履水西的宋翔凤诗云：

> 蛮山路百折，倮罗生其间。群苗此种贵，约束如汉官。各私一土地，奴使诸苗蛮。有女不敢嫁，有粟不敢餐。皆以奉头目，毋许少畏难。争讼均金输，曲直两不宽。呷酒盛牛角，拜跪拖银环。借问此风俗，积久非一端。云皆霭翠裔，至今多姓安。[2]

明代亲履黔省的官员、文人已经注意到土民对土目、土司的服从，并将其归结为安氏能够长期统治黔西北的原因。嘉靖进士田汝成云：

> 安氏有贵州，千余年矣。岂其先世有大功德于诸蛮哉！何其祚之绵永也？罗鬼憨而恋主，与诸夷异，即暴虐不怨，其他强族不得代有之，故不易姓，今虽授官给印，直名羁之，不能令也。[3]

这是一个经典的解释，被明清时期的士大夫广泛引用，直到乾

---

1 参见李建成《水城的彝族土目》，《水城文史资料·少数民族专辑》第3、4辑合刊。
2 宋翔凤：《记水西风土诗》其一，道光《大定府志》卷59《文征九》。
3 田汝成：《炎徼纪闻》卷3《安贵荣》。

隆初年鄂尔泰等人编修《贵州通志》时仍然持同样的观点。[1] 这种见解在明代可能有其合理性，但清代黔西北的整个社会制度已发生了巨大变迁，原住民"憨而恋主""暴虐不怨"的鲜明形象亦随之淡化，士大夫带有感性化的描述只揭示出他们顺从的一面。其实，许多家奴、佃户已懂得怎样利用现行的制度争取自身利益，他们与土目之间的冲突成为一个引人瞩目的现象。

一　主奴之争 [2]

乾隆四年（1739），在大定府威宁州，经过策划，数百名家奴突然一起离开主家，逃匿山箐之中，歃血结盟，"踞产背主"，希冀"出户"，获得自由之身。愤怒不已的土目纷纷赴官控告，呈请提究叛奴。官员们清楚地认识到，破天荒的叛逃行动标志着土目权威的衰落，这正是朝廷及地方官历年打压、干涉的结果，贵州总督兼巡抚张广泗对此有精辟的分析：

> 臣查黔省地方，苗倮环居下游一带，尽属苗蛮，散处山谷之中，并无酋长统率。上游则倮夷最为繁盛，……其中头目夷民各畜有家奴，以供驱使。而头目中畜家奴多者每至百余户，少者亦有数十户不等。夷俗于主仆之分甚严，而各土目之役使家奴，酷虐异常，迥非情理，或勒派家奴子女为陪嫁，或强夺家奴之妇为侍妾，稍不遂意，轻则拆卖全家，重则立毙情命，任意欺凌，生杀自主。而各夷奴亦遂甘心忍受，在伊等又岂知

1　参见郭子章《黔记》卷 59；罗曰褧《咸宾录》卷 8；张萱《西园闻见录》卷 67；乾隆《贵州通志》卷 7 等。

2　本小节讨论土目安巡如与家奴的争斗，胡庆钧《清初以来彝族奴隶制度的变化》（《明清彝族社会史论丛》）中对此案有简单涉及，他认为这是一场奴隶与奴隶主之间的阶级斗争，其背景是改流以来社会生产力的发展以及与之相适应的生产关系的出现。

上下之等？威冠履，立名分，盖积威所致，不敢稍有抗违。自
昭通、镇雄等处改土设流以来，屡用兵威，官法严肃，各夷目
等始知凛畏法纪，不敢生杀自由，肆行凌虐。而各夷奴中之凶
狡者及又唆使各户家奴，结党背主。[1]

彝人实行等级婚制，主奴之间联姻或媾合为道德、伦理所不
容，甚至会遭族人惩处，[2]"强夺家奴之妇为侍妾"或系想当然之语。
但张广泗有关土目凌虐、拆卖奴户以及改土归流对土目势力的打击
等分析却是有相当的根据——几乎所有当事官员都持此看法。

官员们当然不能对主奴之争放任自流，破坏地方秩序。张广泗
接到呈控后，立即指示贵东道王玠、大定府知府牛天申、护威宁镇
印务大定协副将马似龙赴威宁州调解，最后主奴双方达成协议，土
目从此不准非礼、凌虐家奴，而家奴等不得复行背主，甘结在案。
用书面形式保证家奴的权益，反映了地方官员削弱土目力量的目的
以及人道方面的考虑。[3]

经过调解，啸聚山箐的数百名家奴很快解散，由主人领回服
役，但大化里土目安巡如的家奴者厦、白革等却阳奉阴违，"占据伊

---

1 张广泗：《威宁州夷目家奴者厦等不服伊主役使业经派官兵招捕等情》（乾隆八年四月三十
 日），乾隆朝军机处录副奏折，缩微号 95-2026。
2 1949 年后有关黔西北的各种调查报告与回忆录把土目描绘得非常凶狠，但从未提及强占、强
 奸丫头或家奴妻女之事，甚至连土目家的娃子都不和地主的娃子开亲。参见《黔西北苗族彝
 族社会历史综合调查》；李建成《水城的彝族土目》，《水城文史资料·少数民族专辑》第 3、
 4 辑合刊。
3 参见曾长治《谨奏为奏闻事》（乾隆八年闰四月十三日），乾隆朝军机处录副奏折，缩微号
 585-1068。其他地区如云南东北部的乌蒙府，娄素同样建立过勾政权，雍正年间改土归流后，
 官员们亦同样积极考虑如何打击土目的势力，如乌蒙镇总兵奏请"裁彝目名色"时称："土府
 既已改流，彝目名色尚在。如抒诚之始，彝情散漫，似可假借其名目以收拾人心；今归命既
 久，若赋役差徭仍听其派遣，则重饮繁苛，势所难免……嗣后应请于乌治之东南西北设为四
 乡，将现在各土目名色削去，尽数编入乡甲之内，另择其彝人中忠厚诚实者充当乡约保长，
 以资约束，务使斯民尽隶流管。"参见刘起元《奏陈地方政务管见几条折》，《雍正朝汉文朱批
 奏折汇编》第 14 册，第 776-781 页。

主庄田，抗不遵断"，由此引出了一场不算太大的风波。

安巡如名疆，字巡如。其先祖原系乌撒君长所属的扯处乌土目，其后裔包括 1949 年前威宁北部山区的大官寨土目、补块土目等。自康熙十年（1671）正月俄凹、阿蜡等归顺以来，扯处乌土目积极顺应新的形势，效忠清朝，为朝廷东征西伐。自雍正四年（1726）起，鄂尔泰开始在滇东北进行大规模的改土归流，安巡如"自备鞍马，纠集属夷，为王师前驱"，被改土归流战争的重要将领哈元生赐给"叛产"540 亩，昭通镇总兵徐成贞亦授予其"为善最乐"的匾额，而署贵州巡抚陈悳荣（乾隆五年，陈悳荣以布政使署理巡抚）更是对其赞赏有加。像安巡如一样不但没有受到改流运动的重创，其势力在某些方面反而有所扩张的情形并不多见，正如其墓碑碑文所称：

> 然以余所睹，记改土以来，他氏子孙半多衰歇，独公
> □□，今方兴未艾，岂非凭借者厚欤！[1]

有意思的是，对这样一位恭顺土目与家奴的斗争，官员们的态度却颇为暧昧：

> 然而夷目、家奴自相携二，只宜从缓化导，不便遽加威惩。[2]

看来，只要家奴的"抗不遵断"维持在适当的限度内，官员们是可以稍加纵容的。在控诉"叛奴"时，由于安巡如"词涉不检"，

---

1 对安巡如家世及功业的叙述参见余弘模《威宁乌木屯安巡如墓碑残文探证》，《贵州彝族研究论文选编》。余弘模于 1979 年 4 月在威宁自治县狗街公社踏勘了安氏祖茔，发现了安巡如墓碑残文。

2 张广泗：《威宁州夷目家奴者厦等不服伊主役使业经派官兵招捕等情》（乾隆八年四月三十日），乾隆朝军机处录副奏折，缩微号 95-2026。

震怒不已的贵州总督张广泗甚至打算将其法办，幸得陈惪荣的劝解才使其躲过一劫。[1] 但事态的发展要求官员们采取进一步的干预，者厦、白革等纠集了几十户家奴，占据了安巡如的白素寨，情形开始变得严重，并有进一步加剧的趋势。因为威宁毗邻原来的芒部（即清代的镇雄州）、乌蒙（即清代的昭通府）君长国，相互之间有着千丝万缕的联系，威宁土目的许多家奴就是来自这两个地方。官员们相信，者厦等区区 20 余户家奴，"敢于负固不服"，除了高山密箐、险阻可恃外，自以为昭通、镇雄的"夷猓巢穴可为退步"是一个重要原因。这一判断并无差错，者厦等人确实有联络昭通、镇雄的企图。尤令官员们忧虑的是，者厦、白革的叛主行动可能会引起滇、黔二省家奴的连锁反应，导致地方"缉事无已"。于是张广泗一面奏报朝廷，一面命令该管地方文武官员实行更深程度的干预，酌量派兵解散啸聚家奴。他特别指示，改流前地方缉捕事务原系土目自理，但现在绝不容许他们插手：

> 现今法纪严明，断不便复令各夷目逞其故智。

由于事关滇、黔两省，所以云南方面亦积极协助办理此事，冲突很快平息，啸聚家奴纷纷投首，态度强硬的者厦则在昭通落网。[2]

威宁州叛奴事件并不是一件轰轰烈烈的大事，但它却蕴含着相当丰富的信息。主、奴之争是在彝制崩溃、流官政权建立的背景下发生的，它折射出改土归流后土目权势的衰落。官员们无疑想借此机会进一步规定、限制、削弱土目的权力，例如书面保障家奴的权

---

[1] 安巡如墓碑碑文云："公控叛奴，词涉不检，时军略张广泗震怒，将置公法，陈为解之，释其叛奴。" 转引自余宏模《威宁乌木屯安巡如墓碑残文探证》，《贵州彝族研究论文选编》。

[2] 以上叙述参见张允随《获解逆犯者厦等奏》（乾隆八年六月初七日）、曾长治《谨奏为奏闻事》（乾隆八年闰四月十三日）、张广泗《威宁州夷目家奴者厦等不服伊主役使业经派官兵招捕等情》（乾隆八年四月三十日），乾隆朝军机处录副奏折，缩微号 585-1076、585-1068、95-2026。

益、纵容他们适当程度的背主、禁止土目参与缉捕事务等，但官员们亦非常清楚，在一块新近纳入"版图"的地方，完全抛弃土目将难以维持社会秩序，上文对此已有所阐释，此处再引证一段曾参与处理叛奴事件的威宁镇总兵曾长治的奏折：

> 窃臣驻扎之威宁州，自改土归流，即编立八里，纳粮隶于地方官管辖。缘夷保数目难稽，向有土目约束，一切钱粮讼狱，俱责成土目提唤。[1]

这样，我们完全可以理解，当事态扩大时，张广泗等人立即应土目之请求，出兵搜捕、解散结党之家奴。既要打击土目，但又不能使其完全丧失权威，官员力图在其中寻求最佳的平衡点，这种苦心在他们关于善后事宜的奏折中表露无遗。贵州按察使宋厚奏称：

> 臣查黔省威宁与滇省昭通、镇雄接壤，该处猓夷最称繁盛，半为夷目家奴。但其中实系夷目之世仆者固多，或因佃其田土，附其管辖，久而遂成家奴者亦有……因其结党背主，即断令为良，不特凡有家奴之头目、夷民心不甘服，抑且凶狡夷奴得遂其意，势必闻风效尤，滋事无已。如仍概令为奴，其中不无亦有屈抑。臣愚以为家奴既有不同，办理亦当各异。如果系实在该夷目等佃户，或因向附管辖，遂致为奴者，即应开放为良，以免其子孙之累，且可渐分土目之势，免致日后尾大之虑；其实在该夷目之家奴，确有证据，我固不可遽令出户，以长刁风。惟是各奴已有离心，家主更增嫌隙，若仍断令东主领回，必致别生事端，决无相安之势。应将该夷奴照律惩治外，

1　曾长治：《谨奏为奏闻事》（乾隆八年闰四月十三日），乾隆朝军机处录副奏折，缩微号585-1068。

仍按其人口之多寡，当官定价卖给别夷目为奴，所得身价交与东主收领。为此，在夷奴肆其凶狡，徒犯法纲，终不免于为奴，咸知背主之无益；在夷目刻待家奴，激成背主，使不得复有家奴，亦知残虐之有损，使彼此各有顾虑。[1]

释放一部分家奴，让其"出户"，以收"渐分土目之势"的效果，同时又要惩治一些凶狡之奴，并转卖给其他土目，以表明"背主之无益"。宋厚的平衡策略深得乾隆皇帝赏识，朱批云："所见是，知道了。"

同年十一月，云南按察使张坦熊进一步提出，应敕令云、贵、川、广的督抚各官禁止土目强迫佃户、帮工为奴，不得拆卖奴户家庭，违者依律惩治。[2]

二 主佃之争

1. 安国瑞控案[3]

在各级流官的积极干预下，大化里土目安巡如与家奴者厦、白革等人的争斗终于在乾隆八年（1743）告一段落。60 多年后，安巡如之孙安秉健又卷入与佃户的长期冲突中，特别是与佃户安国瑞的诉讼竟然惊动宸阁。

据说安国瑞的祖父阿固亦属土目，最初居住在威宁州致化里，康熙年间迁居四川乌蒙土府。阿固与安巡如的命运大不相同，雍正四年（1726），云南巡抚兼管总督事务的鄂尔泰进兵乌蒙、镇

1　宋厚：《审办夷奴案情形由》（乾隆八年七月二十七日），乾隆朝军机处录副奏折，缩微号 95–2048。

2　参见张坦熊《谨奏为请禁边夷冒占拆卖之风以广皇仁事》（乾隆八年十一月二十九日），乾隆朝军机处录副奏折，缩微号 95–2116。

3　有关安国瑞与安秉健争讼的文献可参见齐布森《跪奏为遵旨审明定拟恭折奏闻仰祈圣鉴事》（嘉庆十六年三月二十二日），嘉庆朝军机处录副奏折，缩微号 585–1099。

雄，改土归流。[1]阿固在这场战争中被杀身亡，其妻携幼子阿木云逃
回威宁州大化里，佃耕土目安巡如在发嫩扣坡的田土，每年交莜麦
若干。阿木云长成后，继续以佃为生，并为两个儿子取了汉姓，大
儿子名安国瑞，小儿子名安国荣。嘉庆五年（1800），阿木云身故，
安国瑞又向安巡如之孙安秉健请求开垦别鲁块地方，照例交租。安
秉健素来怀疑安国瑞的人品，虽然答应增佃田土，但要求订立一份
总契约，将旧佃、新佃土地全部写明，每年交莜租一石。安国瑞表
示同意。

　　安秉健显然是想用书面形式来明确双方的权利和义务，以保证
自己的土地不被侵占，租粮能够按时征收。我们可以把这理解为改
土归流后黔西北社会经济的变化之一。租佃关系至迟在明代已经出
现于水西安氏所辖地区，[2]在勾政权体制下，惮于土目的权势，佃户
绝不敢霸占田土，抵赖租粮——土目根本不需要契约来保障自己的
权利。彝制崩溃后，文契的必要性逐渐被认识到。在水西地区，土
目与佃户间的租佃契约可能出现得比较早，也较为普遍，并且娄素
没有抛弃自己的文字传统，结果产生了许多彝文契约。毕节地区彝
文翻译组曾搜集到六份并译成汉文，兹抄录一份如下：

　　　　官家下的契约是真的，写这个约给老五。老五用十七两银
　　给官家，卜那（即白泥塘）的田一段，老五得了这段田，是一
　　辈子的好处。如果不犯事，子孙万代永远耕下去，永不扯土另
　　安。如有犯事、差租，官家的田由官家扯。六大升租谷，另外
　　的租子四大斗。

　　　　木纳木土　　　　　　　　五钱

1　参见魏源《圣武记》卷7《雍正西南夷改流记》。

2　按胡庆钧的观点，改流前水西的社会形态是奴隶制，而史继忠则认为应当是封建领主制。他
　　们都提到了租佃关系，但解释有所不同。参见胡庆钧《明代水西彝族的奴隶制》，第16~18页；
　　史继忠《明代水西的则溪制度》，第69~75页。

助其不土	五钱
纳尾尼尾尼	五钱
助其母首	五钱
木开马推	五钱
写字人锁甲　　三钱	
乾隆三十年　　乙酉　　腊月十四写[1]	

这份契约所反映的权利与义务相对简单，有的文契则直接规定佃户必须上"人租"或"随唤随到"，服无偿劳役。在通常情况下，如果承佃人没有欠租或犯事，可以子孙世代永远耕种，官家（即土目）无权"扯土"另佃，几份彝文契约对此都特别提及。在这种习惯之下，清代黔西北的租佃关系应该比较稳定，安国瑞家祖孙三代，租种安巡如的土地长达 60 多年就是一个例子。尽管安秉健怀疑安国瑞的人品，但仍然没有另招佃户，只是要求将自己的财产与权利合法化、书面化。

安秉健对佃约的要求与他自身的经历有关，订立租佃契约在乌撒地区可能出现得比较晚，安秉健曾深受其害，乾隆五十七年（1792），佃户苏友松、阿鲁约、杨受保曾联名告官，称他们被安秉健"强压为佃"，以图赖租。

但安秉健的"创新"举动引起了安国瑞的猜疑，在他看来，"猓夷"地区的惯例，佃种土目田土从来不需要写立佃约，安秉健此举或许包藏祸心。他进一步联想到，自己的祖父阿固同样是土目子孙，肯定承袭了祖遗的大笔产业，雍正年间乌蒙、镇雄改土归流时，安秉健之祖安巡如可能借帮助官兵征剿的机会，霸占了阿固的家业。而安秉健显然是想利用佃约将祖父不光彩的行为合法化，以

1　转引自余宏模《清代水西彝族土目和彝文田契试析》，《贵州民族研究》1979 年创刊号。

杜日后的争端。[1]

不过安国瑞自己也清楚，这些想象与推理欠缺确凿的证据，所以他并不真正准备打一场官司。后来因为贫困，他将所佃土地陆续"出当"给汪老满、陈老三、傅小二等人，获"地价银"180两。一场惊动圣听的诉讼由此引发。

结合上文所讨论的"当地"，可知这里的"地价银"当指押金，并不意味着土地已被卖出。但这显然激怒了安秉健，嘉庆十四年（1809）十二月，当他风闻自己的土地被当后，立即派儿子安觐光前往查问。安国瑞拒不承认，并斥责东家不应诬赖。安觐光一面回骂，一面声称待查访确实，将赴官具控，扯土另佃。看来，尽管对承佃人的行为极端不满，但地主并不能轻易解除租佃关系，除非能找到恰当的理由。

值得注意的是，安国瑞不但出当田土，而且将部分土地转租他人，安秉健对此似乎并未加以反对。容忍转租而禁止出当，或许是因为当地的押金太高，一般出当者难以偿还，容易导致地权纠纷的缘故。安秉健后来找到了安国瑞的转招佃户阿戈，终于获悉承当人姓名及当银数目。安国瑞听说后，认为官司已不可避免，决定先发制人，他选择了一个超逾规矩的方式——京控。

安国瑞并没有足够的盘费，他从威宁起程后，沿途算命，风餐露宿，抵京时已是嘉庆十五年九月。他自己写了状子，拦住某位军机大臣的仪驾，控告安秉健几大罪状：

第一，齐家沟坡、发舍块、载茹、发嫩扣、别鲁块、别苏、猴子岩、狮子硐、法盖、以云等十处田地本系自家祖业，被安秉健之祖安巡如霸占并骗去执照，自己的祖母、父亲则被强押为佃户；

第二，安秉健招引匪徒、霸占民业，杀人放火，引起安士照等

---

[1] 这一推测或许并非毫无根据，上文提到，安巡如因从征有功，获得了五百多亩"叛产"，在改流战争中，阿固系"叛逆"者，其土地有被作为"叛产"处理的可能，甚至被其他有功土目直接霸占，亦未可知。

人的控告；

第三，私自科敛、摊派，强迫苏友松、阿鲁约、杨受保为佃户；

第四，私派廖文富为乡约，作恶害民，滋扰村庄，而安觐光每年巡边一次，强令各佃户宰牛杀马款待，如有违抗，即将该佃户佃耕之地另佃他人；

第五，招养讼师，控占他人田地，勾通书役，掩饰朦胧，出入州道衙门；

第六，安秉健之子安觐光拷打白磨鲁固致死。

这位军机大臣接过状纸后，立即上奏嘉庆皇帝，把安国瑞交刑部讯供，之后又奉谕旨，将其递解回黔审办。黔抚鄂云布当即委候补贵阳知府孟正笏、大定知府安嘉相亲赴威宁州，同该州州牧郑五典一起调查、审理安国瑞状词中所提及的案情。

嘉庆十六年三月二十二日，护理贵州巡抚印务布政使齐布森遵旨向嘉庆皇帝汇报审理情况：

第一，齐家沟坡、发舍块、载茹坐落在云南镇雄州，原系逆犯法漏在约的产业，被收归官府变价发售，雍正十年，安秉健之祖安巡如当官承买，执有镇雄州给予管业的印照，每年纳税粮五石八斗一升，在镇雄州完纳。发嫩扣、别鲁块、别苏、猴子岩、狮子硐、法盖、以云等七处田地系安秉健祖业，额粮 21 石，在威宁州实征册内有安巡如的户名，并有每年在威宁州、镇雄州的完粮串票。发嫩扣、别鲁块系安国瑞佃种，有双方订立的佃约可凭。

第二，所谓招引匪徒、霸占民业、杀人放火之罪名，原系安士照与安秉健争产，"告官被责"，遂起意陷害，于乾隆四十八年（1783）赴官诬告，经审明后安士照已被判处充军。至于强押苏友松等为佃以及科敛等情，系黄美伟从中唆讼，各教唆、诬告之人已于乾隆五十八年依律惩处。

第三，廖文富并非乡约，而是安秉健任命的头人，每年负责向各佃户家催收租粮，如果安觐光每年强迫佃户供应，廖文富作恶乡里，滋扰乡村的话，为何并无别人控告，安国瑞必系诬赖无疑。

第四，招养讼师勾通书役一节，经讯据，安秉健供称延请云南岁贡柯春在家教读，并非讼师。而柯春亦称只在安秉健家教读，并无干预州事。安国瑞对此无可指证。

第五，白磨鲁固向在铅厂佣工，嘉庆十二年十一月初八日因患病回家，医治无效，于十三日病故。

第六，以上事实安国瑞无从狡辩，理屈词穷，对私当地土、将银花用、畏惧控追、捏词诬告等情供认不讳。

最后，齐布森建议，安国瑞系边省夷人，冲突仪仗，妄行奏诉，所控全虚，应从重处罚，杖一百，发遣黑龙江给军人为奴。其所私当之田土，令安国瑞家属给还承当人银两后收回。至于发嫩扣地土，系安国瑞之祖母向安秉健之祖佃种，已经数代，应由安国瑞之弟安国荣继续耕种，安秉健不得另佃他人。

2. 陈登云控案 [1]

就在威宁州安国瑞控案发生之前的头两年，平远州亦发生了一起土目与佃户的争斗案件。

嘉庆十三年（1808）闰五月，38 岁的平远州"猓猓"陈阿佃来到北京，叩阍控告土目欺压佃户、地方官庇护等情，其状词称：

> 我们土司头目安达屡次向众猓猓派敛银两，我胞叔陈登云赴总督伯大人前控告，批委贵西道檄提审讯。安达闻信，于去年正月率领大龙窝等数十人抢去我家牛马，陈登云追捕，大龙窝等各自放火将安达房屋烧毁，陈登云赴州呈报，许知州并未究办，反将陈登云押禁，断赔银两，也不详解道辕。我连次赴

---

[1] 关于陈登云控案的文献请参见宜兴、英和、多庆《谨奏为请旨事》（嘉庆十三年闰五月二十九日）、永保《审办保民陈登云控案》（嘉庆十三年八月初六日），嘉庆朝军机处录副奏折，缩微号 585-1084、585-1087。

> 贵西道呈催，批委大定府审讯，许知州仍不详解。安达等将我
> 众猓猓肆行掳劫，并奸淫妇女。九月十一日安达又率领曾守易
> 等三百余人到我家抢劫，安文星等用枪将陈登云之子陈三扎伤
> 身死，陈三之兄陈二赴州呈告，安文星买出吴荣顶凶承认。州
> 役陈燕等押令和供，陈二不允，邵知州反将陈二收禁。陈登云
> 情急，在狱写了呈词一张，叫我来京呈告……

　　陈登云、陈阿佃等人显然还不太熟习礼仪，状词中居然出现了
"具奏"字样，[1]不过这种冒昧越分之举并未受到过多谴责，宜兴、英
和、多庆等官员奏请降旨将陈阿佃交与云贵总督，并要求该督提取
有关该案的人犯及卷宗，秉公详审。

　　三个月后，云南巡抚永保遵旨将陈登云一案的始末以及各次审
理情形上奏朝廷。这份长长的奏折向我们描述了一个土目与佃户的
曲折故事，展现出清代黔西北社会的某些片段。

　　陈登云系"猓民"身份，与金阿好、李士魁等人世代租种土目
安达家的田地。由于租额很轻，所以当初就声明佃户除缴租外还须
完纳税粮，历来相安，并无争议。陈登云与东家的关系非常密切，
自安达之父安文陇时开始担任佃头，负责经管催收租税。

　　乾隆五十七年，安文陇物故，安达年幼，由母亲禄氏带回娘家
居住，孤儿寡母，不能遥制，各佃户应交租粮每年均未能如期如数
上纳。后来安达长成，回家后发现历年催收佃租账簿等俱已遗失，
各佃户完欠细数无凭清查，决心将租石细加清理，主佃双方的矛盾
由此产生。

　　安文陇未故之时，曾委托陈登云向一夏姓佃户借银 52.32 两，
其中有 10 两系陈登云所出。双方言明，将应交租粮扣作息银，因此

1　宜兴、英和、多庆的奏折中称："陈登云系苗疆猓猓，而原呈内擅称'具奏'字样，实属冒昧
　　越分。"

到偿还银两之前，陈登云每年不用交租。安达不知其事，仍向其催租，经解释，安达疑心借银之事系伪造。到嘉庆六年（1801），陈登云又代安达承借傅姓银20两，年给息米2石，并打算代东家收租，以便从中扣出息米。当时各佃户尚未上缴租粮，安达疑为陈登云唆使，遂同母亲安禄氏赴官具诉。

陈登云对此颇不甘心，只待寻觅时机发作。嘉庆八年，安禄氏为安达订婚，财礼无出，与众佃户相商，要求帮助，各佃户遂凑银230两给东家。以此为理由，陈登云同金阿好等人赴衙控告安达滥派，并声称他们现在耕种的田土系祖先开垦，只应上粮，不应交租。大定府知府周有声讯明后，断令钱粮照旧完纳，陈登云与东家的积怨进一步加深。嘉庆十一年十月，安达查知果木郎田土内有系"老佃"（估计是长期耕种安达家土地的佃户）耕种之田，该老佃已户绝，安达打算另行招佃，双方的矛盾由此激化。

原来，陈登云曾出银向各老佃"顶种"得一些土地，他担心安达会将这些土地一并招佃，决定阻拦此事。正巧安达新招佃户内有"猓民"李二与大陇窝，居住在安达祖遗房屋内。陈登云立即联想到，从前在马厂地方居住的"夷人"刘陇窝曾偷窃都寨"狆苗"的牛只，大陇窝必系刘陇窝无疑。于是邀同佃户金阿好赴总督衙门控告安达招匪，列名同告者尚有余在成、李阿本等。

陈登云、余在成等人显然是想以此迫使安达不敢招佃。但不知什么原因，当总督委派贵西道伊汤安审办此案时，陈登云等原告却传不到案，此事不了了之。

嘉庆十二年正月初十日，陈登云喝得醉醺醺的，邀约金阿好、李士魁以及儿子陈光宗、陈三等前往烧毁李二、大陇窝的居所。金阿好、李士魁不肯同行，陈登云强逼前往，接着又邀弟陈登科、侄陈光绪、王屹瘩、张曾宝同行，但未告知他们放火之事，只是声称要窃去牛只，赶跑贼匪。陈光绪、陈登科等劝阻不依，一行人来到李二等人的住屋门前，陈登云大喊："大陇窝在此为匪，特来驱逐。"

当时屋内有李二、大陇窝以及安达雇来修房的木匠敖老大、敖老二等人，见来者不善，闭门不理。陈登云遂将随身携带的火煤点燃茅草把，抛至房顶上，顿时火光冲天，安达祖遗的七间草房并衣物器具很快化为灰烬。李二、大陇窝及敖家兄弟从缺墙逃出，未被烧伤。

安达获悉后，立即具报到官，陈登云亦遣侄陈光绪赴州衙称安达自行放火烧房，以图陷害。知州许云霄传集人证，审明原委，即将陈登云、金阿好拿获关押，并责令二人赔偿安达银66.5两，陈光宗等人则已逃逸。

后陈光宗潜回家中，嘱咐母亲朱氏带同儿媳罗氏以及金阿好之妻谢氏等10余人赴贵西道衙门喊冤，禀诉安达纠抢佃户家财，并放火诬告陈登云等情。道尹伊汤安见案情重大，请示督臣提人犯至省城，让贵阳府知府程卓棵、平越直隶州知州王汝琛参与会讯。陈登云对放火烧房一事供认不讳，于是行催平远州严拿陈光宗、陈三、李士魁等到案，并提解在贵西道衙门喊冤之朱氏等人，以便质询。

平远州州牧邵孟竣当即令州差水源、王遂捉拿案犯。平远州显然有依靠土目处理地方事务的传统，邵州牧在传票中明白指示："协同土目查拿。"这样，水源、王遂找到了土目安文星，安文星即带领佃户王阿贵等10余人于九月十一日赴陈登云家，陈光宗兄弟已闻风逃匿，于是将其母陈朱氏等五人带至八寨，歇于安文德佃户张仁家。州差水源、王遂认为，陈三之妻杨氏及其亲戚朱李氏年龄较轻，不便押带至省城，即令张仁领文，让陈登云邻居陈朝举、罗十斤送回家中。次日，将陈朱氏等三人送州解省。

陈光宗、陈三藏匿在附近的山洞中，见风声很紧，欲远逃他乡。途中巧遇外出回归的兄长陈二，三人决定结伴出境。九月十三日，行至圳上地方，闻州差正在前方截拿，于是改道至素有交往的金老大家，金老大不知有放火烧房之事，遂留供食宿。十四日，金老大入山砍柴，恰逢州差张登奉，陈光宗兄弟的行迹就此泄漏。张登奉找到土目安文星，后者因病不能同往，令其佃户汪二、吴荣帮同捕拿。当时吴荣正用防兽枪在山上打雀，张登奉便安排他在路口堵截，自己同汪二上前叫门。

看见差人上门，陈光宗手提金老大家铲草刀，陈二抄起防夜铁标，开门冲出。汪二上前拦截，被铁标戳伤左胳膊，当即倒地。张登奉持棍喝拿，陈二、陈光宗立即用刀、标劈面砍杀。陈三乘机逃出，冲至路口，守候在此的吴荣举枪点放，铁砂击中陈三左额等处，延至半夜身亡，陈光宗则顺利逃脱。当时安文星恐汪二等生事，曾扶病来到现场。已被捉拿的陈二据此认为其弟是被安文星唆使佃户枪杀。州牧邵孟竣讯问之后，认为此事纯属子虚乌有。

经过官员们的会审，陈登云依恶徒挟仇放火延烧未伤人例拟斩监，金阿好依逼胁同行例拟徒，吴荣依罪人不拒捕而格杀律拟绞监，陈二依刃伤人律拟徒。陈登云由省发回平远州，与子陈二同禁在监。陈二向父亲言及几点冤屈之处：

第一，陈三被枪毙时，安文星在场，疑系其唆使，只是吴荣未吐实情；

第二，州差邀同安文星佃户传提喊冤妇女，将陈三年轻的妻子杨氏并其亲戚朱李氏一并带去，次日始归家，疑已受玷污；

第三，妇女们均被传解，家中无人，牲畜等物有遗失。

陈登云亦认为，自己因放火被拿到官，知州许云霄既断令赔偿银两，何以又将自己问罪？会审时判定安达可将田土自行招佃，但其中有自己向"老佃"顶种之地，有安达家当给并抵借银两之土，不应一并"掣"去。

由于心怀不甘，嘉庆十三年四月妻朱氏前来探监时，陈登云遂令其遣工人陈阿佃请人作呈，将金阿好列名，赴京叩阍，控告安达派敛银两、窝匪抢劫、奸淫妇女、烧房诬陷以及安文星用枪扎毙陈三，买吴荣招认等罪。

于是嘉庆皇帝降旨令地方有关大员秉公重审此案。负责办理此事的云南巡抚永保传集相关证人调查之后认为，陈登云所控率皆虚妄之语，但州差水源、王遂及土目安文星传唤妇女时不应将年少之陈杨氏带去，而安达借陈登云之银未付息米，众佃户不交租石，赖为陈登云唆使，致生嫌隙，水源、安文星、安达均应照不应重律杖八十。陈登云向老佃顶种之土，以及当给并抵借银两应俱赎取退业，未赎时照例耕种，陈登云向安达佃种之土，本应撤佃，但恐其家属别无生业，应准照旧佃耕。

三　旧疆的法律实践

"安国瑞控案"与"陈登云控案"均发生在嘉庆年间，这并不意味着直到此时土目与佃户的争斗才开始激化成一个引起关注的现象。至少在乾隆九年（1744），毕节县已经发生了一起惊动黔、蜀二省的"猓民"佃户与土目苏文玉的争斗案。[1] 这一系列案件均记载于中国第一历史档案馆的文献中，由于材料单一，我们很难弄清个中的是非曲直，但不管文献制造者的立场如何，他们的笔下无疑已"真实"地展现出清代黔西北的一些社会关系，其所反映的家奴（丫头、娃子）状况、土地出租、出当、转租等情形完全可与1949年后的田野调查印证。围绕着以土地的所有权、使用权为中心的种种争斗以及家奴的"出户"抗争，我们看到了改流后土目所面临的种种挑战。他们不但政治特权受到诸多限制，并且许多人的经济地位已有所下降，例如土目安达一家长期向佃户借银，以租粮作抵，安达甚至无钱完婚，等等。

"猓民"佃户积极利用流官政权向土目挑战本身便蕴含着相当

1　参见纪山《谨奏为奏闻事》（乾隆九年十二月二十一日），乾隆朝军机处录副奏折，缩微号585-0026。胡庆钧在《清初以来彝族奴隶制度的变化》（《明清彝族社会史论丛》）中对此案有所涉及，他所用材料是中国第一历史档案馆所藏云贵总督张广泗等人的奏折，并将此案解释为奴隶反抗奴隶主的阶级斗争。

丰富的信息。我们需要联系明代地方政府的状况，以一种更广阔的视野来审视此问题。传统时代的政府大概有两种主要任务，一是保证赋役的顺利征派，一是维持地方社会的稳定，各种形式的动乱固然要予以制止并镇压，平常百姓的矛盾升级时同样要予以调解乃至裁决，由此产生了形形色色的诉讼活动。这些活动的背后隐含着两个前提：一是百姓承认官府的权威，愿意通过官府来解决争端；二是官府有能力召集当事各方并保证判决的执行。从这个意义上看，司法权的有效行使其实是政府对地方社会的控制走向深入的标志之一。曾亲履贵州的明人王士性谈道：

> （贵州）只借一线之路入滇，两岸皆苗……其开设初，只有卫所，后虽渐渐改流，置立郡邑，皆建于卫所之中，卫所为主，郡邑为客。缙绅拜表祝圣，皆在卫所。卫所治军，郡邑治民，军即尺籍来役戍者也，故卫所所治皆中国人，民即苗也。……郡邑中但征赋税，不讼斗争，所治之民即此而已矣。[1]

可见，明代贵州的地方政府尚不能很好地执行调解地方争端的职能。在流官当权的地方尚且如此，水西、乌撒等土司地区可想而知。[2]在政权与族权交织在一起的君、臣、布三者秉权的严密政治体制下，土司、土目是地方事务的最高裁决者，是原住民心中唯一的权威，这正是"罗鬼憨而恋主""即暴虐不怨"的制度基础。

彝制崩溃后，各级流官政权逐渐深入人心。官员们不但行使征赋派役的职责，并且积极处理各种诉讼活动。而原住民亦开始懂得怎样利用现行制度打击对手，获取资源，在他们心中，土目已不再是最高权威。土目之上有各级官府，最高的仲裁权掌握在远在北京

1　王士性：《黔志》。

2　但明廷在一定程度上可以干预土司、土目之间的争斗。例如首辅高拱与贵州巡抚阮文中成功调解了贵州宣慰使安国亨与土目安定的冲突。参见高拱《靖夷纪事》。

的皇帝手中，所以他们知道逐级告状乃至京控。

案件的处理结果还有助于我们理解汉文化在黔西北的扩张与渗透。清代曾经对"土酋猺猓"犯罪实行"宽恤"政策，如犯徒流军遣等罪，援照古例免予发遣，改为枷责完结。原因是"苗猓与内地民人语言不通，服食各殊，实徒实流恐断其谋生之路"。[1]乾隆二十七年（1762），贵州按察使赵孙英认为这一政策已经过时，应予改革，他声称：

> 臣查贵州一省，除遵义府系雍正年间由川割归，并无土苗外，所有上游之贵阳、大定、安顺、南笼四府，下游之平越、都匀、镇远、思州、铜仁、黎平、石阡、思南八府苗人皆系前明虚入版图，历年已久。后蒙我朝重累熙洽，一百二十余年来，熏育教化，凡土苗人等服饰语言多与汉同，如猓玀、犵家、洞苗、宋家、犵老之类，读书游庠，援例捐纳贡监及职衔者，在在有人，至于得中武科者，间亦有之。此等苗寨，风气既与民人无异，而所犯之罪则与民人殊科。狡黠抗法之徒既易于尝试，有江楚川广游民窜入苗寨，尤易控冒滋事……臣愚请嗣后除贵阳府属之长寨，黎平府属之古州，铜仁府属之松桃，镇远府属之台拱、清江，都匀府属之都江、八寨、丹江各厅，俱系雍正四年及六、七等年开辟之新疆，各苗人有犯，该徒流军遣等罪仍照旧例分别枷责完结，其余各府所属，凡系旧疆版

参见下文赵孙英的奏折。民人冒充"土苗"以图免徒要受到惩罚，《大清律例》卷5《名例律下》载："凡苗疆地方，如军流徒遣等犯内民人有捏称土苗，希图折枷免徒者，事发之日，除按其本律治罪外，仍先于本地方枷号一个月，再行充发。"清代对"土苗"犯案的特殊处理还表现在其他方面，例如雍正六年正月十二日署理贵州巡抚印务的广西巡抚祖秉圭奏称："窃查贵州苗彝烧杀劫掳事件，向日多系照彝例以牛马偿息外结。嗣经督臣鄂而泰题请凡苗疆案件，俱照内地所定限期，按律审拟具题，不许外结。经部议奏于雍正五年九月十七日奉旨依议，通行钦遵在案。"祖秉圭：《奏为黔省未参案件事》，《雍正朝汉文朱批奏折汇编》第11册，第407页。

图，苗人有犯徒流军遣等罪者，均照民人所犯徒罪，经请定驿摆站军流遣罪，按照道里表开载，定地充发。[1]

在赵孙英看来，康熙初年改流的黔西北已属"旧疆"，不在宽恤之列。[2]此言并非毫无根据。随着科举、教化的推行，黔西北地区的文化与礼俗逐渐发生了变化（见本书第八章），安秉健请云南岁贡柯春在家教读，安国瑞、陈登云、陈阿佃、金阿好等人均能操汉语，甚至可以书写——安国瑞的状词就是自己写的。官员们在判决的时候，实徒实流，不再考虑"民""苗"之别，安国瑞被发遣黑龙江，在此之前的乾隆四十八年（1783）、五十八年，诬控安秉健的安士照、阿鲁约等人同样被拟充军，陈登云一案中金阿好、陈二等人则被拟徒。黔西北地区在观念与实践上都成为清王朝"旧疆"。

在更早的乾隆三十五年，吏部曾讨论过贵州威宁州官员的升迁问题。威宁州"因辖猓夷，为苗疆要缺"，官员任职五年俸满后，"加衔留任"，续任三年，再行升用。这其实也是湘、黔、滇等地许多"苗疆""夷疆"地区通行的制度。[3]这一年正月，吏部赞同黔抚良卿的建议，以威宁"番民向化日久，抚绥较易"为由，建议删去"报满加衔即升之例"，改行内地官员的升迁办法。皇帝予以了批准。[4]

总而言之，成为王朝之"疆"的关键，是人民被纳入"版图"，

1　参见赵孙英《跪奏为酌定苗人犯罪以肃法纪事》（乾隆二十七年五月初六日），乾隆朝军机处录副奏折，缩微号585-2085。在次年的另一份奏折中，赵孙英再次"新疆""旧疆"并提，《清实录》云："贵州按察使赵孙英奏，新疆苗民，较淳于旧疆。治之之法在严惩汉奸。"《清高宗实录》卷689，乾隆二十八年六月壬寅条。

2　参见赵孙英《跪奏为酌定苗人犯罪以肃法纪事》，乾隆朝军机处录副奏折，缩微号585-2085。《大清律例》卷5《名例律下》特别提到对汉化程度较高的"苗人"犯法的惩处："云南、贵州苗人犯该徒流军遣，仍照旧例枷责完结。其情节较重或再犯不悛，将本犯照例折枷后，仍同家口各就土流所辖一并迁徙安插。至苗人中有剃发，衣冠与民人无别者，犯罪到官悉照民例治罪。"

3　《吏部铨选则例·汉官则例卷七·拣选》，续修四库全书本。

4　《清高宗实录》卷851，乾隆三十五年正月癸卯条。

向王朝缴赋应役。初入版图之地即为"新疆"，而"旧疆"则进一步强调礼俗的同化以及与内地一体的法律适用。

四　土目力量的地区差异

除了官员们的限制、家奴的"出户"、佃户的抗租与争地外，移民、绅士阶层的成长同样是土目面临的重大挑战，[1]而土目的内斗也不断消耗本阶层的实力，咸同年间遍及全省的"苗乱"亦使土目力量遭受重挫。[2]完全可以认为，改土归流虽然没有立即对土目造成毁灭性打击，但其权势却不断遭到削弱，例如到民国后期，水城地区比较大的土目，仅剩下玉舍钱闻达、平寨安荣光、田坝苏发朋、常明杨银武、龙场禄仲云等几家，其余大都走向衰落，湮没无闻。[3]

土目受到的挑战与冲击存在着地区上的差异，到 1949 年前夕，纳雍、织金、金沙等地的土目几近绝迹，赫章等处土目的实力大为衰减，大方、黔西土目尚有残存，只有威宁的土目依然强盛。[4]在某些边远之地，如威宁的凉山地区，土目的势力尤为雄厚，形同独立，直到民国时期政府尚对其鞭长莫及，甚至连征收赋税都办不到。我的外公许明九先生民国时期曾在毕节、赫章、威宁等地担任税务官员，他给我讲过一段向大凉山土目征税的经历：[5]

> 那是 1942 年或 1943 年的事情，当时我在威宁管直接

1　本书第八章谈到黄氏家族改变文化身份，通过科举获得较高声望与地位后向土目挑战的事情。

2　咸同"苗乱"时，许多土目参与反叛，亦有不少土目协同政府平叛，致使不少土目家毁人亡。参见民国《大定县志》卷 4《前事志·纪年二》。光绪《黔西州续志》卷 5《州属土司》云："故兵燹以来（土目）捐躯御敌、毁家纾难者比比而然。"

3　参见李建成《水城的彝族土目》，《水城文史资料·少数民族专辑》第 3、4 辑合刊。李建成老先生在文中回忆了（有的是他听老人说的）水城土目之间及其与政府、汉人地主争斗的情形。

4　参见史继忠《明代水西的则溪制度》，第 71 页。

5　我的外公许明九先生系汉族，生于 1920 年。以下叙述是根据我 2001 年 9 月采访时的录音整理。

税——我是在贵阳考取直接税政务人员训练班的。有人密报到中央，说威宁大凉山的安家逃掉了一笔数额巨大的遗产税。安家的老母亲最初是嫁给龙家，第一胎养的就是龙云。龙云的父亲去世后，她又嫁给卢家，生卢汉。卢汉家爹死掉以后又嫁安土目家，安家的土地宽广，跨昭通、威宁、水城，在县里面还有公馆。这个女的死了，有人密报，说安家财产横跨几县，无人清楚，[1] 中央如果把这笔遗产税收活了后就大得很。结果上面派人到贵州省税局来，省局专门派一个姓唐的科长到毕节。当时安家、龙家、卢家财产都很大，但一般征不到税。这个唐科长在毕节很难办通，所以他又专程赶到安家所在的威宁县，蹲在我的所里面，要我负责。我找不到推的，就接手办这个。以后办活，他马儿乎之的，我也只要求把这件公事销掉。

从威宁要直爬三十里才到凉山，安家就住在凉山上。碉堡一座连一座，两排很粗的大树夹道，直到他家门口。我们不敢去，因为他的势力太大了，怕他不服。以后得到威宁县政府的支持，派兵护送我前往。我又找到传教的牧师，他在威宁崇石（音）中学办学，这个牧师是外国的，他说："没关系，不带兵都不要紧，我同你去。"我就和他带着兵去凉山。去时是九月、十月，山上面已经覆盖着雪。离土目家还有三四里路就要事先通知，他家派人来接才敢进去，喂的狗有两百多条，牛羊马匹上千。

安家是黑彝，有三弟兄，但都住在昭通县的公馆里，接待我们的是他的头目人。我不懂彝语，牧师帮我们翻译，他家势

1　许明九所描述的土目拥有大量土地的情形在民国时期的川滇黔交界地带并不罕见，凌纯声说："据最近《大公报》之通信：'一个作农业推广的朋友，在黔西工作之后，回来对我说到，真正的大地主在黔西可以找到，那就是横贯三省边界的土司土地，连土司自己也不知道有多少。'"凌纯声：《中国边政之土司制度》（中），《边政公论》第3卷第1期，1944年。许明九关于龙云和卢汉系同母异父兄弟的记忆有误，或许这是当时的传闻。

力太大了，啃不动，去两个人只是去查账，账他给你查，钱他不交，你把他无法，税没有办活。

又适逢姓王的黑彝土目，老爹刚死，顺便办他家，竟然办活了。我把政策交待以后，把税按税率算出来，数字较大，牧师帮我说话："在这个非常时期，国家需要的是钱，不服的话政府是不容许的。"王家一再要求要减免，大家讨价还价，减到一个数目就确定下来了。王土目家有几兄弟，一个拱一个的，这有助于我们把税办活。大儿子对我说："先生，你追我家这个幺兄弟吧，他是后娘养的，财产全是后娘掌握，小兄弟有金子，你不要讲我说的。就说从外面了解的，你诈一诈他。"我对幺兄弟一说，他果然就交出金子来了，但我不知道真假。他也说，金子是我家家传下来的，是真是假我们也不晓得，好几代人的事情了。我就说，我们带到毕节去，到金店去鉴定。

我们收到的税有鸦片、大板、枪、银子，还有金船、金梭子，上面有"上上足赤"几个字，金子一坨是一斤多，王家亲自派人送到威宁。那时国家的税，什么东西都可以要，只要是打成入库，拿到毕节，就可通过县里面的保警大队来卖。可恨金梭子拿到金店里一下签，结果是假的，就追责任，我又不敢转回凉山去找土目要，怕活不回来。结果就由我来赔金梭子，其余的东西卖来入库。金梭子我赔不起，就扣我的工资。不久货币贬值，后来一个月的薪水不要就赔掉了。[1]

　　许明九的故事表明，当时政府对某些土目的控制还比较弱，他们在很大程度上游离于国家税收制度之外，向其征税变成了一件充满危险的差事。尽管有教会的支持，政府士兵的护送，但许明久仍

1　后来我向母亲询问起这件事，她说她小时候父亲还把那个假的金梭子给她当玩具。

然无法使安土目纳税，在收到王土目的假金子后情愿自己赔偿——尽管这超出了他的经济承受能力，也不敢再回去找土目。但我们不能把许明久的故事当成一种普遍的现象。他所讲的大凉山位于今天赫章、威宁交界处，这是贵州省海拔最高的地区，崇山峻岭使政府对此地鞭长莫及。2001 年 9 月我在黔西北采访时，此地尚未通公路，必须翻山越岭才能抵达。

第三节　布摩阶层的变动

在勾政权中，布摩与幕史垄断着书籍与文字，他们是知识与文明的象征，跻身统治阶层，受到全社会的尊重。特别是与君、臣并列的布摩，掌管祭祀，沟通天、地、人，在很大程度上已被神化了。彝制崩溃后，布摩的政治特权随之丧失，而科举教化、移民的涌入，对他们造成另一种重大打击，布摩阶层的身份构成逐渐发生了微妙的变化。

一　文教的兴起

贵州科举兴于明代，主要是由于卫所的带动，当时入学者以屯戍子弟与汉人移民为主。黔西北地区的广大原住民并非编户，没有根据也没有必要入学应举。因此明王朝文教的扩张与渗透大体上只能影响上层统治分子，虽然朝廷力图推广社学，但土官并不热心，社学在很大程度上名存实亡，布摩所宣扬的各种价值观仍然是土司政权的意识形态。

改土归流在制度上为推行科举创造了条件。黔西北平定后不到数年，黔西、平远、大定等府相继设学，而旧有的乌撒卫学则改为威宁府学，此外各种书院、义学、社学亦渐次设立。[1] 这些学校除了解决汉人的入学、科举问题外，还担负着化导原住民的重任，正所谓"苗彝新附之地，尤当诱之以诗书，使其勉强礼义而不敢为非"。[2] 清代入泮者确实有不少新近入籍的原住民子弟，雍正十年（1732），贵州学政晏斯盛提到大定府亲辖地有许多"目、夷"列于学宫，"尤明于顺逆之义"，随从太守赴军前讨贼。[3] 平远州有"苗民"九种，"不拘愚智，但年幼者，俱解从师读书，近列黉宫者颇众"。[4] 曾为官贵州的查慎行在诗中谈到贵州原住民时亦称："其中一二稍秀拔，略解诗书诵贤圣。"[5]

威宁被描述为"汉夷合一，文教顿兴"，康熙四十八年（1709），佟铭迁府学时，"自总镇、副守、厅学、举贡，以及汉民苗夷之有志学者，咸赞励以光其事"。[6] 到雍正年间威宁府改州，云贵广西总督鄂尔泰以该处"读书向学之士不少"，建议"仍准进学二十名，免其减额"。[7]

据乾隆《黔西州志》，当时各族类都有"读书入泮"者，因此该书称：

> （黔西）旧属夷地，种类非一，语言文字概不相通。我朝改土设流，建立学校，文教大兴，习俗丕变，冠婚丧祭渐循

1　参见道光《大定府志》卷20《治地志·学校上》；卷21《治地志·学校下》。

2　张大受：《重修平远州学记》，乾隆《平远州志》卷16《艺文》。

3　参见晏斯盛《大定府学记》，民国《大定县志》卷10《学校志·学宫》；晏斯盛《奏为请旨事》，《雍正朝汉文朱批奏折汇编》第19册，第37页。

4　乾隆《平远州志》卷11《风俗·苗民》。

5　查慎行：《敬业堂诗集》卷6《毕铁岚金事将督学贵州枉问黔中风土短章奉答兼以送行》，上海古籍出版社，1986。

6　管遴：《中宪佟公改建威宁府学宫记》，道光《大定府志》卷20《治地志·学校上》。

7　《清世宗实录》卷110，雍正九年九月乙酉条；晏斯盛：《奏为请旨事》，《雍正朝汉文朱批奏折汇编》第19册，第37页。

于礼。[1]

道光《大定府志》同样提到罗罗、宋家等族类进学的情况。[2] 虽然方志编修者的言语难免夸饰，但改流后王朝教化对地方社会的日益渗透却是毋庸置疑的。彝文献对此亦有所反映，如麻博阿维家的一支迁到水西阿哲家的地盘后，"取了汉姓，在清康熙年间，读汉书，使用汉文，一度有功名，中了举，做了汉官"。[3] 原住民获取科举功名并非罕见，本书第八章对此将有更加深入的探讨。

二 布摩阶层的变动

科举文教的扩张，强烈地冲击着原来勾政权中的正统文化。这种文化的载体——彝书，面临着逐渐散佚的危险，乾隆三十九年（1774），一位叫黄继的彝人曾发出感慨：

> 余上世祖考世系，往往迭出于夷册书籍，而当今圣朝专以四书三坟五典之道统一天下，而夸册字迹恐愈久而磨灭殆尽，后世之子孙即欲考而失据，能不私心悼叹而隐忧先世之失传哉！[4]

《（彝族）杨氏支谱》亦称：

> 自改土而后，夷书之散佚多矣。[5]

---

1 乾隆《黔西州志》卷 2《地理志·风俗》。

2 参见道光《大定府志》卷 14《疆土志·风俗》。

3 《彝族源流》第 24~27 卷，第 479~480 页。

4 《（大方）黄氏族谱·序》。

5 《（毕节）杨氏支谱》，毕节地区彝文翻译组藏。翻译组组长王继超先生慷慨让我复印全书，在此深表谢意。

政治特权与正统性的丧失，使彝书的传承者布摩的神圣光环逐渐黯淡，布摩成为一种单纯从事祭祀、占卜、看风水的职业，与统治权力无关，并且这种职业在许多地方还面临着佛教的挑战，请和尚做道场、解生、预测在大方普底等地逐渐普遍化。在这种背景之下，跻身布摩阶层的途径变得多样化起来。

1. 黑布（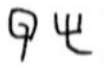）与白布（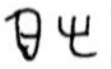）

同其他彝区一样，黔西北彝族的构成相当复杂，大致有黑彝、白彝两种，此外还有红彝等。通常认为黑彝是贵族，在经济上与政治上都有雄厚的势力，而白彝等则处于较低的社会地位，即所谓的“黑贵白贱”。许多被访者声称土目全是黑彝，[1]但也有人将土目、黑彝、白彝自上而下分成三个等级，[2]有一些人甚至告诉我白彝、黑彝都有当土目的。不过从总体上看，1949 年以前黑彝占有经济优势，而白彝人口众多是一个没有争议的事实。[3]

我遇到的很多彝人都反对“黑贵白贱”之说，他们认为，彝书中有青、黄、黑、白、红五种彝人，这是按五行方位的颜色属性来区分的，没有包含等级的意思。彝族社会只有职业分层，如红彝即匠人。[4]

黔西北的黑、白彝之间并非在种族或文化上有多大差异，二者

1　例如赫章县古达乡政府的卢照光，雉街乡的陈朝寿、陈朝华、陈朝松等人都属白彝，他们告诉我土目全是黑彝。《黔西县石板、金坡两乡苗族彝族社会历史综合调查》（《黔西北苗族彝族社会历史综合调查》）亦将土目认定为黑彝。

2　一些人告诉我土目就是土目，和黑彝不同。民国《威宁县志》卷 14《风土志 · 风俗》亦云：“土目最贵，黑种次之，白夷最贱，婚姻往来丝毫不容假借。”此外，《威宁县龙街等地解放前苗族彝族社会历史综合调查》（《黔西北苗族彝族社会历史综合调查》）将等级关系分为土目、黑彝、自由民（有白彝、红彝、干彝）、娃子等。不过该调查并未讲土目不是黑彝，把土目从黑彝中分出来或许是其财产比一般黑彝多。

3　在田野调查中，我仅碰到寥寥数户黑彝。

4　这些是毕节地区彝文翻译组的王子国先生告诉我的。陈英亦认为，白彝是掌管内务的，黑彝是带兵打仗的，干彝是工匠，他们职业分工不同。参见陈英《关于“六祖”、“罗甸国”等问题的调查》，《四川贵州彝族社会历史调查》。

的区分可能是在某个历史阶段君长国的掌权者强调自己的特殊身份
所导致的。[1] 至迟在明代，已出现了黑、白的等级差别，嘉靖《普安
州志》云：

> 罗罗则有黑白之异，黑者贵，白者贱。[2]

这是比较早的记载，之后许多士大夫都注意到了这个问题，康
熙前期贵州巡抚田雯称：

> 何谓卢鹿？水西之罗鬼是也。族众而地广，故力亦强。所
> 辖四十八目，八目之下又有九扯九纵，百二十夜所，皆黑种为
> 之，而白者则其部落也。……（罗罗）有黑白二种，居平远、
> 大定、黔西、威宁者为黑罗罗，亦曰乌蛮，黑大姓，俗尚鬼，
> 故又曰罗鬼。……白罗罗，永宁州慕役司及水西皆有之，一曰
> 白蛮，与黑罗罗同而为下姓。[3]

因为统治阶层以黑为标签，所以与君、臣并列的布摩应当是黑
彝。但现在的布摩世家大都是白彝（即白布），而黑彝布摩（即黑布）
则非常少。学者们对此的解释是，改土归流后布摩的社会地位日益衰
微，其职能从为整个部落祭祀逐渐变成为家庭或个人祈福免灾，黑彝
贵族因此不屑为之，布摩的角色遂主要由白彝担任。于锦绣等人还声

1　按陈英的观点，彝族尚黑，以黑为贵，并且⚫（黑）与☯（看管之意）同音，这正是社会地位
　　高者称黑彝的原因。参见陈英《关于"六祖"、"罗甸国"等问题的调查》，《四川贵州彝族社
　　会历史调查》。

2　嘉靖《普安州志》卷1《舆地志·风俗》。

3　田雯：《黔书》卷1《苗蛮种类部落·苗俗》。清代曾有不少专门描绘贵州少数民族的图册，地
　　方志中也有不少类似的图画，从中可以看到，"黑猓猓"往往以打猎的形象出现，被画得比
　　较凶悍，而"白猓猓"通常是在劳动，特别是背茶的场面出现较多。清人舒位《黔苗竹枝
　　词·猓猡》亦云："红泥坡下白罗罗，下姓相逢唤阿和。一带青山横作黛，春风吹遍采茶歌。"

称发现了这一变更的种种痕迹，他们在威宁了解到，黑彝家做法事，如请白布（摩），必须同时请黑布，如果请到高明的黑布，则不用再请白布。这种情况通常不会发生，因为黑布大都不愿认真钻研经书，手段并不高明，但黑布即使不会念经，也是名义上的正式布母（摩），白布只能算其助手。黑布在祭场上什么也不做，但报酬要分享。[1]

其实，改土归流不仅冲击了布摩的地位，而且还悄无声息地瓦解着黑、白彝的观念。上文提到，黑、白的区分并非建立在种族与文化上，而是统治阶层表达与强化优越感的一种方式。改流运动摧毁了原有的权力结构，然而土目在很大程度上还握有基层社会的实权，并且黑彝的经济优势不可能很快消失，因此黑、白彝的"贵贱"之分还可以在一段时间内继续维持。但几百年间的势力消长，情况逐渐发生了变化。陈英在一篇文章中提到，大方、毕节、黔西、金沙、织金、纳雍等县自清末以来已无黑、白之分，只有威宁、赫章一带尚有此概念。[2]史继忠的论文则称，在中华人民共和国成立前夕，纳雍、织金、金沙等地的土目几近绝迹，赫章等处的土目的实力大为衰减，大方、黔西土目尚有残存，只有威宁的土目依然强盛，[3]对比两项研究，可看出土目势力兴衰与黑、白彝的观念强弱之间的关系。

2. 世袭与师承

改土归流前，布摩的职业以世袭方式被某一特定的阶层所垄

1　参见马学良、于锦绣、范惠娟《彝族原始宗教调查报告》，中国社会科学出版社，1993，第179、180、186页；易谋远《彝族史要》，第775、776页。

2　参见陈英《关于"六祖"、"罗甸国"等问题的调查》，《四川贵州彝族社会历史调查》。笔者的调查可与该文印证，2000年8月，当我打算在大方县了解黑、白彝的状况时，许多人告诉我："我们这里没什么分别，要到威宁才有。"第二年，我带着这个问题来到前乌撒地区的赫章、威宁二县，果然感受到了黑、白的区分。

3　参见史继忠《明代水西的则溪制度》，第71页。

断。文献中对布摩世系的记载比比皆是，[1] 正如《大定府志》所称：
"夷语谓巫为补（即布），最尊贵，丧祭用之，父子相继。"[2]《彝族源
流》云：

> 罗氏有七子，罗婆毕任，与毕氏连姻，世代为布摩。
> 姆阿足布摩，管文化礼仪。不愿作布摩，姆阿足不作祭，
> 足迫默不作祭，迫默维不作祭，维德勒不作祭，勒俄索不作
> 祭，索陇邓不作祭，陇邓阿仇之世，到卧扎女恒，设署苦妥姆
> （署苦妥姆，布摩的座位——原注），更名陇邓阿仇。布摩的根
> 种，来源都清楚，因而做布摩。[3]

《苏巨黎咪》亦载：

> 有三种灾难：君位虽世袭，让人用武力篡夺；臣位虽世
> 袭，让人用武力夺去，子孙不继承权位，把毕濯丧失；布摩子
> 孙不承袭祖业，维庹（布摩的一种法具——引者注）成朽木。[4]

"布摩的根种，来源都清楚，因而做布摩。"对布摩世系的强
调，表明这一职业的家族垄断性，而布摩子孙不能承袭祖业则被视
为一大灾难。这是在特定的制度背景下所形成的观念，在君、臣、
布三者秉权的政治结构中，布摩不仅仅是一种职业，更是一种权
力、一种高等身份、一种财富，既得利益者当然愿意世代维持自己
的特权，普通人断难通过学习而跻身布摩阶层。

1　例如《彝族源流》第24~27卷，第38~45页专门记载了世袭布摩亥索家的谱系；第17~20卷，
　第353页亦提到毕（布）家世袭布摩。
2　道光《大定府志》卷49《旧事志五·白皆土目安国泰所译夷书九则》。
3　《彝族源流》第17~20卷，第206、396、397页。
4　《苏巨黎咪》，第37页。

改流后，随着彝族政治制度的崩溃，布摩变成了一种单纯从事祭祀、占卜活动的职业。除世袭外，一般人也可以通过从师成为布摩，而布摩亦乐于通过收徒获得经济利益。在田野调查中，我了解到，黔西北的许多布摩都开设类似私塾的学堂，收徒授业。毕节地区彝文翻译组的彝文专家、世袭布摩王子国先生称拜师的学费并不固定，他的爷爷办学时，学生交3块或5块小板，交粮食的也有。王先生的父亲曾于1963年收过徒，学生每年交40斤玉米。

王先生家的学堂还培养幕史，如果是学幕史，还要进一步分专业，大致有历史、天文、哲学三种。布摩的学制一般是三年，学的书主要有：（1）祭天（如日月星辰）、地（山神土地之类）和祖宗的书，在彝语中，祖指父系，宗指母系；（2）祭福禄神的书；（3）祭山祭水之类的书；等等。因为要求通背经书，所以三年时间往往不够。毕业后须跟着老师实习，神位怎样安，法器如何摆，书怎样读，这些都有讲究。实习合格后，要举行一个仪式：设师神位，让弟子跪拜，然后师傅念先师的名字，说某某学徒已通过学习。在此过程中，徒弟坐，师傅跪，意即把我师傅给我的神力交过去。彝人用酒通天地，祭祀时不烧香烛纸钱，但要将酒倒在地上。经过这种仪式后，该弟子做法事滴酒时便有先师助威。出师后，师傅会送弟子一些书或让他抄一些书，弟子在自己家中设师神位，且每年都要祭书。世袭布摩不需要举行出师仪式，因为自己家中已经有师神位，有神力。幕史出师亦不必举行仪式，但每年祭书如布摩。[1]

我在赫章县雉街乡还了解到，有的徒弟因为学习时间不够等原因没有得到师傅的经书，其法力与威信大打折扣，只能做一些小事，遇到做斋等大事时没有人会请他们。

王子国先生称，布摩、幕史的所有儿子都可以参加学习，但要

---

1 改流后，幕史衰落得更加厉害，现在幕史家庭已寥寥无几。

用下列标准进行检测，遴选一个合格的传人。

第一，洁净清白。不侮辱文字，讲究个人卫生，这是洁净之意。[1] 清白指品德，踩到虫虫蚂蚁都是过失，要念解冤经解冤。只有走天地人道之路，保持自身的根本，才能通到天乐之处。

第二，温柔忍耐。脾气暴躁的儿子不能传给他某些书，如使法的书。

第三，孝顺善忠。这是对父母和君主的基本准则。

本章的论述表明，改土归流并不能一下子创造出新秩序——尽管表面看起来似乎如此。勾政权在清初的军事行动中被瓦解之后，彝族制度虽遭受重大打击，但依然在新的政治、文化环境中变化、延续。制度的变更开启了经济、礼仪演变的新方向，下一章将从经济开发的角度揭示改流后黔西北对清王朝的意义及其与内地整合的情形。

1　道光《大定府志》卷 49《旧事志五》中对补（布，即布摩）有这样的叙述："饮食起居务洁净，以感神明。"此可与王先生的讲述相印证。

第七章　移民、矿业与农耕的发展

康、雍、乾三朝是传统中国的最后一个"盛世"：人口数量、耕地面积、农产品种类及产量、矿产开发等都达到了前所未有的高度，并且商业活动充分发展，中国进一步融入世界市场。[1] 在这样一个生机勃勃的社会场景中，黔西北等"新疆"地区同内地发生了更加紧密的联系与整合。这些地区对"盛世"的贡献在于，它们不但提供了养活更多人口的可能，并且银、铜、铅等矿的大规模开采改善了清军的装备，扩大了货币的供给来源。清代对黔西北的开发是一场意义深远的革命，许多今天习以为常的现象，正是发育于这场革命埋下的种子。

1　参见韦庆远、叶显恩主编《清代全史》第 5 卷，辽宁人民出版社，1991，第 1~27 页；孔飞力《叫魂》，陈兼、刘昶译，上海三联书店，1999，第 34~36 页。

第一节　移民的潮流

以兴建卫所为契机，贵州在明代出现了第一次较大规模的移民潮。毕节、赤水、乌撒三卫的设立意味着上万汉民进入了黔西北，他们可能主要来自南直隶。但无论是屯守士卒还是民间自发的流民，都主要居住在驿道附近。定居于乌撒、水西土司辖地的汉人数量不多，[1]其来源主要有二，一是被掳掠，[2]一是作为土官的智囊担任汉把、汉目。康熙五年（1666），首任大定知府宁云鹏看到的情况是：

> 城内居民解少，惟卒伍比户而居。夷民散处山中，僻就耕耨。[3]

或许与不久即爆发的"三藩之乱"有关，17 年后，平远府书判黄元治依然未发现多少汉人移民：

> 城中皆兵，惟东南二门外，流氓落落十数家。至群苗，则皆僻居溪洞、笼箐中，如鸟兽之巢穴，不能以近人。[4]

不过，几乎就在黄元治感慨的同时，闽、粤、湖广等地已掀起

1　这一判断的主要理由如下：（1）在明代史料中几乎没有移民记载。而清初史料常说此地汉人稀少。（2）黔西北崇山峻岭，为贵州地势最高处，地理环境较为险恶，并且土司、土目势力强大，他们常常会掳掠汉人为奴，很少有汉人愿意历尽旅途艰辛，自投虎口。（3）在我读到的家谱中，很少有讲明代汉人进入乌撒、水西的。（4）根据乾隆十四年的数据，大定府亲辖地的汉人户、口比例仅为 1∶1.34，显示出移民社会初期家庭规模比较小的特征。说明这些汉人主要是清代移入的。

2　参见包汝楫《南中纪闻》；朱征舆《张氏传》，乾隆《毕节县志》卷 8《艺文志》。

3　宁云鹏：《大定舆图说》，民国《大定县志》卷 20《艺文志》。

4　黄元治：《黔中杂记》。

了移民四川的浪潮。[1] 贵州在明代是四川移民的接收地（详前），但在清初，人口的流向似乎发生了变化，以黔省向蜀省迁移为主，[2] 这或许是由于四川农耕条件远较贵州优越而又地广人稀的缘故。但随着四川人口的日益繁盛，"土苗人稀地广"[3] 且矿业兴起的贵州很快吸纳了邻省众多富余人口。在 19 世纪中期的文献中，该省已被描绘成：

> 至于各属居民，土著甚少，半多江楚川滇民人，客久成籍。[4]
> 即迁客行商寄居者，亦复不少。[5]

黔西北同样是移民的重要接收地。今天该地区的许多汉人都声称自己是清代移居者的后代，家谱对此有所反映。如金鸡彭氏在清初由蜀入黔，在大定府悦服里的德初土目家教读，后创业于金鸡，"报苗入册"。[6]《陈氏族谱》称先祖明末清初来到平远州，康熙二十三年（1684）向大定府交地价银，获得开垦执照，垦田定居。[7] 江西吉安府泰和县大桥头则被众多移民追认为祖籍地。如胡氏于康熙三十九年自江西吉安府泰和县大桥头木匠街迁至平远州吉普，从事木工，兼营农业，逐渐分迁至织金、大方、黔西三县的十余个乡镇。[8] 大方姚氏亦声称自己祖籍江西吉安府泰和县，其中鼎新则溪支系住在大桥头，于清代来到了大定府。[9] 有意思的是，一些彝族在伪

1　参见刘正刚《闽粤客家人在四川》，广西教育出版社，1997，第 84~85 页。

2　参见张广泗《办理入川人民奏》（乾隆九年四月二十四日），乾隆朝军机处录副奏折，缩微号 19-0068。

3　良卿：《请改拨郡县分辖地方奏》（乾隆三十二年三月二十四日），乾隆朝军机处录副奏折，缩微号 023-1324。

4　方世儁：《黔省地方情形奏》（乾隆三十年二月二十日），乾隆朝军机处录副奏折，缩微号 23-1133。

5　良卿：《请改拨郡县分辖地方奏》（乾隆三十二年三月二十四日），乾隆朝军机处录副奏折，缩微号 023-1324。

6　《（大方）金鸡彭氏家乘·彭氏黔谱序》。

7　参见《（大方）陈氏族谱·大方雍睦堂陈氏》。

8　参见《（大方）胡氏族谱·胡氏入黔源流序》。

9　参见《（大方）姚氏族谱》。

报汉人身份时，亦称祖籍是江西吉安府泰和县大桥头。[1]

　　这些真真假假的记载与故事折射出了清代黔西北的移民潮。时人的叙述可与此相印证，贵州巡抚爱必达称：

　　（大定府）关厢内外多豫章荆楚客民，乡则夷多汉少。[2]

　　道光二十七年（1847）刊行的《黔南职方纪略》记载了全省移民数字，但该书所反映的可能是道光初年的情形。道光二年，麋奇瑜任贵州布政使时，曾奏请编查通省客居汉民户口。后来贵州布政使罗绕典发现了这批人口资料，于是将其整理出版，并根据地方志补上已散失的遵义、思州、仁怀等地的资料，定名为《黔南职方纪略》（以下简称《纪略》）。[3]该书把客民分为有产客民、无产客民、居住城乡各场市不填丁口客民三种，现将大定府的数据制成表7-1。

表7-1　道光初年官府登记的大定府客民数

单位：户

地区	有产客民	无产客民	居住城乡各场市不填丁口客民	合计
府亲辖地	2243	212	430	2885
水城厅	439	284	29	752
威宁州	3605	887	10	4502
平远州	150	238	34	422
黔西州	516	503	无	1019
毕节县	无	468	无	468
总计	6953	2592	503	10048

资料来源：罗绕典《黔南职方纪略》卷3《大定府》。

1　最典型的例子是大方县普底彝族、白族、苗族乡的黄氏家族，他们在清代甚至专门修了一所"江夏祠"以表明自己是江西的汉人移民。这是2000年10月我在该地调查时了解到的。

2　爱必达：《黔南识略》卷24《大定府》。

3　参见《黔南识略·黔南职方纪略》点校前言，贵州人民出版社，1992。

曹树基在研究清代贵州"自由迁入移民（与黔东南一带的军屯移民相对）"时，也充分利用了《纪略》。他提到，贵阳府的明代客民"今日皆成土著"，曹氏据此认定《纪略》中省城的"客民"全是清代移入。他进而假定其他地区的情况与贵阳府相似，即清代两百多年间全省的移入者没有或极少成为土著，全属"客民"，并假设《纪略》能够对他们做出大致完整的统计，这样，该书中的"客民"户数就应大致等于道光以前贵州的实际移民户数，再采用"户数 × 户均人口"的办法便可建构从清初迄道光黔省非军事移民的大致数量。[1]

在曹氏的基础之上，本书拟对清中期以前黔西北的移民情况展开进一步的研究。首先必须明确，《纪略》所载"客民"数能否反映道光之前的清代非军事移民规模？该书卷一提到，安顺府归化厅的"客民"有成为土著，"聚族结寨而居者"，清人李宗昉亦称：

> 凡他省人客黔，娶妻生子，名"转窝子"，转窝所生名"门斗子"，再传则土人也。转读去声，江西人犹多。[2]

康熙时期编修的《平远州志》亦云：

> 自康熙三年讨平安氏，建郡建官，流氓入籍，各长子孙，渐成土著。[3]

可见土著中有不少人是清代移民，《纪略》中的"客民"只是清代移民的一部分。分析方志中的人口数据，我们对此会有更清楚的

---

[1]　参见曹树基《中国移民史》第 6 卷，第 156~164 页。曹树基并未直接表述出所有这些假定，但这些假定潜伏在他的论证过程中。

[2]　李宗昉：《黔记》卷 1。

[3]　康熙《平远州志》，转引自乾隆《平远州志》卷 6《赋役》。

认识。兹以府亲辖地为例。按乾隆《大定府志》的记载，乾隆十四年（1749），该地的汉人已高达 11628 户，15588 口，户、口比例为 1：1.34。[1] 其中主要应包括两部分人，一是土著汉户及其所滋生的新户，一是移民及其后裔。但土著汉户应该是不多的，前文已表明，明代移居水西、乌撒土司辖地的汉人极少。康熙五年（1666），大定府知府宁云鹏尚感叹"城内居民解少，惟卒伍比户而居，夷民散处山中，僻就耕耨"，因此原有汉户相当少，户、口比例亦显示移民社会初期家庭规模小的特征。[2] 在此不惮烦琐，再引证一段材料：

> 大定自康熙三年平定以来，士民皆外省流寓，土著旧民，不数户焉。犹是汉多夷少。[3]

因为土著汉户极少，如果我们对之忽略不计，则府志中所载府亲辖地的 11628 户汉户，大致可理解为清代的移民，这一数量远远超过了 70 多年后《纪略》所载的 2285 户客民数。如果我们夸大清初土著汉户的数量，以 2000 户计（其实绝不可能有这么多），根据曹树基所推测的大定府 8.7‰ 的汉户年均自然增长率，[4] 到乾隆十四年（1749）可达到 4104 户，移民户则应有 7524（11628−4104=7524）户，同样远远超过《纪略》所载的"客民"数量。

总之，《纪略》所反映的可能只是乾隆后期至道光初年的移民情形，清代移民的实际规模远远超过了该书的描述，这对整个贵州社会的影响是极其深远的，"一线之外，四面皆夷"，"土苗人稀地广"状况成为历史，一个以汉族为主体的、人口密度相当高的社会逐渐被塑造出来。下文将对此进行量化评估。

1　参见道光《大定府志》卷 40《食货略・户口丁银》。

2　同一时期该地的苗户为 9780 户、30845 口，户、口比例为 1：3.15，比汉户"正常"得多。

3　《大定志稿略》，转引自道光《大定府志》卷 14《疆土志・总叙》。

4　参见曹树基《中国移民史》（第 6 卷），第 164 页。

乾隆初年起清廷开始清查全国人口，据皇帝本人的说法，其目的是"验闾阎繁庶之征"，而非增税或均税，[1]因为与赋役等负担没有关联，有意规避登记的人口应不多，学界亦公认这一时期的人口数字有相当高的可靠性。[2]黔西北地区最早的数据出现于乾隆十四年，当时大定府亲辖地（即原来的大定府、大定州）的户口数为：汉户11628户，男妇15588口；苗户（包括黑罗罗、白罗罗、革佬、木老、仲家、宋家、蔡家、侬家、苗子、羿子等）共9780户，男妇30845口。[3]较之清初汉人稀少的状况，此时的汉民口数已相当于原住民的一半，黔西北人口的族类构成已经发生重大变化。

造报户口无疑是一件非常吃力的事情，特别是原住民由于文化与历史的原因同官府非常疏离，对他们进行清查尤为艰难。因此贵州漏报户口特别是原住民户口的情况相当严重，乾隆四十一年，贵州巡抚裴宗锡曾奏请对此加以改革：

> 臣查黔省地处苗疆，在在汉苗杂处……滋生日盛，向来岁报民数有仅报汉民并无苗民者，亦有仅报苗民并无汉民者，甚有汉苗民数全不造报者，率略相沿，由来已久……严饬确查实在户口数目，分别汉苗，一体开报。[4]

这一建议遭到朝廷拒绝，乾隆皇帝谕称：

> 各省岁报民数，用以验闾阎繁庶之征，原止就内地编氓而言，其边徼苗猓本不在此列，只应以镇静抚驭为主。伊等寄居

1　裴宗锡：《奏为钦奉上谕事》，《滇黔奏稿录要》第3册，清抄本。

2　乾隆五年，皇帝谕令清查人口，但直到乾隆四十年后才形成较为可靠的人口登记制度。参见何炳棣《明初以降人口及其相关问题》，第42～76页。

3　参见道光《大定府志》卷40《食货略·户口丁银》。

4　裴宗锡：《查办民苗户口数目确实再行造报由》（乾隆四十一年五月二十二日），乾隆朝军机处录副奏折，缩微号45-1060。

峒处，滋息相安，不知有造报户口之事，忽见地方有司逐户稽查，汉苗悉登名册，必致猜惧惊惶，罔知所措。甚或吏胥保长借此扰累，致滋事端，于绥缉苗疆之道甚有关系，断不可行。着传谕裴宗锡，所有汉苗一体查造之处即速停止。[1]

这一指示在许多地方得到贯彻，但大定府亲辖地、平远州等地依然汉苗一体造报，见表7-2。

表7-2 1840年代大定府的户、口数

州、厅名	汉户	"夷"户	汉口	"夷"口
府亲辖地	27193	17831	133270	86980
水城厅	7121	无记载	29906	无记载
黔西州	28907	无记载	125305	无记载
毕节县	15862	无记载	84339	无记载
威宁州	15294	无记载	87569	无记载
平远州	11145		44350	

注：这些数据大都是道光二十六（1846）、二十七、二十八年的调查，只有水城厅是道光十六年的数据。

资料来源：道光《大定府志》卷40《食货略·户口丁银》。

或许直到清朝覆亡，黔西、毕节、威宁等地的原住民户口都是一个未知数，光绪时编修的《水城厅采访册》尚称：

> 水城汉夷杂处，遵照章程，止清客户，不清夷户，恐夷民猜疑惊惧也。[2]

通过简单的计算可得出，府亲辖地的汉户户、口比例为1：4.9

1　裴宗锡：《滇黔奏稿录要》第3册《奏为钦奉上谕事》。

2　光绪《水城厅采访册》卷4《食货门》。

（其他地区的户、口比例亦与此相似），较之乾隆十四年（1749）的
1：1.34，家庭规模无疑"正常"得多，这可能意味着道光以降移
民潮已渐趋平息，先前的移入者已正常定居、繁衍。

　　从乾隆十四年至道光二十七年（1847），府亲辖地的原住民从
30845 口增至 86980 口，年增长率高达 1%，这或许可视为自然的人
口滋生。汉人的增加则更为迅速，乾隆十四年时汉人口数为 15588，
大致为原住民的一半，如果按照 1% 的速度，到道光二十七年应达
到 41331 口，但实际的人数多达 133270 口，相当于原住民的 1.53 倍，
其中有大约 9 万人可视作乾隆十四年后的新移民及其所繁衍的人口。
这一数据远远超过《纪略》中大定府亲辖地的客民数。[1] "夷多汉少"
的格局在府亲辖地发生了根本性的逆转。

　　因为数据的失载，不可能对其他地区进行量化分析，但毕节县
本系卫所，汉民占优势自无疑义，威宁半系卫所，加上移民，汉民
似亦较原住民为多，其他州、厅的情况则难以判断。不过，在移民
运动已暂告一段落的道光时期，汉民人数的绝对优势地位尚未完全
体现出来。要理解今天黔西北地区汉族在人口中的高比例，[2] 还必须
研究咸丰、同治年间的贵州"苗变"，这是黔省原住民同中央王朝
的最后一次大规模武力较量，其结果是汉民与原住民的人口都遭受
了重大损失，移民潮流再次掀起，平叛后的安插"夷民"对省内的

1　《纪略》中大定府亲辖地的客民户为 2885 户（见表 7-1），假定户均 5 口，则客民数应为
　　14425，远远低于 9 万人之数，何况 9 万人仅仅是乾隆十四年至道光年间的移民数。总之，《纪
　　略》中的客民数不能反映清代贵州移民的规模，《纪略》一书不能作为研究清代贵州移民的主
　　要材料，只能提供某些参考。

2　例如在黔西北唯一的民族自治县威宁，1990 年少数民族人口、汉族人口分别为 203700、
　　664500 人，前者为后者的约 30.7%。参见李平凡等《威宁彝族回族苗族自治县民族志》，贵州
　　民族出版社，1997，第 1、2 页。又如大方县（大致相当于清代的大定府亲辖地）第三次人口
　　普查时少数民族、汉族的人分别为 188336、522460 人，前者仅为后者的 36%），第四次人口普
　　查时少数民族人口为 250150 人，汉族为 570798 人，前者为后者的约 43.8%，参见《大方县
　　志》，方志出版社，1996，第 121~122 页。少数民族人口增加快的原因，一是对他们实行计划
　　生育政策的困难相对较大（我在乡村采访时，许多乡、村干部都抱怨民族地区的计生工作很
　　难开展），二是一些人愿意申报或改变成少数民族以获取政策上的优惠。

人口分布亦是一次重要调整。[1] 总之，"咸、同苗变"是贵州人口史上的又一次关键性事件，在很大程度上改变了全省人口的族类构成。不过本书不打算对此进行更深入的讨论。

　　清初以来的移民运动彻底改变了黔西北人烟稀少的面貌，对今天的人口状况有着深远的影响。据 1987 年的统计，毕节地区平均人口密度为 208 人 /km^2，而同期全省的人口密度仅为 174 人 /km^2。[2] 人口密度位居全省前列的局面应该是清代以来形成的。如果仅考虑今天该地区在贵州经济排行榜上的位置，我们对此将难以理解。黔西北高原为贵州地势最高处，座座山峰拔地而起，使得整个高原面崎岖不平，无"原"可言，山间盆地（俗称坝子，是贵州重要的产粮区）数量稀少，面积狭窄，是全省交通最落后、农业条件最差同时也是最贫困的地方。这一自然环境极为恶劣的地区何以能够吸引并养活如此众多的人口？答案是极其复杂的，其中经济、社会、文化等各种因素交织在一起。似乎可以肯定的是，清代这一地区所提供的谋生机会不会比贵州省的其他地方少。下文将讨论矿业的兴盛、农耕的发展及其与移民潮的互动关系。

第二节　黔西北矿业的发展及其对全国的影响

一　黔西北的铜铅产量

　　似乎是相信开矿与地方社会的失序有紧密联系以及担忧扰民等原因，明代许多官员乃至皇帝对此事都持审慎态度。[3] 为反对明神宗积极遣使寻找矿源的活动，河南巡按姚思仁曾总结了开采的八大弊

1　参见凌惕安《咸同贵州军事史》，文海出版社，1967。

2　参见《大方县志》，第 123 页。

3　参见徐学聚《国朝典汇》卷 196《工部·开矿》。

病。[1] 即使是对开矿情有独钟的神宗皇帝，也因不愿看到"棍恶夷汉盘据为乱"的情形而驳斥毕节、乌撒二卫军民王应星等奏请开铅厂的请求。[2] 为了维护自身的利益，土官同样反对朝廷开采自己领地内的矿藏，乌撒土知府安效良对开厂的反对即是一例。[3]

在这种背景之下，贵州丰富的矿产仅有铜仁府一带的水银与朱砂得到有效开发，黔西北地区的矿藏几乎不被朝廷重视，天生桥、稻田坝、奈童场等银矿似乎曾经开采，旋因"矿脉细微，且密迩夷境，恐生边患"而予以封闭。[4] 但某些原住民与卫所官兵无疑已从开矿中获利，包汝楫称水西安氏"国中甚富，有水银坑二处，岁获银亿万"。[5] 正统年间的乌撒卫都指挥佥事千羽则因"役军盗矿"而遭到惩罚。[6] 天启年间，因为军饷匮乏，贵州提学佥事刘锡玄曾建议开挖奉旨封闭的乌撒天生桥银厂，并向水西安氏所辖的水银厂征税。[7] 不过当时正值奢安之变，迨动乱平息，明亦旋亡，这些措施似乎没有真正付诸实施。

清初沿袭明代的矿业思想，轻言矿利。围绕是否弛禁矿山的主题，各级官员的争论长达半个世纪之久。虽然因为财政、军饷的困扰，朝廷常有寻矿、开矿的举动，但时禁时开，皇帝、官员对地方社会秩序稳定的担忧之情常常见诸各种公文与著述中。[8]

但官府的疑虑并不能真正阻止民间私开矿山的行为。雍正时期似乎承认了许多私采活动，将其合法化，纳入官方的管理中，征收

1　参见《明史》卷81《食货志五》。

2　参见《明神宗实录》卷567，万历四十六年三月乙丑条。

3　参见《明神宗实录》卷572，万历四十六年七月辛亥条。

4　《明宪宗实录》卷176，成化十四年三月辛巳条。

5　包汝楫：《南中纪闻》。包氏所言或许过于夸张，但水西安氏领地内有水银矿则是可以肯定的，据万历《贵州通志》卷4，当时贵州宣慰司的方产有朱砂、水银、铅、毡、马、茶、铁等。

6　参见《明英宗实录》卷130，正统十年六月辛亥条。

7　参见刘锡玄《黔牍偶存·黔南军政·临出黔条陈黔事禀王军门》。

8　《清代的矿业》（中华书局，1983）一书搜集了部分关于矿业政策争论的资料，参见该书第1~71页。清人王庆云所著《石渠余纪》卷5《纪矿政》对清代开矿的过程与争论有简要记载。

赋税。[1]乾隆皇帝对矿业的态度更为开明。在他继位的第三年，贵州总督张广泗曾疏请封闭大定府属之马鬃岭铅厂，原因是该厂"洞老山空，炉民日渐稀少"。[2]三年后，张广泗又以同样的理由请求封闭威宁府属之白蜡厂银矿。[3]在这两个例子中，开矿与地方社会秩序的关联已不再被强调，[4]请求闭矿的理由集中在蕴含量是否丰裕等问题上。[5]这种变化与乾隆皇帝的战略有关，事实上，从1680年代到1770年代，中国矿业在一百年间的增长率能够大大超过此前两千年，[6]各朝皇帝特别是乾隆皇帝的推动是一个重要因素。据《清史稿》，乾隆继位之初即谕令弛禁：

> 凡产铜山场，实有裨鼓铸，准报开采。其金银矿悉行封闭。[7]

鼓铸即铸钱。其实，银矿的开采同样得到鼓励。乾隆二年（1737），贵州提督王无党奏称：

> 夷地开厂，米粮食物垄断丛奸。铜、铅二项为铸局所需，自不可禁，银、锡等厂，宜因地因时以为开闭。

1　例如雍正二年黔抚毛文铨奏称普安钉头山、威宁州的齐家湾、滥木桥等铅矿银矿，昔日俱属私开，无分文归公之处，"今臣逐一清查，现檄藩司议定抽收之数"。《世宗宪皇帝朱批谕旨》卷13上《朱批毛文铨奏折》。

2　参见《清高宗实录》卷39，乾隆二年三月甲寅条。

3　参见《清高宗实录》卷113，乾隆五年三月戊辰条。

4　一些固守成见的官员甚至受到惩处，如乾隆三年广东提督张天骏以"矿山开采恐滋聚众"为由奏请禁采，结果遭到粤督鄂弥达乃至皇帝本人的驳斥："聚则为工，散则为农，并无易聚难散之患。"最后张天骏被"交部议处"。参见钟琦《皇朝琐屑录》卷32《钱法附矿务二十二则》，文海出版社，1970。

5　又如乾隆八年张廷玉奏称："取矿之家必系有力之人，岂肯窝容匪类以自取祸？又何有易聚难散之患？"转引自《清代的矿业》，第15页。

6　参见《清代的矿业》前言。

7　《清史稿》卷124《食货志五·矿政》。

乾隆帝对此不以为然：

> 据云铜、铅为铸局所需，不可禁，则银、锡亦九币之一，其可即行禁采乎？且禁银、锡之厂，则为此者，将转而求之铜、铅之厂矣！游手耗食之人如故也。此奏虽是，而未通权。[1]

君臣二人的对白揭示出，清廷所关注的并不仅仅是矿产品本身，寻找货币材料、扩大货币供应量才是最为迫切的问题。[2] 其背景是 17 世纪末至 18 世纪晚期生机勃勃的中国经济，这一时期的农业、官私手工业都迈上了新的高度，国内、国际市场也得到了相当可观的发展。[3] 不断增长的人口与扩大的市场，意味着相应的增加货币供给的需求。[4] 1644~1830 年间，通过对外贸易的出超，中国的白银存量增加了两倍，并且每年可能有上千万的西班牙银元流入福建沿海。铜钱作为另一种货币，有其特定的流通场合与范围，对清王朝同样至关重要，海禁解除之后的一段时间，因为铜钱数量跟不上白银的增长，导致钱价上升，这成为当时经济的一个主要问题。[5] 有学者指出，18 世纪，中国的人口与可耕地都翻了一番，但大多数农产品与手工业品仍然主要是零星交易，而支持这类零星交易的等价物就是铜钱。[6] 与白银不同的是，自雍正晚期以后，铜钱就主要靠国内矿业来支持。所谓铜钱，其实是

1　《清高宗实录》卷 37，乾隆二年二月戊子条。

2　康熙皇帝同样因为货币供应的紧张而弛禁铜矿、铅矿，《清史稿》卷 7《圣祖本纪二》载："以钱贵，更铸钱，减四分之一。听民采铜铅，勿税。"

3　韦庆远、叶显恩主编《清代全史》第 5 卷对康乾时期的这些经济成就有详细论述。

4　Anna See Ping Leon Shulman，Copper, Copper Cash and Government Controls in Ch'ing China (1644-1795)(Ph.D. diss., University of Maryland College Park, 1989), pp.244-245.

5　Suan Natuin and Evelyn S. Rawski, *Chinese Society in the Eighteenth Century* (New Haven: Yale University Press, 1987), p.105.

6　Man-houng Lin, *China Upside Down: Currency, Society, and Ideologies, 1808-1856,* (Cambridge: Harvard University Press, 2006), pp.4-5.

铜、铅（即锌，文献上称为白铅）合铸，最初是铜七铅三，康熙二十三年（1684）后改为铜六铅四。乾隆五年（1740）后又掺入少量的黑铅（即铅，文献上称为黑铅）、锡铸造青钱，但铜六铅四依然占据了主体地位。[1] 前所未有的铜铅矿业兴旺，正是康乾盛世的表征之一。

矿产对盛世的促进并不仅仅体现在货币上，清王朝的武功可谓极一时之盛，使我们不能过于忽略清军装备的改善——火器的大量运用。[2] 史称：

> 清代以弧矢定天下，而威远攻坚，亦资火器。故京营有火器营、鸟枪兵之制，屡命各省防军参用枪炮。[3]

清代宫廷中有鸟枪处，京城一带先后设有汉军火器营、八旗火器营、内火器营、外火器营，并且每个行省都有不少使用抬枪、鸟枪的兵弁，沿江、沿海、沿边等要害处炮台林立。雍正时期似乎有许多满洲人沉湎于火器，以至朝廷担心他们荒疏了骑射。乾隆五十年进一步命令各省旧式藤牌兵兼习鸟枪，并要求军机大臣会同兵部，审定演放炮位步数及惩劝之例。[4]

火器的运用与矿业的发展有着紧密联系。枪、炮的铸造离不开铜、铁，（黑）铅子则是最常用的弹丸，工部专门设有铅子库。为了节约铅弹，清初以来相当长的一段时间内，平常演练多放空枪。雍正七年（1729）令各营"以铅子演准"，但要求士兵演枪时尽量捡

1　参见彭信威《中国货币史》，上海人民出版社，1965，第521~556页。

2　例如平定金川的战役中，京城之健锐、火器二营的功绩最多，以至于乾隆皇帝下令在全国推广火器营的操练方法。参见《清史稿》卷139《兵志十·训练》。

3　《清史稿》卷140《兵志十一·制造》。

4　参见《清朝文献通考》卷194《兵十六·军器·火器》；《清史稿》卷139《兵志十·训练》。

回铅子。[1]

正是在传统中国的最后一个盛世，以对矿产的强烈需求为动因，黔西北地区无论在地理上、经济上还是军事上都成为国家的战略要地，同内地的联系与交流达到了前所未有的程度。

水西、乌撒的崇山峻岭中埋藏着多种货币、军器材料，如银、铜、铅、铁等，清初的改土归流从制度上为中央王朝取用这些宝藏创造了条件。康熙前期战事频仍，为了筹集军饷，朝廷曾下令寻找矿源，但贵州巡抚杨雍建却声称未发现何处可产铜铅，康熙二十一年（1682）、二十三年，他先后奏称：

> 黔地不产铜铅，所属各府州县苗多汉少，不谙使钱。其废铜贼钱，自恢复以来，远方商贩陆续赴黔，收买已尽，无从收取，难以开炉鼓铸。[2]
>
> 黔地不产红铜铅锡，已无捐助之人。[3]

直到 17 世纪晚期，地方官尚认为黔省不产铜铅，可见自明代以来从未有过大规模的开采。杨雍建之后的官员可能在黔西北发现

1　参见《清朝文献通考》卷194《兵十六·军器·火器》；《清史稿》卷114《职官志一·工部》；卷139《兵志十·训练》。放枪是清代士兵平常训练的重要内容，雍正二年，黔抚毛文铨抱怨贵州抚标兵丁懈怠的主要理由之一便是操练时"每兵不过放数枪、射数箭辄各回家"。参见毛文铨《奏为谨陈行伍情形仰祈睿鉴事》，台北"故宫博物院"故宫文献编辑委员会编《宫中档雍正朝奏折》第2辑，台北"故宫博物院"发行，1977，第715页。威宁镇总兵石礼哈则称通省兵丁差不多都如此，为了整顿，他督令士兵"日日操演，教以鸟枪进步连环之法"。参见石礼哈《奏为奏闻事》，《雍正朝汉文朱批奏折汇编》第3册，第774~777页。遇到较大的战事，黑铅供应就会成为相关官员必须解决的重要问题，例如平定两金川之役中，觉罗图思德奏称："所需枪子原系黑铅铸造，川省采办恐不敷臣接济。请于黔省存贮黑铅内动拨四十万斤解川应用。伏查黔省黑铅出产威宁州属柞子厂，向系由厂运至四川永宁县，设局委员收兑。以供京楚铅斤之用。若将该局存贮黑铅尽数运往，较为迅速。臣飞饬局员将现存局黑铅先行拨运，奏入报闻。"参见阿桂等《平定两金川方略》卷79，十月壬子条。
2　杨雍建：《抚黔奏疏》卷4《题为铜斤无可采买等事》。
3　杨雍建：《抚黔奏疏》卷7《题为进贡红铜事》。

了银铅等矿，并加以开发。雍正二年（1724），贵州巡抚毛文铨提到黔省威宁地区的阿都、腻书、猴子等地的银厂系经题报准开，[1] 其中猴子厂系于康熙五十七年具题开采，[2] 其余二厂的开采时间似亦应在雍正继位之前。除此之外，黔西北地区的银矿尚有白蜡、羊角、柞子等处。[3] 总体而言，黔西北银矿远远称不上丰旺，其产品在全国流通银两中所占比例非常小，[4] 铜的产量亦不突出，铅产则甲于全国。

　　黔西北的铜矿主要集中在威宁州。格得、八地、果木果、以朵、拖克、落州、女罗等处，至少在雍正时期已经开采。[5] 而当时大定府属地已经开办马鬃岭等处铅厂。这就为铸造制钱创造了得天独厚的条件，于是贵州巡抚张广泗于雍正八年奏请复开宝黔局，局址由贵阳移至毕节县城，设炉十座，每年铸钱 36 卯，数年后又添炉十座。[6] 不过当时铜产不敷，每年须向滇省购买铜 40 万斤。为了刺激铜斤的生产，张广泗奏请将果木果厂的税率从 20% 减至 10%，即"一九抽收"。[7] 乾隆六年（1741）、十六年在威宁州先后发现了规模较大的铜川河、勾录等铜矿，清廷均采用"一九抽收"的税率以

1　参见毛文铨《奏为奏明矿厂事》，《宫中档雍正朝奏折》第 2 辑，第 718 页。

2　该厂康熙五十七年具题开采，康熙六十一年就已衰微，到雍正三年毛文铨已奏请关闭此厂，可见猴子厂或许在得到正式的批准开采之前已私自开采相当长一段时间。参见毛文铨《奏为奏闻事》，《雍正朝汉文朱批奏折汇编》第 4 册，第 871 页。雍正三年贵州大定镇总兵的奏折中称："大定地方所开矿厂，多无部文。"参见丁士杰《谨奏为奏闻事》，《雍正朝汉文朱批奏折汇编》第 5 册，第 1~2 页。颇疑自康熙二十年代以后黔西北已有不少人私自开矿，而地方官员实际上采取了默许的态度——他们亦可从中获利。

3　参见《清代的矿业》，第 594 页。

4　中国银的产量并不大，国内流通的银两、银元主要来自日本、美洲、缅甸、安南、云南等地。参见《清代全史》第 5 卷，第 176~179 页。

5　参见《清代的矿业》，第 201~204 页。

6　参见《清朝文献通考》卷 15《钱币考三》。据同书卷 14，宝黔局设于康熙七年，地址在贵阳，但两年后即停。

7　参见《清代的矿业》，第 202 页。

资鼓励。其后数年内，铜产基本上已敷本省鼓铸之用，滇运停止。[1]
二十四年钱局移至省城，在威宁铜厂兴旺的鼓舞之下，抚臣周人骥
奏请加铸钱 23 卯，共 69 卯，结果铜斤又告匮乏。二十八年抚臣刘
藻声称黔省鼓铸铜斤向系威宁州承办，年产仅 30 余万斤，不敷铸钱
所需之 78 万余斤之数，只有向四川或云南采购。随着威宁等处铜厂
的衰微，自三十五年起铸钱数又减至 46 卯。[2]

在黔西北，具有全国性战略意义的当数铅（含白铅与黑铅）
矿。根据马琦的研究，在清代不同的时期，黔铅约占全国铅总产量
的 67%~84% 不等。[3] 清人所编《皇朝政典类纂》（以下简称《类纂》），
曾列出全国最主要的几个铅产基地的年产量（见表 7-3）。

表 7-3 清代晚期全国主要铅产基地的产量

单位：万斤

地名	贵州	云南	广西	湖南	四川	广东	合计
白铅产量	669.62	51.34	22.33	20.81	18.97	1.2	784.27
黑铅产量	104	3.9	6.12	8.21	9.84	无	132.07
小计	773.62	55.24	28.45	29.02	28.81	1.2	916.34

资料来源：《皇朝政典类纂》卷 132《矿政二·厂课》。

《类纂》称材料来自会典，但笔者在清代历朝会典中尚未发现
相应记载。笔者以为，《类纂》所列举的产量可能只是清代晚期的情

1 参见仲永檀《黔楚诸矿宜抽课或收买以裕国便民由》（乾隆六年十二月十五日）、定长《查办
贵州铜厂情形》（乾隆十九年十月初四日）、周人骥《新于南笼等处试矿由》（乾隆二十四年闰
六月廿一日），乾隆朝军机处录副奏折，缩微号 076-1878、076-2072、069-1766。
2 参见刘藻《请照旧采解滇铜由》，乾隆朝军机处录副奏折，缩微号 076-2195；裴宗锡《奏为
请拨滇铜之有余补黔局之不敷的复炉座以裕钱法仰祈圣鉴事》（乾隆四十一年八月十二日），
《滇黔奏稿录要》第 3 册。
3 马琦：《国家资源：清代滇铜黔铅开发研究》，人民出版社，2013，第 294~298 页。

形，并且其数据亦有不确之处。[1] 在 18 世纪矿业全盛之时，全国每年的铅产量要比上表高得多，黔铅曾维持 1400 万斤的年产量近 20 年，[2] 即便黔西北一地的每年所出，可能也不止 916.34 万斤之数。[3] 不过，表 7-3 足已表明黔省铅矿业在全国占有举足轻重的地位。

贵州黑、白铅主要产自黔西北，该地较早得到开发的铅矿有柞子、大鸡、大兴、马鬃岭、齐家湾、羊角、砂朱等处，除大兴在大定，大鸡位于毕节县外，其余均在威宁，这些矿藏至少在雍正年间已被开采。[4] 我们可以对当时黔西北的铅产量做一个大致的估计。雍正七年（1729），云贵广西总督鄂尔泰奏称每年马鬃岭厂约可出铅 100 万斤；大鸡厂约可出铅一百五十六十万斤；砂朱厂约可出铅二三十万斤；柞子厂可出铅 100 余万斤；[5] 大兴与砂朱两厂在一年内纳课铅 20.8791 万斤，当时通行"二八抽收"，因此两厂年产量应为 104 万余斤，减去砂朱厂的约 30 万斤，则大兴厂年产铅 74 万斤；齐家湾按"二八抽收"，年纳课铅 2.4 万斤，产量应为 12 万斤。[6] 仅此几厂，总产量已近 500 万斤，如果加上笔者目前尚不能获悉产量的其他矿厂，这一数字应当更加可观，黔西北无疑成为全国最大的铅产基地。

---

1 例如，《皇朝政典类纂》卷 132 称贵州出产黑铅 104 万斤，抽课变价银 196 两，湖南出黑铅 8.2 万余斤，征税银 168 两，云南、贵州的黑铅产量与税收完全不成比例，这绝不符合清代的矿税政策。根据笔者对清代贵州矿业的研究，贵州黑铅产量通常情况下是难以达到 100 万斤以上的，到了清代后期更不可能。所以，笔者怀疑贵州出产黑铅应为 10.4 万斤而非 104 万斤。

2 马琦：《国家资源：清代滇铜黔铅开发研究》，第 298~299 页。

3 因为矿藏有限，经过长期开采后便出现"硐老山空"的情况，产量剧减乃至入不敷出，导致关闭，所以清代晚期的铅工业已大不如前。直到现代的采矿与冶炼技术引入后，矿业才迎来了新的振兴。1949 年后，国家在毕节地区赫章县妈姑兴办冶炼铅锌的大型国有企业，属地市级单位。改革开放以来，各种私人小冶炼厂遍布威宁、赫章、水城等县，20 世纪末政府利用征高税等办法迫使污染、浪费都很严重的私人小厂纷纷关闭，结果导致经济滑坡，人民收入锐减，地方政府的财政极为拮据。

4 参见《世宗宪皇帝批谕旨》卷 35《朱批何世璂奏折》；《清高宗实录》卷 1142，乾隆四十六年十月己卯条，卷 39，二年三月甲寅条；《清代的矿业》，第 327~328 页。

5 参见《世宗宪皇帝朱批谕旨》卷 15 之十二《朱批鄂尔泰奏折》。

6 参见《清代的矿业》，第 314、323~324 页。

自雍正晚期迄乾隆初年，大兴、大鸡、马鬃岭等厂逐渐衰落乃至封闭，[1] 但规模更大的妈姑（亦名"莲花"[2]）、福集等厂开始兴旺，黔西北在全国的地位变得更加重要。例如从乾隆二十八年（1763）六月初一日到二十九年五月底，按照"二八抽收"的税率，政府共在妈姑厂获取课铅122.1167万斤，可见该厂的年产量已达到了610.5835万斤。妈姑厂开办于雍正十二年（1734），乾隆三十七年又将新开的俫布戛作为其子厂，[3] 在开办70年后，该厂每年尚能调运白铅450万斤供应京楚。开采已达60余年的福集厂同样能提供180万斤之数。[4] 福集、妈姑两大厂再加上柞子等大大小小的矿厂，黔西北铅工业在最兴旺时的年产量应达1000万斤左右。

二　矿产的调拨与运销

根据全国铸币与军用的需要，清王朝每年都对铅产进行分配与运销。目前笔者对黔铅军用的情况了解尚不多。据有关记载，贵州各营操演所用黑铅主要来自黔西北威宁州柞子厂、黎平府清平县永兴厂等。[5] 自乾隆中期以来，四川军队所需黑铅基本上由黔省柞子厂供应。[6]

铜铅等事关国计民生的重要金属，长期以来处于清廷的牢牢

1　参见张广泗《为详请封闭铅厂事》（雍正十年二月十日），《明清档案》第50册，第B28725~28728页；《清高宗实录》卷113，乾隆五年三月戊辰条；《清代的矿业》，第327~328页。

2　马琦：《国家资源：清代滇铜黔铅开发研究》，第211~213页。

3　参见《清高宗实录》卷904，乾隆三十七年三月壬寅条。

4　鄂元布：《请裁减妈姑、福集二厂铅额》（嘉庆十五年八月二十四日），嘉庆朝军机处录副奏折，缩微号157-1572。

5　参见裴宗锡《开采铜铅》（乾隆四十一年八月十二日），乾隆朝军机处录副奏折，缩微号076-2406；福庆《查明黔省厂情形》（嘉庆八年九月十六日），嘉庆朝军机处录副奏折，缩微号157-1381；《清高宗实录》卷37，乾隆五年七月甲午条。

6　参见韦谦恒《动拨川省黑铅》（乾隆四十年正月初六日），乾隆朝军机处录副奏折，缩微号076-2347。

掌握之中，主导其分配与运销的力量是官府而非市场。清廷的原则
是，按 20%（二八抽收）的税率征税，缴税之后炉户所余产品由官
府以低价收买。这一标准无疑太过苛刻，特别是许多矿埋藏较深，
开采成本较大，即便易于开发的浅矿在时间长久后亦会出现"峒老
砂深"的情形，因此在实际的执行过程中，特别是当金属供应紧张
时，往往因时因地而有所放松以刺激生产，例如降低税率，允许出
卖税后所余产品的一半给商人等。黔西北的铜矿不多，浅矿较少，
清廷很早就予以优惠以资鼓励。雍正八年（1730），抚臣张广泗奏
称威宁果木果铜厂二八抽收，炉户不敷工本，请仿滇省汤丹厂例
一九抽课。[1] 乾隆六年（1741），在威宁州致化里发现了贵州最大的
铜矿（疑即铜川河厂），当初议定课以 20% 的税率，余铜官为收买，
每百斤给价七两。[2] 但一年之后，立即改照该州的格得、八地二厂之
例，一九抽课。[3] 有清一代，黔西北并无余铜可供外调它省，抽课及
收买之铜全部运至宝黔局供铸。

　　贵州系产铅大省，特别是黔西北富矿颇多，清廷的标准长期以
来得到严格执行。雍正年间开采之初，齐家湾、砂朱等厂就定下了
二八抽收的税率。[4] 厂民每产铅百斤需上缴官府 20 斤，此为"课铅"，
税后之铅称为"余铅"，理论上系由炉户自行处理。当时贵州未开
钱局，"课铅"主要卖给云南钱局铸钱，每百斤铅价银 1.4~1.6 两不
等，此项所得即"课铅变价银"。如"课铅"不敷滇省鼓铸，官员
们还要购买炉户手中的部分"余铅"以补足，价格与购"课铅"相
若。有的厂之铅课未经发卖，即为"存厂未变课铅"。此外，尚有
"课银"一词，这主要是由于黑铅与银往往伴生，"课银"当是对黑
铅厂出产的银所征。如雍正七年四月初一日至八年三月底止，抽收

1　参见《清代的矿业》，第 202~203 页。

2　《清高宗实录》卷 150，乾隆六年九月己巳条。

3　《清高宗实录》卷 167，乾隆七年五月庚辰条。

4　参见《清代的矿业》，第 314~316 页。

威宁州柞子黑铅厂课银 24328.4 两，铅课变价银 2189.6 两，存厂未变课铅 338062 斤。[1]

存厂未变课铅表明，云南并不能尽数消耗贵州所征实物铅斤。并且威宁、大定等地的马鬃岭、齐家湾、砂朱、妈姑、大兴等矿日渐兴旺，岁获铅高达数百万斤，而贵州普安丁头山、云南罗平等铅矿亦经题报开采。[2] 甚至大定府之毕节县开钱局后，黔铅供应二省，仍然颇多盈余。当时课铅、炉户余铅的数量越来越多，黔省官员们非常明白这对于财政以及个人收入的意义。早在宝黔局设立之前的雍正五年，他们便借帑银二万两收买马鬃岭余铅前往汉口销售，每百斤净赚银一两。[3] 雍正八年，云贵广西总督鄂尔泰、贵州巡抚张广泗等以炉户未能尽快发售铅斤，造成产品积压为由，奏请将黔西北以及普安丁头山厂每年税后所余 300 多万斤铅发官帑尽数收买，转运自四川永宁、湖北汉口等地，销售各省。所获价银扣还原借工本，余息银两归公，"帮补本省一切养廉公费"。而供铸之后所余课铅，按每百斤价银一两五钱扣归藩库后，"听其与收买余铅一总运售"。[4]

该奏疏表达的其实是由官府控制铅斤的愿望，它剥夺了炉户通过市场处理产品的自由，并且使他们蒙受了经济上的损失，因为官方收买价格是相当低廉的。这不但保障了清王朝的货币材料供应，对黔省财政亦具有相当大的意义。当时通省每年赋税仅 11 万余两，各种耗羡及官庄租谷等亦只 59200 两，[5] 余铅官收官卖无疑缓解了财

1　参见《清代的矿业》，第 322 页。

2　参见《世宗宪皇帝朱批谕旨》卷 125 之十二《朱批鄂尔泰奏折》。

3　参见鄂尔泰《奏为奏明借动库项收铅运售获息情由仰祈睿鉴事》，《宫中档雍正朝奏折》第 11 辑，第 585~586 页。

4　参见《世宗宪皇帝朱批谕旨》卷 125 之十二《朱批鄂尔泰奏折》；《清代的矿业》，第 320~322 页。

5　参见《清代的矿业》，第 321 页。

政的拮据状况，并且为官员们增加了上下其手的机会。[1]

　　鄂尔泰等人的奏请获准后，余铅官收的政策正式确立。但官府往往会注意以下情况：首先，官方收买价对生产者的影响；其次，当产品供过于求时，尽数收买余铅是否会导致严重积压；最后，官员们还会考虑炉户自行销售时的运销活动是否会导致夫马供应紧张，以致影响铜铅京运。清王朝正是根据这些情况适时调整政策。乾隆九年（1744），为了缓解黔西北京运驿道的压力，官府改变遵义府月亮岩铅厂余铅一半通商的做法，停止炉民私销，概归官买，全由贵阳解送至京，以减少大定府京运的数量。[2]第二年，威宁州俫木底新开铅矿照莲花厂之例二八抽收，向例每百斤给价一两三钱，不敷工本，酌增一钱。[3]十四年，铅矿业进入了鼎盛时期，贵州一省的年产量便高达1400万斤，而供应北京、川、黔二省鼓铸以及运往汉口发售各省共计需900万斤，于是抚臣爱必达奏请每百斤铅抽课20斤，官买50斤，剩余30斤准商人购买。[4]乾隆四十六年，为了刺激开采年久、硐远矿深的威宁州柞子黑铅厂的生产，照乐助、新寨、兴发等厂白铅例，每百斤抽课20斤，官买40斤，通商40斤，"俾厂灶均沾余润，以裕鼓铸"。[5]五十三年，福集、莲花二厂，磴硐日深，且需雇工淘水，工费更增，原定福集厂每铅百斤价一两四

1　例如雍正三年威宁镇总兵石礼哈的奏折中提到湖广荆州府"恶棍"王日生同贵州巡抚勾结，在威宁开矿大发横财，不纳国课之事。参见石礼哈《跪奏为奏闻事》，《雍正朝汉文朱批奏折汇编》第4册，第813页。雍正、乾隆等皇帝非常清楚并在一定程度上默许官员们在矿务中以公济私的行为。雍正二年，贵州巡抚毛文铨奏报黔省开矿情形并表示"不许地方官染指分文"，皇帝朱批云："司事之员若令分文不染指亦是难事……朕意仍宜为少留余地，俾司事之员微有沾润，庶几贾勇向前。"参见《世宗宪皇帝朱批谕旨》卷13上《朱批毛文铨奏折》。乾隆十三年，当抚臣爱必达奏报前任张广泗的账目有问题时，乾隆帝指示："朕亦不过欲悉此事之梗概，不必过于张扬，急为综核稍露形迹也。"《清高宗实录》卷322，乾隆十三年八月癸巳条。

2　参见《清高宗实录》卷114，乾隆五年四月己卯条，卷221，九年七月戊戌条。

3　《清高宗实录》卷247，乾隆十年八月丙寅条。

4　《清高宗实录》卷342，乾隆十四年六月乙酉条。

5　《清高宗实录》卷1142，乾隆四十六年十月己卯条。

钱，莲花厂一两五钱，又每百斤抽课 20 斤，请照滇省加增铜价例，每百斤加价三钱。[1] 道光八年（1828）又允准妈姑、福集二厂降低税率，从二八抽收改为一九抽收。[2]

雍正以降，黔西北日益丰旺的铅产似乎影响到全国的铅价，并从此改变了京城铸钱局的采购方式。康熙五十四年（1715）曾议准，京城铸局额需铅 3956799 斤，"由部给发价银，向商人铅矿买用，每一斤定价银六分二厘五毫，水脚银三分"。[3] 照此，每一百斤清廷需用银 9.25 两。随着市场铅价上涨，康熙六十一年每斤价银增至八分二厘五毫。[4]

黔铅的兴起，直接拉低了全国的铅价。雍正十一年（1733），供应京局铅斤的商人们因铅价平减，自愿将价格从原定每斤六分二厘五毫减至四分七厘五毫。但户、工二部的官员已经非常清楚黔西北远远领先全国的铅产量，议称：

> 贵州之莲花、砂朱等厂所产白铅岁不下四五百万斤，各厂定价每百斤银一两三钱，较之商办，实多节省。请自雍正十三年为始，令贵州巡抚委员照额收买，分解户、工二局。每百斤给水脚银三两，照办铜之例分为上、下两运，上运于四月起解，十月到部；下运于十月起解，次年三月到部。[5]

每百斤价银 1.3 两，加上水脚银 3 两，共 4.3 两，较之商办的 9.25 两，节省 4.95 两，当时京城户、工二部所开的宝泉、宝源二局岁需铅 366 万余斤，共节省银 181170 两。京局铅斤由官府采办的制

1　参见《清高宗实录》卷 1311，乾隆五十三年八月戊午条。

2　参见《清宣宗实录》卷 148，道光八年十二月丙寅条。

3　嘉庆《大清会典事例》卷 174《户部·钱法·办铅锡》。

4　参见《皇朝政典类纂》卷 66《钱币九·办铜铅锡例》。

5　《清朝文献通考》卷 15《钱币考三》。

度从此取代了商人买运。这一更改意味着贵州官方运售铅斤的数额较从前少了数百万斤，导致了官府公费的减少。从另一个角度看，省抚衙门同样在调取府州衙门的收入，因为转运铅斤的收入全部解送司库，府州县无权分成。这样，我们就可以理解，为何在矿业兴起之后，黔西北的地方财政依然非常拮据了。乾隆三十六年（1771）出任贵西道[1]道台的清代大儒赵翼曾比较过他的仕途经历：

> 余出守镇安，万山中一官独尊。鼓吹日数通，出门炮声如雷。冬月巡边，舆前骑而引者凡十余，队后拥纛骑又十余，可谓极秀才之荣矣。……忽调广州，乃大豪富。……然仅一年，迁贵西，署在威宁万山巅。冬月极寒，下凌经月不止，弥望皆冰雪。自书吏、差役、门子、轿伞夫，皆仰食于官，否则无人执役矣。书吏行文书，每日纸几番、封几函，俱列单向官请给，天下无此贫署也。两年之间，寒暄顿异若此。[2]

赵翼在广州自然可以"大豪富"，即便在同样是清代才改土归流的"新疆"广西镇安，他也可以"极秀才之乐"，但他以更高级别的身份道员出镇黔西北的威宁时，却感受到了仕途中前所未有的清贫。

尽管如此，铅厂所在州县的财政状况还是得到了相当大的改善。这一方面是因为当地矿业的兴起，另一方面是因为黔西北地当川滇黔孔道，滇铜进京在相当长一段时间内都须借道黔西北，交通要道带动了商业兴起，官方的税收相应增加了。雍正年间威宁镇总

1　清王朝在黔西北改土归流之初，设大定、平远、黔西、威宁四府，寻又设平大黔威守道一员，驻扎大定，总领四府。康熙二十年改为分巡贵州西道，辖贵阳、安顺、平、大、黔、威等处，驻安顺。乾隆十七年，贵西道移驻威宁。光绪五年移驻毕节。参见《清圣祖实录》卷97，康熙二十年八月戊戌条；《清高宗实录》卷395，乾隆十六年七月己丑条，卷419，十七年七月丙戌条；《清德宗实录》卷100，光绪五年九月己亥条。

2　赵翼：《檐曝杂记》卷4《仕途丰啬顿异》，第71页。

兵石礼哈奏称："如思南、威宁等府，黔西、大定、毕节等州县，俱有过往牛马铜盐之税并落地等税，一年俱可收八九千金至二三千金不等。"[1] 同一时期的贵州布政使刘师恕亦云："威宁府之乌撒、永宁、毕节、黔西、大定、平远等税，近因道路坦平，商贩络绎。正课之外，颇有余羡。"[2]

矿业与地方财政状况的关系从耗羡、养廉银上也可以体现出来。雍正三年（1725）八月，石礼哈奏报了黔省官员的养廉银数目，在全省12个府中，威宁府知府的养廉银为1100两，仅低于贵阳府知府（1300两），与镇远、安顺两知府并列第二。[3] 威宁州是最大的铅产基地，据方志记载，其耗羡收入占了整个大定府的一半多。[4]

乾隆八年（1743），京局加卯鼓铸，议定贵州所办铅额增至510万余斤。[5] 除供应京局外，贵州还担负着供应其他省份鼓铸或军事所需铅斤的任务，通常是从黔西北运至湖北汉口发售各省——主要是江南九省，所以又称"楚运"，与"京运"相对。"楚运"属官府控制下的商品销售，黔省官员从威宁等地以每百斤一两三钱至一两五钱收买余铅，到汉口后通常以五两的价格出售。[6] 这是鄂尔泰、张广泗等官员首创的办法。有清一代，京、楚二运大体上在700万斤以上，基本上由黔西北的矿厂供办，[7] 下文对此将有更详细的说明。

先谈黑铅的情况。清代的铅产以白铅为主，黑铅厂只有寥寥几

1 石礼哈：《奏为奏明黔属情形敬抒管见仰祈睿鉴事》，《雍正朝汉文朱批奏折汇编》第2册，第770~772页。

2 刘师恕：《谨奏为敬陈地方事情仰祈睿鉴事》，《雍正朝汉文朱批奏折汇编》第4册，第49~50页。

3 石礼哈：《奏陈黔省文官养廉银两数目折》，《雍正朝汉文朱批奏折汇编》第5册，第683~685页。

4 参见道光《大定府志》卷41《食货略·耗羡》。

5 参见《清朝文献通考》卷16《钱币考四》。

6 参见《清高宗实录》卷342，乾隆十四年六月乙酉条。

7 参见图思德《奏为开铅矿已著成效仰祈圣鉴事》（乾隆四十二年十一月十五日），乾隆朝军机处录副奏折，缩微号076-2466。

处，且产量不大。威宁州的柞子厂是最大的黑铅生产基地，湖南的郴、桂二州亦较为著名，此外，大定府属平远州的达磨厂、思州府属之枫香厂亦有出产。[1] 铸币所需黑铅并不多，所谓铜七铅三、铜六铅四等系指白铅与铜的比例。因此在相当长的一段时间内，对黑铅的需求并不大。例如威宁柞子厂黑铅，开始亦照白铅例，由官府收买，动支银 9279 两余，作收买工本。但获息甚少，行销甚难，不得不终止。[2]

自乾隆五年（1740）起，为了防止将钱改铸器皿，[3] 京局开始配铸青钱，其成分是：红铜 50 斤配白铅 41.5 斤、黑铅 6.5 斤、点锡 2 斤，据说这种钱熔铸成器皿后一击即碎。青钱引起了对黑铅需求的增长，于是议定贵州大定府威宁州的柞子厂岁供京局黑铅 50 万斤，黔省岁办白铅相应减少 50 万斤。乾隆七年，京局加卯鼓铸，令贵州加运白铅 125 万斤，黑铅 200571 斤。[4]

青钱一直未能广为流通，黑铅产量的制约或许是一个重要因素。年供七十万余斤对柞子厂是一个相当大的压力。乾隆八年，该厂已经"矿砂较薄，工本较重"，朝廷一面将收买价从每百斤 1.2 两加至 1.5 两，以刺激生产，一面又减去该厂办运定额，令湖南承办 30 万斤。到十三年，京局黑铅全归湖南郴、桂二厂办解。二十九年，湘抚乔光烈奏称郴厂因硐老矿竭而封闭，于是贵州又额办黑铅 35 万斤。[5] 四十年威宁无铅可运，于是归湖南全数承办。但四十六年又发现了新的矿引，抚臣李本奏请实行优惠政策刺激生产，[6] 京运

1　参见福庆《查明黔省铅厂情形》，嘉庆朝军机处录副奏折，缩微号 157-1381；《清代的矿业》，
　　第 352~354 页。
2　《清代的矿业》，第 325 页。
3　上文已提到，清代的货币有银、钱两种，为了维持二者之间的比价，清廷经常增减钱的重量，
　　这样就造成了名义价值相同的制钱，所含金属量并不相同，销熔大钱，改铸小钱的现象随之
　　发生，甚至有销钱为器（皿）者。参见彭信威《中国货币史》，第 566~569 页。
4　参见《清朝文献通考》卷 16《钱币考四》。
5　参见《清朝文献通考》卷 16~17《钱币考四》《钱币考五》。
6　参见《清高宗实录》卷 1142，乾隆四十六年十月己卯条。

很快恢复。自四十九年始，威宁铅厂再次承担一半京运任务，并且很快增至 50 万斤，运至四川永宁，作为底铅，供应北京及各省。五十九年，议定京局鼓铸改为红铜六成、白铅四成，黑铅相应停止办解。但嘉庆四年（1799）又恢复"三色配铸"，黔、湘二省照原额供应黑铅。[1] 据嘉庆八年抚臣福庆的奏折，当时贵州京运黑铅额数为 47 万余斤。[2]

与黑铅不同，黔西北的白铅产量极为丰旺，可以从容供应京局及许多行省鼓铸所需铅斤。但从交通方面考虑，由黔西北供应京局并非最佳选择，不但路途险远，夫马供应亦相当困难（详后）。我们不难理解官员们时时想利用其他铅矿分担京运任务的举动。官府采办制度确立之初，以威宁州的莲花、砂朱二厂为主体，此外办运京局的尚有湘铅，雍正十三年（1735）以湖南铅厂矿砂渐微，题请暂行封闭，"其京局鼓铸，全用黔铅"。[3] 乾隆五年（1740），遵义府绥阳县月亮岩兴旺，每年收买连抽课可获铅百万余斤，于是从月亮岩分路解运京铅，莲、砂二厂每年仍然要承办两百多万斤。[4] 月亮岩很快衰落，十四年时官员们已经疏称该处铁星坪厂"硐老山空，炉民星散"，但大定府属水城厅之福集厂已经兴起，于是解京任务落实在莲花、砂朱、福集三厂上。二十四年砂朱厂停采，由莲、福二厂办运京铅。[5] 此后直到四十二年，官员们尚称"京、楚两项，俱取给于威宁州属之莲花、水城厅属之福集厂，历年办运，固无贻误"。不过当时已发现遵义府所属新寨大铅矿，而新寨至重庆路途较易，从川、黔接壤的二郎滩起全是水路，于是议定新寨参与供应京铅，

1　参见嘉庆《大清会典事例》卷 174《户部·钱法·办铅锡》。

2　参见福庆《查明黔省铅厂情形》，嘉庆朝军机处录副奏折，缩微号 157–1381。

3　《清朝文献通考》卷 15《钱币考三》。

4　参见《清高宗实录》卷 114，乾隆五年四月己卯条。

5　参见《清朝文献通考》卷 16《钱币考四》；《清高宗实录》卷 338，乾隆十四年四月庚寅条。

年拨解 110 万斤，莲花、福集二厂相应减运。[1] 然而新寨厂同样不能持久，莲花厂亦因开采年久而衰落。嘉庆年间的贵州巡抚鄂元布奏称：

> 黔省每年额办京、楚、川及本省鼓铸铅八百余万斤，系在妈姑厂每年额办铅四百五十万斤，福集厂每年额办铅一百八十余万斤，从前有新寨、架勒、连发等厂同时兴旺，且有积铅，是以历年供兑，均无贻误。嗣因新寨等厂出铅衰薄，陆续详请关闭，额需不敷，经前臬司贺长庚于嘉庆元年详明，妈姑厂除正额外每年加办铅一百三十万斤，福集厂除正额外每年加办铅四十万斤。嗣后妈姑厂仅据威宁州郑五典、贵西道吕云栋、伊汤安领过嘉庆五、六、七年加办铅为一百三十余万斤，福集厂仅据水城通判元靖领过嘉庆五年加办铅四十万斤，均未采办足额……今妈姑、福集两厂，自嘉庆六年、八年以来，除加额铅斤未经领办，福集厂已缺办正额铅三百余万斤。[2]

新寨、连发等大矿陆续封闭，福集厂也不能完成定额。其实早在乾隆五十三年（1788），贵州巡抚李庆棻已在抱怨福集、莲花（妈姑）等厂开采日渐艰难，必须提高炉户工本，以便刺激生产。[3] 嘉庆八年（1803），湖南郴、桂二州出产铅斤"递形短缩"，贵州威宁、平远等地的黑铅厂要么已经封闭，要么日形竭蹶。[4] 道光四年（1824）甚至出现了因矿产不旺而导致的"炉户缴铅濡滞"现象。[5] 清代的铅

1　参见裴宗锡《新开铅厂试采有效预筹改拨由》（乾隆四十二年二月初九日），乾隆朝军机处录副奏折，缩微号 076–2424。

2　鄂元布：《请裁减妈姑福集二厂铅额》（嘉庆十五年八月二十四日），嘉庆朝军机处录副奏折，缩微号 157–1572。

3　参见《清高宗实录》卷 1311，乾隆五十三年八月戊午条。

4　参见福庆《查明黔省铅厂情形》，嘉庆朝军机处录副奏折，缩微号 157–1381。

5　参见《清宣宗实录》卷 74，道光四年十月丁丑条。

矿业，经过 18 世纪中期的鼎盛，到该世纪晚期至 19 世纪初期，已经开始衰落了。

三　铜、铅运道

　　黔西北是清代最大的铅产基地，通过京、楚二运，每年七八百万斤黑、白铅从此地起解，马驮人背，经过崎岖不平的山间驿道，经毕节县运至四川永宁，然后在此地上船，沿永宁河驶入长江，一路东下，直抵汉口，这里是楚运的终点；京运铅斤从汉口继续北上，向京城进发。除了这些官方的运销外，尚有商人的贩运活动。因为每年产量很大，官府无法收尽并卖出所有余铅，所以允许部分余铅通商，同时运售食盐等货物的商贩亦有不少。

　　此外，在相当长的一段时间内，滇铜进京必须借道大定府的威宁州，然后沿黔铅京运路线经毕节县、四川永宁、湖北汉口抵京。其他各省赴滇购铜亦需经由威宁，乾隆初这里云集着江西、安徽、浙江、福建四省的承办铜斤人员。[1]黔西北驿道，关系着全国的币材供应，堪称清王朝的一条经济生命线，变得前所未有的重要与繁忙起来。乾隆七年（1742），贵州总督兼巡抚张广泗奏称：

　　　　……黔属威宁州地方，上至滇省交界之三家村，下至毕节县以至川省交界之赤水河而达永宁县，系三省通衢，凡桥梁道路偶遇有损坏之处，从前原系地方官自行随时修补。自黔省办运京局铅斤以后，人马经由较多于前，道路易于坍塌，地方官不能捐修，即另委杂职人员时时查勘，遇有难以行走之处，量拨本省充公银两前往修补，姑尚易于为力。迨至滇省办解运京铜斤，人马众多，往来转运，数倍于昔，非大加修补不可。先

1　参见《清高宗实录》卷 82，乾隆三年十二月癸未条。

经会同滇省议将自东川府起至滇黔交界之三家村止，系滇省委员修理。自三家村起自威宁州止，系黔省委员修理。此段山势平衍，可通车运，现在通行无阻，即提臣潘绍周所云由云南以至威宁道路稍平犹易行走之处也。自威宁州由毕节县赤水河以达川省之永宁县，计程一十四站，则系崇山峻岭，亦诚如提臣潘绍周所云云雾弥天，淫雨不绝。曩因土路泥泞，砌成石道，年久土路既多坑陷，石路又被雨水冲塌。臣查土路尚易修理，而石路绵长，如逐段拆修，所费不赀。且滇黔两省解京铜铅同途并运，加以各省采买铜铅均由此路拨运，更兼以商贾行旅往来不绝，既无他途行走，只此一路，甫经修平遽遭践踏，旋修旋坏，徒滋靡费。[1]

如何维持驿路畅通，保证京局及其他省的鼓铸成了各级官员必须关心的一件大事，除了运务繁忙以致道路随修随坏外，夫马供应艰难同样令人头疼。矿业不仅使大量百姓可以通过开采、冶炼谋生，并且为许多人提供了从事运输业的机会，这些人形成了一个组织，头领称为"马柜"，马柜直接与官府打交道，由其总领运费，分发各脚户。每百斤一般给运脚银一两五钱，有时由于马柜的侵吞，脚户所获极为鲜薄。[2]

因为铜铅的数量太大，夫、马常常穷于应付，于是在运输最繁忙时远离运道的州县亦被要求雇拨夫马协济，如黔西州必须帮助地处运铅总路的毕节县。这种"协济"不仅仅是一种官府的雇佣行为，它在很大程度上还是一种强制性的差役。或许是地遥路远，而脚费又遭官府克扣，黔西州百姓有时情愿"凑银帮贴"，而不愿亲

1　张广泗：《谨奏为钦奉谕旨据实奏闻仰祈睿鉴事》（乾隆七年四月十六日），乾隆朝军机处录副奏折，缩微号 081-0261。

2　参见图思德《跪奏为请定铅务章程以防流弊仰祈圣鉴事》（乾隆三十八年四月二十八日），乾隆朝军机处录副奏折，缩微号 001-296。

身应役。乾隆四十一年（1776）州牧谭秀侪因支持州民的行为而被革职。[1]

尽管有其他州县协济，但夫马供应仍然相当紧张。"威宁以下又当三省通衢，不能多雇驮脚"。[2]乾隆三年，为了纾缓夫马不敷的压力，清廷不得不命令黔省铅斤停运一年，而在此之前的头一年，官员们已将正耗铅斤改由贵阳直运楚省解京。[3]

清廷很早就着手解决运道易损、夫马艰难的难题，分道运输是最主要的办法。乾隆四年，开辟了东川—镇雄—永宁驿道，于是京铜两路办运，威宁一路，实运316万余斤，[4]仍与黔铅同路，"马匹仍属不敷"。十四年，金沙江河道开通，铜斤从寻甸等地运贮威宁后，再雇夫马驮载至罗星渡上船，直抵四川泸州。[5]这样，滇铜、黔铅在威宁分路，沿不同运道进入长江。但在上船之前均需在威宁雇运马匹，威宁至罗星渡十站，每马一匹驮载168斤，给脚价银2.06两。威宁同时还承担着铅运任务，马匹供应相当紧张，大概在乾隆四十八年将铜店移至云南镇雄州。[6]

除了开辟新路办运滇铜外，官员们还试图在黔西北境内新辟驿道分运铅斤。最初的运道大概与今天的毕（节）—威（宁）公路相合，横跨今毕节、赫章二县交界的六冲河七星关，此地相传为蜀相孔明征孟获时祀七星处，故名。这是连接水西、乌撒前往云南的要

1　参见裴宗锡《奏为特参挟诈误公之州牧以肃功令事》（乾隆四十一年三月二十八日），《滇黔奏稿录要》第2册。

2　《清朝文献通考》卷16《钱币考四》。

3　参见《清高宗实录》卷82，乾隆三年十二月癸未条。

4　参见《清高宗实录》卷85，乾隆四年正月丁丑条，卷221，九年七月戊戌条；赵慎畛《榆巢杂识》卷上《滇川运河》，中华书局，2001，第67页。《清朝文献通考》卷16将分两路运铜之时间定为乾隆二年，误。

5　参见《清高宗实录》卷341，乾隆十四年五月壬申条。

6　参见永保《审拟廖友周代父廖文昭申冤一案》，乾隆朝军机处录副奏折。此折系永保任贵州巡抚时所上，据《清史稿》卷345，永保任黔抚系乾隆四十九年，五十一年即擢陕甘总督，又据《清高宗实录》卷1159乾隆四十七年六月甲午条，该年铜店尚在威宁州，所以知移店时间大概应在乾隆四十八至五十年之间。

道，从明初开始便修建铁索桥或木桥。入清以后，滇铜黔铅，途经此处，络绎不绝，木桥极易毁坏，频繁的修复工作令官员们大伤脑筋。[1] 乾隆初年大定知府牛天申、威宁知州李有先等重勘新路一条，经毕节县属之木瓜冲、天生桥、梅子沟等地抵达威宁，道路较平，且绕过了七星关，于是贵州总督兼巡抚张广泗奏请一面整修旧路，一面启用新路，两道并行。[2]

铅运的紧张还使跬步皆山的黔西北首次开通了水运。乾隆十年（1745），张广泗疏称：

> 黔省威宁、大定等府州县，崇山峻岭，不通舟楫，所产铜、铅，陆运维艰，合之滇省运京铜，每年千余万斤，皆取道于威宁、毕节，驮马短少，趱运不前。查有大定府毕节县属之赤水河，下接遵义府仁怀县属之猿猴地方，若将此河开凿通舟，即可顺流直达四川重庆水次。委员勘估，水程五百余里，计应开修大小六十八滩，约需银四万七千余两。此河开通，每年可省脚价一万三四千两，以三年余之节省，即可抵补开河工费。再黔省食盐，例销川引，若开修赤水河，盐船亦可通行，盐价立见平减。大定、威宁等处，即偶遇丰歉不齐，川米可以运济，实为黔省无穷之利。[3]

赤水河为川、黔两省的界河，疏浚工程结束后，滇铜、黔铅运至黔省边境即可上船。工程实际所用银为 3.8 万余两，官员们估计两年即可从节省的运费赚回此数。这一估计无疑太过乐观，从十一

---

1 参见同治《毕节县志稿》卷 4《营建制》。

2 参见张广泗《谨奏为钦奉谕旨据实奏闻仰祈睿鉴事》（乾隆七年四月十六日），乾隆朝军机处录副奏折，缩微号 081-0261。

3 《清高宗实录》卷 239，乾隆十年四月庚申条。

年六月开通后到十五年正月，仅节省水脚银 1.4 万余两。[1] 赤水河工程的另一个重要意义是使川盐入黔变得更加便捷，《仁怀厅志》称：

> 乾隆初，开赤水河，盐舶直抵茅台，于是盐价减而盐引增。[2]

但河道开修并非一劳永逸之事，[3] 或许是当初疏浚未彻底，并且维护不力，乾隆十九年时官员们已声称河道险阻，大家更愿选择陆运。[4] 后来此河甚至废弃不用，直到光绪四年（1878）才重新开凿，[5] 因此不能过高估计赤水河工程对黔西北乃至整个贵州社会的意义。乾隆二十四年（1759），黔抚周人骥又奏请开浚贵阳附近的南明河以便运铅，[6] 但最后被证明徒劳无益，周人骥由此被革职。[7]

从主要铅产地威宁州与水城厅将铅陆运至四川永宁上船，起初全系该州、厅的官员负责，由于路途遥远，"马易疲毙"。因此解运官自发采取分段承运的办法，在毕节县暂停，另雇夫马接运。但因毕节非其所辖，往往会出现"呼应不灵"的情况。乾隆二十九年，贵州巡抚刘藻采取措施将分段承运的办法制度化，奏请铅运至毕节后，交给上级官府大定府，由该府经管督催至永宁。[8] 但大定府显然不堪重负，七年后即因"驮马稀少，中途交卸，转多迟滞"，仍令威宁、水城二处直送永宁。四十六年，重新改为毕节县中途接运。[9]

1　参见《清高宗实录》卷 268，乾隆十一年六月癸酉条；卷 357，十五年正月辛未条。

2　转引自道光《大定府志》卷 42《食货略·盐法》。

3　例如光绪年间四川巡抚丁宝桢重开赤水河后，每两三年便有淤阻，不得不每年淘修，史称"岁修"。参见林辛《贵州近代交通史略》，贵州人民出版社，1985，第 48~49 页。

4　参见《清高宗实录》卷 473，乾隆十九年九月乙巳条。

5　参见林辛《贵州近代交通史略》，第 48~49 页。

6　参见周人骥《开浚黔省运铅水陆路程》（乾隆二十四年十月二十三日），乾隆朝军机处录副奏折，缩微号 069-1866。

7　参见《清高宗实录》648，乾隆二十六年十一月丙午条；卷 653，二十七年正月己未条；卷 655，二十七年二月丙戌条。

8　参见《清高宗实录》卷 705，乾隆二十九年二月辛亥条。

9　参见嘉庆《大清会典事例》卷 174《户部·钱法·办铅锡》。

　　官员们还采用了其他办法缓解京运压力，如上文已提到的铅斤停运、绕道贵阳等，但这些都只能是权宜之计。开发其他地区的铅矿，从而分担黔西北的京运压力不失为一个较好的选择，如遵义府的月亮岩铅厂就曾承担每年一百万斤的任务，由贵阳运汉口。但这些铅矿产量相对较小，且不能持久，所以黔西北驿路在清代始终是一条极为繁忙的运道。

四　铜、铅、盐、政府与市场

　　自17世纪晚期以来，随着社会经济形势的变化，清王朝对矿产表现出了浓厚的兴趣，矿禁逐渐松弛，除了将以前私开的矿厂合法化外，清廷还鼓励地方官与商民寻找矿源。由于改土归流使国家行政力量深入了黔西北地区，所以这一新政策能够有效刺激该地区铜、铅等矿的开采，其中铅的产量在全国遥遥领先。大量的铅产平抑了铅价，为黔省开辟了新的财源，并使京局的采购方式从市场（向商人购买）转向官府调拨，而众多行省亦依赖楚运黔铅进行鼓铸，再加上滇铜出省必须借道威宁、毕节等地，黔西北地区前所未有地变得重要起来，整修驿路、开辟新道成了地方政府的一件大事，黔西北与内地更加紧密地整合为一体。

　　这一宏伟变迁的背后，政府扮演着相当重要的角色。官府每年以低价从炉户处收买大量余铅，运赴永宁、汉口发售各省，所获作为公帑运贮司库，用于养廉及办公开销。自雍正晚期起，这一利润被中央以调拨铅斤的方式分享。楚运铅斤似乎在永宁、汉口一带进入了市场，这是在黔省官府的操纵下实现的，并且其销售对象主要是各省前来采购货币材料的官员。在黔西北从事生产的众多矿丁炉户和市场的关系并不大，他们得到的主要是官方付给的低廉售价。

　　从乾隆十四年（1749）开始，在繁忙的黔西北驿道上奔波的，除了铜铅的采办官、押运官以及运夫、马匹外，应该还有各类采购铅、铜的商贩——威宁、水城等铅厂的丰旺，使得政府允许部分余铅通商，而赴滇购铜的商人往往途经此地。又因为黔西北是川盐入黔的重要通道之一（详后），所以往来贩运的盐贩自当不少。由于材料的阙如，我们难以得知铅商是否将其他商品输入了大定府，也无法论述部分余铅商买的政策在多大程度上加强了黔西北与全国市场的联系。

从逻辑上考虑，铅是黔西北输出的最主要产品，输入品则以盐为大宗，这两种货物之间似乎应存在某种直接或间接的交换关系。为了分析这一问题，必须对黔省盐政做一简要论述。贵州素不产盐，明代水西、乌撒之地并非王朝"版图"，游离于王朝的食盐运销制度之外，其盐业情况不得而知。清代的大部分时期，贵州除黔东南古州一带食粤盐，镇远、铜仁、思州三府听民就便买食淮盐外，其余各地全系食川盐。川盐入黔道路主要有两条，一由四川永宁县运至赤水河入黔西北的毕节县，再由此转运上游各府销售；一由蜀省合江县运至遵义府属仁怀县茅台村，再转运下游各府销售。[1] 与全国其他地方相较，贵州盐政有一套完全不同的规则，这里没有在官府注册登记的盐商，没有额定的应销引数，没有法定的专卖地点。康熙二十五年（1686），黔抚慕天颜题称：

> 至黔属各府、州、县、卫所分销盐引细数，经臣屡次驳查，坚称黔地在万山之中，所食盐斤原系商人随地发卖行销，引票多寡盈缩，原无一定。考诸明季《会典》，止载两淮官盐听商人于贵州地方货卖承载，行销川滇二处，盐引定额，或因蛮乡荒瘠，难比他省计户按口限额行销，亦未定。其《盐法》

1　参见福康安《跪奏为遵旨查明复奏事》（乾隆四十五年九月十六日），宫中档朱批奏折，缩微号 26-2498。

一书，黔省未有颁行，而一切文案悉兵燹毁失，实无凭稽考。[1]

雍正十二年（1734），川陕总督黄廷桂等试图在黔省推行计口派引、设埠卖盐的办法，引起了一场大辩论，结果仍然维持了原有状况。[2]乾隆晚期黔抚额春奏称：

> 臣查川省行销黔省盐斤，系川商由叙永、合江、彭水、涪州、綦江各州县照验，换给引纸，运至黔省连界处所贮店发卖，听小贩接买行销，其盐厂引张即在川省截缴……臣细加查察，黔省卖盐小贩皆系背负肩挑，分赴各府厅州县场集零星售卖，以资食用，随地均有关隘盘验，照例完税，并无一定界址，非若他省按引食盐，有不准越界买食之例，所以黔省从无缉私之事。[3]

《大定府志》亦载：

> 贵州各府，近湖广者食淮盐，近四川者食川盐。不通商，不颁引，小民就近负贩，而输税于官。[4]

显然，长期以来黔省通行的并非官府干预过多的专商引岸制，而是一种自由运销制。导致这种情况出现的原因值得思索，贵州布政使冯光裕等称：

1　慕天颜：《题请黔属准行滇盐》，《抚黔封事》，康熙刻本。

2　清王朝仍然设定了贵州每年应销的引额，共5896张，贯以"黔引"的名称，实际上却是由川省奏缴。每年按引数运盐至黔蜀边界的叙永、合江等地，分别"引根"与"引纸"，引纸给前来购盐的黔商，作为官盐凭证，黔商能否卖完5896张之数并不重要，因为引根留四川，奏部缴销。参见光绪《四川盐法志》卷10《转运五》。

3　额春：《跪奏为复奏黔省食盐情形仰祈圣鉴事》（乾隆五十六年八月初四日），宫中档朱批奏折，缩微号27–162。

4　道光《大定府志》卷42《食货略·盐法》。

　　黔省地瘠民贫，夷多汉少，夷民食盐在可有可无之间，家
道稍丰者向商贾买盐以资食用，其穷夷则概食山菜所酿辛酸之
物，或曰辣子，或曰酸浆，竟不食盐。黔省夷苗穷困者多，且
黔地跬步皆山，舟车不通，并无富商大贾，不过穷民谋生，肩
挑背负，或养一二牛马，从川省富顺等处驮盐至本地贩卖，少
觅蝇头。视天时之晴雨，较农务之忙隙以为贵贱，原无一定之
价，亦无过为低昂之时，愿买者听之，不愿买亦不能强。今若
计口授盐，按地行引，势必招商领运，设店开行，其一切人工
火食费用必多，盐价必增，是黔省夷民先受食贵盐之累矣。贵
则贫民买食，势更不能行销矣，且既定引认额，官顾考成，必
加催比，夷民又受催比之累矣。催比不行，势必派散计口受
食，夷民又有压派烟户之累矣。[1]

　　类似的议论非常多，冯光裕的看法代表了一种普遍观点。长期
以来，黔人（特别是原住民）不吃盐或少吃盐早就引起了官员们的
注意，明人江盈科《黔中杂诗》中就有"鱼盐便是珍奇味，那得侯
鲭比尚方"的记载，[2] 乾隆五十七年（1792）典试贵州的蒋攸铦亦提
到土著民用蕨灰替代食盐："（苗人）醡菜珍同旨蓄藏，无盐巧用蕨
灰香。"[3] 正是黔省的贫困与落后，许多黔民无力购盐才使得官府放弃
了计口派引、设埠卖盐的方法，[4] 使商贩们能够根据市场的需要自由
贩卖。这些商贩大都是本地普通小民，并非专业商人，本小利微，

1　光绪《四川盐法志》卷10《转运五·元展成疏略》。
2　江盈科：《黔中杂诗》其二，收入郭子章《黔记》卷59。
3　蒋攸铦：《黔轺纪行集·黔阳竹枝词》。我采访的老人们都清楚地记得吃盐难的情景，直到
　　1950年代中期后食盐才真正走进普通百姓的日常生活中。
4　在云南省亦有许多贫民特别是原住民很少吃盐，曾为官滇省的田榕诗称："县僻人烟稀，十户
　　八九贫，况又杂猓彝，盐味罕入唇。"在这种情况下，一些盐商曾向田榕哭诉专商引岸，计口
　　销盐的制度对他们的损害。参见田榕《碧山堂诗钞》卷7《定边土盐商》，黔南丛书本。

其中有许多还是居住在山箐中的原住民，[1]很难设想他们能够有资本
贩运分量沉重、价值不菲的铅斤。《大定志稿略》称：

> 大方之民，幼者十二三，老者五六十，无不以负盐为业
> 也。数步而肩换，三里而息喘，日食玉黍蜀之爆花，夜眠粗白
> 菅之短席。一生无被，终岁衣缕。头鲜布巾，足惟草履。……
> 此亦生民之奇苦者也。[2]

这些小贩赴川买盐时甚至没有携带任何货物。清代文献对此缺
乏记载，但民国的情况或许有一定参考作用，与清代不同的是，这
一时期的食盐采购与售卖已经被有钱、有枪的权贵把持——至少黔
西北是这样。他们雇用贫穷百姓作背夫，这些背夫在荷枪实弹的解
夫的监督与保护下（防土匪抢劫），前往四川背盐，运回毕节、大
方、赫章野马川等地的盐号，盐号再批发给小贩发买。值得注意的
是，购盐时往往是背着空框赴川，极少存在商品的交流活动。[3]显然，
清代的小商贩们更加不可能在川黔两地往来运销。

综上可知，清代黔西北输出、输入的最大宗产品铅与盐之间至
少在表面上看不出大规模的互易关系。它们的联系隐晦地潜伏在日
常社会生活中。铜铅开采的兴起改变了许多普通民众的从业方式，
提高了他们的收入，并吸引了大量的移民（详后），从而扩大了川
盐等其他商品在黔省的市场。康熙前期的贵州巡抚田雯曾谈到黔省
吃盐的困难：

1　清人李云沾的《乌撒秋日杂咏》其三云："仡佬负盐归峒去，僰童驱马向村还。"余上泗《蛮
　　洞竹枝词一百首》七十四亦云："（六额子）晓出山头结髻尖，负煤归去更担盐。"道光《大定
　　府志》卷58《文征八》。
2　《大定志稿略》，转引自道光《大定府志》卷14《疆土志四·总叙》。
3　民国时期盐的情况来自我在毕节、大方、赫章等地的调查。

> 黔独无（盐），仰给于蜀。……又不可以舟车通，肩疮蹄
> 血而后至，其来也不易，则直不得不昂，直昂而民之艰食者比
> 比矣！……当其匮也，代之以狗椒，椒之性辛，辛以代咸，只
> 诳夫舌耳，非正味也。即遇其饶，亦止沾唇而量腹……盐之直
> 取于谷，谷且贱而盐不肯平，十钟不能易一斛，安得而不苦
> 其乏。[1]

就此看来，康熙时黔民吃盐艰难的原因在于资生乏术，只能以粮去
换取远道而来、价格高昂的川盐，然而粮价低廉，并且贵州农业条
件极差，百姓手中并无多少余粮，自然只能望盐兴叹。雍正以后贵
州矿业兴起，尽管朝廷和地方政府掠取了大部分产品，但黔民的购
买力在总体上有了较大提高，在很大程度上缓解了吃盐的困难。例
如黔东南凯里永兴铅厂"俱系附近苗民零星采获，赴城市易换盐
米，其课系向承买之各商铺就近抽收"。永兴厂或许是一个特例，
因为该厂出铅不旺，官府并未干预矿务，甚至不直接向生产者征
税。[2]但矿业普遍提高了全省百姓的购买力却是不争的事实。乾隆时
期的贵州巡抚图思德称：

> 黔省全区山多田少，矿厂开济，实为间阎日用攸资。[3]

另一位黔抚裴宗锡亦认为：

> 黔处荒裔，连山丛莽，绝少平旷。野无百谷之繁殖，市罕

1　田雯《黔书》卷2《盐价》。
2　参见福庆《查明黔省铅厂情形》（嘉庆八年九月十六日），嘉庆朝军机处录副奏折，缩微号
　　157-1381。
3　图思德：《奏为开铅矿已著成效仰祈圣鉴事》（乾隆四十二年十一月十五日），乾隆朝军机处录
　　副奏折，缩微号076-2466。

估客之鲜华，数十万井田，赋所出才比江南一大县，全资铜、铅矿厂，裕课利民，向来铅为众，铜次之。[1]

云贵总督张允随这样描述矿业兴起前后的贵州：

> 黔省地方辽廓，土旷人稀，……其地幅员日广，加以银、铜、黑白铅厂，上下游有十余处，每约聚万人数千人不等，游民日聚。现今省会及各郡县，铺店稠密，货物堆积，商贾日集。[2]

矿业的兴盛不单只是提高了黔省民众的收入，并且在很大程度上改变了他们的货币观念。虽然自朱元璋开始，明代皇帝常常赐给前来朝贡的水西、乌撒等土司大量的钞，[3]甚至用钞向他们购马，[4]但纸币仍然未能深入人心。明廷在黔西北的采购很多时候是用"物物交易"的方式，洪武十七年（1384）曾规定每年用茶、盐、布匹同乌撒易马 6500 匹。[5]这种以物易物的方式在明前期普遍流行于贵州许多地方，钞法则阻滞难行。

至迟在宣德、正统年间，银已经作为一种被广泛认可的货币进入了黔西北。正统三年（1438），乌撒土知府陇旧曾在辖境内修筑了一段驿道，刻崖作记，彝汉文合璧，彝文崖刻写道：

> 为拓路铺筑石阶建石桥，哲娄募银三十两；鲁吐、尼丽、凯洪、克野、岳则主修石桥，募银十两，大米十一石，绵羊十

---

1 裴宗锡：《谨奏为请广采山矿以裕民生仰祈圣训事》（乾隆四十一年八月十二日），乾隆朝军机处录副奏折，缩微号 076-2406。

2 《清高宗实录》卷 311，乾隆十三年三月癸丑条。

3 参见《明太祖实录》卷 143，洪武十五年闰二月壬辰条，卷 152，十六年二月辛卯条；《明太宗实录》卷 90，永乐七年四月癸未条，卷 108，八年九月辛卯条；等等。

4 参见《明太祖实录》卷 246，洪武二十九年七月丁丑条。

5 参见《明太祖实录》卷 162，洪武十七年五月辛丑条；卷 163，十七年七月丁巳条。

只，价值十六两银；谷恒、布鲁募银十两，大米十石；鸠诺、
鲁局、才恒募银六秤零五两，大米三十石，羊五只，奉献二十
石大米酿造的白酒。[1]

这段引文表明，银已经成为一种重要的货币，甚至连绵羊之类都要
用银两来评估其价值。水西用银的历史同样很早，该地区的兴工
修作似乎都是用银子计价、付款。例如成化二十一年（1485），宣
慰使安贵荣铸造了一口大钟，付给匠人20两银子。[2]嘉靖三十九年
（1560）的一次田土买卖中，所有用来买地的牛、羊、猪等都被折合
成银两来计算。[3]水西用银的另一重要证据是，《水西制度》中所载各
宗亲向君主应纳贡赋额数中专门提到银两的数目，并在地租种类中
有"门户银"一项。[4]除银之外，当时流行的等价物尚有盐和布，弘
治时户部曾打算在贵州等地推行钱法，但其可行性遭到了一些官员
的质疑。[5]

　　明清递嬗之后相当长的一段时期内，在贵州被广泛认可的货币
仍然是银和盐，雍正元年（1723），黔抚金世扬曾以黔人不愿用钱
为由请求禁矿：

> 黔省地处荒陬，铜斤原无出聚。间有一二矿厂，久经封
> 闭，若令开采鼓铸，无论工费浩大，一时难以获效。且贵州汉
> 苗杂处，每逢场事贸易，少则易盐，多则卖银，令使钱文，汉
> 苗商贾俱非情愿。若以配充兵饷，领运既难，流通无时，黔省

---

1 《彝文金石图录》（赫章专集），审稿本，第28~29页。

2 参见《彝文金石图录》第1辑，第21~71页。

3 参见《彝文金石图录》第2辑，第6~21页。

4 参见史继忠《明代水西的则溪制度》，第50页。史先生在该文中亦论述了明代水西等地区的
　货币情况，包括盐、布、银的使用等，他认为明末清初银才逐渐在水西盛行，但彝文金石材
　料表明，银的通行时间要比这早得多。

5 《明孝宗实录》卷197，弘治十六年三月戊子条。

用银沿习已久，请照例停开，下部知之。[1]

但矿业关系着国计民生，清廷绝不可能真正停止寻找、开发矿产，也不能完全阻止民间的私采活动。此外，一些为财政拮据所困扰的黔省官员也力图寻找新的财源，云贵广西总督鄂尔泰、黔抚张广泗等对铜铅都表现出了非常大的兴趣。雍正七年，受鄂尔泰委派前往各处查勘矿情，"劝民苗开采"的粮驿道杨斌禀称，威宁府的性化里、顺化里都有铜矿，当时大定府的铅矿已经丰旺，于是鄂尔泰、张广泗等立即奏请毗邻铜、铅矿源，据川、滇、黔三省通衢的毕节县重开宝黔局，设炉 10 座，年铸钱 36 卯，搭配银两供给通省文武各官、兵弁的俸薪与养廉。雍正皇帝览奏后极为欣喜，朱批云：

欣悦览之。向闻黔省从来不用钱文，今似此得毋通行乎。[2]

到了乾隆九年（1744），在贵州总督张广泗的奏折中已可看到制钱流通的情形：

黔省自添设炉座以来，兵民称便，即向不用钱之苗疆，亦知以钱交易。请加铸十卯，为四十六卯，岁可添钱二万四千九百三十串有奇，增搭兵饷及养廉俸工等项。[3]

制钱在黔省的通行，可能同市场以及官府的鼓励有关，是改土归流以后贵州社会的重要变化之一，但我们不能由此而忽略铜铅开

1　《清朝文献通考》卷 30《征榷考五》。

2　《世宗宪皇帝朱批谕旨》卷 125 之十二《朱批鄂尔泰奏折》。

3　《清朝文献通考》卷 16《钱币考四》。

采在其中所起的作用。此外还必须注意到，移民潮流同样是制钱流通的强大推动力。鄂尔泰称：

> 贵州一省，汉少彝多，素无钱文行使，惟用散碎色银分厘交易。[1]

可见，原住民长期以来使用银和盐作货币的习惯使制钱不易流通。而移民来自湖、广、赣等地，以汉人为主，有使用制钱的习惯。我们不难理解毕节设局之初，官员们搭放钱文数量时参考汉人所占比例的苦心。在"省会通衢"所搭钱文最多，新辟"苗疆"暂缓配搭，而"汉夷相间"之地则少搭钱文。[2]

移民与矿业的关系并不仅仅体现在促进制钱的流通上，黔西北等地移民浪潮的涨落与铜、铅等矿厂的兴衰紧密相关。雍正七年（1729），云贵广西总督鄂尔泰曾谈到在威宁州勘矿的事情：

> 查得原有之铜厂现多发旺，其新报者如稻田坝之八地厂，性化里之以朵果厂、拖克厂……前缘该地彝民未设天地自然之利，致多委弃，以故抢掠为生。[3]

这段话表明，原住民对矿藏勘寻、开采、冶炼的一整套技术是相当陌生的，从事矿业的砂丁、炉户、炉丁等主要是外地徙入者。[4] 雍正三年，总理户部事务和硕怡亲王允祥等官员已经注意到了这一

---

1 《世宗宪皇帝朱批谕旨》卷125之十二《朱批鄂尔泰奏折》。
2 参见《清朝文献通考》卷15《钱币考三》。
3 《世宗宪皇帝朱批谕旨》卷125之十二《朱批鄂尔泰奏折》。
4 当然原住民开矿的情况也有，但非常少见，如上文提到的黔东南凯里的永兴厂因出铅不旺，"俱系附近苗民零星采获，赴城市易换盐米，其课系向承买之各商铺就近抽收"。参见福庆《查明黔省铅厂情形》（嘉庆八年九月十六日），嘉庆朝军机处录副奏折，缩微号157-1381。

情况，并担心客民会破坏地方社会秩序。[1]

威宁州是黔西北矿藏量最丰富的地方，对移民的吸引力是不言而喻的，史称：

> （威宁）州境颇宽，且滇省昭、东各厂运铜，陆道解至泸州，必由州境，人夫背负，牛马装驮，终岁络绎于途。兼之州属所产黑白铅厂林立，砂丁炉户悉系客民，虽其地尽属夷疆，而客民之落业其间因而置产者不少。[2]

每个矿厂少则数千人，多则几万人，矿业移民的规模相当可观，在乾隆初年甚至导致了物价的攀升，贵州提督王无党打算通过禁开银、锡等矿来平抑粮价：

> 至威宁接连滇之昭通，不独价贵，且无米可买。近见云南督抚竭力赈济，而有银无米，啼饥如故。盖缘各处俱有银、铜、铅、锡等厂，每厂少者数千人，多者二三万人，皆系外来无艺游民，食指增而所产有限，宜其贵也。……臣愚以为，铜、铅二项为铸局所需，不可禁也。银、锡等厂，宜因地因时以为开闭。[3]

在威宁数量众多的移民中，以来自湖广桂阳州的人居多。[4]这并非偶然，桂阳亦是清代的矿产基地，且开发历史悠久，宋代便有采矿记录，康熙时以税铅的形式供应京局鼓铸。[5]当地许多人都拥有开

1　参见《清代的矿业》，第 314~315 页。

2　罗绕典：《黔南职方纪略》卷 3《大定府·威宁州》。

3　《清代的矿业》，第 60~61 页。

4　《清代的矿业》，第 332 页。

5　参见同治《桂阳直隶州志》卷 20《货殖》；嘉庆《大清会典事例》卷 174《钱法·办铅锡》。

矿及冶炼所需的技术与经验，矿藏更为丰富而又开采未久的黔西北对他们的诱惑力是不言而喻的。许多桂阳人甚至举（家）族迁徙进入威宁等地。乾隆十六年（1751）威宁州妈姑厂曾发生一桩命案，考察官员的奏报公文可以发现，死者罗奇雄本系桂阳州铁匠，与他一起在妈姑谋生的亲族弟侄至少有罗奇玉、罗应先、罗世洪、罗宗尧、罗朝汉、曾高则等人。[1]

随着矿业的兴盛，官府在黔西北设局铸钱，一些有冶铸才能者借此移入，如大方臧氏于乾隆三十五年随同“宝黔局”来到大定，以铸钱为业，定居南门城外桥边。[2]

移民前来开矿，往往会占用原住民的土地，必须付给一定的租金，例如威宁州属妈姑厂议定每设炉一座，“岁给倮民租价银三钱”。[3]从事矿业发家后，许多移民可能会购买田土，这样就导致了原住民与移民之间的地权转移。据道光初年的调查，威宁州共有客民 4502 户，其中有产客民 3605 户，未典买租佃苗产客民 887 户，附居城市不填丁口有产客民 10 户。[4]

总之，清代黔西北的矿业与移民有着紧密联系。18 世纪晚期，当矿业开始衰落时，移民的浪潮亦逐渐平息，或许并不是一个巧合。但并非所有的移民都从事矿业，在黔西北的城市乡间，还有众多外来者或从事贸易，或以农为生，下文将论述移民对黔西北农业的深远影响。

1　参见《清代的矿业》，第 332~334 页。

2　参见《臧氏大方支谱 · 概述》。

3　参见《清代的矿业》，第 334 页。

4　参见罗绕典《黔南职方纪略》卷 3《大定府》。

第三节 从畜牧到农耕的发展

一 黔西北的农牧业传统

《大定府志》在论及本府农桑时称：

> 大抵黔南山峻，少平地，土薄而多石，溪水陷下，大川之
> 旁无广衍之地。……而大定又甚焉。[1]

在农耕条件欠佳的黔西北，长期以来畜牧业是极为重要的生产部门。牧产中以良马著称，[2]宋代即已成为中央王朝的采购对象，元代水西则成为全国十四个大牧场之一，牧养"国马"。[3]胡庆钧甚至认为，直至明中期以前，农业在水西、乌撒等地只占辅助地位。其

---

1 道光《大定府志》卷42《食货略》。

2 水西地产良马，明代皇帝、官员对此都有耳闻，洪武时水西贡良马，朱元璋赞不绝口，令宋濂作《天马赞》以歌之。正德进士杨慎亦作有《养龙坑飞越峰天马歌》（《升庵集》卷23），其中有："高皇御天开大明，龙马出自养龙坑。房星夜下鹿卢寨，天驷晓来骠骑营。殿前重瞳回顾盼，奚宫仗外争相迎。鸡鸣牛首试控纵，凤师麟仪无逸惊。归风绝尘姜迅疾，逮日先影羞翩轻。四蹄翩然不踏地，六飞如在空中行。是时雄酋有奢香，左骖牡骊右牝黄。贡上金陵一万匹，内厩惟称此马良。宸游清燕幸鸢坡，学士承旨赞且歌。"按，鹿卢与罗罗音近，系明清时期对黔西北彝族等许多族类的一种称呼，"学士承旨赞且歌"指宋濂承旨作《天马赞》，诗中还提到了水西女君长奢香贡马之事。不过，诗中所言的养龙坑明代虽属水西辖地，但位于鸭池河以东。鸭池河以西黔西北所产良马，可以从其他官员文人的诗文中得知，亲履乌撒的明人熊过称乌撒马"腹干肥实，骄嘶相嗅"（熊过：《与黔国公》，黄宗羲编《明文海》卷188《书·忠告》），与明末清初人陈鼎所描述"高猛殊他产"可相互印证（陈鼎：《黔游记》，黔南丛书本）。同样亲履贵州的康熙年间人许缵曾所撰《滇行纪程·黔马》记载了黔马的特征："黔中多产良骑，质小而蹄健，登高山若平地，故水西之骏，滇黔多贵之。"晚清檀萃所著《黔囊》亦称："黔马小而习险，其形步收敛，不敢放蹄，故踯躅驰危，稳骤不蹶，水西、乌蒙最良。"

3 参见史继忠《亦溪不薛考》，《贵州彝族研究论文选编》。

证据有：明初朝廷军队在乌撒等地掳获的最大宗战利品是马、牛、羊；对主动归顺的水西，明廷则用钞、帛等同其交换大量的马匹；文献中有"（乌撒）土宜羊，土人皆牧以为生"的记载。[1] 史继忠同样描述了水西畜牧业的盛况，但他认为该地是"农牧并重"。[2] 不管怎样，直到明代，牧养在黔西北仍占有举足轻重的地位是毋庸置疑的，嘉靖进士熊过途经乌撒，发现"马牛被山谷"，甚至有不少卫所屯田被占为牧场，[3] 礼部尚书万士和亦称乌撒"满地夷人生牧盛，远驱虎豹放牛羊"。[4] 彝文献还有关于乌撒主要牧场的记载：

> 色翁第一大牧场，牛马染得遍地红；鲁洪第二大牧场，羊群铺得遍地白；米嫩第三大牧场，牛羊荞麦相映衬；色图第四大牧场，九十九座山，山山牧歌传。[5]

水西、乌撒的农业同样很悠久，《史记》云：

> 西南夷君长以什数，夜郎最大；其西靡莫之属以什数，滇最大；自滇以北君长以什数，邛都最大：此皆魋结，耕田，有邑聚。其外西自同师以东，北至楪榆，名为嶲、昆明，皆编发，随畜迁徙，毋常处，毋君长，地方可数千里。[6]

或许秦汉时生活在黔西北地区的并非娄素濮，而是另外一个族类，但从地理位置上看，这里正是司马迁所描述的"耕田，有邑聚"的地方之一。即便娄素濮是"随畜迁徙"的移入者，到此地后

---

1 参见胡庆钧《明清彝族社会史论丛》，第8~14页。
2 参见史继忠《明代水西的则溪制度》，第9、17~18页。
3 熊过：《与黔国公》，黄宗羲编《明文海》卷188《书·忠告》。
4 万士和：《万文恭公摘集》卷1《乌撒即事》。
5 《支嘎阿鲁王·俄索折怒王》，第208页。
6 《史记》卷116《西南夷列传》。

亦有学习农耕的机会。

按照彝文献的记载，农事是由具备神奇力量的够阿德、乌阿庇兴起的，在此过程中，女性祖先起了非常重要的作用。[1]这些传说所叙述的最重要的作物是荞，其次是麻，而水稻、麦子、玉米、土豆等则几乎未被提及。这表明较早种植的作物是荞与麻，除畜牧外，它们在相当长的一段时期内是娄素濮的衣、食所系，[2]其发现与种植带有神圣的色彩，《物始纪略》称：

> 很古的时候，够阿德管天。他管理天门，开一道天门，拿出种子来，大抓小撒的，撒到岩旮旯，山上长出树，平地长出荞，山脚长出麻，人们来耕种。[3]

除了饭食之用外，荞还大量用来酿酒，而酒又是彝人极其钟爱的饮品，[4]荞的地位可想而知。"有荞即财富，一度威势大，唯荞子而已。"[5]又有传说称实奢哲与勺莫额两位先贤偶然发现了八株苗并撒播四方，从此彝地有了数也数不清的荞粒。"荞租"成了天上向人间所征收的三大租税之一，与畜租、戈甲租并称。一位具有超凡神力的君王阿鲁告诫其部众云：

> 世间的人们，大量地种荞，天天要勤耕，以荞为主粮。

---

1 参见《种子的根源》《农事的根源》，《物始纪略》第 1 集，第 24~27、40~41 页。

2 直到今天，荞依然是威宁等地的重要作物之一。今天黔西北彝族已很少穿麻布所制衣服，但在姑娘出嫁的头一天晚上，亲朋好友们要唱（跳）通宵的酒礼歌舞，称为"阿妹肯"。当晚上十一时左右，女家的队伍开始唱（跳）"蒙书书（即撒麻舞）"，以歌舞形式再现"撒麻""薅麻""泡麻""刮麻""绩麻""纺线""洗线""织布"等劳动过程。参见《中国民间舞蹈集成·赫章县资料卷·彝族舞蹈》，贵州省地矿局 113 队印刷厂印刷，1992，第 16~17 页。

3 《物始纪略》第 1 集，第 25~26 页。

4 我在彝族乡村做调查时，因为不会喝酒，不少彝族同胞善意地同我开玩笑："你不喝酒怎么研究彝族？"

5 《物始纪略》第 3 集，第 258 页。

古代彝人甚至比照现实生活，赋予不同品种的荞相当高级的地位：

> 荞君为青荞，荞臣为黑荞，荞师黑节荞。[1]

长期以来，"刀耕火种"是黔西北农业的主要方式，彝文献反映出这种方法兴起的历史，女性对此的贡献尤大：

> 很古的时候，混混沌沌的，不会做农活，食物也不多。有的女人啊，她带领大家，她领去烧坡，烧了许多坡。带领去播种，播了许多种。女的有知识，女的有智慧。从此以后，知道种荞了。女人掌大权，就是这样的。[2]

到了明代，刀耕火种依然盛行。正德《四川志》云：

> （乌撒）俗类吐蕃，刀耕火种，不事蚕桑。[3]

这种农耕方式在黔省广泛流行，万历二十年代恤刑贵州的大理寺寺正江盈科看到的情况是：

> 耕山到处皆凭火，出户无人不带刀。[4]

二　卫所、移民对黔西北农业的影响

以上论述或许可揭示出黔西北少数民族具有自身特色的农、牧

1　以上叙述参见《荞事记》，《西南彝志选》，贵州人民出版社，1982，第 470~472 页。

2　《农事的根源》，《物始纪略》第 1 集，第 40~41 页。

3　正德《四川志》卷 22《乌撒军民府·风俗》。明人万士和所著《万文恭公摘集》卷 1《乌撒道中》亦云："夏半火刀方布种，晚来牛马不归家。"

4　江盈科：《黔中杂诗》其二，收入郭子章《黔记》卷 59。

业传统，至少从明代开始，这一传统与迁徙到此的汉人移民的耕作传统相互影响。这是与中央王朝对黔西北等西南地区的开拓紧密联系在一起的。如前文所述，中央王朝对贵州的大规模开拓始于元代，当时朝廷曾在黔西北等地"设官料民"，赐封土酋，驻军屯种，但就笔者目前所见史料，尚难以弄清屯军的耕作方式及其与当地农业传统之间的关系。明代承元之旧，大为恢拓，在贵州地区建立行省与府、州、县，设置20多个卫所，大批官员进入贵州，特别是卫所官兵主要来自南直隶、北直隶、湖广、江西、四川、河南等地，意味着一场较大规模的移民运动。明代置于水西、乌撒境内及附近的卫所有毕节卫、乌撒卫、水西卫、赤水卫、贵州卫、贵州前卫等。此外，民间自发组织的移民数量也为数不少，一方面是地广人稀的环境吸引着外省民众前来垦种，另一方面，随着贡赋、土兵征调等制度的建立与完善，中央王朝的渗透日渐深入，地方土酋必须经常同官府打交道，土司政权急需通汉文、熟习内地礼仪的人才，于是许多内地移（流）民甚至有功名者投奔土司，寻求更好的发展，例如水西政权中就有不少汉把、汉目。

外来者同时也带来了内地的农耕器具与技术，并且对原住民产生了影响。万历年间贵州宣慰使安国亨深具远见，他大力推广各种先进的耕作技术，贷给贫民牛具、种子，受其招抚开垦土地的"流夷"多达1518人，特别是在肥沃的水外地区，犁耕可能已占据了主导地位。天启三年（1623），明军攻占安氏靠近贵阳的一个宅溪（则溪），"得其粮三四万石"，显示出这些地区农业的发达。[1]

农作物方面，燕麦似乎取代荞成为水西地区的最重要作物，包汝楫称：

> 罗鬼国禾米佳过中国，彼地人又以燕麦为正粮，间用禾

---

[1] 参见胡庆钧《明清彝族社会史论丛》，第9~11页；史继忠《明代水西的则溪制度》，第45~46页。

谷。燕麦状如麦，外皆糠模，内有芥子一粒，色黄可食。群苗以此为面，每人制一羊皮夹袋，装盛数升，途中遇饥，辄就山涧调食，谓之香面。燕麦在罗鬼遍地有之，利赖甚多。[1]

嘉靖年间，当贵州提学副使吴国伦途次水西驿时，驿官能够提供的饮食就是这种香面：

驿亭跪进燕麦羹，饱食且忘行役苦。[2]

乌撒兴起了大麦的种植，但荞仍然占据重要地位：

（乌撒）卫人所以资生者，惟苦荞大麦而已。[3]

燕麦、大麦等可能是军卫移民所引进。除麦类之外，水稻亦有种植，但没有占据重要地位，就地理条件来说，阿哲家的本部地区只有今黔西县等地可以大面积种植水稻，水外一带土地平衍肥沃，历来是安氏的粮仓，水稻栽培应较普遍。[4] 至于乌撒，是贵州省典型的高寒山区，地势崎岖，日照时间少，阴雨天多，明人杨慎诗称"易见黄河清，难逢乌撒晴"，[5] 当地谚语则云："乌撒天，常披毡，三日不雨是神仙。"所以该地直到清代还是"所种宜荞，稻谷不登"。[6]

1　包汝楫：《南中纪闻》。

2　吴国伦：《饭水西驿》，道光《大定府志》卷 57《文征七》。

3　弘治《贵州图经新志》卷 16《乌撒卫·风俗》。

4　例如天启间的兵科给事中胡永顺称安氏"良田沃壤尽在水外六目"，《明熹宗实录》卷 39，天启三年十月丁卯条。

5　杨慎：《升庵集》卷 19《五言律诗·乌撒喜晴》，四库全书本。

6　道光《大定府志》卷 14《疆土志四·总叙·形势》。当地直到今天，水稻亦只有零星栽种。总体说来，黔西北大部分地区是不宜种植水稻的，《贵州省地理》（贵州师范大学地理系编，贵州人民出版社，1990）第 161 页称："（水稻）多分布于黔中丘陵盆地和黔东、黔南、黔北的河谷坝子一带。在地区分布上呈现出从黔东南逐渐向黔西北递减的趋势。"

农业传统之间的影响并不是单向的。可能是由于当时土地尚多，且山地难于耕作，许多军卫移民便入乡随俗，习用原住民的耕作方式，[1] 例如乌撒卫"地在万山之中，刀耕火种以给食"。[2] 明代大儒王阳明谪贬贵州宣慰司所属之龙场驿时，曾亲身领略了这种粗放经营的风味：

> 谪居屡在陈，从者有愠见。山荒聊可田，钱镈还易办。夷俗多火种，仿习亦颇便。及兹春未深，数亩犹足佃。[3]

三 改流后黔西北农业的转型

"安坤事件"后，黔西北成为清王朝的"新疆"。移民大量涌入，彻底改变了当地"地广人稀"的状况。在移民运动持续不断以及人丁滋生的情况下，畜牧业、粗放经营的农业显然不能提供足够的食品。但从清迄民初，在该地输入的商品中，盐、布为大宗，米粮极少。[4] 这反映该地的食物基本上能够自给，据史料记载，在丰年时甚至可以少量外销。[5]

粮食自足的基础，是清代以来农业领域所发生的一系列革命，包括荒山与荒地的开垦、农田水利的建设、高产作物的引种、精耕细作方式的采用等，这些变革至少与两个因素相关：一是移民所引进的技术与新作物，二是改土归流之后，直接统治黔西北的政府官员的鼓励和劝导。

---

1 参见《明英宗实录》卷1，宣德十年正月庚寅条。

2 《明英宗实录》卷260，景泰六年十一月甲申条。

3 《王文成公全书》卷19《外集一·居夷诗·谪居绝粮请学于农将田南山永言寄怀》。

4 例如1925年成书的《大定县志》卷14《经业志·商业》称："进口货物以盐、布为大宗，余若海味、油、糖、药材、丝器、杂货及各种消耗物品，输入甚多，其名不得而悉数也。"同一时期编写的《威宁县志》卷9《经业志·商业》中，亦只提到盐商与布商。

5 据民国《威宁县志》的记载，岁丰时玉米、麦类、荞、豆类等都可运销云南昭通。

　　自进入清王朝的"版图"伊始，改变兵燹所导致的田土荒芜、人民流离就成了贵州各级官员的首要任务，《清实录》等文献中不断有以赋税等方面的优惠劝民垦辟的记载。[1] 贵州四境皆山，"地鲜平畴"，[2] 坝子等宜农地很快开发完毕，垦辟活动向山坡扩展。但或许是山区垦辟的工本大，成效微，[3] 并且当时移民与本省的人口增殖还不至于造成太大压力，因此康熙时期的官方公文给人的印象是黔民对开荒并不太积极，康熙四十年代巡抚贵州的王个庵在奏疏中称黔省荒田"十居三四"，要求用免税六年的措施激励开垦。[4] 康熙五十五年（1716）护理贵州巡抚事务布政使的白潢在奏折中亦陈述了自己劝民垦辟的努力：

> 但黔省田地，俱在万山之中，土薄石积，固属难开，亦因此地民贫，实无工本。奴才现今率属捐备牛种，招民尽力开垦，俟有成效，另疏题报。[5]

1　参见《清圣祖实录》卷15，康熙四年四月戊辰条；《清世宗实录》卷48，雍正四年九月甲寅条；《贵州巡抚赵廷臣揭报黔省初辟请准借动兵饷招民开垦》（顺治十六年二月），《明清档案》第33册，第B18947~18989页。

2　明人万士和称："尽贵之地，山陵林麓居十之七，而可田者居其三。"参见万士和《万文恭公摘集》卷6《贵州文明书院义仓记》。

3　雍正二年贵州布政使刘师恕奏称："黔俗水田谓之田，山田谓之土（在今天的黔西北，讲到田时指水田，无水者称为地——引者注）。土气冷瘠，必先火煨，乘暖布种。所种亦止杂粮，二三年后土力渐薄，种或无收，又即弃置，俟草根盘固，复用火种，日久方得成熟。开垦既艰，收获甚微，实非他省可比，所以黔农每惮于开垦。"刘师恕：《奏为敬陈地方事情仰祈睿鉴事》，《雍正朝汉文朱批奏折汇编》第4册，第47~49页。

4　王个庵称："全黔荒田，十居三四，屡谕垦辟而民不辄应。盖垦经数载，然后收获，所入薄，不足输税，故人怀观望。倘悉依减则，宽以六年，未有不鼓舞争赴者。"张玉书：《张文贞集》卷11《诰授通奉大夫巡抚贵州兼理湖北川东地方提督军务都察院右副都御史个庵王公墓志铭》。前揭刘师恕的奏折中有："今臣宣布谕旨，水田仍以六年起科，旱田以十年起科，复饬各属听民自垦自报，不许乡保胥役假公滋扰，民皆鼓舞。"由此可知，王个庵的奏请似得到了朝廷批准。

5　白潢：《奏请设学课读开垦田地折》，台北"故宫博物院"故宫文献编辑委员会编《宫中档康熙朝奏折》第6辑，台北"故宫博物院"发行，1976，第546~550页。

雍正七年（1729），鄂尔泰描述的已是另外一番景象：

> 黔省田土向来原有荒芜，迩年人烟渐广，陆续首报开垦已多，今臣赴黔，目睹高低山坡俱已开挖成田，大道两旁空土亦俱耕犁种植，若以捐纳银两再招民开辟，将来自无旷土。[1]

到乾隆初年，官员们已开始采取措施鼓励开垦地头、山脚的零星土地，根据垦种的难易程度给予不同的优惠：

> 凡山头地角零星地土，及山石挽杂，工多获少，或依山傍岭，虽成丘段而土浅力薄须间年休息者，悉听夷民垦种，永免升科。至有水可引，力能垦田一亩以上，照水田例六年升科，不及一亩者亦免升科。无水可引，地稍平衍，或垦为土，或垦为干田，二亩以上照旱田例十年升科，不及二亩者亦免升科。[2]

可以想见，在乾隆年间，贵州的土地开垦已经接近当时的农业技术所允许的极限。从坝子、山脚一直到山顶，耕地呈阶梯状分布，被形象地称为"梯田"。时人的诗文对此有所描述：

> 山田垦益宽，沟水无妄争。[3]
> 梯田上峰头，垦自山脚起。山田垦辟，层垒而上，远望之如梯级。
> 胼胝乱石间，土确田无水。[4]

这两首诗还表明，在自然条件恶劣地区的垦辟活动受到水资源的严

---

1 《世宗宪皇帝朱批谕旨》卷 125 之十《朱批鄂尔泰奏折》。
2 《清高宗实录》卷 150，乾隆六年九月壬申条。
3 吴嵩梁：《留别黔西土民》其二，道光《大定府志》卷 58《文征八》。
4 黄宅中：《嘉禾里》，道光《大定府志》卷 59《文征九》。

重制约，这一问题很早就引起了官府的重视，乾隆四年（1739）就任布政使的陈惠荣有感于"贵州民不知渠堰之利，率多旷土"，曾请饬兴修了一些水利工程，其中包括威宁的稻田坝。[1]民间自备工本开挖的沟渠亦不少，道光时期的大定知府黄宅中称：

> （大定府亲辖地之）嘉和里，山多泉水，引以溉田种稻，农利颇饶；山中堰塍畦畛，修治亦勤。[2]

黔西知州吴嵩梁也提到他劝民力耕的事：

> 循行历阡陌，诱劝开沟渠。[3]

高山垦辟毕竟是一种生存压力下的选择，[4]山地农业受到恶劣环境的制约，不但亩产量低，而且极不稳定，《大定府志》称：

> 山民垦种，岭脚坡头层叠而上，远望如阶梯之级。然地高而确，绝少流泉，农人终岁勤动，日胼胝乱石间，惟恃天雨以活。[5]

农田水利的建设、梯田的形成标志着刀耕火种、广种薄收的粗放经营已基本被放弃。这一转变经历了一个相当长的时期，清初黔西北地广人稀，基本上沿袭前代的耕作方式。康熙二十二年

1　参见道光《大定府志》卷30《惠人志九·陈惠荣》。

2　道光《大定府志》卷59《文征九》。

3　吴嵩梁：《留别黔西士民》其二，道光《大定府志》卷58《文征八》。

4　这种压力并不单由人地比例失调造成，族类冲突亦是重要原因。就今天的黔西北民族分布而言，汉族多居住在坝子等耕作、交通条件优越的地区，彝族往往分布在山腰，苗族则主要聚居在高山上。这是长时期经济、武力较量造成的结果，其中亦有文化与心理的因素。1999年8月我在赫章县兴发苗族、彝族、回族乡调查时，祝佳文（苗族）告诉我，1949年前他家尚居住在低处（今天的公路旁边），因周围都是汉族，不习惯，于是迁到高山上的苗寨里。

5　黄宅中：《垦山土·序》，道光《大定府志》卷59《文征九》。

（1683），黄元治赴任平远书判，发现该地"冬则沿山而焚，千嶂如炭"，[1]联系明人江盈科"绝壁烧痕随雨绿，隔年禾穗入春香"的记载，[2]易知这是关于刀耕火种的描述。即便到了民国时期，在自然条件较差、耕者又比较贫困的地区，烧坡的方式依然没有被完全放弃，但主要限于种荞。[3]

精耕细作的另一个标志是农具的改变。文献对此没有详细记载，但时人的诗文中有零星叙述。乾隆四十四年（1779）任黔西州学训导的余上泗所著《蛮洞竹枝词一百首》描述了仲家的农事：

> 妇女惯操机杼事，云山四壁挂犁锄。
>
> 冲烟锄土最高峰，雨汉如珠色倍浓。
>
> 日日撩裙浸水田，横担栍篓插秧还。[4]

使用犁、锄，"冲烟锄土"，浸水插秧，显然已非粗放式的耕作，仲家如此，内地移住汉人的稼穑水平可以想见。事实上，先进的农耕工具正是由移民所引入。根据 20 世纪五六十年代对黔西县石板、金坡，威宁县龙街、法地地区等彝族、苗族聚居区的调查，1949 年前少数民族已广泛使用的农具有羊耳锄、挖锄、犁头、耙、镰刀、弯刀、斧头、风簸、连枷以及种类繁多的竹制工具。龙街的犁分为琵琶犁、狗腿犁，用于耕种不同类型的土地。锄则有板锄、条锄、夹耳板锄等，可根据土质、作物选用。众多的农具反映出农业水平的发达。但这些工具特别是铁制农具大都是从市场上向汉族购买的。[5]

与农具的改进相应，耕作技术亦得到了相当大的提高。民国

1　黄元治：《黔中杂记》。

2　江盈科：《黔中杂诗》其七，收入郭子章《黔记》卷 59。

3　参见民国《威宁县志》卷 11《屯垦志》；《黔西北苗族彝族社会历史综合调查》，第 5、39、85 页。

4　余上泗：《蛮洞竹枝词一百首》其八、十三、二十一，《大定府志》卷 58《文征八》。

5　参见《黔西北苗族彝族社会历史综合调查》中关于生产力的叙述；民国《大定县志》卷 14《经业志·农业》。

《大定县志》记载了许多农谚，民国《威宁县志》则描述了前卫所地区从开垦到耕作的复杂方法，如挖沟洫、犁土打田、放水淹渍、一道薅、二道薅、三道薅等步骤，轮作、套种的应用亦非常普遍。1950 年代初的调查报告所记载的技术其实与《大定县志》《威宁县志》的描述差不多，但更为详细。例如黔西县金坡乡种植苞谷的工序有十道，每亩地需"人工 22 个，牛工 3 个"。[1]

民国方志与 1950 年代的调查反映的显然不仅仅是民国的情况，黔西、威宁的被访者都声称至少近百年来已经是这样。联系到前文所述的水利工程等，可以肯定清代的农具与耕作方法同民国时期差不多。据乾隆《黔西州志》，当地的农业显然已经放弃了粗放经营：

> 曩时所称刀火耰之乡，今皆人浮八口，大有频书盈宁，富将埒中州矣！[2]

农作物的移植与推广或许更具革命性的意义。改流以后，荞、燕麦、大麦的重要性逐渐下降。在清前期，稻谷在平远、黔西等地似乎已经有较广泛的栽培，在诗文中经常被提及：

> 田家何所事，终日在耕桑。朝课瓜果实，夕餐禾稻香。[3]
> 过腰菽粟长，齐肩谷穗钩。[4]
> 水西之地兮有郭有城，水西之野兮有稻有粳。[5]

1　参见民国《威宁县志》卷 11《屯垦志》；民国《大定县志》卷 14《经业志·农业》；中国科学院民族研究所贵州少数民族社会历史调查组《贵州省黔西县石板、金坡两乡社会经济调查资料》，1964，第 4 页。

2　乾隆《黔西州志》卷 4《食货志》。

3　孙泰：《平远田家》，乾隆《平远州志》卷 16《艺文》。孙泰，康熙二十二年官平远知府。

4　赫霖泰：《秋日观农台成晚眺》，道光《大定府志》卷 58《文征八》。赫霖泰，乾隆四十二年官黔西知州。

5　何思贵：《水西赋》，道光《大定府志》卷 56《文征六》。

据《黔西州志》，当时稻谷的品种非常多，有百日早、羊毛谷、雷早谷、早稻、白晚谷、摩粘、大红谷、小红谷、白香糯、香糯、贵阳早、红脚早、叉脚粘等十多种。[1]

囿于自然条件，稻在大部分地区并非主要作物。真正给黔西北带来深远影响的是玉米（即玉蜀黍，黔人称苞谷、玉米）和土豆（黔人称洋芋、阳芋）。玉米在 10~26℃的温度下即能良好生长，所需雨量一般是每年 500~1000 毫米，对土壤要求不高，最适宜于黔西北的自然环境，其产量相当可观，一般亩产在 300 斤左右，个别地区竟达六七百斤，而黔西北原来的主要作物荞的亩产量仅为七八十斤或百斤。[2] 玉米为移民的涌入、人口的激增提供了食物方面的支持。

玉米、土豆原产美洲，传入黔西北当与移民运动有关，但具体时间已难考证，估计不会太早。康熙二十六年（1687）年任黔抚的田雯所著《黔书》以及十年后成书的《新补贵州通志》对此都未提及，乾隆前期编修的《贵州通志》《黔西州志》《平远州志》亦未见记载，可见它们可能没有引入，至少没有大规模种植。随着人口的激增，乾隆时期或许已逐渐推广。嘉庆十五年（1810）贵州巡抚鄂云布叙述了发生在大定府的一件命案，其中写道：

> 嘉庆十五年九月二十一日夜晚，便么把从邻寨阿二把地边走过，见其地放有收割包谷，无人看守，起意窃取一捆，背回家中。[3]

至少在道光时期，玉米已广泛栽培，《大定府志》称：

> 大方之民……日食玉蜀黍之爆花，夜眠粗白菅之短席。

1　参见乾隆《黔西州志》卷 4《食货志·物产》。

2　参见史继忠《明代水西的则溪制度》，第 53 页。

3　鄂云布：《审办逆伦重犯由》（嘉庆十五年十一月十四日），乾隆朝军机处录副奏折，缩微号585-1099。

时任知府的黄宅中的《蹲鸱颂》亦云：

> 春分种荞麦，谷雨种苞谷。不如栽阳芋，一亩收百斛。……我闻嘉禾里，培莳遍山谷。四乡勤蓄畜，八口佐饘粥。[1]

当时土豆在大定府亲辖地的嘉禾里已普遍栽种，黄宅中作《蹲鸱颂》正是为了将其推广，"以充民食"，可见在其他地区土豆或许尚未普遍种植。这首诗还表明一些地区的土豆产量相当高，甚至超过了玉米，因此才有"不如栽阳芋，一亩收百斛"之说。黄宅中的推广并未取得显著成效，甚至到了1949年，土豆还只占毕节地区粮食总产量的3.15%，而玉米则达到了54.7%。[2]1949年后，土豆种植面积显著增加，成为继玉米之后的第二大作物。

粮食作物的构成以及土豆较玉米的后起，与当时黔西北的生态与人口密切相关。黔西北在地理上属黔西山原山地区，毕节、大方一带，为黔西北高原向黔中山原的过渡地段，海拔1400~2000米，威宁赫章及水城一带，为滇东高原的东延部分，海拔2000~2400米，最高处达2900米。[3]与今天相比，清代至民国时期黔西北的人口尚不十分稠密，主要的生产活动应在较低海拔地区进行，海拔1250~1790米的地区又被称为黔西北高海拔生态区，属于玉米高产区。突出的生态特点是春暖迟，秋寒早，春干夏湿，玉米从拔节、灌浆到成熟期间气候温凉，昼夜温差大。随着人口的大幅增长，人们逐渐向更高海拔的地区垦殖、生产，到了海拔1800米以上的高山寒冷生态区，春暖迟，秋寒早，夏季温凉，春旱严重，虽然昼夜温差大，物质积累多，但玉米可生长的季节短，玉米的个体发育不

1　道光《大定府志》卷14《疆土志四》，卷59《文征九·蹲鸱颂》。

2　参见《毕节地区农业地理》，转引自史继忠《明代水西的则溪制度》，第52页。

3　参见贵州师范大学地理系编《贵州省地理》，贵州人民出版社，1990，第31~32页。

充分，产量往往较低。[1] 与玉米相较，土豆性喜冷凉，在海拔 5000
米及北纬 70° 的地区都可种植。并且黔西北的高寒山区气温年较差
小，日较差大，光照充足，例如威宁县的气温年较差为 15.2℃，为
整个毕节地区最低，而日较差达 12.8℃，为全区最高，这些为土豆
的栽培提供了较优越的自然条件。[2] 因此随着生产活动逐步向高山地
区展开，土豆的种植就会越来越普遍。这一过程在 1949 年后伴随着
人口的激增明显加速，土豆逐渐成为继玉米之后的第二大作物。例
如毕节县 1949 年土豆播种面积 1.56 万亩，产量 127 万公斤，占夏
粮总产的 14.8%，1990 年代初增至 33 万亩，产量 4200 万公斤，占
夏粮总产的 59.4%，《大方县志》中亦有类似的记载。[3] 反过来亦可认
为，土豆的广泛栽种为 1949 年后的人口激增提供了可能，根据笔者
在黔西北多年的生活经历，土豆直到改革开放后依然是许多贫穷农
家的主粮之一，1996 年出版的《大方县志》称："洋芋成为境内增产
潜力较大的高产粮食作物，部分高寒乡村作为主粮。"[4]

　　上文揭示了黔西北这块典型的民族地区，从农、牧并重发展到
精耕细作农业的历史过程。可以发现，黔西北的移民运动与中央王
朝对该地区的开拓紧密相关，王朝军队的屯种、直接统治机构的设
置以及移民的涌入又对该地区的农业产生了深刻的影响，这种农业
发展的模式，在明清时期的西南地区其实是相当普遍的，值得我们
深入研究。

1　参见彭忠华等《贵州不同生态条件下玉米育种目标及杂种优势组配模式探讨》，《种子》2003
　　年第 2 期，第 66 页。

2　贵州省扶贫开发技术指导中心特约刊登《土豆对环境条件的要求》，《农村经济与技术》2002
　　年第 4 期；熊书益等：《毕节地区农业气候条件评价》，《贵阳师范学院学报》1977 年第 3 期。

3　参见《毕节县志》，贵州人民出版社，1996，第 455 页；《大方县志》，方志出版社，1996，第
　　213 页。

4　《大方县志》，第 213 页。

第八章　文化认同与身份认同的演变

　　前文提到，乾隆二十七年（1762），贵州按察使赵孙英对黔省"新疆""旧疆"进行了区分，雍正年间才进入王朝"版图"的黔东南一带属"新疆"，而黔西北等地区虽有许多非汉族类，但"蒙我朝重累熙洽，一百二十余年来，熏育教化，凡土苗人等服饰语言多与汉同，如猓猡、仲家、洞苗、宋家、狆老之类，读书游庠，援例捐纳贡监及职衔者，在在有人，至于得中武科者，间亦有之。此等苗寨，风气既与民人无异……"，因此应归入"旧疆"之列，在应用刑法方面不应行"宽恤"之策。由此可见文化、礼俗方面的演变深刻影响了他者的观感，模糊了族类之间的界限，成为判定"新疆"与"旧疆"标志。当然，风气的演变并不是孤立发生的，移民运动、铜铅开采、流官政权作为一种力量与观念的渗透，形成了这种演变的背景、诱因与动力，对此前文已有详述，本章将正面论述文化、习俗、认同方面的变化是怎样发生的。

第一节　黔西北彝族族类界限观念的演变

黔西北浩如烟海的彝文献中，有不少表达族群观念、描述族群交往的材料，它们对于研究彝族的认同是极其重要的，但迄今为止，除了翻译整理者之外，这些材料尚未得到学界的充分关注与利用。结合汉文献与田野资料，这类彝文材料将极大推进我们对彝族文化、身份认同等方面的认知。

一　"鲁旺"：文化与族类的弹性边界

彝族族称的演变相当复杂，本书导论对此已有所阐述，兹不赘述。长期以来，只有"娄素""娄素濮"才是黔西北彝人的自称，也是他们最乐意使用的称呼。今天的黔西北彝语中已经大量借用了当地西南官话中的词汇，[1]但"彝"或"彝族"这个词却只有在讲汉语时才被使用，彝语语境中的自称仍然是"娄素""娄素濮"。值得注意的是，"娄"意为"大地中央的人"，而"啥"在古彝文中指"由中央向外发展的人"，两者之间并非界限森然，暗示着"娄"与"啥"的区分可能存在着某种弹性。下文将引入一个在当地彝书中频频出现的词——鲁旺（ㄖㄅ，亦写作笊、等），对此予以更深入的阐释。

彝文专家对"鲁旺"的理解似乎有差异，并经历了一个不断深

1　这种借用其实就是直接使用，像我这种会讲贵州话但不会说彝语的人都能听得懂当地彝语中的"户口""板凳"等词。赫章县稚街乡的彝族朋友告诉我，他们所借的并非只是彝语中本来没有的词汇，现在很多词本来彝语中是有的，但也向汉语借用，彝语反而不用了，"板凳"就是一例。

化的过程。《彝族创世志》中有：

> 古老的时候，天开地辟了。有邑落（◻◠）之前，按啥（◿◠）的说法，叫开天辟地，天开于子，地辟于丑，人生于寅，万物生于卯。有邑落（◻◠）之后，按彝（◻）的说法，天产甲子年，子年子月，子日子时生。天产了之后，日月亮晃晃，众星花朗朗，雾罩腾腾升，雷雨阵阵降，天象一起产。[1]

这段话表达的是"娄"（◻，即彝）与"啥"（◿◠，即外族之意，现在专指汉人）对天地产生的不同认识，翻译者显然是将◻◠意译成"邑落"而非音译为"鲁旺"，并将其作为时间分界的标志。这样的译法给人一种难以理解的感觉，类似的处理还有：

> 有鲁旺（◠◠）之先，汉族（◻◿）的礼仪，建庙塑偶像……有鲁旺（◠◠）之后，彝（◻）乃效旧规，孝敬父与母。[2]

这段文字同样在论述"娄"与"啥"的不同，译者仍然将鲁旺诠释成时间标志，但采用音译方式，避免直接将其意译作"城池"或"邑落"。然而疑点尚存，为什么彝（娄）与外族（啥）不能同时存在？

　　《西南彝志》与《彝族源流》的翻译者对鲁旺的解释可能更加贴近古人的原意，同时也更为合理。他们认为鲁旺是一个方位标志，《西南彝志》之注释称：

> 古代彝族按八卦方位将自己居住的区域分为八个片区，每

---

1 《彝族创世志》艺文志，第 327~328 页。

2 《祖源碑》，《彝文金石图录》第 1 辑。

一片区即为一个鲁旺。[1]

许多彝书都载有八鲁旺的名称，兹举一例：

> 南部宰鲁旺，宰拜赫鲁旺……施阿那子孙，聚居在东部。……彻彻安鲁旺，安武吐鲁旺，在这两鲁旺，武基业兴盛。……鲁底素地方，补果四房人，迷阿娄为首，迁木苦安鲁旺，到了安鲁旺……西部武补果，色斗凯鲁旺，凯额簸鲁旺，来到两鲁旺。[2]

此外，当掌扎卧勾部强盛时，向四十七部彝人声称：

> 四大方位，五大河流域，八鲁旺以内，原野属于我，土地属于我，水钱草钱，都要交给我。[3]

由此看来，彝人似乎确实将所居地域划为八个鲁旺。可是有些彝书却记载了 10 个乃至 12 个鲁旺的名称，[4] 因此以八卦定八方八鲁旺的说法似乎太过理想化。

鲁旺不仅仅是一个方位概念，它蕴含着丰富的族类与文化地理的信息，在观念上（而非地理上）将娄素与外族（啥）区分开来，昭示着两种礼俗的分野。彝文献对此的记载举不胜举，上面的引文已有所涉及，在此不嫌烦琐，再征引几段史料：

> 鲁望分野外，祭祖仿外族。修庙多如云，塑俑大如岩；鲁

---

1 《西南彝志》第 5~6 卷，第 145 页。
2 《西南彝志》第 5~6 卷，第 134~139 页。
3 《彝族源流》第 21~23 卷，第 240 页。
4 参见《彝族源流》第 13~16 卷，第 335~340、461~465 页。

望分野内，以彝俗祭祖，用牲牛马猪。

在鲁望外面，习外族祭祀，建塔如黑云，庙修如大岩，烧香烟袅袅，油灯明晃晃，跪叩头点点，口里念喃喃。在鲁望以内，祭祀以彝俗，建丧房灵房，牛马牲成群，青木插神座，魂马多如云，打牛红如柿，《那史》连云霄，《伦布》如瀑布，甲胄挂如岩，载缨遍地白，师声如鹃鸣。[1]

是否建庙塑偶像是"娄"与"啥"最重要的文化差别，《苏巨黎咪》亦载：

外族的追求，塑美丽的像，树在世界上，把偶像崇拜，照着书本做，就是这样的；彝人的追求，跨上大骏马，登上山顶，见而后识，实践而后知，就是这样的。[2]

当然还有其他的礼俗区别，阿外惹君长国的战将那待可娄阵亡于与乌撒君长国的战争中，《彝族源流》就此写道："鲁旺外之俗，战死了的人，用黑绸裹尸。"但那待可娄是娄素，所以按鲁旺内的习俗，"先母而死者，用豹皮垫尸，用兵器抬着，朝惹家（即阿外惹部）兵营，径直进去了"。[3]

娄素认为自己是笃慕（米）、六祖的后裔，系天之子，居住在鲁旺之内，并且是大地的中心。与此相应，居住在鲁旺之外的啥（外族）则是"由大地中心向外发展的人"。外族有时也被称为"武（ꃄ）"，如称蜀汉皇帝是啥武米，诸葛亮是武孔明，刘氏建立的蜀国为武刘啥。明天启年间率兵进攻水西的贵州巡抚王三善为武三

---

1 《彝族源流》第9~12卷，第147、316~317页。

2 《苏巨黎咪》，第6页。

3 《彝族源流》第24~27卷，第167~168页。

善，其所领军队称"武兵"，吴三桂率领的清兵为"武骂"，[1]清王朝则被称为"武达子"。[2]

以上几处引文表明，彝族的识字阶层并不真正在地理上讨论鲁旺的具体范围，甚至对究竟有多少个鲁旺都没有取得一致看法。鲁旺更像是一种在观念中区分族类的方位，其核心问题在礼俗而非种族。这样，礼俗变则族类变，"娄""啥""武"的身份并非不可更改。《西南彝志》云：

> 乍的基业，兴盛一时，衰败之后，迁往西部去，祭祀仿外族，彝（𪴮）变外（𦱌）族了。[3]

类似的记载很多，如罗纪家的一支因为习武陀尼之俗，所以被称作武陀尼。[4]乌撒部的一位远祖诺迁濮，迁往北部，"住则堵法嘎，塑像多如云，塑俑大如岩"，由"娄"变成了"啥"。[5]

综上可知，鲁旺是一条动态的、有弹性的文化与族类边界，而种种变外族的记载意味着黔西北古彝人族类观念的开放性与包容性。此外值得注意的是，他们并不强调族类之间的具体差别并给予细致的分类，除了鲁旺内的自己——娄，鲁旺外的人都可以称"啥"。

二　传说与故事：族类互变

族类界限的弹性与包容性观念可能并非识字阶层所独有，并且一直延续到今天。与彝文献所表达的族类观念相应，今天黔西北的

---

1 《彝族源流》第 21~23 卷，第 110~124、132、135、141 页。

2 参见《吴三桂侵入彝地》，《增订爨文丛刻》上册。

3 《西南彝志》第 5~6 卷，第 107 页。

4 参见《彝族源流》第 9~12 卷，第 275~276 页。

5 《彝族源流》第 17~20 卷，第 221~222 页。

普通彝族百姓常常以平常而又自然的口吻告诉我族类身份变化的传说，"某某家本来是彝族"，"某某是彝变汉的"，有时还要加上一两句评论："说汉人的话，穿汉人的衣，自然就是汉族了。"对这些传说我怀有强烈的兴趣，遗憾的是未能搜集到比较详细、完整的族类互变传说，只能在众多传说中略举一二例以供分析。

2000 年 8 月，我在毕节地区大方县做调查时，曾听到一个传说。江西吉安府某家三弟兄清代迁到大定府，分别娶了汉族、彝族、苗族的姑娘为妻，其后代就此分化为三个民族，至今他们仍有来往，并相信大家同宗共祖。这听起来像是一个虚构故事，但现实却能佐证它在共性方面的真实。当时 75 岁的大方县人民银行退休干部陈云舞告诉我，他们陈姓支系相当复杂，彝、苗、汉都有，居住在织金县者多为苗族，大方县白纳、安乐等地者为彝族，响水一带则为汉族，但大家都知道是来自同一祖先。黔西北彝族学者马昌达也向我提起，他们家族在黔西有一支变为苗，一支变为汉，大家心照不宣。现在有的汉族来找他们协商，想重新变为彝族。

也有的彝变汉不是通过婚姻，而是隐瞒身份。据说大方县城有一杜家，原是彝族，进城后怕被歧视，改为汉族，而其乡下亲戚仍然是彝族。俞家的情况与此相似，城里全是汉族，乡下则全是彝族。

与大方等地区相比，威宁作为黔西北唯一的民族自治县，到现在依然强调民族差别，民族间通婚的情况也不是太普遍。笔者有一个粗浅的田野印象，即威宁似乎没有那么多族类互变的传说，但我仍然搜集到一些，例如苏家分为汉族与白彝，但因为有共同祖先，所以至今不通婚。还有一户姓杨的，虽然被认为是汉人，但其家里供奉的是竹主，[1] 这显然是彝文化的遗留。

在大多数族类互变的传说中，婚姻是一个主体情节，其中有的可能是虚拟，但联姻是改变族类身份的重要契机是毋庸置疑的，黔

1　黔西北彝族祖先神灵的载体往往与竹有关。

西北苗族至今还在很大程度上严守不和他族联姻的禁忌，苗、汉与苗、彝互变的传说相应就少得多，[1] 与此相似，民族间较少通婚的前乌撒地区的族类互变传说也没有那么普遍。

三 "啥"即汉：族别观念的变化

尽管族类互变传说所反映出的极富弹性的族类界限观念与古彝书十分相似，但还是呈现出一些新的特点。首先，故事的主角从群体（如某支某系）变成了一家一户。其次，不再是笼统的从"娄"变"啥"，而是具体的"彝变汉""汉变彝""汉变苗""苗变汉""苗变彝"等。再次，在关于娄变啥的记载中，主体情节往往是迁徙到外族之地学了外族的习俗，而"彝变汉"等传说的核心常常是婚姻。最后，或许是作为一种口碑文本，没有"鲁旺"等书面化与抽象化的概念。

这些差别不能只理解为文献与口碑两种载体的不同所致，它们所蕴含的社会文化意义，必须结合黔西北区域的历史，才能得到理解。

笔者曾注意到一则在族类观念方面与本书多次征引的《西南彝志》《彝族源流》有较大差异，而与当代彝族社会有更多相似的彝文献，《水西地理城池考》云：

> 西边的汉族佐洛举，是彝族变汉族的；东边的汉族武脱尼，也是彝族变汉族的。都是一样的，古人的典范，没有二样哩。实朽家有个知识丰富的人，他说今后要把人的发展清理，彝（ꀊ）是彝，汉（ꎡ）是汉，仡（ꀋ）是仡，佬（ꀍ）是

1　由于"苗变汉""汉变苗"的情况较少，并且笔者手中的文献材料亦不充分，下文对此将不再加以讨论。不过，"彝汉互变"的分析对此应有一定参考作用。

佬，还有濮古和白汉人，都是同源的。后来如树分枝，一户分
十户，十户分百户，百户分千户，千户分万户，就这样分开
了。……慕俄格，又名阿者家，住在慕垮白扎果，是德施氏的
子孙。做彝语说，是叫慕垮白扎果，做汉语说，是叫大定府；
纪俄格，又叫乌撒家，住在那勒，是德布氏的子孙。做彝语
说，是叫为第杓迷，做汉语说，是叫威宁州。[1]

在这则材料中，啥（ƮƄ）已成为对汉人的专称。这是与《西南彝
志》《彝族源流》等书的不同之处，为了理解这种差异，有必要弄
清楚这几部书的成书时间。

黔西北彝文字至少在南宋时期已开始使用，现存彝文献则大都
是明清时期的创作，本书多次征引的《西南彝志》成书于清康熙三
年（1664）至雍正七年（1729）之间，而《彝族源流》在明末清初
即已广泛流传。[2]但这些书并非创作，而是汇编前人的书、文所成，
并且记述的往往并非作者所处时代的事情，因此书中所载的不少事
件与观念当早于明清时期。《水西地理城池考》提到大定府、威宁
州，写作年代及其所反映的事情相对较晚。改流之初，清王朝在黔
西北设立了大定、平远、黔西、威宁四府，此后经过一系列分合升
降，雍正八年改威宁府为威宁州，隶大定府。据此可知,《水西地理
城池考》当成于雍正八年之后。

可以看出，改土归流后的历史发展在彝书中留下了深深的
痕迹。笔者怀疑，"啥"成为汉人的专称，可能与改流后移民大
量涌入、汉人政权作为一种力量与观念不断渗透有关。事实上，
黔西北大量彝族变汉族的传说，必须放到这一宏观的背景中才
能得到理解。

1　贵州省毕节专署民委会老彝文翻译组译《水西地理城池考》，油印本，1966。
2　参见《彝族源流》第1～4卷之"后记"；《西南彝志》第3～4卷之"序"。

彝文献表明，至少在君长国的大部分时期，汉人并没有成为对黔西北娄素濮造成极大影响的他者，非"娄素"者即为"啥"，因此"彝变汉"无从说起。并且在本族居于统治地位的情况下，难以想象有众多的"娄素"愿意变为外族，彝书所记的族类变化大都是其迁徙到外地之后模仿外族习俗造成的。此外值得注意的是，当代"彝变汉"传说的主体情节是跨族婚姻，这在君长国时期是难以设想的，当时黔西北地区"四面皆夷"，汉人极为稀少，并且彝、汉联姻遭到禁止，明人包汝楫所著《南中纪闻》称：

> 罗鬼人掳中国男女，仍以中国男女配耦，并不给配本地人，云恐乱其种。

清初改土归流后，大量汉人从内地涌入黔西北。乾隆十四年（1749）大定府亲辖地的汉民口数已相当于原住民的一半，到道光二十七年（1847）则相当于原住民的 1.53 倍，然而对于汉人与边地族类的交往及婚姻作何处置，清王朝内部长期没有达成共识。许多官员认为，汉夷相通是边远社会难于治理的根源之一。他们既担心汉人将铅斤、硝磺运售边地从而改善"夷人"武备，又忧虑在汉人的教唆下，土司、土民更加狡诈凶顽，由此引起社会秩序的动荡。此外，由于族类接触而引起的土地争斗等涉讼事件也颇令官员们头痛。在这样的背景下，汉奸一词被频频用来指称那些同边地族类打交道的汉人。[1] 正如清人陆次云所称：

---

[1] 参见王钟珣《谨奏为敬陈管见仰祈圣鉴事》（乾隆三年六月初一日），乾隆朝军机处录副奏折，缩微号 584-3535；《康熙圣训》卷 21《恤民》，康熙二十一年十二月壬午条；《清世宗实录》卷 52，雍正五年正月壬子条；《清高宗实录》卷 291，乾隆十二年五月戊午条；张文焕《谨奏为微臣遍历黔疆目击要地情形敬陈末议仰乞睿鉴事》，《康熙朝汉文朱批奏折汇编》第 5 册，第 243~251 页；贺长龄《复奏汉奸盘剥苗民疏》，民国《大定县志》卷 20《艺文志》；徐家干《苗疆闻见录》，黔南丛书本。

汉人潜入苗峒者谓之汉奸。[1]

但在讲夷汉之防以靖边圉的同时，士大夫同样认识到，要化导"刁风"，使苗蛮俱听教化，习礼义，又少不了鼓励汉人移民边地，并允许他们同"夷人"接触，以收移风易俗之效。早在雍正十二年（1734），云南布政使陈宏谋便将滇、黔、桂等地生苗"恃顽梗化"的原因归结于他们"不与汉人习近，不谙官语，不识条告，一任夷目指使播弄"，因此他建议：

> 欲化夷风，莫若使夷方多汉人，欲使汉人居夷地，莫若先定入籍考试之例。[2]

在更早时侯，贵州贵定人丁允煜曾向黔抚何世璂上过类似的抚夷之策，并指出民、苗联姻的重要性。其文称：

> 今苗性难治，无非习俗使然，欲治其性，先破其俗，欲破其俗，则惟使之变汉而已。……使有一寨彝居即有一村汉户，互相观感，互相制伏。彝之妇女杂以汉之妇女则廉耻易晓，川楚江广之民不必禁其娶彝女为婚，读书入学之苗择小户汉女为配，不必有强压之条。[3]

丁允煜的建议还有严教化、设塾师、编保甲、设塘汛等，何世璂读后，"奇之。已而世璂去职，厥后当世闻之，间采用其言，然不

1　陆次云：《峒溪纤志》中卷，小方壶斋舆地丛钞本。

2　尹继善：《谨题为请定夷乡入籍之例以资化导以移风俗事》（雍正十三年十二月一日），内阁汉文题本（北大返还），缩微号49-2870。

3　道光《贵阳府志》卷77《耆旧传二·丁允煜传》。

能尽从也"。[1]

结合清代贵州广泛实行保甲制、普遍安塘设汛等情况，可知"不能尽从"的部分主要是用汉户同化"彝户"的策略，它反映了清王朝在"夷乡"的两难选择——是否允许"夷"汉交往？这种矛盾心理在对待跨族类联姻的政策中表露无遗，但不管官府的态度如何，"夷"汉之间的通婚现象已经难以禁绝。乾隆二十六年（1761），湘抚冯钤成功使朝廷同意禁止湖南"民苗结婚"，兵部打算将这一政策推行至贵州，黔抚周人骥立即质疑其可行性：

> 贵州通省皆系有苗地方，旧疆熟苗四十余种，散处于各府州县村落之中，久入户籍，更有薙发冠履与汉俗无殊者，其与民人比屋杂居，互结姻亲，由来已久，势所难禁。新疆（指贵州东南部一带新近设置流官的地方——引者注）一带全系生苗，即附近城汛者亦各结寨，向与汉民异籍，于雍正十三年经原任古州总兵官韩勋奏准，古州等处附近城汛寨苗准照楚省之例与兵民彼此结姻，原欲使之亲睦观感，化苗为民。……臣复查治苗不外镇静立法，首严汉奸。所谓汉奸者，盖指外来流匪交通勾结者而言，其土著农民，往来洽比，原无他虑。臣任黔四载，稍知地方情形，务在汉奸绝迹，自可久安长治，原不在民苗为婚之禁与不禁也。[2]

1　道光《贵阳府志》卷77《耆旧传二·丁允煜传》。

2　周人骥:《谨奏为敬筹黔地民苗结婚之例仰祈睿鉴事》（乾隆二十六年六月十七日），乾隆朝军机处录副奏折，缩微号585-2083。其实，即便冯钤所奏准的禁止湖南民苗结婚，似乎也没有能够真正贯彻。事实上，清廷可能在之后不数年便有条件允准湘省民苗婚姻，乾隆三十三年所修《大清律例》卷10称:"湖南省所属未薙发之苗人与民人结亲，俱照民俗，以礼婚配，须凭媒约写立婚书，仍报明地方官立案稽查。如有奸拐贩卖嫁妻逐婚等事，悉照民例治罪。其商贾客民，未经入籍苗疆，踪迹无定者，概不许与苗民结亲。如有私相连结滋事者，按例治罪，失察之地方官，照例议处。至溪峒深居苗猺，有愿与民人结亲者，亦听其自便，悉照前例办理。"

　　既想化"苗俗"，又要禁"汉奸"，偏重于前者的周人骥谙熟朝廷的一贯策略，他巧妙地将二者区分开来，结果赢得了乾隆皇帝的支持。朱批云："所见甚是，如议行。"

　　周人骥的奏折还描绘了包括大定府在内的"旧疆"民苗联姻的普遍情形，这正是彝变汉等传说产生的背景。[1]其实，不管中央王朝是否有意推进，在客观上，从明代的卫所到清代的移民潮流，总是由移民带动文化移植，从而改变贵州乃至整个西南地区的社会面貌。族类互变的传说仅仅是这场宏观变迁中的一些片段而已。

　　族类变化的传说似乎还表明，黔西北从"四面皆夷"演变为"汉少彝多"，或许不能仅仅从移民潮流这样一个种族迁徙或其他种族人口消长的角度去理解，今天在黔西北地区广泛流传的种种"彝变汉"的传说暗示，一些"汉人"其实是原住民转变族类身份的结果，但由于时间不长（有些据说发生于晚清、民国时期），所以别人还能够明白其由来。"汉变彝"的传说没有"彝变汉"那么普遍，但其含义可能更为复杂。一方面，其反映了汉人"彝化"的情况；[2]另一方面，许多"彝人"其实是借此证明自己本非"彝、苗"，以改变被动的处境，获取更多的资源。[3]就此角度看，如果社会场景不出现大的变更，他们或许最终会直接强调自己是"汉人"，这样的"汉变彝"无异于"彝变汉"的过渡形态。[4]

1　晚清时期进入贵州的西方传教士也发现，该省的许多"中国人"有苗妻、苗妾，这种婚姻所生的子女通常自称并被认为是"中国人"。参见 Samul Klark, *Among the Tribes in Southwest China* (Taipei: Ch'eng Wen Publishing Company, 1970), p.4. Klark 所谓的"苗"泛指非汉族群。

2　通常是彝人势力强大，外来汉人人少力薄，由此而被彝化。道光《大定府志》卷 14《疆土志四·风俗》对此有所暗示："夫苗俗固宜改正矣，汉俗而有近苗者，方志不能明言，明达之士，见必知之，知之必知速反矣。"但"汉变彝"的情况在改流后并不多见，我听到的绝大部分是"彝变汉"的传说。

3　这些资源包括较高的社会地位、科举考试的权利等。

4　1949 年以前少数民族强调自己汉人身份的情况在西南地区相当普遍。江应樑发现，昆明境内的土著居民最恨别人呼他们为"罗罗"，许多人甚至声称自己的祖先原系汉人，明洪武年间从南京句容县大柳树湾迁来，习染了当地未开化土人的文化，结果被后来的汉人看作异族。参见江应樑《西南边疆民族论丛》，珠海大学出版，1948。

离开了从汉、彝文献中梳理出来的历史发展过程，就难以真正理解族类互变的传说。

第二节 文化变迁与族群意识：普底黄氏家族的个案研究[1]

本章第一节分析了彝人动态而富于弹性的族类界限观念，以及改土归流后族群认同方面的演变情形，下文将叙述大方县普底黄氏家族的个案，一方面更清楚地展现彝人转变文化身份的努力与策略；另一方面也想说明，文化认同的转变并不一定意味着族群认同的转变，对王朝的认同不一定意味着对汉人身份的认同。[2]本节的内容或许与第一节的论述稍有不协调之处，因为笔者所看到的历史是一个矛盾而又和谐的过程，难以用任何单一的模式来叙述。

一 彝谱与汉谱

普底位于大方县城东约 30 千米处，以满山遍野的野生杜鹃花和优质煤矿闻名。根据文献和当地人的讲述，普底又名普康底、普根底、普坑底等，都是彝语的音译，意思是"仡佬人居住的坝子"，这似乎暗示仡佬人是该地区较早的居民。但在清初甚至更早，这里已生活着多种族类，直到今天，这里依然杂居或聚居着汉、彝、苗、仡

---

1 我在普底的采访能够顺利进行，要归功于欧家祥、黄克璨、安亚、罗亮恒、李在田等人的大力相助，谨向他们致以衷心的谢意。黄克江、黄克学等人曾撰有《浅谈黄氏族谱及黄氏家族源流》一文（《贵州彝学》，民族出版社，2000），将黄氏世系一直上溯到六祖时期，本节的立意与二人不同，论述的角度与侧重点亦有差异。

2 本书所指的文化认同转变系指接受、认同并积极去学习某个族群的风俗（如汉人的服饰、语言、姓氏、婚丧礼仪等）、文化（如汉字、儒家经典、科举考试等）。族群认同的转变指由原来自我认定是某个族群（如娄素）的身份，转变为认定自己是另一个族群（如汉人）的身份。认同某个族群（如汉人）的文化，并不一定意味着认同自己就是该群的一员。这是本节要说明的问题之一。

佬、回、京、白等民族，其中以彝族人口为最多。据说，在清代，彝族人已拥有大部分土地，而苗族、京族等则世代都是彝族的佃户。

普底最具声望的大族是黄姓，有四千五六百户，今普底乡政府一带，由此而被称为"黄家坝"或"黄坪"。黄氏系彝族，但曾经流传着一种说法，认为黄姓是从江西吉安府六能大桥头迁至大方的，[1] 还有认为黄家是"汉父彝母"的。而忙着组织族人续谱和修祠堂、在当地享有较高威望的黄克瑢老先生则说黄家是地地道道的彝族，和江西毫无关系，本来也不姓黄。

黄先生的说法在《黄氏族谱》中可得到印证。早在乾隆三十九年（1774），黄氏家族中的一位读书人黄继便力图梳理本族的世系：

> 余上世祖考世系，往往选出于夷册书籍，而当今圣朝专以四书、三坟五典之道统一天下，而夸册字迹恐愈久而磨灭殆尽，后世之子孙即欲考而失据，能不私心悼叹而隐忧先世之失传哉！……余鼻祖自安顺府属巴南之宣慰司奔投水西罗甸国王宣慰安氏即额部下建业设家以来，历年久远，而余先祖世系书籍简略，难以粤稽。又恨上世夸风，六代以前之祖考俱皆超荐升送，不留神主、竹主，而书册又不著名号排行，此所以升送以前之祖考痛恨追溯无自，惟旁搜水西安氏之世纪，自即额宣慰以至水西灭没之代号冥遭，其世纪三十有二代。按，水西主安氏冥遭与余先祖开、体元同时，自少祖升送以后可考而知者，又经十二代矣。以此推求，则升送以前之先祖约有二十余代矣。窃思有子有孙而族支大略繁众，使上世始祖湮没二十余代而子孙能无伤心隐忧哉！余为此惧升送之后出祖考昭穆之序又恐复蹈前辈，万不得已，故以刍荛出见，不顾旁人之是非而妄叙族谱及图，以待将来之子孙再加斟酌笔削，历续于后世，

1　见本书第七章第一节。

以递传于后世之后世也云尔。[1]

"巴南"即"播勒"的另一音译，又称娄娄勾，在今贵州安顺一带，是九大娄素君长国之一。[2]按族谱所叙，黄氏先祖本属播勒支系，后来投奔水西。彝族有自己的文字传统，但谱系并非采取汉人那样的树枝图模式，虽然有时会叙述旁枝，但并不完整，大体上可以称为直线式谱系。从这个意义上看，彝人只有家谱而无族谱，历年久远，有些没有坚持续谱或谱系遗失的家庭与个人便很难再查阅先祖的名字及源流，这正是黄继面临的麻烦。

但即便没有谱系，黄继还是有其他资源可以利用——竹主或神主，这涉及彝人的丧祭礼仪，必须略加交代。笔者在调查中了解到，彝族认为人有三个灵魂，一个在墓地，一个回到老祖宗的地方，一个进祠堂，享受子孙的供奉。[3]人死后，要把一个灵魂招附在草根上，以此取代已逝的躯体，用红、绿丝线分别代表男和女，根据死者的性别，选择恰当的丝线。同草根一起装入刺竹做的竹筒里，此即竹主，同时放入竹筒内的，还有一些食物、猪牛羊三牲的一点肉、些许盐巴、茶叶、羊毛等，接着把竹筒装进篾里。也有的地方刻木，将魂招在木板上，此即木主。木主、竹主都要放进祠堂，逢年过节用酒、茶、肉祭祀。祠堂一般都比较小，和汉人完全不同，例如赫章县雉街乡发达村的陆开良老人声称他看见的祠堂都只有1~2平方米大小，祭奠时也就在外面烧烧香而已。[4]

1　《(大方) 黄氏族谱•序》。

2　咸丰《安顺府志》卷22《纪事志•纪事•普里本末》讲述了播勒土司的历史。

3　许多彝文墓碑碑文上明确表达了人有三魂的观念，可为田野调查提供佐证。例如立于乾隆十七年的安定国墓碑碑文称："人死有三魂，一魂守坟茔，人们都这样说。"立于乾隆十八年的安四斤墓碑碑文称："人死有三魂，一魂守火葬场，人们都这样说。"类似的例子还很多，参见《彝文金石图录》第2辑。

4　笔者的调查可与锦绣等学者的调查相印证，据他们在乌撒的调查，祠堂大小约为1平方米。参见马学良、于锦绣、范惠娟《彝族原始宗教调查报告》，第177页。该调查报告中亦提及人死有三魂之说。

许多竹主或木主上都会写上逝者的名字，若把其汇集起来无异于一部家谱或族谱。但竹主、木主在祠堂里安放六代后，要置入蜂筒状的大木桶里——彝语称"维补"，一起装入的还有锅、碗、斧子、农具、弓、箭、刀等器物的模型，接着进行祭祀，"超荐升送"，移往岩洞里或挂在岩上。九代以后举行盛大的祭祀活动，之后便不再祭了，子孙们可以重新分支分类，相互联姻。通婚后是姻亲，不通婚则依然视作家门。[1]

或许是因为"维补"已被破坏，或许是因为辗转迁徙而无法弄清楚"维补"的所在，或许是因为禁止重新打开"维补"，总之，黄继无法搜集到更多的竹主，因此对祖先的追述只能到阿进为止。有鉴于此，黄继决心进行改革，用汉文并采用汉人谱书的模式，撰写本族的图谱，"以递传于后世之后世"。

黄继开创了叙谱的新模式，他是黄氏家族史上一位极其重要的人物。但其撰写的族谱已佚，我们今天只能从道光十年（1830）编修的《黄氏族谱》中看到这篇序言。道光族谱还收录了另一篇重要文献，即嘉庆己卯（1819）科举人、宦游福建的黄思永所作的《世系考》：

> 粤考我始祖巴南之季子主器者，名芝阿陶，为南国之王；次曰芝阿感，爱居左相；三曰芝阿赜，爱居右相。当其先，巴南与水西二国兵争不息，我始祖阿赜睦邻有道，订为秦晋之好。由是西王即额聘我始祖归辅水西，祚之土，名曰恩饬化岚，即今之清镇所属鸭池河茶店，城郭犹存，是以德粗田边有岳家坟也。其他疑以传疑，皆为无稽之言耳！佐理甸国（甸国即罗甸国，据说为水西祖代所建，因此常用罗甸国称水西——

引者注），屡有功绩，后封于咸麻乐期，即今平远属金家坝，名为隋早登，其地有二冢祖墓。嗣后吴贼（指平定水西的吴三桂——引者注）假道并吞，水西祖迁居定郡，我祖屡战屡捷，护卫御驾，又封于老包加更，即今之黔西制下类庄也。自是罗甸国王欣慕忠臣勇将，复封于乐贡里七甲，因名其地曰隋密，此阿进以前事也。彼处有元章本，上有一洞，迁竹主于其中，崇山峻岭，亦定郡之胜景，是以传之万世，不可斩伐其上之树木，亦后人之所宜严持者矣。迨阿进传阿陇，其长子名阿保，守隋密。本支次子名老哲，西主秀封，始创建于普康底……传至白嫩，生子四人，总摄六路祃写，犹今之协镇长。曰康足，承普底之宗祀；次曰弟哥，分封沙架；三曰额约，创业革勒作达，生一子而早夭，遂乏其嗣；四曰白臧，业在以那，其子恒备，才力兼全，居总兵之职，此房分之所由始也。康足生子二人，以弟哥无子，长男整兴爱守本支，官普务而相臣。仲子即擢出继二房，官补目而藩王室，煌煌之勋，述不胜述。整兴又乏后，以即擢之长子绍述大宗，官化阁目籍之职，与今之提督一般。次子守沙架，内相西王落叶额区，各主二人，功业炫烂，所由咸镇当时，各传后世也！自此开元子四人，体元子六人，上下十房，皆康足后裔，较为亲近，故相与恭续族谱，以结万年之谊焉。[1]

由此可知，从播勒（巴南）投奔水西的祖先是阿隋，并且阿进之前的一些竹主放在大定府亲辖地一处风景优美之地的山洞内。此外，黄氏在水西的发展史，黄继仅以"自安顺府属巴南之宣慰司奔投水西罗甸国王宣慰安氏即额部下建业设家"一笔带过，而在黄思永的

---

[1] 黄思永：《世系考》，《（大方）黄氏族谱》。据道光《大定府志》卷32《俊民志·选举簿上》记载，黄思永系嘉庆二十四年己卯科举人。

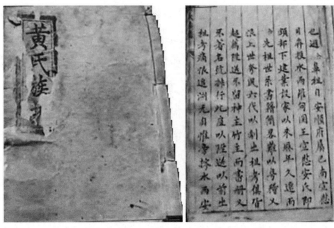

图 8-1 《黄氏族谱》封面及黄继所撰序文

《世系考》中，却有了更加丰富与辉煌的叙述，先祖系播勒君长国君长之兄，又在水西屡立殊勋，获得了大量赐封，土地遍及贵阳附近的清镇、黔西州以及大定府亲辖地。这类当时文献并不见载的祖先勋业，在汉人的族谱中比比皆是，研究者已经不能从是否真的曾经发生过这些事这一面来理解其真实性，加上黄氏并非黑彝，且族谱所述史实有不尽准确之处，笔者对其先祖的这些故事自然更多了一层审慎。不过，黄氏的这种表述所潜藏的含义却非常发人深思。即便到了嘉庆十九年，改土归流已经 150 余年之后，黄思永仍然把自己家族在普坑底的定居与土地权利，归因于水西君长的赐封，而非叙说另外的故事，将其与王朝拉上关系；更不会为本家族寻找一个汉人的根源，相信这是当时普底整个黄氏家族共有的历史记忆。[1]可见，勾政权虽然瓦解了，但其权威性并未随之彻底消亡，而黄家仍然在坚持着自己的娄素身份，即便在科举上已经有所成就。

同黄继一样，黄思永仍然无法弄清从阿隋到阿进之间的 20 余代

---

[1] 黄思永系有科举功名并宦游异地的士大夫，如果其家族流传的定居故事同王朝有关的话，他应该不会改成与水西君长相关。

世系，[1]只能一笔带过。阿进以后的世系则非常清楚，到开元、体元时发展到上、下十房，以甲、乙、丙、丁、戊、己、庚、辛、壬、癸十天干命名。这一格局至今未变。我们还可以参看家谱中的"黄氏族谱世系联次"：

黄氏族谱世系联次

一代　　阿进

二代　　阿陇

三代　　阿保守随枝　　老哲创业普根底

四代　　白二

五代　　枺足守普康底　　弟哥创业沙架　　额约革勒作达

　　　　白藏创业以那

六代　　振兴　　即濯（肇本　肇基）

七代　　黄开元顺治庚寅年生　　黄体元康熙戊午年生

八代　　武举黄显庸[2]　　康熙甲子年生　　　　甲

　　　　黄显先　　　　康熙丁卯年生　　　　乙

　　　　武庠黄显绪　　康熙己巳年生　　　　丙

　　　　武庠黄显众　　康熙乙亥年生　　　　丁

　　　　武庠黄显祚　　康熙丁丑年生　　　　戊

　　　　黄显遇　　　　康熙庚辰年生　　　　己

　　　　黄显承　　　　康熙壬午年生　　　　庚

　　　　黄显谟　　　　康熙乙酉年生　　　　辛

　　　　黄显亮　　　　康熙己亥年生　　　　壬

1　1991 年，在黄思永《世系考》中所提到的黄氏家族曾定居的老包加更，发现了一块彝文碑，经毕节地区彝文翻译组的专家翻译，正好是阿隤到阿进之间的父子联名世系，共 26 代。从中可知，阿隤全名陇再阿隤，阿进全名依阿进。参见黄克江、黄克学《浅谈黄氏族谱及黄氏家族源流》。

2　道光《大定府志》所载为黄显荣，疑《大定府志》有误。在贵州话中庸、荣都念 Yong，庸是阴平，荣是阳平。

黄显名　　雍正癸卯年生　　癸

九代　　　　……

又，族谱所载排行诗如下：

肇元显系崇　应思正道中　克家承祖泽　辅国述宗功

从彝文谱牒到汉文族谱，不仅意味着文字的改变，在形式上，树枝式谱系取代了直线式谱系；在文化内涵上，这一变更更为复杂，其中甚至暗含着性别观念的改变——女性的名字不再出现在家谱或族谱中。而在传统的彝族社会中，女性并不仅仅是男性的附庸，她们可以参加各种公共事务，甚至出任君长之职。[1] 如几百年间备受士大夫推许，直到今天依然受政界、学界高度评价的水西君长奢香是女性，此外反抗元朝的蛇节、归顺明廷的乌撒女君长实卜等在历史上都曾鼎鼎有名。[2]

对女性的重视同时体现在母党的重要地位上。舅舅在彝人的亲属网络中占据着显赫的位置，"在天地之间，以舅舅为大"。[3]《苏巨黎咪》称：

人生占三种条件，依托舅舅为上，有衣穿为中，有饭吃为下。[4]

1　参见李平凡《论彝族古代的女土官》，《贵州彝学》。
2　康熙年间的贵州巡抚田雯曾赋诗描述彝族女土官："我观女官如观画，阎立本（更早期的贵州巡抚）绘职贡图。我观女官如异梦，奇形诡状非一徒。我观女官如破寺，阴风惨淡魑魅呼……女官气概伟丈夫，火浣大布缠其躯。九真藤杖红珊蝴，金环两耳垂珇珠。腰下斜挂双湛卢，绣裙拖地莲花襦……"参见田雯《古欢堂集》卷7《东川女官歌》，四库全书本。东川即阿芋陡部，与水西、乌撒相邻，互通姻媾，来往密切，并且有着血缘方面的认同。
3　《彝族源流》第13~16卷，第128页。
4　《苏巨黎咪》，第22页。

图 8-2　"罗鬼"女官出行图

资料来源：康熙《新补贵州通志》卷 30《土司·蛮獠》。

与男尊女卑观念的淡薄相应，彝族的家谱不仅记录男性，同时亦记录女性，正如《雄书安氏谱序》所云："夷书有二，曰晡蔡，纪父族也；曰睦蔡，纪母党也。"[1] 就笔者所见彝书谱系，父族之谱与母党之谱在形式上有一定差异。在黔西北彝人的历史记忆中，最早的祖先是笃慕，他有六个儿子，即彝族的六祖，他们的后代形成了武、乍、糯、恒、布、默等六大支系。彝族的谱书往往利用父子联名制的形式，将世系上溯至笃慕、六祖之一或六祖之后的某位祖先。例如：

1　《雄书安氏谱序》，光绪《水西安氏族谱》。

　　布祖弭克克，弭克克为一，克迫默为二，后裔默遮俄索
（即乌撒的缔造者——引者注）。

　　德阿木为一，木默遮为二，默遮俄索三……曲阿娄为十。

　　娄濮野为一，濮野阿菹二，阿菹阿舍三……阿乃哪洛十。

　　哪洛阿诗一……[1]

　　这是乌撒君长的世系系谱，从弭克克一直到末代君主共 50 余
代。子名前接父名的最后一个或两个音节，由此形成了代代相连的
父子联名制。十代为一节，之后又从一世算起，其中的承接关系是
一目了然的。极少数谱系并不十代一转，如《彝族源流》所载水西
君长世系：

　　笃米俄（即笃慕，六祖之父——引者注）一世……洛阿勾
十世。

　　勾阿默十一，……鲁代额非八十三，额非恒宗八十四。[2]

　　父子联名制的记谱方式并不意味着彝族谱系总是单线的，虽然
在彝书中很少看到汉人家谱中那种复杂的树枝式系谱，但不少谱书
还是记载了两支以上的谱系，如《乍氏源流》：

　　米雅苦一代，**苦雅窦**二代……阿娄乍五代

　　乍雅苦一代，苦雅伟二代……纣窦阿吉八代。纣窦阿吉
为君，纣窦阿得为臣，乍阿立为布摩。这三贤时代，建主笃祖
祠，用两条大牛，设鹤形祖祠，设鹃形灵位，以松象征天，以

───────────

1 《彝族创世志》谱牒志二，第 317~318 页。这节谱系中克迫默与德阿木间有断代，但有的谱系
　则没有断代，如与乌撒同属布系的古苦俄勾君长的世系为："布祖慕克克，一世慕克克，二世
　克迫默，三世迫默卓，四世卓鲁谟……"《西南彝志》第 7~8 卷，第 14 页。

2 《彝族源流》第 24~27 卷，第 97~105 页。

桃象征地，以额居阳位，以索居阴位，男祖居鄂位，女祖居莫位，设置祖灵位，按顺序供奉……君臣各一位，布摩史官各一，都各司其职，实在是这样。

乍雅摩一代，摩阿祖二代……西部的乍氏，境首人成千，境中人上万，境末连着阿得萬，就是这样的。

米雅苦一代，**苦雅卓**二代，卓雅待三代……[1]

乍雅苦与乍雅摩是两兄弟，系苦雅窦的后代，而苦雅窦又与苦雅卓是兄弟，都是米雅苦之子。《乍氏源流》记载了米雅苦之后的三支系谱。

女性谱有多种形式，一种可称为"母谱"或"妻谱"，以男性父子联名制世系为中心，将他们的母亲或妻子的名字、出身记录下来，这其实也是一种男女混合谱，是最常见的女性谱系。如《君代母系》：

忍额佐的女儿，名额佐能冬，是脑雅洛的母亲。恩雅叶赫，是洛雅杓的母亲。细额能仰，是杓雅默的母亲。显额咪录，是默阿德的母亲。鲁歹妥的女儿，名妥雅尼套，是德阿施的母亲。……[2]

一种是奶奶—儿子—孙女型的谱系。《关于母系的叙述》称：

娄额能冬出嫁，住在旨布那额，是策耿纪之母。耿纪娄哎出嫁，住姆雅苏底，是格杰杰之母。杰杰珠汝出嫁，住且耿博委，是知那那之母。那那卧色出嫁，住姆雅苏嘎，是窦赤叩之

1 《彝族源流》第17~20卷，第19~28页。
2 《君代母系》，《增订爨文丛刻》上册。

母……[1]

从这种谱系还可推知，父女之间亦有联名关系。还有一种母亲—女儿型的谱系，除了母女不联名外，和通常的男性谱系已没有区别。例如：

> 尼堵珠汝出嫁，住点默俄嘎，是大额咪汝之母。大额咪汝出嫁，住抹耿苦勾，是阿诺噜吐之母。阿诺噜吐出嫁，住毕杰俄委，是阿布苏克之母。阿布苏克出嫁，住叟苦俄委，是阿维汝歹之母……[2]

与女性入谱相应，祠堂中的神主牌或灵桶中亦有女祖先之名。但笔者始终没有发现母女联名式的谱系，并且一些女性谱其实依附于父—子谱系，这说明男性还是处于比较中心的位置——出任君长者同样以男性为主，女性君长往往是继承了丈夫的君位。

除了某某氏之类的记载外，《黄氏家谱》已经没有女性的位置，但其他一些彝族的汉文家谱尚遗留有一些痕迹。《杨氏支谱》（毕节）对远祖的追述全部抄录自彝文谱牒，并贯以考、妣之名称：

一　世　考：穆阿卧（彝文）；妣：伦元（彝文）
二　世　考：卧阿烨（彝文）；妣：都素（彝文）……
五十二世　考：陇智陇格（彝文）；妣：奢乐（彝文）
五十五世　考：阿玉阿姑（彝文）即奢展公；妣：龙氏
　　　　　　考：阿玉位基（彝文）即化龙公；妣：安氏
　　　　　　……

---

1 《关于母系的叙述》，《西南彝志》第7~8卷。
2 《关于母系的叙述》，《西南彝志》第7~8卷。

镇西支派：

杨德_{妻氏}　生子四，长其福，次其禄，三其策，四其贤

其福_{妻氏}　生子二，长天钦，次天钊……

天钊_{妻氏}　生子，长绍清，次绍滨，三绍溥……

　　杨氏对远祖的追述全部源自彝文谱牒，同前文所引的彝文谱系相较，可以看出族谱编修者并非原封不动地抄录，而是在形式上做了不少变动，从中可看出汉人记谱方式的影响，例如考、妣名称的出现等。五十五世阿玉阿姑与阿玉位基被称为奢展公、化龙公，似乎已有汉名，这有可能是后人所取。自阿玉阿姑、阿玉位基之后，彝名消失，只有汉名，且母系的名字不再出现，只有"某氏"字样，女儿则根本不上谱。[1]

二　彝名与汉名

　　《黄氏家谱》中的好几代祖先都没有汉姓，如阿进、阿陇、阿保。"阿"在彝语写作ꀋ，彝俗喜欢将此字加在名字或称呼中。如《西南彝志》中的"纪阿甫""泰阿姆"，在《彝族源流》中分别作"阿纪（祖）阿甫""阿泰（太）阿姆"。乌撒部的始祖名乌撒依，又称乌撒阿侬，其后裔阿博杜又称阿博阿杜。[2]在叙事诗《阿诺楚》中，女主人公时而叫穆仇诺楚，时而叫穆仇阿诺楚，其父本名叫穆仇雨腊，但书中常常称其为"穆仇阿雨腊"。在称谓前加阿亦非常普遍，如称父亲为阿爸，母亲为阿妈，穆仇雨腊称其表妹史煮漏哲为"阿表妹"，后者称他为"阿表哥"。[3]直到今天，黔西北彝族社会在称谓中使用"阿"的情况还十分常见，他们认为这样要亲切一

1　《（彝族）杨氏支谱》（毕节）。

2　参见《西南彝志》第7~8卷，第17、55页；《彝族源流》第17~20卷，第308、365、399页。

3　参见《阿诺楚》，第68~69页。

些。[1]加"阿"的习惯使得有些父子联名谱看起来似乎不联名，如《彝族源流》第17~20卷第135页所载："……麻堵补三代，补雅侯四代，阿侯恩五代，恩仁仁六代……"

自第七代开始，黄氏家族开始采用汉姓，其原因家谱中没有记载。有一种解释是，黄开元彝名老赦，汉译为"黄龙"之意，故将黄定为本族之姓。[2]但黄克瑺先生告诉我的是另外一种说法，康熙年间，开元公的长子同一个姓黄的汉人是同学，这同学后来死了，此长子便顶其名，以黄显庸的名字参加科举考试，中了武举，从此便以黄为姓。[3]这个汉人同学的后人即今大方县城附近的核桃湾黄家，黄克瑺先生还说："现在核桃湾黄家还和我们认本家，我们不认也不可能，但我们和他们不是同一系统。"

黄显庸得汉姓之后，其父亲与叔父也改名为黄开元、黄体元，而祖父辈的振兴、即濯则被追认为（黄）肇本、（黄）肇基。

像这样因科举而取汉姓的情形并非罕见。虽然早在顺治十七年（1660）黔抚卞三元便奏准文理稍通的苗民可赴学道考试，优秀者取入附近府州县学肄业，酌量补廪、出贡，[4]但长期以来，非汉族类的科举权利并未得到足够的尊重。康熙四十年代，贵州巡抚于准曾质疑这种现象的合理性，奏请加以改革：

> 伏念六合苍生，尽属赤子，何分苗、汉？岂有已入版图之苗民而忍令弃之化外耶？官斯土者，视苗如草芥；居斯地者，摈苗为异类。既不鼓舞，又无教习。即间有一二苗民志切上

1　其实称呼前加"阿"在南方许多少数民族中都非常普遍。

2　参见黄克江、黄克学《浅谈黄氏族谱及黄氏家族源流》。

3　道光《大定府志》卷33《选举簿第一下·武举》载："黄显荣，康熙四十七年戊子科。"黄显庸的墓至今犹存，颇有气派，墓碑乃嘉庆十一年二月所立。碑文中有一对联："地脉于今盛，人文滋此隆。"

4　参见《清世祖实录》卷135，顺治十七年五月壬申条。

进，又以"土人无用流官"之例，不准考试科举。[1]

这样，取汉姓，甚至冒充汉人身份应考就成为原住民的一种策略。同普底黄氏一样，威宁猴场镇下藤桥的陈姓本是彝族头人，因在改土归流的过程中反抗朝廷，不能入仕，一位姓陈的秀才遂劝其改陈姓。[2]

地方政府其实也在积极推动原住民改革姓氏制度。改流之后，彝人同官府发生了直接联系，需要登记人丁事产，缴纳赋税。在官员们看来，原住民有名无姓，不但有违自己的习惯，而且极易造成混乱，因此积极促使他们改用汉姓。[3]毕节地区民族研究所的马昌达（彝族）给我讲了一个故事，清初有一彝户从云南沾益迁至大定府，在登记缴税时，官员问："你叫什么名字？"回答说："我叫阿哲。""原来你姓安（阿、安谐音——引者注）。"从此该彝户便以安为姓。这些故事看似于史无征，但却折射出当时的历史片断。[4]

一方面是官府的推动，一方面是原住民试图通过接受汉人的礼俗以争取更多的社会文化资源，改流后汉姓在黔西北很快普及，彻底改变了明代水西、乌撒两大土司辖区只有统治阶层中的极少数人兼用汉姓的状况。[5]获得汉姓的途径多种多样，王继超先生归纳为几

1　于准：《苗民久入版图请开上进之途疏》，乾隆《贵州通志》卷35《艺文志·奏疏》。查该志卷18，于准在任时间为康熙四十三年至四十五年，由此可推知于准上疏的大致时间。

2　这是我2001年在毕节调查时，毕节地区彝文翻译组组长王继超先生亲口所述。

3　其实明代已有官员试图将汉姓推广到土著地区，弘治十七年巡抚贵州都御史刘洪奏："所属土、苗族类渐著，混处无别，乞以百家姓编为字号，赐之汉姓。"但没有得到明孝宗批准。参见《明孝宗实录》卷207，弘治十七年正月壬辰条。下文将详细论述黔西北彝族的姓氏制度。

4　当然，原住民即使成为朝廷的编户齐民，也未必一定得取汉姓，曾为官贵州的查慎行所著《敬业堂诗集》卷6《毕铁岚佥事将督学贵州枉问黔中风土短章奉答兼以送行》诗云："呼同山鸟似有名，籍隶官司总无姓。"此外，前文论述玉米在黔西北的栽培时提到一桩命案，其中提到两个彝人一个名佥么，一个为阿二把，他们受到流官政府的管理，应该已经入籍，但使用的显然是彝名。

5　明代甚至连许多向朝廷纳赋的土目都只有本族名字。如远地宅溪的目阿高、把事阿抄等。参见嘉靖《贵州通志》卷4《财赋》。

种方式：一是意译，如彝名叫阿待，待是田的意思，于是以田为姓；再如阿景，景意为玩，谐音为王；阿举，举意为萝，谐音为罗。另一种是音译，如阿维的维与文音近，于是姓文，阿余改姓余，沙玛则姓沙或姓马。还有一种是结盟，如过继给汉人做义子，遂取义父之姓，再如彝汉两户关系好，彝户便跟着汉户姓。因为改汉姓的情形多样，所以同姓者未必同宗，异姓者可能血缘相近，这样就造成了同姓开亲、异姓禁婚等现象，外人往往难以理解。[1]

像普底黄氏一样，现在有不少彝族虽早已采用汉姓，但他们依然记得一些用彝名的祖先。毕节地区师专艺术系的安亚先生说他家原住乌撒盐仓（盐仓是当年乌撒土司的驻地——笔者注），阿保公时迁至毕节青场，开始排字辈："正中大文明，英贤定嗣生。传家唯有道，主德永华新。"

许多彝人虽使用汉姓，但彝名并未就此放弃，由此形成了彝、汉双姓制，直到今天尚有许多地区保留着这种习惯。但普底黄氏对本族名字已经彻底放弃，这一变化不仅仅是姓名符号的更改，它还意味着文化认同方面的演变。

上文已提到，彝人没有统一的族谱，父子联名制给人一种有名无姓的感觉，当然更谈不上排行，我们通过名字似乎无法确定人们之间的亲缘关系。但深入考察黔西北彝人的姓氏制度，却可以发现其中已体现着一个家支或比家支更大的家族的认同。彝人完整的姓名由三部分组成：能彝（ꉌꑬ）＋父子联名而来的名字＋候读（ꃭꑘ）。通常只出现中间的名字，但能彝与候读却是每个彝人都非常清楚的。[2]往往以历史上某一著名祖先的名字作侯，如水西安氏以著名远祖、从武侯南征的妥阿哲的名字为侯读，被称为阿哲家，乌撒安氏则是以著名远祖默遮乌撒为侯读。一个侯发展壮大，人口

1　这是我2001年在毕节调查时，王继超先生亲口所述。彝族同姓开亲、异姓禁婚等情况，我在黔西北地区经常听说。

2　这是2001年我在毕节调查时，毕节地区彝文翻译组的王子国先生亲口所述。

越来越多，于是在满九代后举行盛大的祭祖活动，开始分支，这种活动称为"尼目维弄"，正如《彝族源流》所云：

> 兴盛做尼目，昌盛行维弄，一户生十户，十户生百户，根生在中部，枝叶覆四方。[1]

分出的家支要取一个标记，往往以迁居地名或水名乃至动植物名为记，这种标记即能彝。[2]侯读相同，能彝不同者可互相通婚，尚未通婚的侯读间依然彼此视为本家。可见一个侯读往往包括若干个能彝。

以上是我在田野调查中得到的材料。[3]彝文献对此亦颇多记载，《阿玉哭嫁》云：

> 赫海珠舍家，分大支小支。史吐能彝一支，有一位淑女，叫乃恩舍伟，嫁纪俄勾地方，一户大姓家，称马嘎能彝。[4]

赫海珠舍即侯读，而史吐则是能彝，有了它们，我们就可以确定乃恩舍伟的具体身份。《彝族源流》记载了许多从取得侯读到分支后形成能彝的例子。此处以麻博阿维家为例，阿维家是黔西北地区有名的四大白彝之一，[5]取汉名后有文、黄、杨、安、余等若干姓。据载麻博阿维是彝族六祖中武支系后裔，但从武祖到麻博阿维的谱系似乎已有些模糊。史载：

1　《彝族源流》第 24~27 卷，第 514 页。
2　关于取得能彝的具体情形以及前乌撒地区现在的能彝状况，可参见阿洛兴德《威宁赫章部分彝族（能彝）姓氏调查》，《贵州省民族志资料》彝族卷。
3　在了解黔西北彝族姓氏制度方面，王子国先生给了我许多指导。
4　《阿玉哭嫁》，《乌鲁诺纪》，贵州民族出版社，1997。
5　在黔西北彝族社会，"家"在很多情况下不是指家庭，而是指家族或家支，阿维家的意思是指以麻博阿维为共祖的众多家庭、家支组成的共同体。

　　米阿克（即武祖）一代，克雅恒二代……保雅谷十代。谷德伟一代。[1]

　　谷德伟时住在洛武博所（在云南省昆明与路南、罗平一带之间），因受到毕（布）部诺克博的攻击而被迫迁徙至沾扎甸（今云南省曲靖市沾益区沾益坝子一带），在此修建祖祠，敬奉祖灵。在此能追述的最早的祖先是谷足濮。他和谷德伟是何关系已无法弄清，从谷足濮到麻博阿维的世系很清楚：

　　谷足濮一代，足濮舍二代，濮舍濮德三代……默遮确九代，确苦足十代。苦足苦弄一代，苦弄麻珠二代……濮色鲁足十代。鲁足米一代，米署奋时代，有君长称号，始建布摩根。奋镏颖三代，镏颖麻博四代，麻博阿维五代。[2]

　　麻博阿维是一个有作为的祖先，他"建立好秩序，实现好愿望。清理宗谱，大祭祖灵，祭历代祖宗"。并且担任卓罗纪部的勾则官，因此其后代以其名为侯读，称"麻博阿维家"。发展若干代后，在勾恒足姆作"尼目维弄"祭祖分支，长子纠补阿勾，始住巴底（贵州省威宁县草海镇一带），后移居阿鲁叩（威宁县草海西岸西凉山一带），是阿芋部的领兵官，其支系以"博所"为能彝，称"博所能彝，麻博阿维家"；次子始居姐嘎（威宁县盐仓镇东腊寨一带），后迁姆史嘎（威宁县板底乡雄英村境内），为乌撒部的弄初官，管理粮草，以"琺吐"为能彝，称"琺吐能彝，麻博阿维家"；另外一支从巴底、博邹启（威宁县城北葡萄井）分出，迁至尼目甸

---

1 《彝族源流》第 24~27 卷，第 453~454 页。

2 《彝族源流》第 24~27 卷，第 461~464 页。

凯（贵州省赫章县境内），以"芍吐"为能彝，称"芍吐能彝，麻博阿维家"。这一支系后来似乎又分支，不但产生了新的能彝，还产生了新的侯读，出现了"麻伟能彝，阿蒙甸凯家"；此外先后分出的尚有"史吐能彝，麻博阿维家""甸吐能彝，麻博阿维家""洛那能彝，麻博阿维家"等。还有一支迁居水西的，接受了汉化，取汉姓，读汉书，用汉文，甚至有人在康熙年间中了举，其能彝不得而知，或许他们像普底黄氏一样，放弃了取能彝侯读的习惯。[1]

像麻博阿维家的这种情况在黔西北极为普遍，布所阿铺家同样是武祖后裔，在布所阿铺时获得极大的发展，"得以受肥田，得以受沃土"。于是"兴盛做尼目，昌盛举维弄，祭历代祖宗"。迁徙分支由此开始，在很长的时期内，先后产生的新家支有妥尼能彝、芍吐能彝、博所能彝、益德能彝、史吐能彝、侯吐能彝、马嘎能彝等，遍布米嫩、色脱、鲁洪、色翁四大山脉及五大水系，居住范围涉及滇东北、黔西北、川南、黔中的阿芋陡部、芒部、陡靡部、古苦勾部、扯勒部、水西部等几大君长国，他们都奉布所阿铺为共祖，以其名为侯读。[2]

以上讨论揭示了黔西北彝族姓氏制度中所蕴含着的家支（族）认同，直到今天，能彝与侯读在社会生活中尚有重要意义。联姻时，男女双方必须报上能彝，如相同则是本家，不能开亲。许多人告诉我，能彝称号属于家支的秘密，不能外传，以防别人混入本支，分享权利，能彝、侯读相合即属一家人。

综上可知，普底黄氏家族对彝姓的彻底放弃，绝不仅仅意味着姓名符号的变化，其背后的文化意义或许更值得思考。支系认同的主要载体，显然已从姓氏制度转向树枝式的族谱（自己或祖辈的名字载于谱书的才可能被家支认可），以及宏伟的祠堂等。

1　参见《彝族源流》第24~27卷，第453~483页。

2　参见《彝族源流》第24~27卷，第484~498页。

三　汉人身份的伪装与绅士化

明清时期的官员与士大夫相信，风规礼俗与社会治乱之间存在某种联系，因此在"夷乡"推广汉俗，改变"蛮风陋习"成为地方官府的一个重要目标，正所谓"欲治其性，先破其俗，欲破其俗，则惟使之变汉而已"。[1] 但是，移风易俗在很大程度上不是采取暴力逼迫的方式，对那些严守传统的族类，官府往往不会强行干涉。[2] 清王朝甚至允许西南地区的"苗夷"保留自己的发式。乾隆四十五年（1779），和珅途经湘、黔、滇一带，见该处"苗民"当差供役，极为恭顺，但沿袭旧俗，不行薙发，于是奏请改变旧习。乾隆皇帝批云：

> 滇、黔一带民、苗杂处，且有苗多于民之处，伊等耕凿自安，输诚服役，久与内地民人无别；徒以不行薙发，尚循旧俗，遂尔显示区分；但已相沿日久，若一旦悉令遵制薙发，未免心生疑惧，办理转为未协。著传谕该督、抚等明白宣导，出示晓谕，所有各该省苗民，其有愿薙发者，俱准其与内地民人一例薙发，以昭一视同仁之意。[3]

这一段话代表了清廷对"夷乡"风俗的态度。直到晚清乃至民国时期，黔西北的许多彝人在语言、衣着、发式、婚丧仪式等方面尚维持自己的传统，大量的地方志材料充分证明了这一点。如同治《毕节县志》称：

1　道光《贵阳府志》卷 77《耆旧传二·丁允煜传》。

2　这里所讲的只是一般情况，并非没有例外，例如大定府六额子开棺洗刷尸骨的风俗似乎曾遭到厉禁，参见道光《大定府志》卷 14《疆土志四·风俗》。

3　民国《贵州通志》第 28 册《前事志二十》。

（猡猡）男子剃髭留鬐，以青布缠头，短衣大领，袖长及膝，腰系蓝裙，行则披毡戴笠，大布缠脚，蹑草履。女子分发为二，亦用青布缠之，积发如盘，作梅花以饰额。耳戴大镯，垂至项，……病不延医，惟用鬼师，以牛羊豕鸡禳之。……既死，杀羊取皮以覆尸，已用竹席裹之，以长木二横合之若梯状，侧置尸其上，男左女右，不葬而焚，将焚，族党咸来，……鬼师披虎皮坐其上，作法念咒。[1]

咸同年间平定黔省“苗乱”之后，曾责令苗人薙发改装，但“经营数年，卒不能一律如约”，士人们感慨：

异俗贯常，积重难化，用夏变蛮，诚不易也。[2]

与许多地方的原住民努力维护自己的传统不同，普底黄氏的策略是积极抛弃自己原有的礼俗，全方位接受包括汉姓、族谱、祠堂在内的汉文化，以扩张本族的势力。他们很早就留辫子，改穿汉装，并且主动地、用自我强制的方式学习汉语。黄克璪先生生于1937年，完全不懂彝语，他说父辈也不会讲，爷爷辈可能会听。他听老人们讲，以前在家中大人自己不说彝话，也不允许孩子学，并且在讲汉语时力求地道，不能让别人听出彝语的痕迹。时间一长，彝话就被整个家族遗忘了，所以在大方有这样的俗语：“好个黄家坝，彝人说汉话。”[3]

1　同治《毕节县志稿》卷8《风俗志·夷俗》。尚可参见光绪《水城厅采访册》卷4《食货门·土俗》；民国《大定县志》卷13《风土志·苗俗》；等等。

2　徐家干：《苗疆闻见录》。

3　在普底，我接触的所有彝族都坦然承认自己已经彻底“汉化”，他们不识彝文，讲的是西南官话，从不穿彝装，几乎忘记了本民族的节日。当我行走在普底街上时，完全没有身处民族乡的感觉。

　　除了学习汉语、汉俗外，作为一种权宜之计，黄氏还试图虚构祖先历史，以表明自己系汉人身份。他们声称自己祖籍江西吉安府六能大桥头，属"汉父夷母"。与这一说法相配合，他们放弃了彝族原来面积只有1~2平方米的祠堂，修建了若干宏伟的宗祠，其中有一个被命名为"江夏祠"。作为读书风气浓厚的大族，他们完全清楚"江夏"位于湖北，是黄姓的主要郡望之一，如此命名的目的正是为了伪饰自己的汉人根源。一些老人告诉我，直到民国时期他们外出时都声称自己是汉族，而别人也无法从外表、谈吐中辨认出自己的真实族别。这样做的目的是为了避免受汉人的欺侮，"公鸡没有肥的，汉人没有好的"。这是从前在黄氏族人中流行的一句俗语。这句俗语表明，一方面彝人需要伪装汉人身份，与此同时，他们内心也在自己与汉人之间画了一条族类的界线。

　　事实上，不管风俗与文化如何改变，黄氏并不曾忘记自己的彝人根源，上述道光年间所修家谱已经清楚交代了自己的族类，并以自己同播勒、水西二君长国辉煌历史记忆为荣，甚至把定居普底的权利归因于水西君长的赐封。光绪年间黄氏族人又重抄了道光时的家谱，并恭恭敬敬、完整无缺地保存至今。此外，在有意无意之间，黄姓还在祠堂中遗留了彝族文化的影子。在我的请求下，黄克璲先生和安亚先生带我去看了几座祠堂，有新修的，也有民国以前保留下来的。所有祠堂供奉的都是木制神主牌位，搭着红布，堆成金字塔形。神主牌插在一小方木头底座上，插槽内有一张折叠着的纸，纸上有"赞词"，由有学问的人来写，主要是追述死者的事迹，颂扬其美德。但目前旧祠堂里的神主已经很少附有这种"赞词"，据说是"文革"期间丢失了。总之，普底的祠堂内陈设给我一种十分熟悉的感觉，很像我在珠江三角洲等地看到的祠堂，但我注意到，在建筑风格上，所有黄氏祠堂屋檐的四角都分别雕有四条龙，屋脊上则雕有一对虎，这显然与黔西北彝族崇拜龙、虎有关。[1] 在普底迎丰村，我们还发现一块看上去时间很久远的神主牌，正面是彝文，背面是汉语，拂拭去牌面的尘土，努力辨认，汉文内容如下：

考黄公讳体元老大人

皇清待诰显　　　　　　　　　　　　　之位

妣金氏　　　老大孺人

　　周围的人告诉我，"上面"曾派人来翻译过此牌的彝文，是阿赫公的神主，体元公是黄氏第七代，而阿赫公则要早得多，显然，汉语和彝文所讲的不是同一人。这样一块彝汉文合璧的神主牌表明，黄氏仍然珍惜其彝人的身份。

　　黄克璲先生说"人宜离，神宜合"，所以要修祠堂，让祖先有地方聚在一起。同时，"神要清静，人要热闹"。因此祠堂应修在四周无人居住的地方。1949 年前每年春秋两季都要到祠堂祭祀，经费来源于族中公款，安放神主亦不需要交钱或其他财物。黄姓在分家时，要分一笔钱财搁起来作公款，不给儿子，这笔钱往往用来购置田地，租给别人耕种，收租子以作修坟、祭祀之用。黄家的族田很多，有一百多亩，主要是第八代显字辈十弟兄置下的，清明节、寒食节、十月初一都要杀猪，全族聚餐，费用全从公款中出。

　　相对于祠堂的建筑风格，在丧祭礼仪方面，彝文化的遗留更为突出，形成了彝礼与汉礼并行的局面。虽然我在祠堂中只看到神主牌，但据说直到民国年间黄姓还是神主与竹主并供，竹主是一个竹筒，夹一片扁竹叶。安放竹主要做七天以上的彝家斋戒，神主则要请和尚做七天道场。后来只做道场，竹主渐少，1949 年后竹主才消

1　关于彝族的龙、虎崇拜，学界论述颇多，兹不赘述。黔西北地区有祭龙的经书，参见《祭龙经》，《增订爨文丛刻》上册。

失。此外，解生、预测可以请布摩，也可以请和尚。[1]

遵循旧有习俗的另一个表现是正月间请"蜂子神"——请者的灵魂在蜂神的指引下来到祖先的归宿地，并暂留在此代替祖灵，而祖灵则依附在请者的身上预告阳间人的祸福。请神时讲的第一句话是关于彝族六祖的，神请来后即开始指路，一直指回到祖先的宿处云南。[2]这种仪式无需布摩等专业人员，谁都可以请，用张青布帕子把脸蒙住，点燃一炷香，在手上摇来摇去，口中念念有词，请神活动就开始了。[3]这一活动在1949年后已被逐渐放弃，黄克镳先生说他看到的最后一次请神活动的时间是1953年。

"想学祭祀读彝文，想找官当读汉文。"黄氏家族很清楚扩张势力的途径，读汉书、考科举成为举族的大事。族人常会凑钱供孩子读书，外人常用这样一句话来说黄姓："家有六仝（仝是当地的一种测量单位，六仝等于一升——引者注）米，两仝给姑娘学针线，两仝给儿子学文化，两仝留给自己吃。"黄家先后修建了六七所祠堂，大部分其实都是私塾。[4]民国时期被改作中、小学，转成了官办，但校领导都是黄姓。1949年后，一所祠堂被征用为乡政府办公室，一所被改造为省立民族小学。现在的普底乡民族小学，校长之职不再由黄姓垄断。此外，该乡所属的迎丰村小学同样是黄氏的祠堂，至

1　我开始听到的是请道士，后来有人告诉我这只是一个名称，这些"道士"其实用的是佛教的礼仪。现在已经是专请和尚，事实上，普底已经找不到一个布摩。

2　前文已提到，彝族认为人死后有三魂，其中一魂要回到祖先的宿地，所以在丧礼中布摩要念"指路经"，将亡灵引到该处。贵州省各地彝族的指路仪式一般都把云南作为终点，威宁则是一个重要的中点，其他省区的彝族指路经中也有很多指向云南，所以许多学者相信云南是彝族的发祥地，并认为指路经是研究彝族迁徙史的重要材料。参见《彝族指路丛书》贵州卷一，四川民族出版社，1997；《指路经》，《增订爨文丛刻》上册。

3　请蜂子神是黔西北地区彝族的习俗之一，但有地区差异。参见王继超《威宁板底乡乌洛村彝族"杜艾诃"活动调查》，《贵州省民族志资料》彝族卷；马学良、于锦绣、范惠娟《彝族原始宗教调查报告》，第172~175页。据于锦绣等学者的调查，下阴人必须是童男童女，一方面取其洁净，一方面亡亲不会拉住父母双全的人。这一活动通常由布母（摩）主持。王继超的调查则提到，下阴人多半是女性，最好是少女，他没有讲到布摩。

4　私塾办在祠堂内，这一点黄氏家族同许多汉人地区的宗族是很相似的。

今尚有神龛和一些看起来时间很久的神主牌位。

甚至有很多人家送女儿进私塾读书，因此不少女性都会吟诗作对。据说民国时期就有一位才女，许配给陈家，但未婚夫在快娶亲时去世了，于是她戴孝结婚，作文哀悼亡夫，大家都公认文采出众，她始终恪守妇道，寡居一生。像她一样守节的女性并不罕见，老人们告诉我还有一位嫁到黔西县的，21 岁开始守寡，熊子英县长亲自为她题写了贞节牌坊。这些例子显示出汉人价值观念的影响。《黄氏族谱》中开列的宗规可以让我们进一步了解黄姓所尊崇的道德规范：

> 余族于道光十年续修族谱，会议宗规，以为法守。因念王公讳士晋，其宗规十六条，凡孝友睦姻任恤持身处世，赅括无遗，爰抄于谱，每年正月初五讲读一遍，凡我族人，尚其敬听而体行焉。
>
> 乡约当遵
>
> 孝顺父母，尊敬长上，和睦乡里，教训子孙，各安生理，无作非为。这六句包尽做人的道理，凡为忠臣，为孝子，为顺孙，是圣世良民，皆由此处。……今于宗祠内仿乡约仪节，每朔日族长督率子弟，齐赴听讲，各宜恭敬体认，共成美俗。[1]

此外尚有祠墓当展、族类当辨、名分当正（指兄弟叔侄等名分）、宗族当睦、谱牒当重、闺门当肃、蒙养当豫（指严加训迪子弟）、姻里当厚、职业当勤、赋役当供、争讼当止、节俭当崇、守望当严（指保甲）、邪巫当禁、四礼当行等 15 条规戒。这些规诫抄录自明人王士晋的《宗规》，代表的是正统的道德规范。例如"孝顺父母，尊敬长上，和睦乡里，教训子孙，各安生理，无作非为"

---

1 《（大方）黄氏族谱·宗规》。

系明太祖亲拟的六条圣谕，明代即已被许多"宗规""乡礼"之类的书籍收录，康熙皇帝又将其扩展为十六条圣谕。所谓"乡约"的基本功能就是定期向百姓宣讲圣谕的内容。[1]

道光十年（1830）续谱订宗规的黄氏家族其实已经士绅化，翻开《黄氏族谱》，贡生、增广生员、廪膳生员、附生等比比皆是，举人则有黄显庸、黄思永等。在走向士绅化的过程中，黄姓逐渐转变了自己的文化身份，并利用这一身份扩张势力，向地方豪强（如土目）挑战，争夺更多资源。虽然据现有材料难以对此过程展开全面论述，但文献中不乏相关记载：

> （黄伟）公生于康熙四十四年丙戌，……乾隆四年己未岁试，邹学称赏，即取以冠童军进学。……吾族文科，自公伊始，由是教泽长留，功业永播。得额土目充乐贡里一甲总约，已经讨照，假总约之名，俾乐贡人民尽归宇下，任其驱使。惟公爱遍一里，忧深百世，出头诉讼，造退土目，追回约照，振济四民。……乐贡一里，至今犹颂。[2]

黄氏通过接受汉人礼俗、积极读书应举等举措走向绅士化，确立了本家族的优势地位。1950 年代"土改"前，普底的土地基本上属黄氏所有，其他民族（包括许多汉人）或其他姓的人大多是黄家的佃户。黄姓的威望还来自比周围的汉人还要高的汉文化，祠堂

---

1 参见瞿同祖《清代地方政府》，范忠信、晏锋译，法律出版社，2003，第 273~274 页；黄佐《泰泉乡礼》卷 2《乡约》，四库全书本；王士晋《宗规》。

2 《黄伟碑记》，黄氏宗族修谱轩搜集《黄氏文献录》（下），抄本，不分卷，无页码。该书封面有"中华民国三十年春三月十二日"字样，但第二篇序言的落款日期为"民国三十五年四月五日"。该书搜集清代以来黄氏族人所撰文章，现藏于贵州省大方县普底乡黄氏家族。土目阶层与士绅阶层间为争夺资源、主导基层社会而发生的斗争非常复杂，绅士阶层的兴起会导致土目势力衰落，而官府在依靠何种力量统治基层社会的考量中也有了较多选择，这些必须用丰富的史料以及详细的个案来加以说明。由于材料所限，在此难以详尽论述。

修得好，谱也修得好——我在大方县乃至毕节县也听到过类似的说法。[1] 然而，从黄氏家族对自己彝人来源的珍惜可以看到，他们改变的是自己的文化认同，而非族群认同，他们在很多场合声称或伪装出汉人的身份，但他们在内心深处仍然认为自己是娄素，他们认同的是王朝及其所认可的礼俗与正统儒家思想，而非认同于汉人的身份。

彝制崩溃后，彝威亦随之消解，彝、汉两种身份在黔西北社会中所象征着的地位发生了根本性的逆转。作为"旧疆"标志的礼俗与认同方面的演变，正是在此背景下发生的。改流后社会经济方面的种种变化是另一个促成演变的力量，盛世背景下的铜铅开采与运销使黔西北与内地更加紧密地整合为一体，矿业、农业的发展与移民运动之间则形成了一种互为因果的关系，而汉人移民所持的为官府所认可的种种文化与风俗，为力图在新的政治、文化环境中获得更大利益的彝人提供了效法的对象，清代的许多官员正是试图通过"夷"汉之间接触与交流来改变原住民的礼俗。总之，本书第六至八章呈现了黔西北进入"版图"，并从"新疆"演化为"旧疆"过程的一体多面，改土归流后黔西北社会的深刻变迁，可以从此过程中得到理解。

1　从某种角度上看，黄姓的优势一直延续至今，1949 年后乡、区、县乃至整个毕节地区的党、政部门领导有很多都来自普底黄氏家族。

结语 从"异域"到"旧疆": 对周边族类进入王朝秩序的思考

　　华－夷、内－外、中国－非中国、化内－化外等一系列频频见诸古代文献中的概念,在天下观、朝贡秩序等以古代中国为中心的世界格局的讨论中已得到较多阐释,但这类二元观念模糊了中央王朝与各"蛮夷"间亲疏各别的关系,以及前者对后者的强弱不同的影响力。本书的研究表明,王朝另有"异域""羁縻""新疆""旧疆"等一套更接近实践层面的话语来描述与外部世界的动态关系。黔西北地区所呈现出来的从"异域"到"旧疆"的模式,广泛存在于中央王朝向南方边远地区不断拓展的历史中,对之进行深入分析与揭示,有助于我们理解周边族类是怎样整合进大一统秩序的。

从"异域"到"旧疆"

与一个国家所拥有主权的领土的现代含义不同，传统中国的"版图"是土地与编户并重，甚至更加侧重于后者，正如《清史稿》所云："国家抚有疆宇，谓之版图，版言乎其有民，图言乎其有地。"在明清时期甚至更早，"版图"在许多情况下已被用来界定王朝的"疆"，改土归流之地因户口、土地开始登载于官府的册籍而进入了王朝"版图"，所以常常被称为"新疆"，并且一般不再被视为"化外"——尽管"化外"一词在使用过程中往往呈现出较大的随意性。[1] 随着"夷"汉族类的交往与互动、对正统儒家意识形态认同的深化、"汉威"的逐渐渗透等原因，周边族类在礼俗、文化上被认为呈现出"与民人无异"的趋势，而他们自己亦不断通过各种策略改变自己的身份与认同，"新疆"由此逐渐完成了向"旧疆"的演变，相应地，法律的适用也被要求与内地一体。未入"版图"之地则可分为"异域"与"羁縻"两种，前者通常指中央王朝连名义上的统治都不能维持的地方，后者意味着周边族类对王朝的效忠，并受制于贡赋制度，但其原有的制度与习惯在很大程度上得到尊重，而普通原住民也大都并非王朝的编户齐民。质言之，所有人户在制度上（不是事实上）均要向王朝缴赋应役之地，在观念上属王朝的"版图"与"疆"；只有一个人或一些代表向王朝缴赋应役之地，即可视为羁縻区域，如大部分土司地区；所有人都不被要求向王朝缴赋应役之地，则可目为王朝的"异域"。

---

[1] 检阅文献可以发现，"化内""化外"等词语在使用过程中往往因时、因地、因事、因人而呈现出种种不确定性，同样一个地区，在渲染王朝的文治武功时被标榜为"与中州等"的化内之地，在强调其风俗粗陋、难于治理时则被贴上"蛮夷""化外"等标签，有些明代称为化内的地方，清人则认为其明时尚属化外。通常而言，建立了流官政府并将当地百姓籍为编户的地区，往往不会再以"化外"视之，但也有些新纳入王朝版图之地，如清代湖南的凤凰、乾州、永绥，由于在法治方面还援用当地的"苗例"等原因，所以在一些场景中仍然被视为"化外"。参见嘉庆《湖南省例成案·名例》卷1《化外人有犯》。

作为王朝的"异域"，宋代水西与乌撒是西南地区众多独立政权中的两个，拥有自己的文字、礼仪制度和政治法律传统。元、明两代大力开拓西南地区，建立并完善了土司制度，形成了能够控驭西南地区上层统治者的"羁縻"政治，君长国统治者在不同的语境中，富有技巧地将自己统治的合法性或继续归因于本族的传统，或归因于王朝的恩赐，而地方原有的制度依然能够维持。例如在黔西北，以则溪制度为核心，君、臣、布三者秉权的彝制仍然有效地运行着。绝大多数普通土民并未成为王朝的编户齐民，也没有直接为王朝输赋应役，只有土官、土舍等才被要求接受王朝的礼仪与儒学教育。自明初以降，朝廷的各种边政措施以及移民潮流逐渐对彝制产生多方面的影响，关于嫡长子继承君长之职的规定、彝汉文合璧碑刻的出现、汉人跻身勾政权、朝廷对各君长国之间"此绝彼继"习惯的成功干预等，都可视为彝制嬗变和汉威渗透的重要例证。

勾政权在康熙三年（1664）的军事征剿中被瓦解，清王朝变更则溪的区划，置府设州，建立里甲制，将普通土民籍为编户，黔西北由此纳入王朝"版图"，成为王朝的"新疆"与"化内"之地。但土目在地方社会中继续发挥重要作用。改流后土目的身份发生了变化，但有权势者仍乐于自称土目，反映了土目这一名称所象征的权威与荣耀并未因改流而消失。官府在制度上未曾明确承认过土目的地位，但在很长时间里，实际上容许他们在地方社会控制中继续发挥作用，赋役征派、勾摄犯人等事务，往往需通过土目去办理。还有一些土目设立衙门，拥有私人武装。在某些偏僻闭塞的深山地区，土目及其控制的人群，仍然置身于国家的税收制度之外。所以，勾政权瓦解后的很长一段时间里，"土目"权威的存在也可被视为"彝制"在新的政治、文化环境中的延续。地方官府在这个问题上采取富于技巧性的政治策略，既通过各种新的制度和意识形态的推行限制土目的势力，又容许其权威存在以使地方社会不至于失去秩序。

但是，政治制度和意识形态的变化，仍然在许多层面逐步显现出对地方社会的长远影响。对普通土民来说，改流后他们逐渐认识到了新的制度及其权威。各级官府直至皇帝的存在，也出现了借助新的制度向土目的固有权威挑战的情况。各种主奴之争、主佃之争的案件，反映的正是彝制崩溃后地方社会的重大变化。随着科举制度在"新疆"的推行，在新的制度下具有更多意识形态"正统性"的绅士阶层也开始成长起来。可以想见，许多接受儒学教育并获得功名的士绅，就是在地方上有权有势的土目的后代，但也有一些普通土民在成为绅士的过程中，逐步转变了自己的身份并扩大在地方社会的影响力。移民潮流也对土目的权威产生了冲击，来自内地的移民没有效忠土目的习惯，在黔西北乃至整个西南地区，移民不但促进了山区的开发以及生态环境的变化，而且导致了频繁的地权纠纷、族类居住格局的变化，不少土司、土目正是在此过程中走向衰落。此外，一些地方动乱（特别是咸同"苗变"）对土目的巨大打击，亦是不容忽视的。

在绅士阶层开始成长为地方社会的重要力量之时，由于丧失了文化上的正统性与政治上的特权，原来在勾政权中享有崇高地位的布摩阶层不断走向衰落，其身份发生了重大变动，身份（布摩须是黑彝）与出身（布摩是世袭）两个方面的垄断都被打破，许多白彝通过拜师学习成为布摩。

在经济方面，改流后，以农耕为主导的经济方式代替了畜牧与农耕相结合的经济方式（此过程在明中期已经开始），玉米、土豆的传入为人口的急剧增长提供了可能。在清政府矿业政策的刺激下，黔西北成为国家重要的货币材料、军器材料的生产基地，所产黑铅、白铅每年车载马驮，络绎不绝，进入长江，再沿江而下，抵达汉口，供应全国各地。道路整修、河道疏通成了政府的一件大事，而矿业、农业的发展又与汹涌的移民潮流交织在一起，这意味着黔西北融入了一个更广阔的世界里。

在种种变更的背景下，黔西北地区上演着各种"彝变汉"的故事，而王朝的价值观念、汉人的风俗习惯则在地方原有观念和习惯的因应中日益渗透。一些彝族家庭因应新的政治、经济及文化态势，用百余年时间逐步改造彝族传统的礼俗、文化与家支组织，制造自己的汉人根源，完成了建立宗族与绅士化的过程。这一过程折射出了彝、汉两大族群以及与之相关的两种制度、文化的碰撞与互动，向我们展示了传统中国中央王朝在非汉族社会建立统治秩序的一种模式。到了清代中期，黔西北在观念上与实践上都演变成了清王朝的"旧疆"与"内地"。可以说，文化与礼俗的同化是官员们认知"旧疆"的主要标准，与此相应的是与内地一体的法律适用。

民国时期的历史有助于我们理解黔西北的这一深刻变迁。抗战期间，大夏大学西迁贵阳，由著名学者吴泽霖、岑家梧等组织开展贵州少数民族调查，他们重点考察了花溪、安顺及黔东南一带，黔西北地区则基本上被排除在外。学者们的选择可能与黔西北社会"苗夷"色彩的淡化有关，对不少民族学家和民族史家来说，这一块地方不像四川凉山彝家、黔东南苗族、云南摆夷等那么具有魅力。正如当时的一些学者所称："在云南贵州保族宗教生活的痕迹，却很少存在，因为该地的保族早趋向汉化。惟可在该地老年的巫师处，略能调查些资料而已。"[1] 政界的态度与学界有相似之处，1935年，蒋介石因"督剿"红军来到贵阳，时有苗民唐明贵上书委员长，要求"解除苗民痛苦，提高苗民文化"，于是蒋介石将此信批交贵州省政府转教育厅参考，并拨出经费 10 万元作为发展贵州民族教育的专款。后来地方官员果然办了一批专门针对少数民族的师范

1　陈宗祥：《保保的宗教》，《边政公论》第 7 卷第 2 期，1948 年。事实上，直到今天，中、外彝学研究的热点地区仍然是大、小凉山——尽管黔西北是彝文献数量最多的彝区。

学校,但没有一所在黔西北地区,[1]这里显然已不再是黔省民族问题的重点。

黔西北的故事展现了从"异域"到"旧疆"的完整过程。这一过程并非特例,中国西南许多地区的历史都与乌撒、水西相似,如本书第一章提到的乌蒙、芒部、东川君长国等。[2]当然,许多有相似历程的区域在文献上并不一定都直接使用了"新疆""版图"一类词语来描述,历史也不一定按线性序列发展,中央王朝在许多边远地区的秩序建构可能会省略其中的一些环节,[3]并且古代官员士大夫使用这些词语时具有一定的随意性。[4]但无论如何,从历史文献中发掘出来的这些词语,对我们理解南方少数民族地区的历史以及大一统中国的形成过程与机制无疑是有相当意义的。

内部竞争引导王朝扩张

过往对土司制度与改土归流的研究,或视为一种"强迫民族同化",或持促进地方经济文化发展与滥杀无辜、破坏民族关系相伴

---

1 参见张潜华《西南民族问题》(青年书店,1940)之《教育政策》中关于贵州的部分。

2 例如乌蒙君长国在宋代具有很大的独立性,元明时期在此建立了土司制度,清代改土归流,建昭通府,乌蒙立即被认为进入了王朝"版图",成为"新疆"。《清世宗实录》卷96雍正八年七月乙酉条云:"乌蒙系改土新疆,与威宁接壤。"昭通总兵徐成贞《大阅堂记》(民国《昭通县志》卷8《艺文志》)亦称:"国家改土设郡,原有全备之规模,新疆因时建制,是当循序而布置。"民国《昭通县志》卷1《疆域》云:"雍正五年改土隶云南,设流官,其地列入版图。"这种表述显然是沿袭了清人的看法。

3 例如对台湾、今贵州东南部等许多地区的经营显然就未经历过"羁縻"阶段。黔东南是清前期著名的"新疆",清朝统一台湾之初,台湾也曾经被视为"新疆",如康熙三十四年,台湾府知府靳治扬为《台湾府志》撰写之序言中有:"时公辑郡志告成,治扬未能有所兴革,无可载笔;聊附姓名于简末,以志承乏之期。亦以见新疆初治,贵乎无扰;惟计遵画一之法云尔。"当然,进入"版图"而成为"新疆"并不意味着某地区所有的人都成为王朝的编户齐民,即便在内地甚至王朝统治的中心区域,都有不少人游离于国家的户籍之外。

4 例如本书第一章曾提到,万历《贵州通志》中有:"黔于古始非异域也,入我版图,所从来远矣。"作者把贵州进入"版图"的时间远溯自大禹划九州时期,这显然是为了夸饰大一统的需要。

随的"半否定论"，或持废除封建农奴主割据势力，加强中央集权与巩固封建国家统一的"基本肯定论"。[1] 不管何种角度，其实都自觉或不自觉地预设了王朝主动征服与地方被动接受的前提，即便间或有"广大被剥削少数民族百姓渴望改流"之类的表述，也只是一种基于意识形态立场的观点，并未在机制层面上以实证性的研究来予以说明。

近年来，有学者通过对台湾岸里社的个案研究指出："所谓'帝国版图的扩张'，不一定是来自于帝国中央强大武力或文化的向外征服，也不是帝国在衡量财政收支、战略考量下的总体规划；事实上，帝国边区会有一股很强的民间力量促使帝国版图的扩张。"[2] 如果说，周边族类内部真的具有一种能动性来促使王朝扩张的话，一种可能的机制究竟是什么呢？

事实上，一个看似统一的周边族类的部落或政权，其内部往往充斥着各种不同的利益团体，呈现出内部竞争的状态。当与中央王朝发生接触之后，某些团体或其领袖人物可能会积极因应新的政治情势，借助王朝的力量介入本部落或政权的事务，在此过程中，他们和中央王朝各自或多或少得到了自己所需要的东西，一些新制度或新秩序甚至可能就此产生。以水西为例，即便勾政权这样有较强凝聚力的强大政治实体，内部四十八支间都并非铁板一块。这造成了一个复杂的现象，一方面，勾政权的强大与统一性制约了王朝的扩张，使得王朝不但难以在其领地内赐封小土司，甚至连"不拘定式"的里甲制都不可能实行，这与许多土司地区截然不同。另一方面我们也看到，为了本支乃至本家庭独揽君长之职，安陇富通过为朝廷东征西伐换取其支持，于是嫡长子继承制得以确立，而这一制

1　参见龚荫《20世纪中国土司制度研究的理论与方法》，《思想战线》2002年第5期。

2　李文良：《清代台湾岸里社熟番的地权主张》，香港《历史人类学学刊》第3卷第1期，2005。

度不但符合明王朝的观念，而且有助于加强对土司地区的控制，[1] 王朝同时还得到了安陇富的效忠。此外，崇祯年间一些土目争相献地形成"裂土众建"的格局，是因为君长安位去世无嗣，各土目为袭职争得不可开交，在不能相互妥协的情况下，纷纷献地以求获得赐封，王朝则借此机会削弱水西力量，甚至在短时间内将水西纳入了直接统治。我们也不能把地方的这种由内部竞争所吸引的王朝扩张理解为仅仅与周边族类上层分子有关，在清代大定府，改流后土目势力的削弱以及官府对地方事务更多发言权之建立，其契机正是土民和土目的斗争，而且前者已经懂得了如何借助官方的力量。

这种内部竞争引导王朝扩张的机制可能是一个较为普遍的现象，并非仅局限于黔西北一隅。[2] 此外，在这种扩张中，有时王朝并没有介入（至少没有明显的介入），形成一种"（王朝）未出场的扩张"。例如在前述台湾岸里社的个案中，岸里社熟番康熙年间响应政府鼓励垦荒的政策，取得了大甲溪南垦地的权利，但在 18 世纪末，因为部落内部的权力斗争以及外部汉人的农垦压力，各关系人通过各种办法，竞相把地权来源追溯到帝制时代最能象征合法、正统权力来源的皇帝身上。这使得一个边远的地区，成为充满符合帝

1　纵观明清两代的土司制度，可以看见一个趋势，即王朝力图把各种亲戚、旁支都可袭职的复杂的土司承袭制度改造成单一支系的继承，这样可以使土司地区不会因竞袭而失序。参见 John E. Herman, "Empire in the Southwest Early Qing Reforms to the Native Chieftain System," *The Journal of Asian Studies* 56: 1 (1997), pp.47-74。王朝在土司地区有赋役方面的利益，而且很多土司地区其实是王朝的战略或交通要地，所以在力所能及的情况下，王朝一般不会坐视土司地区失序。

2　例如清代驻藏大臣衙门的正式设置，源于前藏贵族与后藏贵族于 1727 年发生了战争，后藏贵族颇罗鼐上奏雍正皇帝派兵进藏支持自己，"以安西藏"。在清廷的支持下，颇罗鼐不仅赢得了战争，而且还巩固并强化了自己在西藏的统治。与此同时，清王朝也趁机正式设置驻藏大臣衙门，加强了对西藏的控驭。清王朝在此过程中关注的并非是战争双方的是非对错，而是如何稳定西藏政局。（参见顾祖成《明清治藏史要》，西藏人民出版社、齐鲁书社，1999，第 157~165 页）

国象征与规范的地域。[1] 在这样一种"未出场的扩张"中，王朝所获得的，主要不是新的土地或更多的编户，也不是能够更有效控驭周边族类的制度，而是地方上更多的人群对自己权威、象征的认同。笔者认为，这种扩张通常应该发生在"新疆""旧疆"等已纳入王朝"版图"的地区，[2] 在改土归流前的黔西北，这样的情况是难以想象的，因为原住民所认可的权威是勾政权中的君长以及由布摩等所操纵的意识形态，只有君长等极少数个人，才会在某些场景中把自己权力的合法性与王朝扯上关系。

本书并不认为王朝的扩张必然遵循这种"内部竞争引导"的模式，但这一机制的存在，提示研究者在思考周边族类与王朝之间的关系时，必须持一种复杂和辩证的态度，地方的能动性，在很多情况下是不能忽略的因素。

新秩序中的旧传统

在正史、地方志等古代文献中，从"异域"向"旧疆"的演变，呈现出王朝制度与意识形态大获全胜的过程，在此层面上，今日学界内外所熟知的"汉化"等概念，与传统官员文人的论述可谓遥相呼应。这一类论述与概念无疑是建立在大量经验事实基础上的，并且与我们通常的观察相符合，但"异域"社会自身传统的延续性及其在塑造新秩序中的作用，却被这些论述与概念忽略了。本书表明，中央王朝的典章制度在黔西北这样一个"边缘"地区推广和表达的历史，同时也就是"边缘"地区的许多惯习、具有文化象征意义的行为和关于自身历史的解释，在王朝的意识形态中逐步获得"正统性"的过程。由于黔西北地区在实行土司制度之前，已

---

1 参见李文良《清代台湾岸里社熟番的地权主张》，香港《历史人类学学刊》第3卷第1期，2005。

2 例如上文所提到的台湾岸里社番众是归化"生番"，已经向官府呈报了丁口数量和税额。

经存在着一套以则溪制度为中心的、有着深远历史根源的制度化的政治权力架构，所以，直至清代末年乃至民国时期，中央在当地的统治，从形式到实际内容都带有明显的"地方性"色彩。元明土司制度规范的主要是土官与王朝的关系，彝制制约了王朝的扩张，使得王朝很难在勾政权的领地内赐封小土司，在水西甚至连"不拘定式"的里甲都未曾出现。即便清初彝制瓦解后所建立的流官制与里甲制，也是在改造则溪制度的基础上建立起来的，并非一个全新的创造，而土目的影响更一直延续到民国时期。因此，土司制度乃至改土归流等任何举措，都不能一下子创造出新秩序，尽管表面看起来似乎如此，从"异域"到"旧疆"的演变，是两种不同制度与传统间互动与妥协的结果，直至 1950 年代以后，由于剿匪、土地改革等群众性运动的巨大冲击，土目阶层及其政治影响才最后消亡，这也许意味着彝制的彻底崩溃。

不过，故事并没有到此结束。1970 年代末至 1980 年代初，黔西北民间风传"吴王剿水西"[1]时逃往凉山等地的彝人即将重返贵州，要夺回他们的地盘与"政权"，这一传闻在许多地方引起了恐慌。毕节、赫章、大方、威宁等地的许多百姓（包括汉族、彝族、苗族）甚至已经准备变卖家业，到异乡谋生。[2]可见，尽管改土归流已过了 300 多年，但彝制并未从历史记忆中消失，仍然对现实生活产生影响。

鉴于旧传统在塑造新秩序中的作用，对土司制度等王朝边政的研究似应采取一种区域社会史的视角。土司制度在不同的地区具有不同的内涵乃至表现形式，即便同样的政策，在不同的时期和不同的地域实施，亦会呈现出不同的面相和影响。仅着力于制度条文考辨以及笼统概括是不够的，必须结合周边族类的不同传统，考察制

1　黔西北民间通常把吴三桂率兵平定黔西北之事称为"吴王剿水西"。

2　笔者在毕节、赫章、大方、威宁等地都听到这种说法，据说彝族恐慌的原因是怕被当作叛徒。

度在具体地域实施过程中王朝与地方社会的复杂互动，以及地方社会变革的动态而又充满矛盾的实际场景，才能把土司制度的研究引向深入。

族群认同与统治认同的统一与分歧

制度的变化，是官员们认定"新疆"的标准，对"旧疆"的认知，强调的则主要是周边族类礼俗与文化的演变，即所谓"风气既与民人无异"。但制度与礼俗之间却有着密切的关系，并且黔西北的例子表明，"风气与民人无异"并不意味着周边族类认为自己就是汉人（尽管他们在有些场合不得不这样声称），文化认同与族群认同之间有时会呈现出一种矛盾的状态。正如普底黄氏家族，他们积极去改汉姓、穿汉服，学习汉字与儒家经典，并在科举中获得了成功，从其不轻易示人的族谱所载的《宗规》中，我们也可以窥知他们对正统儒家道德规范的认同。但是，这些并没有改变他们对自己家族系彝人来源的记忆，并且引以为荣，甚至把占有普坑底的合法性归因于水西君长的赏赐。在他们的内心深处，有一条线把本族群与汉人分隔开来——尽管他们会根据需要伪造汉人的身份。这一点很符合著名人类学家 Fredrik Barth 关于是族群边界（ethnic boundary）而非文化内涵（cultural stuff）界定族群的著名论断。[1] 这样的文化认同转变虽然没有族群方面的意义，但它却在很大程度上象征着对王朝统治的认同。认同王朝与认同汉人身份间并不总是一致的，从此角度看来，文化认同与族群认同之间的"矛盾"就不再成为矛盾了。

1　参见 Fredrik Barth, "Introduction," in Fredrik Barth, ed., *Ethnic Groups and Boundaries* (London: George Allen & Unwin, 1969), pp.9–38。Barth 这里所指的 boundries 不一定是地理边界，更重要的是一种社会边界，按笔者的理解，它还是一种存在于心中的边界，即我们在自己的心中强调某些特征，以此作为边界把本族群与其他族群区别开来。

以上论述表明，族群认同在很多时候有其稳定的一面，而并非总呈现出随意性与工具性。然而，在广阔的西南地区，我们也确实不难发现很多少数民族认同汉人身份的例子（在黔西北，这种情形的发生很多时候与跨族类的婚姻有关，而非虚拟一个汉人的祖先），甚至许多土司也声称自己的汉人来源（无论在明代还是清代都是如此）。与之形成鲜明对照的是，黔西北的土司、土目等却未发生这种现象，甚至在改土归流之后，笔者也尚未发现有彝族土目自认为是汉人的例子。这种族群认同的相对稳定性与随意性间的差异要如何解释呢？

笔者以为，政权以及文字传统是回答这个问题的关键。水西与乌撒至少在宋代就已经建立了别具一格的独立性的政权组织，并且有自己的文字。关于本族的来源以及统治本地的合法性——这一切当然都与汉人无关——早就书写在用本族文字所创作的家谱、历史书籍以及宗教文书中，仅仅从现在已出版的只占彝文献总量极少部分的彝书来看，这些书籍不但叙述了君长的谱系，甚至连许多布摩、土目的来源都做了交代。文献与口碑最大的不同是，前者一旦形成就具有相当的稳定性，而且这些文献的内容经常要由布摩、慕史在不同的场合宣讲、传授。这样就对本族的来源及其在此地的合法性形成了牢固的记忆，并且这种记忆受到固定化了的文献的规范（本书第一章提到了彝人对书本的崇拜）。元、明王朝的势力介入西南地区，水西与乌撒建立了土司制度，但勾政权制约了王朝的扩张，王朝的势力无法深入，不管是土司还是普通彝人都珍惜娄素的高贵身份，绝不可能声称自己的汉人根源。变化仅仅出现在关于统治合法性的认知方面，黔西北的上层分子一面继续将其归因于本族的美好根源，一面又与王朝扯上关系。这又是一种充满矛盾的认同。清康熙年间改流之后，对族源的那种强大而牢固的记忆仍然不易消亡，并且原勾政权中的土目与布摩仍然存在，大量的彝书也还在民间使用与流布，所以黔西北的土目等上层分子（或许还包括许多普通彝人）并不轻易转向汉人的身份认同——即便他们在科举上取得了或多或少的成功。乾隆年间普底黄继称"余上世祖考世系，往往选出于夷册书籍"，可见彝书在维持娄素族类身份方面的重要作用。

认同的视角为我们提供了一个管窥黔西北社会变迁以及王朝与西南少数民族政权关系的窗口。在被王朝视为"异域"的时代，君长国统治的合法性源自本族类的传统，族群认同与统治认同是一致的。随着土司制度的建立以及各种王朝边政制度的确立，君长国统治者在维持既有统治合法性认知的同时，在一些场景中富有技巧地将其归因于对王朝的效忠，族群认同与统治认同间出现了统一与分歧并存的局面。勾政权瓦解之后，文化礼俗方面的演变意味着对王朝统治的认同，对本族类身份的坚持与之形成了看似矛盾的情形。这些分歧与矛盾在很大程度上应理解为学术分析的结果，在实际的历史过程以及当事人的认知中，它们可能是自然而又和谐的。

从明代黔西北统治者对政权合法性的双重解释，到改流后种种更为复杂的文化与族群认同，背后都可看到彝、汉两种制度间的互动与消长，制度与认同之间，存在着一种深刻的联系。

总之，在南方地区广阔的历史舞台上，在从"异域"到"旧疆"演变所呈现出的周边族类逐渐整合进王朝国家的宏伟过程中，上演着的并不只是刀光剑影的暴力征服与枯燥乏味的儒家道德说教，传统中国的大一统结构能够根据形势为地方预留一定的表达自我的空间，这一看似姑息"地方主义"的灵活性反而有利于王朝制度与意识形态的推行与渗透，促进了新秩序的稳定以及地方对王朝的认同。清末民初以降，现代民族国家观念的传播、西方传教士的活动、政府的基层政权建设等，导致了革命性的新变局，在新的政治、文化环境中，西南地区的少数民族怎样想象与建构自己的族类身份以及更高层次的国族或中华民族？相对于学界研究较多的汉人官员与知识分子关于民族国家的表述与实践，这类想象与建构可能会呈现出哪些特色？[1] 这些问题关系着对传统中国如何向现代民族国家转变的理解与认识，笔者希望能够在今后的研究中予以回答。可以肯定的是，近代的想象与建构不会是一个全新的创造，只有联系"异域"进入王朝"版图"的历史，在"彝威""汉威""洋威"[2] 交织的过程才能得到妥帖的理解。

---

1 已经有学者以"苗族"为例，分析在近代中国民族国家建构的过程中，不同的少数民族知识分子如何因应新的政治、文化环境，积极利用地域、文化、历史以及中国传统的族类标签，并夹杂着自己在特定地区、全国甚至跨国语境中的个人生活体验，来想象与定义一个在范围上超越了自己所属群体的"苗族"，力图使"苗族"的少数民族地位在政府的民族建构计划中获得认可。参见 Cheung Siu-woo（张兆和），"Miao Identities, Indigenism and the Politics of Appropriation in Southwest China During the Republican Period," *Asian Ethnicity* 4: 1 (2003), pp.85-114。据笔者所知，这一类研究目前尚不太多。

2 这里的"洋威"系模仿彝文献中的"彝威""汉威"而创造的一个词，指西方的优势性的权势、威荣，也指西方的政治、经济、文化方面的扩张以及以此为基础而在全球产生深远影响的观念等，如民族国家观念。

征引文献

一 正史、政书

《史记》，中华书局标点本。

《汉书》，中华书局标点本。

《三国志》，中华书局标点本。

《后汉书》，中华书局标点本。

《元史》，中华书局标点本。

《明史》，中华书局标点本。

《清史稿》，中华书局标点本。

《新元史》，中国书店，1988。

李心传:《建炎以来系年要录》，中华书局，1956。

《文献通考》，浙江古籍出版社，1988。

苏天爵:《国朝文类》，四部丛刊本。

《明实录》，中研院历史语言研究所校印本。

弘治《明会典》，四库全书本。

万历《明会典》，中华书局 1989 年缩印本。

俞汝楫：《礼部志稿》，四库全书本。

张学颜：《万历会计录》，北京图书馆古籍珍本丛刊本。

《万历四川重刊赋役书册》，北京图书馆古籍珍本丛刊本。

谷应泰：《明史纪事本末》，商务印书馆，1939。

龙文彬：《明会要》，中华书局，1998。

锡珍：《吏部铨选则例》，续修四库全书本。

《清实录》，中华书局，1986。

《大清律例》，四库全书本。

《钦定大清会典事例（嘉庆朝）》，文海出版社，1992。

《清朝文献通考》，浙江古籍出版社，1988。

《清朝续文献通考》，浙江古籍出版社，1988。

《世宗宪皇帝朱批谕旨》，四库全书本。

《皇朝政典类纂》，文海出版社，1982。

《四川盐法志》，光绪八年刻本。

二　方志

常璩：《华阳国志》，嘉庆十九年廖氏题襟馆刻本。

范成大：《桂海虞衡志》，收入《说郛三种·说郛一百卷》，上海古籍
　　出版社，1986。

李京：《云南志略》，收入《说郛三种·说郛一百卷》，上海古籍出版
　　社，1986。

《明一统志》，四库全书本。

郭子章：《黔记》，北京图书馆古籍珍本丛刊本。

弘治《贵州图经新志》，四库全书存目丛书本。

嘉靖《贵州通志》，上海书店影印本。

嘉靖《普安州志》，上海古籍书店，1961。

嘉靖《思南府志》，上海古籍书店，1962。

嘉靖《四川总志》，北京图书馆古籍珍本丛刊本。

天启《滇志》，云南教育出版社，1991。

万历《贵州通志》，日本藏中国罕见地方志丛刊本。

万历《四川总志》，北京图书馆古籍珍本丛刊本。

万历《铜仁府志》，日本藏中国罕见地方志丛刊本。

正德《四川志》，明正德刻嘉靖增补本。

道光《大定府志》，中华书局，2000。

道光《贵阳府志》，咸丰刻本。

道光《平远州志》，光绪十六年重刻本。

顾炎武:《肇域志》，续修四库全书本。

光绪《黔西州续志》，光绪十年刻本。

光绪《水城厅采访册》，贵州省图书馆1965年复制油印本。

康熙《新补贵州通志》，贵州省图书馆1965年复制油印本。

康熙《台湾府志》，贵州省图书馆1965年复制油印本。

潘文芮:《乾隆贵州志稿》，贵州省图书馆1965年复制油印本。

乾隆《毕节县志》，贵州省图书馆1965年复制油印本。

乾隆《贵州通志》，乾隆六年刻本。

乾隆《平远州志》，贵州省图书馆1964年复制油印本。

乾隆《黔西州志》，贵州省图书馆1966年复制油印本。

同治《毕节县志稿》，贵州省图书馆1965年复制油印本。

《大定县志》，大方县志办1985年铅印本。

《贵州通志》，贵阳文通书局，1948年铅印本。

《水城县志草稿》，贵州省图书馆1965年复制油印本。

《威宁县志》，毕节地区档案局等1964年复制油印本。

《昭通县志》，成文出版社，1967。

《毕节县志》，贵州人民出版社，1996。

《大方县志》，方志出版社，1996。

《贵州省志·地理志》上册，贵州人民出版社，1985。

李平凡等：《威宁彝族回族苗族自治县民族志》，贵州民族出版社，1997。

龙正清等：《赫章县民族志》审稿本，1998。

马昌达等：《毕节地区民族志》审稿本。

三 档案

乾隆朝军机处录副奏折，中国第一历史档案馆藏。

乾隆朝宫中朱批奏折，中国第一历史档案馆藏。

嘉庆朝军机处录副奏折，中国第一历史档案馆藏。

内阁汉文题本（北大返还），中国第一历史档案馆藏。

中国第一历史档案馆编《康熙朝汉文朱批奏折汇编》，档案出版社，1985。

中国第一历史档案馆编《雍正朝汉文朱批奏折汇编》，江苏古籍出版社，1989~1991。

张伟仁主编《明清档案》，中研院历史语言研究所，1986。

台北"故宫博物院"故宫文献编辑委员会编《宫中档康熙朝奏折》，台北"故宫博物院"发行，1976。

台北"故宫博物院"故宫文献编辑委员会编《宫中档雍正朝奏折》，台北"故宫博物院"发行，1977。

四 笔记、文集、诗集

黄震：《黄氏日抄》，四库全书本。

吴儆：《竹洲集》，四库全书本。

周必大：《文忠集》，四库全书本。

周去非：《岭外代答》，丛书集成初编本。

王恽:《秋涧集》，四库全书本。

包汝楫:《南中纪闻》，丛书集成初编本。

毕自严:《度支奏议》，崇祯刻本。

曹学佺:《蜀中广记》，四库全书本。

陈仁锡:《皇明世法录》，四库禁毁书丛刊本。

高拱:《靖夷纪事》，四库全书存目丛书本。

贺复征:《文章辨体汇选》，四库全书本。

胡世宁:《胡端敏奏议》，四库全书本。

黄汴:《天下水陆路程》，杨正泰校注，山西人民出版社，1992。

黄仲昭:《未轩文集》，四库全书本。

黄佐:《泰泉乡礼》，四库全书本。

火原洁:《华夷译语》，北京图书馆古籍珍本丛刊本。

江东之:《瑞阳阿集》，四库全书存目丛书本。

李东阳:《怀麓堂集》，四库全书本。

李化龙:《平播全书》，四库全书存目丛书本。

刘球:《两溪文集》，四库全书本。

刘锡玄:《归余闲纪》，四库全书存目丛书本。

刘锡玄:《黔牍偶存》，贵州省图书馆1965年复制油印本。

刘锡玄:《扫余之余》，四库全书存目丛书本。

陆粲:《陆子余集》，四库全书本。

陆应阳撰，蔡方炳增辑《广舆记》，四库禁毁书丛刊本。

罗玘:《圭峰集》，四库全书本。

罗曰褧:《咸宾录》，四库全书存目丛书本。

彭韶:《彭惠安集》，四库全书本。

沈德符:《万历野获编》，中华书局，1959。

田汝成:《炎徼纪闻》，四库全书本。

万士和:《万文恭公摘集》，四库全书存目丛书本。

王琼:《晋西本兵敷奏》，四库全书存目丛书本。

王士性:《黔志》,丛书集成初编本。

王世贞:《弇山堂别集》,四库全书本。

王世贞:《弇州续稿》,四库全书本。

王守仁:《王阳明全集》,上海古籍出版社,1992。

王恕:《王端毅奏议》,四库全书本。

王直:《抑庵文集》,四库全书本。

王直:《抑庵文后集》,四库全书本。

文徵明:《甫田集》,四库全书本。

吴亮:《万历疏钞》,四库禁毁书丛刊本。

吴宽:《家藏集》,四库全书本。

夏原吉:《忠靖集》,四库全书本。

谢三秀:《雪鸿堂诗蒐逸》,黔南丛书本。

徐宏祖:《徐霞客游记》,上海古籍出版社,1987。

徐溥:《谦斋文录》,四库全书本。

徐纮:《明名臣琬琰续录》,四库全书本。

徐学聚:《国朝典汇》,北京大学图书馆藏善本丛书本。

杨慎:《升庵集》,四库全书本。

杨寅秋:《临皋文集》,四库全书本。

佚名:《土官底簿》,四库全书本。

于谦:《忠肃集》,四库全书本。

翟九思:《万历武功录》,四库禁毁书丛刊本。

张潢:《图书编》,四库全书本。

张统:《云南机务钞黄》,四库全书存目丛书本。

张萱:《西园闻见录》,哈佛燕京学社,1940。

张岳:《小山类稿》,四库全书本。

赵汝濂:《平黔三记》,四库全书存目丛书本。

郑大郁:《经国雄略》,哈佛燕京图书馆藏中文善本汇刊本。

郑纪:《东园文集》,四库全书本。

郑晓：《吾学编》，北京图书馆古籍珍本丛刊本。

朱燮元：《少师朱襄毅公督蜀疏草》，四库全书存目丛书本。

朱燮元：《朱少师奏疏钞》，四库全书存目丛书本。

诸葛元声：《两朝平攘录》，四库全书存目丛书本。

阿桂等：《平定两金川方略》，全国图书馆文献缩微复制中心，1992。

爱必达：《黔南识略》，清刻本。

陈鼎：《滇黔土司婚礼记》，小方壶斋舆地丛钞本。

陈鼎：《黔游记》，黔南丛书本。

陈康祺：《郎潜纪闻三笔》，中华书局，1984。

陈子龙选辑《明经世文编》，中华书局，1962。

顾炎武：《天下郡国利病书》，广文书局，1979。

何绍基：《使黔草》，清光绪刻本。

胡文学：《甬上耆旧诗》，四库全书本。

黄思永：《慎轩诗文集》，贵州民族出版社，1994。

黄元治：《黔中杂记》，丛书集成续编本。

黄宗羲：《明文海》，中华书局，1987。

蒋攸铦：《黔轺纪行集》，黔南丛书本。

蓝鼎元：《鹿洲初集》，文海出版社，1977。

李珍：《明季水西纪略》，北京图书馆古籍珍本丛刊本。

李澄中：《滇行日记》，四库全书存目丛书本。

李宗昉：《黔记》，光绪十二年刻本。

刘健：《庭闻录》，上海书店，1985。

刘书年：《刘贵阳遗稿》，丛书集成续编本。

陆次云：《峒溪纤志》，小方壶斋舆地丛钞本。

罗绕典：《黔南职方纪略》，文海出版社，1970。

罗文彬、王秉恩：《平黔纪略》，黔南丛书本。

毛奇龄：《蛮司合志》，续修四库全书本。

莫友芝：《黔诗纪略》，同治十二年遵义唐氏刻本。

慕天颜:《抚黔封事》,康熙刻本。

倪蜕:《滇云历年传》,李埏校点,云南大学出版社,1992。

裴宗锡:《滇黔奏稿录要》,清抄本。

彭而述:《读史亭诗集》,四库全书存目丛书本。

彭而述:《读史亭文集》,四库全书存目丛书本。

舒位:《黔苗竹枝词》,丛书集成续编本。

孙承泽:《春明梦余录》,北京古籍出版社,1992。

檀萃:《黔囊》,黔南丛书本。

田榕:《碧山堂诗钞》,黔南丛书本。

田雯:《古欢堂集》,四库全书本。

田雯:《黔书》,丛书集成初编本。

王庆云:《石渠余纪》,北京古籍出版社,1985。

汪森:《粤西文载》,四库全书本。

魏源:《圣武记》,中华书局,1984。

吴伟业:《梅村集》,四库全书本。

吴振棫:《黔语》,咸丰四年刻本。

徐家干:《苗疆闻见录》,黔南丛书本。

许瓒曾:《滇行纪程》,四库全书存目丛书本。

许瓒曾:《滇行纪程续钞》,四库全书存目丛书本。

杨雍建:《抚黔奏疏》,文海出版社,1976。

查慎行:《敬业堂诗集》,上海古籍出版社,1986。

张澍:《续黔书》,续修四库全书本。

张玉书:《张文贞集》,四库全书本。

赵慎畛:《榆巢杂识》,中华书局,2001。

赵翼:《檐曝杂记》,中华书局,1982。

钟琦:《皇朝琐屑录》,文海出版社,1970。

周鸣銮:《使黔集》,民国线装铅印本。

朱彝尊:《曝书亭集》,四库全书本。

朱彝尊:《明诗综》，四库全书本。

《黄氏文献录》，抄本，大方县普底乡黄氏家族藏。

五　族谱

《水西安氏族谱》，北京图书馆藏家谱丛刊本。

《（毕节）杨氏（彝族）支谱》，毕节地区彝文翻译组藏。

《（大方）陈氏族谱》，大方县志办藏。

《（大方）胡氏族谱》，大方县志办藏。

《（大方）黄氏（彝族）族谱》，抄本，大方县普底乡黄氏家族收藏。

《（大方）金鸡彭氏家乘》，大方县志办藏。

《（大方）姚氏族谱》，大方县志办藏。

《（大方）臧氏大方支谱》，大方县志办藏。

六　社会调查材料

《黔西北苗族彝族社会历史综合调查》，贵州民族出版社，1986。

《贵州省威宁县龙街等地区解放前社会经济情况调查资料》。

《贵州省威宁县地区东关寨和别色园子解放前社会经济调查资料》。

《贵州黔西县石板、金坡两乡社会经济调查资料》。

《贵州省赫章县海确寨苗族社会历史调查资料》，贵州少数民族历史调查组，1964。

《黔西县沙窝区沙井乡罗都寨解放前的社会经济特征和解放后的发展变化》，田曙岚、胡积德等调查整理，1963。

《四川贵州彝族社会历史调查》，云南人民出版社，1987。

《四川彝族历史调查资料、档案资料选编》，四川省社会科学院出版社，1987。

王继超:《威宁板底乡乌洛村彝族"杜艾诃"活动调查》，贵州民族研究所编《贵州省民族志资料·彝族卷》。

马学良、于锦绣、范惠娟：《彝族原始宗教调查报告》，中国社会科学出版社，1993。

笔者在毕节、大方、威宁、赫章等县的采访材料。

七 彝族典籍

《阿买恳》，贵州民族出版社，2002。

《阿诺楚》，李幺宁收集整理，贵州民族出版社，2000。

《海腮耄启》，贵州民族出版社，2002。

《娄仉阿朵与朵姆格鲁》，李光平搜集整理，贵州民族出版社，1990。

《论彝诗体例》，布麦阿钮著，王子尧等译，贵州民族出版社，1988。

《诺沤曲姐》，贵州民族出版社，2002。

《曲谷精选》，贵州民族出版社，1996。

《曲谷走谷选》，贵州民族出版社，1994。

《赛特阿育》，王继超等编著，贵州民族出版社，1995。

《赊宣榷濮》，云南民族出版社，1987。

《水西地理城池考》，油印本，贵州省毕节专署民委会老彝文翻译组，1966。

《苏巨黎咪》，贵州民族出版社，1998。

《物始纪略》第1~3集，成都，四川民族出版社，1990~1993。

《西南彝志》第3~4卷，贵州民族出版社，1991。

《西南彝志》第5~6卷，贵州民族出版社，1992。

《西南彝志》第7~8卷，贵州民族出版社，1994。

《西南彝志》第9~10卷，贵州民族出版社，1998。

《西南彝志》第11~12卷，贵州民族出版社，2000。

《西南彝志选》，贵州人民出版社，1982。

《叙事诗》，毕节地区民间文学集成编委会编。

《叙祖白》，云南民族出版社，1987。

《夜郎同亭》，贵州民族出版社，1992。

《夷僰榷濮》，云南民族出版社，1986。

《彝文金石图录》第1~2辑，四川民族出版社，1989~1994。

《彝文金石图录》赫章专辑，油印本，赫章县民宗局藏。

《彝族创世志》谱牒志，四川民族出版社，1991。

《彝族创世志》艺文志，四川民族出版社，1991。

《彝族源流》，贵州民族出版社，1989~1997。

《彝族指路丛书》贵州卷，四川民族出版社，1997。

《益那悲歌》，贵州民族出版社，1997。

《增订爨文丛刻》上册，四川民族出版社，1986。

《支嘎阿鲁王》，阿洛兴德整理翻译，贵州民族出版社，1994。

八　其他文献

陈梦雷：《古今图书集成》，中华书局、巴蜀书社，1985。

嘉庆《湖南省例成案》，湖南按察司衙门。

《〈明实录〉贵州资料辑录》，贵州人民出版社，1983。

《〈清实录〉贵州资料辑要》，贵州人民出版社，1964。

《清〈圣训〉西南民族史料》，四川大学出版社，1988。

《清代的矿业》，中华书局，1983。

余弘模：《民族研究参考资料》第五集，1980。

杜玉亭：《元代罗罗斯史料辑考》，四川民族出版社，1979。

九　研究论著

巴莫阿依等编《国外学者彝学研究文集》，云南教育出版社，2000。

白耀天：《土官与土司称谓考辨》，《广西地方志》1999年第3期。

陈春声:《信仰空间与社区历史的演变——以樟林的神庙系统为例》，《清史研究》1999 年第 2 期。

陈春声:《从地方史到区域史——关于潮学研究课题与方法的思考》，《潮学研究》第 11 辑，汕头大学出版社，2004。

陈秋坤:《清代台湾土著地权》，中研院近代史研究所专刊，1994。

陈耀祖:《土司制度之研究》，台北政治大学硕士学位论文，1964。

陈寅恪:《隋唐制度渊源略论稿》，三联书店，1954。

陈宗祥:《保保的宗教》，《边政公论》第 7 卷第 2 期，1948 年。

程美宝:《地域文化与国家认同：晚清以来"广东文化"观的形成》，三联书店，2006。

丁文江:《〈爨文丛刻〉自序》，《地理学报》第 2 卷第 4 期，1935 年。

杜玉亭:《土官土司两类说考疑》，《中国民族史研究》，中国社会科学出版社，1987。

段超:《试论改土归流后土家族地区的开发》，《民族研究》2001 年第 4 期。

厄内斯特·盖尔纳:《民族与民族主义》，韩红译，中央编译出版社，2002。

范同寿:《清代各族土司制度的瓦解与清代前期的改土归流》，《贵州社会科学》1983 年第 2 期。

方国瑜:《明代在云南的卫所制度与开发生产》，《西南民族历史研究集刊》第 1 集，云南大学西南边疆民族历史研究所印，1980。

方国瑜:《彝族史稿》，四川民族出版社，1984。

费孝通:《中华民族多元一体格局》，中央民族大学出版社，1999。

费正清、麦克法夸尔编《剑桥中华人民共和国史：革命的中国的兴起（1949–1965 年）》，谢亮生等译，中国社会科学出版社，1990。

冈田宏二:《中国华南民族社会史研究》，赵令志、李德龙译，民族出版社，2002。

高士荣:《西北土司制度研究》，民族出版社，1999。

葛兆光:《从天下到万国：重建理解明清思想史的背景》,《中国思想史》第 2 卷，复旦大学出版社，2001。

龚荫:《明清云南土司通纂》，云南民族出版社，1985。

龚荫:《中国土司制度》，云南民族出版社，1992。

龚荫:《20 世纪中国土司制度研究的理论与方法》,《思想战线》2002年第 5 期。

顾祖成:《明清治藏史要》，西藏人民出版社、齐鲁书社，1999。

关汉华:《论明清两代的改土归流》,《华南师范大学学报》1990 年第3 期。

贵州省扶贫开发技术指导中心特约刊登《土豆对环境条件的要求》,《农村经济与技术》2002 年第 4 期。

贵州师范大学地理系:《贵州省地理》，贵州人民出版社，1990。

《贵州通史》编委会编《贵州通史》，当代中国出版社，2002。

贵州彝学研究会编《贵州彝学》，民族出版社，2000。

郭红:《贵州都司建置研究》,《贵州文史丛刊》2002 年第 1 期。

何炳棣:《明初以降人口及相关问题（1368-1953）》，葛剑雄译，三联书店，2000。

何芳川:《"华夷秩序"论》,《北京大学学报》(哲学社会科学版)1998 年第 6 期。

胡庆钧:《明清彝族社会史论丛》，上海人民出版社，1981。

黄国信:《区与界：清代湘粤赣界邻地区食盐专卖研究》，三联书店，2006。

黄国信、温春来、吴滔:《历史人类学与近代区域史研究》,《近代史研究》2006 年第 5 期。

黄彰健:《明史贵州土司传记霭翠奢香事失实辨》,《大陆杂志》第 68卷第 2 期，1984。

霍布斯鲍姆:《民族与民族主义》，李金梅译，上海人民出版社，2000。

嘉弘:《试论明清封建皇朝的土司制及改土归流》,《四川大学学报》
　　1956 年第 2 期。

江应樑:《云南土司制度之利弊与存废》,《边政公论》第 6 卷第 1 期,
　　1947 年。

江应樑:《明代云南境内的土司与土官》,云南人民出版社,1958。

江应樑:《西南边疆民族论丛》,珠海大学出版,1948。

金观涛:《在历史的表象背后》,四川人民出版社,1983。

科大卫、刘志伟:《宗族与地方社会的国家认同》,《历史研究》2000
　　年第 3 期。

科大卫:《告别华南研究》,华南研究会编《学步与超越》,文化创造
　　出版社,2004。

孔飞力:《叫魂》,陈兼、刘昶译,上海三联书店,1999。

蓝勇:《历史时期西南经济开发与生态环境》,云南教育出版社,
　　1992。

李国祁:《清季台湾的政治及近代化——开山抚番与建省(1875 ~
　　1894)》,《中华文化复兴月刊》第 8 卷第 12 期,1975。

李国祁:《清代台湾社会的转型》,《中华学报》第 5 卷第 3 期,1978。

李汉林:《文化变迁的个例分析——清代"改土归流"对黔中苗族文
　　化的影响》,《民族研究》2001 年第 3 期。

李建成:《水城的彝族土目》,《水城文史资料·少数民族专辑》第 3、
　　4 辑合刊。

李世愉:《清代土司制度论考》,中国社会科学出版社,1998。

李文良:《清代台湾岸里社熟番的地权主张》,香港《历史人类学学
　　刊》第 3 卷第 1 期,2005。

李荫荪:《贵州田赋研究》,成文出版有限公司,1977。

凌纯声:《中国边政之土司制度》,《边政公论》第 2 卷第 11 期,1943
　　年;第 3 卷第 1 期,1944 年;第 3 卷第 2 期,1944 年。

凌惕安:《咸同贵州军事史》,文海出版社,1967。

林耀华：《凉山彝家的巨变》，商务印书馆，1995。

寥正碧：《两汉时期是彝文的约定俗成时期》，《贵州彝学》，贵州民族出版社，2002。

刘尧汉等：《文明中国的彝族十月历》，云南人民出版社，1986。

刘正刚：《闽粤客家人在四川》，广西教育出版社，1997。

刘志伟：《在国家与社会之间——明清广东里甲赋役制度研究》，中山大学出版社，1997。

刘志伟：《神明的正统性与地方化——关于珠江三角洲北帝崇拜的一个解释》，《中山大学史学集刊》第 2 辑，广东人民出版社，1994。

刘志伟：《区域研究的人文主义取向》，姜伯勤《石濂大汕与澳门禅史》序，学林出版社，1999。

刘志伟、陈春声：《历史学本位的传统中国乡村社会研究》，《中国历史学年鉴》（1997），三联书店，1998。

罗志田：《先秦的五服制与古代的天下中国观》，《学人》第 10 辑，江苏文艺出版社，1996。

马长寿：《彝族古代史》，上海人民出版社，1987。

马学良：《马学良学述》，浙江人民出版社，2000。

马学良等：《彝族文化史》，上海人民出版社，1989。

潘先林、潘先银：《"改土归流"以来滇川黔交界地区彝族社会的发展变化》，《云南民族学院学报》1997 年第 4 期。

普忠良：《彝族自称与彝语氏族地名》，http://www.yizuren.com/article.asp?Newsid=782&page=1。

彭信威：《中国货币史》，上海人民出版社，1958。

彭忠华等：《贵州不同生态条件下玉米育种目标及杂种优势组配模式探讨》，《种子》2003 年第 2 期。

瞿同祖：《清代地方政府》，范忠信、晏锋译，法律出版社，2003。

乔云生：《试论安坤事件的性质》，《贵州民族研究》1982 年第 4 期。

佘贻泽：《中国土司制度》，正中书局，1944。

佘贻泽:《清代之土司制度》,《禹贡》半月刊第5卷第5期,1936年。

沈松侨:《我以我血荐轩辕——黄帝神话与晚清的国族建构》,《台湾社会研究季刊》第28期,1997。

沈松侨:《振大汉之天声——民族英雄系谱与晚清的国族想象》,《中央研究院近代史研究所集刊》第33期,2000。

施坚雅:《中国农村的市场和社会结构》,史建云、徐秀丽译,中国社会科学出版社,1998。

史继忠:《亦溪不薛考》,贵州民族学院民族研究所编《贵州彝族研究论文选编》,1985。

史继忠:《元代贵州站赤考》,《西南民族历史研究集刊》第1集,云南大学西南边疆民族历史研究所印,1980。

史继忠:《明代水西的则溪制度》,云南大学硕士学位论文,1981。

沈梅梅:《明清云南改土归流的文化条件》,《思想战线》1997年第5期。

斯蒂文·郝瑞:《田野中的族群关系与民族认同:中国西南彝族社区考察研究》,巴莫阿依、曲木铁西译,广西人民出版社,2000年8月。

谭其骧主编:《中国历史地图集》,中国地图出版社,1982。

王国维:《观堂集林》,中华书局,1959。

王继超:《功在千秋:将福祉留给后世》,《民族团结》1997年第11期。

王明珂:《羌在汉藏之间——一个华夏边缘的历史人类学研究》,联经出版事业股份有限公司,2003。

王晓卫:《改土归流前西南土司的仇杀之风》,《贵州文史丛刊》1996年第1期。

王缨:《鄂而泰与西南地区的改土归流》,《清史研究》1995年第2期。

韦庆远、叶显恩主编《清代全史》第5卷,辽宁人民出版社,1991。

温春来:《彝威与汉威——明清黔西北的土司制度与则溪制度》,中山大学博士学位论文,2002。

温春来：《"族别界限"与"族类互变"——黔西北彝族之族类界限考察》，香港《历史人类学学刊》第 2 卷第 1 期，2004。

温春来：《行政成本、汉夷风俗与改土归流——明代贵州贵阳府与新贵县设置始末》，《中山大学学报》（人文社会科学版）2004 年第 5 期。

温春来：《黔西北彝书中所见之彝族谱系》，《华南资料研究中心通讯》，2004 年 7 月。

温春来：《改土归流与地方社会权力结构的演变——以贵州西北部地区为例》，《中央研究院历史语言研究所集刊》第 76 本第 2 分，2005。

温春来：《彝、汉文献中所见之彝族认同问题——兼与郝瑞教授对话》，《民族研究》2007 年第 5 期。

吴永章：《中国土司制度渊源与发展史》，四川民族出版社，1988。

萧凤霞：《廿载华南研究之旅》，《清华社会学评论》2001 年第 1 期。

萧凤霞：《传统的循环与再生——小榄菊花会的文化、历史与政治经济》，香港《历史人类学学刊》第 1 卷第 1 期，2003。

萧凤霞：《文化活动与区域社会经济的发展：关于中山小榄菊花会的考察》，《中国社会经济史研究》1990 年第 4 期。

晓根：《拉祜地区土司制度与"改土归流"》，《云南民族学院学报》（哲学社会科学版）1998 年第 4 期。

熊书益等：《毕节地区农业气候条件评价》，《贵阳师范学院学报》1977 年第 3 期。

杨成志：《云南罗罗族的巫师及其经典》，国立中山大学文史研究所，1931。

杨成志：《中国西南民族中的罗罗族》，《地学杂志》1934 年第 1 期，抽印本。

杨旸等：《明代奴尔干都司及其卫所研究》，河南中州书画社，1982。

杨正泰：《明代驿站考》，上海古籍出版社，1994。

易谋远:《彝族史要》,社会科学文献出版社,2000。

尹庆葆等编译《从人类学看香港社会——华德英教授论文集》,大学出版印务公司,1985。

尤中:《简论"土司制度"》,《学术研究》1964 年第 5 期。

尤中:《中国西南民族史》,云南人民出版社,1985。

余弘模:《古代彝族布慕刍议》,《贵州文史丛刊》1981 年第 3 期。

余弘模:《济火碑与济火碑史实探证》,《贵州文物》1983 年第 2 期。

余弘模:《威宁乌木屯安巡如墓碑残文探证》,贵州民族学院民族研究所编《贵州彝族研究论文选编》,1985。

余弘模:《明代水西慕魁陈恩墓碑探证》,《贵州文史丛刊》1980 年创刊号。

余弘模:《明代彝族女杰奢香》,云南人民出版社,1999。

张潜华:《西南民族问题》,青年书店,1940。

张永国:《也谈土司制度研究中的几个问题》,《学术研究》1964 年第 3 期。

朱祖明:《中国西南土司问题》,《光华大学半月刊》第 2 卷第 5 期,1933 年。

中央民族学院彝文文献编译室:《彝文文献研究》,中央民族学院出版社,1993。

周春元等:《贵州古代史》,贵州人民出版社,1982。

Anna See Ping Leon Shulman, Copper, Copper Cash and Government Controls in Ch'ing China (1644-1795), Ph.D. diss., University of Maryland College Park, 1989.

Barbara E. Ward, "Varieties of the Conscious," in Barbara E. Ward, ed., *Through Other Eyes: An Anthropologist's View of Hong Kong*, Hong Kong: The Chinese University Press, 1989.

Barbara E. Ward, "Sociological Self-awareness: Some Use of the Conscious Models," in Barbara E. Ward, ed., *Through Other Eyes:*

An Anthropologist's View of Hong Kong, Hong Kong: The Chinese University Press, 1989.

Benedict Anderson, *Imagined Communities*, London and New York: Verso, 1983.

Cheung Siu-woo, "Miao Identities, Indigenism and the Politics of Appropriation in Southwest China During the Republican Period," *Asian Ethnicity* 4: 1 (2003).

David Faure and Helen F.Siu, *Down to earth:the Territorial Bond in South China*, Standford: Standford University Press, 1995.

David Faure, "The Written and the Unwritten: the Political Agenda of the Written Genealogy,"《近世家族与政治比较历史论文集》，中研院近代史研究所，1992。

David Faure, "The Lineage as a Cultural Invention, The Case of the Pearl River Delta," *Modern China* 15: 1 (1989).

David Faure, "The Lineage as Business Company: Patronage Versus Law in the Development of Chinese Business," in R.A.Brown, ed., *Chinese Business Enterprise,* vol. 1, London & New York: Routledge, 1996.

Fredrik Barth, "Introduction," in Fredrik Barth, ed., *Ethnic Groups and Boundaries*, London: George Allen & Unwin, 1969.

Helen F.Siu, "Recycling Tradition: Culture, History, and Political Economy in the Chrysanthemum Festivals of South China," in *Comparative Studies in Society and History* 32: 4 (1990).

James Waston, "Standardizing the Gods: The Promotion of T'ien Hou ('Empress of Heaven) Along South China Coast, 960–1960," in David Johnson, Andrew J. Nathan, and Evelyn S. Rawski, eds., *Popular Culture in Late Imperial China*, Berkeley: University of California Press, 1985.

John E. Herman, "Empire in the Southwest Early Qing Reforms to the

Native Chieftain System," *The Journal of Asian Studies* 56: 1 (1997).

Laura Hostetler, *Qing Colonial Enterprise:Ethnography and Cartography in Early Modern China,* Chicago: The University of Chicago Press, 2001.

Man-houng Lin, *China Upside Down: Currency, Society, and Ideologies (1808-1856)*, Cambridge: Harvard University Press, 2006.

Samul Klark, *Among the Tribes in Southwest China*, Taipei: Ch'eng Wen Publishing Company, 1970.

Samuel Pollard, *Tight Corners in China: Missionary among the Miao in South West China*, London: Andrew Crombie, 1910.

Suan Natuin and Evelyn S. Rawski, *Chinese Society in the Eighteenth Century*, Hartford: Yale University Press, 1987.

附录 小说还是历史？——对 *Amid the Clouds and Mist: China's Colonization of Guizhou,1200-1700* 的一点评论

拙著初版于 2008 年，本次再版，尽量保留原貌，除明显错误与表述不清之处外，不做更改，初版后新出现的相关史料与论著，也不再征引与对话。但乔荷曼（John E. Herman）的 *Amid the Clouds and Mist: China's Colonization of Guizhou,1200-1700* 一书[1]（以下简称"乔著"），却令我如鲠在喉，不吐不快。思索再三，决定"画蛇添足"。

乔著出版于 2007 年，彼时拙稿已送交北京三联书店，故无缘对话。十余年后，笔者更无意对之进行全面评价——这项工作，很大程度上已由李林完成。该书的主旨、材料、论证乃至若干细节，李

1　John E. Herman, *Amid the Clouds and Mist: China's Colonization of Guizhou, 1200-1700*, Cambridge: Harvard University Press, 2007.

林均有较为允当的把握，诸如乔著错误地将乌蛮等同于黑彝，从而建构起唐代水西黑彝的历史；[1] 缺漏了大量彝文史料以及一些重要的前人研究；[2] 用征服与殖民的话语将学界已有的"彝族史＋土司制度"重述一遍；并未真正贯彻地方视角等评论，可谓一针见血。[3] 不过，这些均在正常的学术范围之内，遗憾与缺陷存在于任何史学作品，无足深怪。此外，笔者还发现乔著中误读史料之处甚多，[4] 但这仍不足为奇，即便以汉语为母语的笔者，也不敢保证对水西史料的解读完全正确。推动我"画蛇添足"的，是乔著中居然存在着大量毫无史料根据的内容，这就超越学术与学者的边界了！就随便挑几处来说说吧。

表面上，乔氏的叙述大都有注释，而且注释很丰富，看上去似乎言之有据。但细究之下，很容易发现，许多内容与注释之间毫无关系，那些内容完全是没有根据的编造。例如，乔著第 72~73 页提到，贵州水西宣慰使霭翠归顺明王朝后，被迫向明王朝提供了一份报告，内容包括他的宗支图册、领地范围、如何统治领地以及领地内的人群状况（包括总人口数、族群差异）等。霭翠还特别指出，元王朝在 1283 年在水西创设了八个府和三路指挥（eight prefectures and three route commands），其分布恰好与慕俄格君长国的传统领地相合。这段话的注释极为丰富，计有七篇（部）：（1）侯绍庄等著《贵州古代民族关系史》（按：作者漏掉了"关系史"三字），贵州民族出版社，1991，第 180~198 页；（2）1987 年出版的《贵州通

1　拙著所述的时间上限是宋代，在此之前的历史付诸阙如，就是因为：（1）我不敢轻易将历史文献中的那些族类标签实体化；（2）我更不敢认为，不同时期的族类标签是同一实体人群的不同称呼。

2　乔著对前人研究的遗漏，除了李林所列举的例子外，史继忠 1980 年就完成的硕士论文《明代水西的则溪制度》，是无论如何都应该参考的。

3　李林：《"开化"与"殖民"两套诠释话语的论争与困境——兼与 John E. Herman 教授商榷》，《中央研究院近代史研究所集刊》第 80 期，2013 年 6 月，第 151~170 页。

4　拙文《水西彝族谱系之性质——兼论彝族的嫡长子观念》（即将刊发于中国人民大学清史研究所编辑的《新史学》），对乔著误读误解水西谱系做了分析。

志》第 9~11 页；（3）唐代樊绰的《蛮书校注》（向达校注，中华书局，1962）卷 4，第 92~108 页；（4）凌纯声《唐代云南的乌蛮与白蛮考》，《人类学集刊》第 1 卷第 1 期，1938 年，第 23~41 页（按：作者标的是第 57~86 页，而且漏掉了"与白蛮考"数字）；（5）胡庆钧《宋代彝族先民地区奴隶制度的繁荣发展》（按：作者漏掉了"先民地区奴隶制度的繁荣发"数字），《思想战线》1980 年第 5 期；（6）万志英（Richard von Glahn）*The Country of Streams and Grottoes: Expansion, Settlement, and the Civilizing of the Sichuan Frontier in Song Times*, Cambridge: Council on East Asian Studies, Harvard University, 1987, pp.24-38；（7）胡庆钧《明清彝族社会史论丛》（按：作者漏掉了"史论丛"三字），上海人民出版社，1981，第 5~7 页。看见这么翔实的注脚，一般读者自然深信不疑。只可惜，注释与内容风马牛不相及——这种情况在乔著中并非孤例，而是普遍情形！我很想知道，这份所谓的霭翠报告，究竟出自什么史料？！

　　作者接着又写道，根据霭翠的回忆，蒙古在八个府与三个路退出后，元朝官员让水西阿哲家族的首领阿里帮助组建这八府三路的行政班子，结果阿里选择了在蒙元进入之前曾在某个则溪有职务的官员以及纳苏军事贵族成员。此外，阿里迅速清除了元王朝在八府三路的痕迹，复活了更为家族化的则溪组织以统治该地域的人群（第 73 页）。注释与内容无关的情况，我不想重复指出。我只是想知道，这所谓的霭翠回忆，根据何在？

　　乔著第 76 页写道，为了管理则溪的日常事务，十三则溪的每一位"兹莫"都有一套由九位官员组成的班子（即九扯），他们都是他的家庭成员。九扯的首席官员在兹莫的寓所附近工作和居住，就像是兹莫的顾问，但他们的职责也通常要求他们到则溪的其他地方去。作者能找出史料来支撑这些叙述吗？

　　乔著第 78~94 页叙述明初水西历史，其中包含了著名的奢香故事。十多页篇幅，大多是由不可靠的史料加上作者凭空添加的许多细节构成，对在他之前许多学者诸如明代的王世贞、近人黄彰健以及笔者本人已经辨伪、考证清楚的诸多史实，作者完全忽略。重要学术史的遗漏我可以理解，将明人田汝成错误百出的《炎徼纪闻·奢香》误为信史我也可以理解，我不能容忍的是，作者为何要凭空编造许多内容？我们仅仅看第80~83页吧。乔著写道，霭翠在一次与明朝官员的餐会中被毒死（第80页）；霭翠死于1382年（第80页）；马烨将奢香几乎鞭打至死（第81页，《炎徼纪闻·奢香》中有鞭笞情节，但没有讲几乎打死）；奢香被鞭打后，其手下组织了一支超过10万人的骑兵队伍向贵州进发（第81页）；这支骑兵跨过鸭池河进入水东之前，被刘淑贞所阻拦，她告诉水西的将领，马烨给他们设置了一个陷阱，而他们居然直接就想跳进去（第81页）；刘淑贞说，她将进京抗诉马烨的罪行，她向水西军队保证，如果她不能让皇帝革马烨的职、纠正加于奢香以及贵州人民身上的不公并且调查霭翠的神秘死因，她从京城返回后就领导水西、水东的军队反对马烨和明朝（第81页）；刘淑贞向皇帝控诉马烨征发民力建设贵州各项政府工程的不当行为，如修筑贵州城，伪造政府公文将奢香骗进其办公室（第82页）；刘淑贞总结说，在马烨未到贵州任职前，皇帝享受着乌蛮的支持，他们将协助皇帝对西南的蒙古势力作战，而霭翠的神秘死亡以及马烨残暴对待奢香彻底改变了这一状况，乌蛮不再相信明朝（第82页）；洪武皇帝命令他最信任的马皇后负责调查贵州的事情，这是马皇后生前的最后一次官方行动（第82页）；马皇后传唤马烨和奢香进京并让刘淑贞在京等待他们（第82页）；对马烨、奢香、刘淑贞的讯问持续了好几天，好几次皇帝本人也亲自参与了（第82页）；马烨反复辩称自己在贵州的所为符合明朝的政策，朝廷的上司了解他的每一步行动，如果这些行动不正确，上司有很多机会进行批评，但他们都没有（第82页）；洪武皇帝被激怒了，传唤几位朝廷高官，让他们澄清政府的对黔政策，结果他们的解释证明了马烨所言非虚，这进一步激怒了皇帝（第82

页）；对马烨事件的调查持续了几乎两周，越来越多的官员被牵连，皇帝发现他们错误且鲁莽地执行政府的政策（第82页）；皇帝怒斥马烨："我需要乌蛮的支持，我努力获得了他们的信任，但你们这些官员却努力破坏这种信任！"（第83页）；皇帝下令拘捕马烨与几位京城的高级官员，并威胁对他们处以极刑（第83页）。这些绘声绘色的情节，乔氏能够提供相应的史料吗？哪怕是像《炎徼纪闻·奢香》这种不可靠的史料也好！

所述于史无征是一个方面，乔氏还有直接伪造史料的嫌疑。兹举四例：

第五章名为"恢复吾祖之荣光"（To Reclaim Our Ancestor's Glory），这是水西统治者向明王朝宣战的誓言，被用作全章标题，足见作者对这句话的重视。乍看之下，笔者很羡慕乔氏抓住了这么精彩的一句话，也深怪自己读书粗心，遗漏了重要史料。看毕全章，知道了这句话有两个出处，第一处位于第158页，作者写道，整个滇东、川南以及黔西的纳苏彝人首领越来越多地转而寻求水西宣慰使安国亨的指导和帮助，而不再求助于明朝的官员。正如一份纳苏彝文献所指出的："安国亨（1562~1595年统治着水西）说话如此有权威，以至明朝官员也为之战栗。在安国亨的领导下，我们能够恢复吾祖之荣光。"（Nasu Yi leaders throughout eastern Yunnan, southern Sichuan, and western Guizhou turned increasingly to the Shuixi pacification commissioner for advice and assistance instead of seeking out Ming officials. As one Nasu Yi source put it, "An Guoheng [who ruled Shuixi from 1562 to 1595] speaks with such authority that even the [Ming] officials shudder in fear. Under Guoheng we can reclaim our ancestors' glory."）

所谓安国亨威震川南、滇东、黔西彝人首领的描述，完全超出笔者的知识范围，不知乔氏的根据何在？我掌握的基本史实是，不管是在水西内部还是在水西之外，均有彝人首领与安国亨仇杀！[1]尤为滑稽的是，作者称那段直接引文来源于彝文献，但注释却是明人瞿九思所著的《万历武功录》(台北艺文出版社 1980 年影印本)；更加讽刺的是，注释中标明这段引文来源于《万历武功录》卷 23 第 15 页 a 面，但整部《万历武功录》却只有 14 卷。让人更加难以容忍的是,《万历武功录》中根本没有这段引文，而笔者曾逐字逐句阅读过 2007 年之前所有公开出版的水西彝文献，也未注意到这段话。当然，也有可能是我粗心遗漏，希望乔氏能明示我出处。

"恢复吾祖之荣光"在乔著中有另一个出处，从中我们看到了一个激动人心的场面。

安邦彦越过大渡河桥，刚踏上水西土地，就转过身向贵阳进发，正式宣告他摧毁明王朝在慕俄格存在的意志。对着站在眼前的众多随从、顾问以及几位杰出的兹摩与穆濯，他宣布：

为恢复吾祖之荣光，我们除了战斗别无选择。我们可能会在接下来的诸多战斗中死去，但这将是高贵地死去。自兹以后，明朝廷委任的水西宣慰使不复存在，慕俄格古国的旗帜将高高飘扬。我们决意将汉人（中国人）驱逐出我们的王国。(第 178 页)

(As An crossed the Dadu River Bridge and set foot in Shuixi, he turned toward Guiyang and formally declared his intention to destroy the Ming presence in Mu'ege. With a large entourage of advisers and several prominent zimo and muzhuo standing before him, An announced:

To reclaim our ancestors' glory, we have no alternative but to fight. We may not survive the many battles that lie ahead, but our deaths will be noble deaths. From this point forward the Ming designation of Shuixi pacification commissioner shall be replaced by the ancient Mu'ege

[1] 可参见明代高拱《靖夷纪事》(收入《四库存目丛书》，不分卷)；瞿九思《万历武功录》(中华书局 1962 年影印本) 卷 5《土妇奢世统奢世续列传》，卷 6《安国亨列传》；《明史》卷 312《四川土司传》。

banner. It is our intent to drive the Han [Chinese] out of [our] kingdom.)

这番描述，场景生动。但根据笔者对水西彝、汉史料的了解，此情此景、此言此语，不大可能于史有征。这段话的注释是五部论著：（1）1987 年出版的《贵州通志》，第 635 页；（2）许明德《论奢安事件》（按：应为《论奢安事件之起因及其影响》），第 20~23 页；（3）胡承宁《也谈奢安起义的性质》，第 26~27 页；（4）胡庆钧《明清彝族社会史论丛》（按：作者漏了"论丛"二字），第 93~101 页；（5）《西南彝志》，第 328~332 页（按：《西南彝志》是多卷本，通常两卷一本，出版时间不同，且每本页码重新排列，作者只写页码不写卷数是不规范的。笔者查核了一下，最接近者应为《西南彝志》第 7~8 卷之《奢安反明》，但应该是第 328~331 页）。这几个注释中，何曾涉及安邦彦的这番战前动员？！我深深怀疑作者有伪造史料的可能！伪造之后，堂而皇之用作标题，其胆识令人惊服！

《西南彝志》第 7~8 卷，第 335~337 页，倒是有恢复慕俄格政权的话，但时间已到了清初，针对的是平西王吴三桂，而且也没有"恢复吾祖之荣光""死得高贵"之类的豪言壮语，更没有面对着兹摩、穆濯以及随从起誓的场景。

乔著描绘了水西末代土司安胜祖被清王朝剥夺实权后的生活：他被限定在贵阳居住，只有在向已故祖先致敬以及参与彝人的节日时，才能前往水西（第 219 页）；安并没有被囚禁在房间里，他可以在贵阳城中自由走动，并且经常同地方官员交往，但他不能离开贵阳，除非得到巡抚的允许——这种允许是很罕见的（第 219 页）；官员们注意到安胜祖在这个城市多族群社区中的权威性存在（commanding presence），他与其直系亲属居住在城市西北部的一个院落里（第 220 页）；这是一块被纳苏彝人精英统治着的地域，长期生活着非汉人群，当地官员们怀着一丝惊讶记录下他的办公室如何常常访客盈门，其中有汉人，也有非汉人，他们前来寻求他的帮助（第 220 页）；正如一位官员所言："来自水西的客人前来致敬，其他人寻求处理蛮夷事务的指导，还有的人只是单纯在外面排队，希冀得到赏赐。宣慰使衙人来人往，门庭若市。"（As one official noted, "Travelers from Shuixi come to pay their respects, others seek guidance in matters concerning the barbarians, whereas others simply line up outside his headquarters hoping to receive a token of appreciation [money].The pacification commissioner's office is a beehive of activity."）安当然是贵阳社区中备受尊重的一员，如果不挑剔他的纳苏彝人出身，他的声望会激起清朝官员的嫉妒（220 页）。这些绘声绘色的描述，不知根据何在？更为严重的是，第 220 页中那段官员的叙述，注释是1741 年出版的《贵州通志》（即乾隆《贵州通志》）卷 35，第 29 页，但其实整个《贵州通志》均无这段话。

乔著第 220 页征引了康熙皇帝的圣谕：明季以降，水西之地迭遭兵燹摧残，现在此地已大异于往昔。苗蛮已经向化，我们须协助他们满足改善生活的渴望。我们是时候在水西的日常事务中扮演主动角色了。我们的官员将承担这一责任。但是，在短期内官员仍然需地方精英（土司）的协助。但最终，土司将会消失，水西也将变得和内地一样。（Since the closing years of the Ming, armies have repeatedly trampled the earth [in Shuixi]), so that now it is a very different place from before. The Miao have turned toward civilization, and we must assist them in their desire for a better life. The time has come [for us] to play an active role in the day-to-day affairs of Shuixi. Our officials will carry out this task. But, they will need the help of the local elite [*tusi*] in the short term. Eventually the *tusi* offices will disappear, and Shuixi will be indistinguishable from China proper.）

这段叙述的注释是《圣祖仁皇帝实录》，卷 124，第 16b~17b页。恕笔者眼拙，在该卷并未发现这段话。而且以笔者浅陋的阅读所及，也对此段圣谕毫无印象。究竟来自哪里？还要请作者明示。

乔著中于史无征之处，俯拾皆是，触目惊心，远远不止上文所举。笔者初读乔著，非常震惊，自忖对水西史料与史实均较为熟悉，为何该书中那么多内容我居然闻所未闻！而且，这些内容大多与我长期研究水西历史形成的感觉相悖，因此我的第一反应除了惊讶，还有怀疑。于是挑选乔著中若干引起我的怀疑之处，查核其注释，结果，无一例外，我的怀疑均得到了证实。不过，要把乔著中的凭空臆想一一辨明，将是长篇大论，不值得我浪费那么多的时间精力，因此姑举数例，以示笔者所言非虚。在很大程度上，乔氏不是在写历史，而是在写小说。当然，也许乔氏所述均于史有征，只是遗漏了注释或注释写错而已。如果真是这样，我很希望乔氏能正面回应，痛斥我的错误，使我从中受益。

2019 年 6 月 9 日

跋

　　吾生也愚，驾一叶之扁舟，临学海之浩渺，茫茫然不知其所措，飘飘乎迷于堂奥之所在。拙稿虽耗时数载，何足观哉！然恩师训诲之情，恒萦于怀；诸友相助之谊，岂敢少忘？业师陈春声、刘志伟二教授学极浩博，于南国红尘中辟一方净土，丁丑岁忝列二师门下，五年亲炙，春风化雨，吾虽愚陋，于学问亦有所感焉！科大卫（David Faure）、郑振满、赵世瑜、程美宝诸教授虽非余冠名之导师，而余实系诸师教外别传之弟子。黄公国信、张公应强、邓公智华、黄公志繁、陈公永升、鲍公伟、韦公锦新、胡公海峰、古公南永、马公木驰、吴公滔、刘公正刚、黄师姐海妍、贺师妹喜、谢师妹晓辉、陈师妹丽华诸师兄姐弟妹，惠我以友情，启我以智识，今虽已星散，或三五成群，或形单影只，怀抱利器，天各一方，然寄雁传书于网络，杯盘草草于相逢，江湖夜话，把酒高歌，亦无聊人生之一大快事耳！

呜呼！天地无情，人生易老。忆癸酉秋舍万里晨昏，负笈羊城，忽忽已是十四载。曩时沐浴待冠之少年，洎余已及壮而有室之年岁。昔日同窗，厦屋渠渠，宝马香车，饫甘餍肥，儿女承欢。念吾一身，茕茕子立，仳仳睍睍，苟活于中华民族伟大复兴之盛世。持四围立壁之萧然，梦玉金屋之缥缈。默念"何陋之有"之古训，窃笑德馨君子之高风；低咏"不改其乐"之圣言，虚矫不堪其忧之真情。

呜呼！少而先衰，镜中已见多情之华发；困且益弱，余心早坠凌云之伟志。吾方高驰而不顾，奈何为学虽非吾所长，舍此更无稻粱谋之别策。已矣哉！庸人安贫，富贵于我如浮云；鲰生知命，学问于我系宿缘。诵汉赋唐诗，通幽思于千载；述往事前哲，换斗米于今朝。抚琴弄箫，寄闲情于暇日；漫步游目，观风云于当世。人生如此，夫复有求，求而不得，唯余自嘲：

> 戚戚贫贱，
> 汲汲富贵。
> 瞻前顾后，
> 跋胡疐尾。
> 辱教康乐，
> 别无所能。
> 醉卧书山，
> 以永此生。

丁亥炎夏于中山大学康乐园蜗居

再版后记

　　蒙庆寰兄好意，将拙作再版。再版，作者照例要饶舌几句。

　　首先是惭愧。十年过去，居然没有对旧作大加修订，这当然由于自己学殖荒疏，走不出十年前的陋见。在获取史料与海外成果方面，现在较十多年前我写作此书时已不可同日而语，广搜博取，丰富史实并不难，但义理的更新却非猥陋之智所能及。索性偷个懒，除了若干表述不清之处与明显错误外，其他的一仍其旧吧。

　　其次是广告。本书的姊妹篇《身份、国家与记忆：西南经验》已由北京师范大学出版社推出。两书实为姊妹，形则迥异，体现了我对历史呈现方式的一种探索，感觉不大成功，不说也罢。

　　最后是感谢。拙作虽不足观，但其中含有我

两位恩师的心血以及诸多师友的无私帮助。十年来，与同道切磋琢磨，受益良多，学术之剑虽仍黯然钝锉，但感激之情何敢稍忘？谨将情谊铭记心间，名单则略了吧。

十年一觉，梦醒茫茫。书生无用，蹇蹇前行。

2018 年 12 月 15 日

图书在版编目（CIP）数据

从"异域"到"旧疆"：宋至清贵州西北部地区的
制度、开发与认同 / 温春来著. -- 北京：社会科学文
献出版社, 2019.10（2024.11重印）
（九色鹿）
ISBN 978-7-5201-5031-6

Ⅰ.①从… Ⅱ.①温… Ⅲ.①政治制度-研究-贵州
-古代 Ⅳ.①D691

中国版本图书馆CIP数据核字（2019）第111463号

· 九色鹿 ·

从"异域"到"旧疆"：
宋至清贵州西北部地区的制度、开发与认同

著　　者 / 温春来

出 版 人 / 冀祥德
责任编辑 / 郑庆寰　陈肖寒
文稿编辑 / 陈肖寒
责任印制 / 王京美

出　　版 / 社会科学文献出版社·历史学分社（010）59367256
　　　　　　地址：北京市北三环中路甲29号院华龙大厦　邮编：100029
　　　　　　网址：www.ssap.com.cn
发　　行 / 社会科学文献出版社（010）59367028
印　　装 / 三河市东方印刷有限公司

规　　格 / 开　本：787mm×1092mm　1/16
　　　　　　印　张：27.75　字　数：356千字
版　　次 / 2019年10月第1版　2024年11月第5次印刷
书　　号 / ISBN 978-7-5201-5031-6
定　　价 / 78.80元

读者服务电话：4008918866

▲ 版权所有　翻印必究